本书得到国际关系学院中央高校基本科研业务费专项资金资助(项目编号:3262017T63)

国际安全大数据年鉴

YEARBOOK OF INTERNATIONAL SECURITY BIG DATA

2018

主　编　陶　坚　戴长征　谭秀英
副主编　董青岭　谢　磊

中国社会科学出版社

图书在版编目（CIP）数据

国际安全大数据年鉴.2018／陶坚，戴长征，谭秀英主编.—北京：中国社会科学出版社，2020.10
ISBN 978-7-5203-7441-5

Ⅰ.①国… Ⅱ.①陶…②戴…③谭… Ⅲ.①国家安全—世界—2018—年鉴 Ⅳ.①D815.5-54

中国版本图书馆 CIP 数据核字（2020）第 210080 号

出 版 人	赵剑英
责任编辑	张靖晗
责任校对	郭 勇
责任印制	张雪娇

出　　版	中国社会科学出版社
社　　址	北京鼓楼西大街甲 158 号
邮　　编	100720
网　　址	http://www.csspw.cn
发 行 部	010-84083685
门 市 部	010-84029450
经　　销	新华书店及其他书店
印刷装订	三河市东方印刷有限公司
版　　次	2020 年 10 月第 1 版
印　　次	2020 年 10 月第 1 次印刷
开　　本	880×1230　1/32
印　　张	15.75
插　　页	2
字　　数	424 千字
定　　价	99.00 元

凡购买中国社会科学出版社图书，如有质量问题请与本社营销中心联系调换
电话：010-84083683
版权所有　侵权必究

目　录

《国际安全大数据年鉴》
　　发刊词 …………………《国际安全大数据年鉴》课题组（1）

学术热点

2018年度中国国际关系研究十大热点 ……………………（9）

国际安全大数据研究报告

全球安全态势：大变革背景下的机遇与挑战………… 赵　洋（31）

地区安全与军事行动

美国安全战略：朝向现实主义的
　　突变………………………………… 达　巍　齐　鑫（65）
北约面临的安全局势及其军事预算与
　　军事行动论析……………………… 张　建　周玉萍（88）
地缘政治博弈下俄罗斯周边安全形势
　　与防务建设……………………………… 马建光（106）

印度—太平洋地区安全态势：格局、
　热点与走向 ……………………… 宋　伟　卓振伟（124）
南亚地区安全形势：特点、动因与
　趋势 ……………………………… 宋海啸　李志永（144）
中东地区安全局势与治理困境：基于
　大数据的考察 ………………………………… 章　远（161）
非洲地区安全状况及安全治理 ……… 安春英　周瑾艳（183）
拉丁美洲地区安全局势：现状与展望 ……… 周志伟（206）

对外军事援助与维持和平行动

国家预算与国防开支 …………………………… 凌胜利（225）
联合国维和行动形势与展望 …………………… 何　银（243）
国际人道主义援助的演变趋势与国际安全 …… 任远喆（267）

全球非传统安全与合作治理

全球恐怖主义热点分布与态势感知 …… 杨　溪　李　伟（285）
特朗普政府网络安全政策初探 ………………… 檀有志（310）

国际安全大数据

表1　按支出功能划分的阿根廷年度国防预算（2011—
　　2017年）………………………………………………（329）
表1.1　按支出项目划分的阿根廷年度国防预算（2011—
　　2017年）………………………………………………（330）

表1.2　按执行部门划分的阿根廷年度国防开支预算
　　　　（2011—2017年） ………………………………（334）
表2　美国国防部年度国防预算概览（2011—2017年） …（339）
表2.1　按功能划分的美国年度国防预算授权
　　　　（2011—2017年） ………………………………（340）
表2.2　按功能划分的美国年度国防开支（2011—
　　　　2017年） …………………………………………（343）
表2.3　美国国防部可自由裁量的预算授权（2011—
　　　　2017年） …………………………………………（346）
表2.4　美国国防部预算授权与拨款申请（FY2013—
　　　　FY2017） …………………………………………（355）
表2.4.1　美国国防部预算授权与拨款申请——人员费用
　　　　　（2013—2017年） ……………………………（370）
表2.4.2　美国国防部预算授权与拨款申请——运行和
　　　　　维护费用（2013—2017年） …………………（385）
表2.4.3　美国国防部预算授权与拨款申请——军事采购
　　　　　（2013—2017年） ……………………………（400）
表2.4.4　美国国防部预算授权与拨款申请——研发、
　　　　　测试与评估费用（2016—2017年） …………（415）
表3　日本防务开支预算概要（2009—2017年） …………（418）
表4　丹麦国防开支总额（2011—2017年） ………………（418）
表4.1　丹麦国防开支细项与预算趋势（2016—
　　　　2021年） …………………………………………（419）
表5　芬兰国防开支总额（2010—2017年） ………………（421）
表5.1　芬兰国防开支细项（2016—2017年） ……………（422）
表6　阿曼年度国防开支预算（2008—2017年） …………（423）
表7　阿塞拜疆年度国防开支预算（2008—2017年） ……（424）
表8　安提瓜与巴布达年度军事开支（2014—2017年） …（424）
表9　奥地利国防开支预算（2008—2017年） ……………（424）

表 10　巴布亚新几内亚国防开支预算
（2012—2017 年） ……………………………………（425）

表 11　巴西国防开支预算（2011—2017 年） ……………（425）

表 12　保加利亚按政策领域划分的国防开支预算（2011—
2017 年） ……………………………………………（426）

表 12.1　保加利亚按资金来源和用途领域划分的国防预算
（2011—2017 年） …………………………………（426）

表 13　博茨瓦纳国防、司法与安全部年度实际开支
（2010—2017 年） …………………………………（427）

表 13.1　博茨瓦纳国防、司法与安全部年度预算细项
（2016—2017 年） …………………………………（428）

表 14　俄罗斯联邦国防预算执行（2006—2017 年） ………（428）

表 15　斐济国防预算（2010—2017 年） …………………（429）

表 16　格鲁吉亚国防预算（2006—2017 年） ……………（430）

表 17　古巴公共行政与国防预算（2006—2017 年） ………（430）

表 18　哈萨克斯坦国防、公共秩序与安全预算（2012—
2017 年） ……………………………………………（430）

表 19　韩国国防预算（2006—2017 年） …………………（431）

表 20　洪都拉斯国防与安全内阁年度预算（2015—
2017 年） ……………………………………………（431）

表 21　柬埔寨国防与安全年度开支总额（2001—
2013 年） ……………………………………………（432）

表 22　津巴布韦国防开支（2013—2017 年） ……………（432）

表 23　肯尼亚国防与国家安全年度预算（2012—
2017 年） ……………………………………………（433）

表 24　莱索托国防与国家安全年度预算（2015—
2017 年） ……………………………………………（433）

表 25　立陶宛国防预算拨款（2008—2017 年） …………（434）

表 26　利比里亚年度国防预算（2013—2017 年） ………（434）

表27 卢旺达年度国防预算（2011—2017年） ………… （435）
表28 马尔代夫年度国防预算（2012—2017年） ………… （435）
表29 马拉维年度国防预算（2012—2017年） ………… （436）
表30 莫桑比克年度国防预算（2016—2017年） ………… （436）
表31 南苏丹国防与安全相关事务年度预算开支细项
（2011—2015年） ………………………………… （437）
表31.1 南苏丹年度国防预算（2015—2017年） ………… （439）
表32 瑞典年度国防预算（2016—2017年） ………… （439）
表33 塞拉利昂年度国防预算（2010—2017年） ………… （440）
表34 塞浦路斯年度国防预算（2010—2017年） ………… （440）
表35 塞舌尔年度国防预算（2014—2017年） ………… （440）
表36 泰国年度国防预算（2010—2017年） ………… （441）
表37 危地马拉年度国防预算（2008—2017年） ………… （441）
表37.1 危地马拉按功能目的和支出类型划分的国防预算
执行（2010—2017年） ………………………… （441）
表38 西班牙按功能目的和支出类型划分的国防预算
（2009—2017年） ………………………………… （443）
表39 亚美尼亚按功能目的和支出类型划分的国防预算
（2011—2017年） ………………………………… （444）
表40 伊朗按功能目的和支出类型划分的国防预算（2010—
2016年） ………………………………………… （444）
表41 巴拉圭国防预算（2011—2017年） ………………… （445）
表42 捷克共和国年度国防预算（1993—2017年） ……… （445）
表42.1 捷克共和国国防预算收支平衡（2015—
2017年） ………………………………………… （447）
表42.2 按资金用途划分的捷克共和国国防开支（2015—
2017年） ………………………………………… （448）
表42.3 按军种划分的2017年捷克共和国国防开支 ……… （449）
表42.4 按军种划分的2016年捷克共和国国防开支 ……… （450）

表42.5 捷克共和国年度国防预算实际支出结构（2012—2017年） …………………………………………………… (451)

表42.6 捷克共和国年度国防预算实际收入结构（2012—2017年） …………………………………………………… (451)

表42.7 按支出目的划分的捷克共和国年度国防预算支出（2016—2017年） ………………………………………… (452)

表42.8 捷克共和国年度国防预算资本支出细项（2016—2017年） …………………………………………………… (452)

表42.9 捷克共和国国防部人员数量与工资开支总额（不包括下属机构，2012—2017年） ……………… (453)

表43 赞比亚共和国年度国防预算（2008—2017年） …… (453)

表44 以色列年度国防预算（2001—2017年） ………… (454)

表44.1 以色列国防预算月度执行额度（2001—2017年） …………………………………………………………… (455)

表45 新加坡年度国防预算（2013—2017年） ………… (456)

表46 爱尔兰年度国防预算支出（2011—2017年） …… (457)

表47 巴基斯坦年度国防预算经常性支出（2008—2017年） …………………………………………………………… (458)

表48 巴林王国年度国防预算（2007—2017年） ……… (459)

表49 百慕大群岛国际安全部年度防务支出（2015—2017年） ………………………………………………… (460)

表50 波兰国防部按资金用途划分的年度国防预算开支（2016—2017年） ………………………………………… (461)

表50.1 波兰国防部按类型领域划分的年度国防预算开支（2016—2017年） ……………………………………… (462)

表50.2 波兰国防部按军种划分的年度国防预算开支（不包括防御之外其他领域开支，2016—2017年） …… (463)

表51 伯利兹国防部年度国防预算开支（2015—2017年） …………………………………………………………… (464)

表52	布基纳法索国防与军人退伍事务部年度国防预算开支（2009—2016年）	(465)
表53	德国年度国防预算开支（2009—2017年）	(465)
表54	多哥共和国国防与退伍军人事务部年度国防开支（2012—2016年）	(466)
表55	菲律宾国防部按部门机构划分的2013年度国防开支	(466)
表55.1	菲律宾国防部按部门机构划分的2014年度国防开支	(467)
表55.2	菲律宾国防部按部门机构划分的2015年度国防开支	(468)
表55.3	菲律宾国防部按部门机构划分的2016年度国防开支	(469)
表55.4	菲律宾国防部按部门机构划分的2017年度国防开支	(470)
表56	刚果民主共和国国家预算年度国防开支（2013—2017年）	(471)
表57	圭亚那国防军年度防务开支（2009—2017年）	(472)
表57.1	圭亚那国防军年度防务开支经常支出细项（2011—2017年）	(473)
表58	加拿大国家预算年度国防开支（2011—2017年）	(474)
表59	南非国防部年度国防开支（2012—2017年）	(475)
表59.1	南非国防部年度国防预算行政支出费用（2009—2017年）	(476)
表59.2	南非国防部年度国防预算军事部署费用（2009—2017年）	(477)
表59.3	南非国防部年度国防预算陆上防御支出（2009—2017年）	(478)

表 59.4 南非国防部年度国防预算空中防御支出（2009—2017 年） …………………………………………… (479)

表 59.5 南非国防部年度国防预算海上防御支出（2009—2017 年） …………………………………………… (480)

表 59.6 南非国防部年度国防预算军事健康支出（2009—2017 年） …………………………………………… (480)

表 59.7 南非国防部年度国防预算国防情报支出（2009—2017 年） …………………………………………… (481)

表 59.8 南非国防部年度国防预算一般支援服务支出（2009—2017 年） ………………………………………… (481)

表 60 印度年度国防开支（2008—2017 年） ………… (482)

表 61 新西兰年度国防开支（2009—2017 年） ……… (482)

表 62 意大利国防部年度国防预算（2013—2017 年） …… (483)

索引 ………………………………………………………… (484)

Contents

Foreword by Research Group of Yearbook of International
  Security Big Data ·· (1)

Academic Hotspots

The Top Ten Research Topics in the Field of China's
  International Relations for 2018 ··································
    ··· Institute for Social and Cultural Research, Macau University of
        Science and Technology, and *Journal of International
        Security Studies*, University of International Relations (9)

Main Report

International Security Situation (2017): Opportunities and Challenges
  in an Age of Global Transformation ················ Zhao Yang (31)

Regional Security and Military Operations

US Security Strategy in 2017: A Shift Towards
  Realism ································· Da Wei and Qi Xin (65)
Analysis on the New Security Situation Faced by NATO and
  its Military Budget and Military Action ································
    ······························ Zhang Jian and Zhou Yuping (88)
The Security Situation around Russia and Its Defense
  Construction under the Geopolitical Game ····· Ma Jianguang (106)

The Indo – Pacific Security Posture: Configuration,
　　Hotspots and Tendency ……… Song Wei and Zhuo Zhenwei（124）
Security Situation in South Asia: Characteristics, Motives
　　and Trends ………………… Song Haixiao and Li Zhiyong（144）
Security and Governance Dilemma in the Middle East:
　　Based on Data Analysis …………………… Zhang Yuan（161）
Security Situation and Governance in Africa ………………………
　　………………………… An Chunying and Zhou Jinyan（183）
Security Situation in Latin America: Current Situation and
　　Prospect ………………………………………… Zhou Zhiwei（206）

Foreign Military Assistance and Peacekeeping Operations

Defense Budget and Defense Expenditure ……… Ling Shengli（225）
Situation and Prospect of United Nations Peacekeeping
　　Operations ………………………………………… He Yin（243）
The Trend of International Humanitarian Assistance and
　　Its Impact on International Security ………… Ren Yuanzhe（267）

Non – traditional Security Issues and Global Governance

Global Terrorism Hotspot Distribution and Situational
　　Awareness ……………………… Yang Xi and Li Wei（285）
A Probe into Cybersecurity Policy of the Trump
　　Administration ………………………………… Tan Youzhi（310）

International Security Big Data

………………………………………………………………（327）

Index ……………………………………………………（484）

《国际安全大数据年鉴》发刊词

通常，一项新技术的出现，往往意味着生产力的进步和生产关系的变革，随之而来的是上层建筑的再造和重塑。当前，伴随着社会生活网络化和数据化趋势的进一步加强，人类社会正在步入一个以大数据和人工智能为主导特征的转型时代。由于数据体量的爆炸性增长和数据价值的空前释放，数据公司和数据精英正崛起为新的政治力量，为了收集社情民意和提供智慧化服务，现代政治运行越来越依赖于数据技术的支撑。放眼未来，大数据和人工智能技术的应用将无所不在，现代政治正加速朝向一种前所未有的"算法"政治生态演变。在某种意义上，大数据既是一场新的技术革命，更是一场社会生活革命和政治革命，它所带来的不仅是社会生活的便利和政治研究方法的革新，同时相伴随的还有智能化时代各种社会风险的不断涌现和各种政治力量的重新分化组合。就此而言，政治学和国际关系研究尤其是国际安全研究正在悄然迈入大数据时代。历史从来没有像今天这样，数据即生活、数据即权利，新的社会结构正在围绕着数据的存储、挖掘和应用而展开。

一 国际安全研究为什么需要一本大数据年鉴？

毫无疑问，作为一种全新的数字化生存方式，大数据及其分析技术的应用不仅正在改变着我们的生活、学习和工作方式，同时也在改变着我们观察和理解世界的角度。在某种意义上，数据密集型或数据驱动型研究俨然已成为社会科学研究的一种新潮流范式。通过对推特、谷歌、脸谱和微博等新媒体平台信息的挖掘和计算，安全观察者不仅可以跟踪大城市的抗议活动、发现恐怖主义行迹、明晰国家战略风险,还可对利益攸关人群进行精细划分、对政治态势进行整体感知、对危机进行预警和预测。放眼未来,尽管围绕着数据的采集、存储和使用尚存在种种争议,但大数据介入国际安全研究已是大势所趋。通过多源数据的实时监控和大规模云端计算,大数据不仅能做到实时监测、锁定和跟进事态进展并自动生成事件报告和危机预警,而且还可以使安全研究者和政治决策者动态掌控安全问题"爆点"并提前推进基于安全态势感知的政治沟通和预防性外交战略。

正是由于数据革命对现代商业、知识创造和政治运行发挥了基础性支撑作用,各国政府相继推出"数据治国"战略,强调科学决策不仅要有基于历史经验的真知灼见,更需要基于客观数据的态势感知与精准定位。早在 2013 年,美国和平研究所的一份报告指出,作为一个实践领域,大数据冲突预防预示了一种前所未有的应用前景。与传统预防外交的数据贫乏和预案不周所不同的是,大数据的即时信息抓取能力、远距离监控能力以及深度挖掘能力可以使冲突全貌乃至冲突的每一个细节被观察者一览无余。其至还有冲突预防专家认为,"掌控大数据并使之可以动态可视化,有助于决策者在最复杂、最危险的环境中精确认知冲突的类型及其特征,并最终有助于人道主义救援采取最富成效的行动。"① 综上所述,在大数据时代,数据驱动决策的价值会被日益重视和发掘,安全决策分析极有可能会走向"基于历史经验"和"基于数据驱动"两种模式的结合与相互支撑。

在政策实践中,大数据监测冲突热点、预测冲突趋势进而辅助安全决策的案例,不胜枚举。典型案例如:(1)联合国"全球脉动"(Global Pulse)计划,该计划正式启动于 2009 年,旨在使用数

---

① Patrick Meier, *Digital Humanitarians*: *How "Big Data" is Changing the Face of Humanitarian Response*, Taylor and Francis Press, 2015, p. 32.

字化的预警信号来预先指导各国援助计划，预防一个地区出现贫困倒退、疾病蔓延、宗教纷争和部族仇杀；(2) 哈佛人道主义危机定位与早期预警计划（HHI Program on Crisis Mapping and Early Warning），该计划的实施主要是通过数据挖掘、位置定位、人群搜索等数据分析手段，辨识不同冲突场景下的紧急人道主义救援模式与最优决策程序，自成立以来已吸引了大量的外交人员、技术团体以及国际组织和非政府机构参与；(3) Ushahidi 目击者冲突预警平台，该平台在一个高效的草根领导下，利用开源技术发展成为一个目击者人人可以通过社交媒体上传暴力、死亡和冲突信息的大数据集散中心，虽然没有官方授权、没有正式的指令机制，甚至没有复杂的信息传送协议，但是其危机预警能力却速度惊人，甚至超乎媒体和当地政府。自 2007 年诞生于肯尼亚选举暴力以来，截至 2017 年，Ushahidi 目击者平台已在全球 150 多个国家的冲突预防中得到应用，其成功预警案例诸如追踪刚果民主共和国国内的各类暴力事件、监督印度和墨西哥的总统大选以及预防投票者作弊、报道东非国家的人道主义救援药品供应量以及海地和智利的震后搜救等。

总体而言，在国际安全研究和冲突预防领域，大数据应用的场景时代已经来临，世界各国正在竞相进行基于数据驱动的安全理论创新与实践模式布局。在不久的将来，数据驱动安全决策或将成为业界常态。而此时，中国的国际问题研究特别是国际安全研究却长期苦于无数据或少数据支撑的困顿状态，大量的安全研究文献，多以引用西方数据库为主，如密歇根大学的战争相关因素数据库（the Correlates of War Project Database Archives）、瑞典斯德哥尔摩国际和平研究所的全球军费开支数据库（SIPRI Military Expenditure Database）、马里兰大学的全球恐怖主义数据库（Global Terrorism Database）以及由乔治城大学支持的 GDELT 数据库（The Global Database of Events, Language, and Tone）等。GDELT 数据库是一个真正基于大数据自动编码技术的即时滚动型数据库，其所采集的政治事件数据每 15 分钟更新一次，基本上实现了全球冲突问题的实时监测。但这些数据库有一个共同的特征，就是其数据采集标准和清洗方法常常反映西方的立场、视角和观点。鉴于中国学界并不存在一个与此类似并被广泛采用的安全数据库，也很少有学者愿意花费大量金钱、时间和力气从事基础性数据整理工作，以至于安全研究文献多以西方数据为论证依据，极大地限制中国学者在安全研究的见解独立性和学术话语权。

正是基于趋势认知和不断涌动的学术情怀，自2014年12月以来，国际关系学院《国际安全研究》期刊谭秀英主编在学界率先提议并一再呼吁和倡议：在大数据时代，中国的国际关系研究不仅要有自身独特的理论视野和人文关怀，更需要有基于本土视角和本土标准的数据支撑；特别是在国际安全领域，中国不仅要在理论上发声、有所建树，同时也要在数据上形成领先世界的本土数据库、建立具有中国视角的数据采集和使用标准；如此，思想和数据的结合，方能使得中国学界的真知灼见有贡献于世界。之后，创立一本带有工具书性质、可供反复查阅数据，同时又凸显中国学术视野和最新数据支撑的《国际安全大数据年鉴》，便成为谭秀英老师和本书编委会为之奋斗的目标。幸运的是，这一倡议很快得到了学界同人的热情回应、鼓励和支持。自2015年以来，幸得国际关系学院陶坚校长、吴慧副校长和对外经济贸易大学国际关系学院戴长征院长的共同支持，在《国际安全研究》编辑部、两校同人及学界众多学术伙伴的共同努力下，第一版也是国内第一部专门收集整理国际安全相关数据的《国际安全大数据年鉴2018》，终于要付梓出版了。在此，对于本书所有作者、出版方中国社会科学出版社以及所有给予本书关注和支持的朋友们，深表谢意！尽管本书只是提供了一个亟待发展完善的数据轮廓，也没有展现出令人惊艳的大数据分析技术，但本书多多少少可以算作中国学界自行构建安全数据库、挑战西方数据话语权的一种尝试。

二 《国际安全大数据年鉴》特色与创新

与瑞典斯德哥尔摩国际和平研究所（SIPRI）的《军备·裁军和国际安全年鉴》和英国《简氏防务周刊》不同，《国际安全大数据年鉴》创立的宗旨在于提供一个有别于西方统计标准、凸显中国视角和中国政策关怀的安全数据库。由于这是一个横跨国际关系、统计学和计算机技术的跨学科庞大工程，其实现可能不是一朝一夕的，初步设计是分阶段来完成任务：第一阶段主要着力于结构化数据的整理和清洗；第二阶段逐步纳入与安全相关的各种非结构化数据。终极目标是依托大数据采集和清洗技术完成各国安全相关数据的自动采集、自动编码和半自动分析；近期目标是借助计算机技术和人工干预手段整合各国安全相关统计数据，建立统一的数据统计标准和统一的数据存储格式，进而形成数据库和 API 接口，以便各国研究者和政策决策者随时调阅和查找。为实现上述目标，自 2016 年以来，在谭秀英老师的倡议和组织下，由对外经济贸易大学国际关系学院大数据国际关系研究中心和国际关系学院《国际安全研究》编辑部联合开发的"大数据国际安全态势感知指数 IISSA"已相继测试并发布了 2015—2017 年 3 个年度版本，目的就在于能够在国际安全数据整理和翻译方面训练团队、积累经验。

总体来看，2018 年度《国际安全大数据年鉴》具有如下特色：

第一，数据权威性强。本年度数据的统计范围主要是各国国防开支预算（不包括决算数据），数据来源主要采集自各国国防部、议会和国家预算委员会正式通过的中央预算法案，或者是各国统计局、金融部门、财政部公示的国家预算拨款法案。数据来源权威性强，均以官方数据为统计标准，数据清洗和数据整理工作聘用大量专业翻译人员和会计人员反复核算，保留了各国数据统计的原始结构和数据层次，数据可读性强、数据完整性和精确性也都有严格的技术保证。与此同时，数据工作组还建立了复核程序，标记了每行数据的来源和数据处理方法、统计口径,为读者使用、验证和修正数据提供了参考路线。

第二,数据颗粒度小。与斯德哥尔摩国际和平研究所的《军备·裁军和国际安全年鉴》及其他军费开支年鉴相比,本年鉴的数据统计口径要细小得多。对于大部分数据丰裕度较强的国家而言,其军费开支统计细项不仅包括年度开支总额,而且还包括装备升级、日常维护、军事采购、人员培训、住房建设、特别行动和海外援助等按功能或使用部门划分的资金流向。通过观察和比较系颗粒度的国防开支预算,研究人员可以更加精确地评估一国的军事实力和军事潜力,并基于数据来推断其军事意图和军事部署。除此以外,年鉴还在每个颗粒度之下增加最近 10 年的数据统计,以供研究人员在时间序列纵向窥探一国军事开支的年度变化。

第三,数据可读性强。考虑到读者有可能对数据背景知识不一定特别了解,本年鉴还分专题、分地区专门邀请了业界权威和新锐学者对数据结构本身进行了政策解读,以方便读者全方位了解各国统计数据的深层含义。专题文章的选择既注重各国安全形势的年度整体描述和历史背景解读,力求给读者提供一个宏观安全图景;同时也精挑细选了一些最新安全议题的讨论,并基于数据评估了这些最新安全议题的演进及其可能的影响。

总体上,年鉴数据体量大、统计颗粒度小、可读性强,可供研究者作为研究素材反复计算使用以建立数据预测模型,亦可用作规范研究的底层数据支撑,具有大数据工具书性质。未来出版计划是纸质版与电子版同步,配建专门的年鉴数据网站,年鉴中的图表和数据可动态展示、实时更新并可自由下载。

《国际安全大数据年鉴》课题组

学术热点

2018 年度中国国际关系研究十大热点

随着中国综合国力的提高、国际地位的上升和参与全球治理的深化，对外关系越来越呈现出复杂性、技术性、专业性的特点。面对大发展、大变革、大调整的当今世界，面对百年未有之大变局，面对新时代中国特色社会主义的新任务、新要求，中国的国际关系研究呈现出前所未有的繁荣局面，不断推陈出新，涌现出一批批丰富扎实的研究成果，成为全世界国际关系必不可少的组成部分，为世界和平发展和中国外交事业作出了自己独特的贡献。

为全面回顾和梳理过去一年中国国际关系领域的研究成果，分析研究趋势，推动相关研究向纵深发展，澳门科技大学社会和文化研究所、国际关系学院《国际安全研究》编辑部从 2019 年起，每年评选、发布上一年度"中国国际关系研究十大热点"。

调查问题包括：是否为标志性的、得到公认的成果；是否拓展了新的研究领域或者研究议题；是否重视中国与世界之间的多元互动；研究方法是否创新；研究议题是否具有转型性、趋势性。

此次评选主要观察 2018 年发表在海峡两岸及港澳地区期刊的中英文论文，其中中国内地期刊文章 2 256 篇、台湾地区期刊文章 134 篇、香港地区期刊文章 22 篇，澳门地区没有录入。观察范围包括国际关系理论、国际领域（地区、国别、公域）、国际安全、全球治理与国际组织以及对中国外交（对外关系）的研究等，尤其是中国在国际关系中的作用以及扮演的角色。

此次评选以期刊论文为基础，通过专家推荐、问卷调查、内部研讨等程序，力图客观、专业、公正地梳理和评价 2018 年度中国国际关系领域的现状、特征、问题与趋势，为该领域的研究提供参考。

在此次评选中，通过文献梳理发现，尽管国际关系研究在全国范围内越来越繁荣,但是,在地域上仍以北京和上海为主,期刊主要以《世界经济与政治》等少数期刊为主。

评选出的"2018年度中国国际关系研究十大热点"如下:

热点一: "国际关系理论"转向"世界政治"的理论创新

【热点介绍】

国际关系理论在国际关系学科的中心性是毋庸置疑的。中国的国际关系研究,始终重视国际关系理论,国际关系理论从来就是热点。最近几年,越来越多的中国学者不再满足或者止步于引进西方的国际关系理论,也转变为国际关系理论的生产者,"构建中国国际关系理论",并推动这些构建理论的国际化,参与世界的国际关系理论的演化。在"构建国际关系理论"的过程中,对"世界政治"的关注逐渐突出。对一些学者来说,国际关系理论的创新已经和正在转向"世界政治"。2018年发表的引人注目的国际关系理论论著就充分说明这一转向。众所周知,"国际"和"世界"是相互联系却不相同的。值得指出的是,20世纪90年代,中国主流国际关系研究一度舍弃"世界",转向"国际","世界经济"被"国际经济"取代,而"世界政治"则由"国际政治"代表。如今"世界"又显著回归。这种回归,与以往的最大不同,可能是"中国制造"的国际关系理论是关于世界的,是属于世界的。

【文章举例】

1. 鲁鹏:《理解中国国际关系理论的两种构建途径》,《世界经济与政治》2018年第1期。

2. 杨光斌:《发刊词:推动世界政治研究的转型与升级》,《世界政治研究》2018年第1期。

3. 桑玉成:《关于国际政治研究中三个基础性问题的思考》,《国际展望》2018年第1期。

4. 王缉思:《世界政治的终极目标:安全、信仰、公正、自由》,中信出版社2018年版。

5. 杨光斌:《关于建设世界政治学科的初步思考》,《世界政治研究》2018年第1期。

6. 秦亚青、李宏洲、方鹿敏:《世界政治的关系理论》,《世界政治研究》2018年第2期。

【专家点评】

本地经验导向的国际关系理论是几代中国学者长期追求的目标。这一集体努力在2018年取得了重要成果。相对以往,中国学者在国际关系理论方面取得的新成就无论在广度还是深度上都达到了新阶段。其中既有借助本土化概念(如关系性)对国际关系理论的再认识,也有从哲学、政治学以及学科史角度对学科定位乃至知识过程的再思考。中国的国际关系理论的进步与中国学者将国际关系理论中国化的不懈努力密不可分,同时也与西方的国际关系理论的进步对中国研究者的促进不无关系。近年来,西方学者对非西方经验的立场转变以及由此带来的对多元文明导向的国际关系理论的系统探索,为中国理论建设提供了良好的国际学术环境和重要的学术灵感,也为中西方理论的交流与合作设置了新议题。今后的研究重点,是将中国国际关系理论世界化,一方面主动接受中国以外经验的检验以进一步提高自身的理论普适性,另一方面在明确差异性的基础上开始探索中西方理论的通约之道。而如何突破中国视野的局限性,特别是避免类似西方中心主义认识论偏见对中国理论研究的制约,则将成为中国理论进一步发展的关键。如能妥善解决这一问题,国际关系的中国理论将真正走向世界,成为全球国际关系学的重要组成部分。

(点评人:鲁鹏,福建师范大学马克思主义学院教授)

热点二： 新时期中美关系的变化及其影响

【热点介绍】

中美关系的研究一直是中国国际关系学科的重中之重。从理论到实践，中国国际关系学科的诸多领域和方向都涉及美国。中美建交 40 年（1979—2018 年）之际，在特朗普政府推出的与以往历届美国政府有很多不同的外交政策包括对华政策的大背景下，中美关系正经历巨大转变（包括转型），2018 年发生了远比冷战晚期的在同盟框架下的美日贸易战更加复杂、更加引人注目的中美贸易摩擦。在美国，关于与中国的关系"脱钩"和"降低接触"的讨论是热点。而中国国际关系学者从社会科学的不同角度，对中美关系的研究有许多新的特点：带着深刻反思一个长时段（过去 40 年）中美关系的历史感，对美国关于与中国关系的当前主流观点进行回应，关切中美贸易摩擦对中美关系的影响，继续聚焦中美关系中的新议题，以及预测或者展望中美关系的未来情景等。

【文章举例】

1. 郭培清、邹琪：《中美在南海、北极（议题上）立场的对比研究》，《中国海洋大学学报（社会科学版）》2018 年第 5 期。

2. 牛军：《轮回：中美关系与亚太秩序演变（1978—2018）》，《美国研究》2018 年第 6 期。

3. 王悠、陈定定：《中美经济与战略"脱钩"的趋势及影响》，《现代国际关系》2018 年第 7 期。

4. 赵明昊：《特朗普执政与中美关系的战略转型》，《美国研究》2018 年第 5 期。

5. 张玉环：《特朗普政府的对外经贸政策与中美经贸博弈》，《外交评论》2018 年第 3 期。

6. Wang Jisi, "The Debate Over U. S. Policy toward China," *Foreign Affairs*, June/July, 2018.

【专家点评】

中美关系是国际关系研究中"热点中的热点",而2018年更是备受学界关注的一年。中美贸易摩擦和随之而来美国对华全方位的压力,使国内学界震惊。中国学术界关于中美关系"好也好不到哪里,坏也坏不到哪里"的传统共识被打破,开始严肃关注在特朗普治下美国对华政策发生大变化的原因、可能的后果以及如何处理好当下棘手的问题。学界也关注中美关系为何会发生如此变化。有学者在中美结构性矛盾和世界秩序的演变中寻求答案,有学者关注美国国内因素的影响,也有学者将其归咎于特朗普这个民粹总统,更有学者研究两国越来越大的认知差距和不断加深的误解。一年来学术成果丰硕,研究更有深度,更加规范。中美关系的发展一直是互动的结果,中美关系正在进入深层困难期,如何防止关系进一步恶化已是当务之急。目前,虽乌云密布,美方虽视中国为"主要竞争对手",但尚未把中国看成当下的敌人。我们不应过分强调"斗而不破",而应改争斗为竞争。力求与美"可控竞争""和平竞争",竞而有序,竞中求和。毕竟中国的进一步崛起仍需要一个稳定的中美关系。

(点评人:郝雨凡,澳门科技大学社会和文化研究所特聘教授、香港中文大学(深圳)全球事务研究项目主任、校长讲席教授)

热点三: 作为全球性国际公共产品的 "一带一路" 倡议进入新阶段

【热点介绍】

国际公共产品的种类和内容是多样的、复杂的。现有的世界秩序就是最大的国际公共产品。世界大国负有维持公共产品的持续性和提供新的国际公共产品的责任。对于当前国际公共产品的供给是否发生了重大变化,一些西方著名国际关系学者,如哈佛大学的约瑟夫·奈(Joseph S. Nye, Jr.)发表了"金德尔伯格陷阱"(The Kindleberger Trap)的论断。2018年,世界目睹了美国政府在国际公共产品供给上的后退,国际公共产品的赤字扩大,世界在21世纪陷入"金德尔伯格陷阱"的可能性似乎增大了。中国作为积极参与全球治理的新兴世界大国,已经定义"一带一路"倡议为国际公共产品。中国是否成为国际公共产品的新的重要提供者?全球治理中的"金德尔伯格陷阱"是否由于中国的作用而有效缓解?2018年8月27日,中国政府在北京举行推进"一带一路"倡议建设工作5周年座谈会,"共商、共建、共享"被进一步确定为"一带一路"倡议建设的基本原则,"一带一路"倡议正在成为全球性的国际公共产品。

【文章举例】

1. 黄河、戴丽婷:《"一带一路"公共产品与中国特色大国外交》,《太平洋学报》2018年第8期。

2. 卢凌宇:《公共物品供给与国内冲突的复发》,《国际安全研究》2018年第4期。

3. 李向阳:《"一带一路":区域主义还是多边主义?》,《世界经济与政治》2018年第3期。

4. 张雪滢:《国际公共产品与中国构建国际机制的战略选择》,《复旦国际关系评论》2018年第1期。

5. 朱云汉:《世界需要担心金德伯格陷阱吗?》,《探索与争鸣》2018年第1期。

【专家点评】

更好的全球治理需要各国各方通过共商共建来提供必要的国际公共产品。中国国际关系学界近几年非常重视研究"一带一路"倡议与地区性和全球性的国际公共产品供给研究,取得了一些重要成果。中华人民共和国成立 70 年来（不只是 1978 年以来），中国为国际社会提供了稳定、规则、增长、发展、思想和知识等各类公共产品。例如，中国作为一个新型大国，为世界和平发挥着具有系统稳定性的作用；中国探索的和平发展道路，是一条新的现代化道路，这个道路具有思想和知识公共产品的意义；中国

致力于维护以公道为基础的国际秩序，这也是一种秩序公共产品。公共产品为秩序之必需。现在的世界处于一个重要的政治经济转型期，需要各国各方共同合作来提供公共产品，其中大国的作用和责任更大。提供公共产品并不一定就是出钱出力，最主要的还是在事关人类秩序、和平、发展等问题上提供一套行之有效的方案。中国作为一个新型大国，能为国际社会提供什么样的公共产品，如何提供公共产品，确实为外界所期待。

（点评人：苏长和，复旦大学国际关系与公共事务学院执行院长、教授）

热点四：当前世界秩序的变化与其未来

【热点介绍】

1945 年后形成的以联合国和国际经济组织等为代表的世界秩序在冷战后时期经历深刻演变。体现在两方面：一是以市场化和自由化为主的"全球化"使世界秩序在相当程度上去除了国家和社会的"嵌入"，而这种"嵌入"在第二次世界大战结束后的冷战期间表现得尤为深刻；二是失"嵌"的世界秩序却难以"治理"市场化和全球化带来的巨大挑战，如气候变化、不平等性等全球问题日

益突出。结果,现有的世界秩序处在一个巨大的不确定的十字路口。关于"世界秩序的未来"或者"全球治理的国际制度向何处去"是近几年世界范围国际关系学科的热点。中国也不例外,2018年,对现有世界秩序的研究成为热点。现有世界秩序是中国改革开放40年过程中最为重要的"外部环境"。由于这一秩序陷入"百年未有之大变局",如何影响中国对未来发展需要的"战略机遇期"的判断,中国如何塑造或引领今后国家安全与发展的"外部环境"(包括在亚洲的地区秩序)?此外,中国学者对"世界秩序的未来"的关注与世界范围内对"世界秩序的未来"的讨论正好构成一种中外对话。

【文章举例】

1. 陈拯:《失衡的自由国际秩序与主权的复归》,《国际政治科学》2018年第1期。

2. 王政达:《美国对国际核秩序的侵蚀与弱化》,《国际安全研究》2018年第2期。

3. 达巍:《"自由国际秩序"的前路与中国的战略机遇期》,载陈定定、达巍主编《全球秩序》,社会科学文献出版社2018年版。

4. Pang Zhongying, "China and the Struggle Over the Future of International Order," *The Rise and Decline of the Post-Cold War International Order*, Oxford University Press, 2018.

5. Tang Shiping, "China and the Future International Order(s)," *Ethics & International Affairs*, Vol. 32, Special Issue 1 (Rising Powers and the International Order), Spring 2018, pp. 31–43.

【专家点评】

世界秩序的变化直接体现为以自由主义为底色的国际秩序逐渐崩坏,因此,传统全球化模式与全球治理机制面临挑战的问题首先受到关注。当前世界秩序的变化与美国霸权主导地位的衰落紧密相关,于是美国对现有国际秩序的主动修正也成为重要议题。世界秩序面临的困境,从根本上说是传统国际政治经济治理机制的合法性

和有效性问题，旧有的国际贸易规则、国际安全规则不断受到质疑和挑战，这就是另一部分国内学者密切关注的更为实用的话题。另外，需要塑造怎样的世界新秩序，新旧秩序及模式如何过渡的问题同样被积极讨论。从中国的立场和角度出发，国内学者更关注世界秩序转型为中国带来的"战略机遇期"问题。无论如何，世界秩序一直是国际关系研究中最为宏大而重要的议题之一。当前世界秩序正在发生的变化为国内外思考这一问题提供了新的研究驱动力。对中国的国际问题研究者来说，继续讨论中国与当前及未来世界秩序的关系、中国如何成为世界秩序的贡献者和建设者，仍是必要且重要的。

（点评人：陈定定，暨南大学国际关系学院教授、海国图智研究院院长）

热点五： 英国 "脱欧" 及其对欧盟与中国的影响

【热点介绍】

欧盟的前身是欧洲共同体。苏联解体后，欧共体升级为欧盟。自1993年成立以来，欧盟是冷战后世界秩序的最重要构成之一。截至2018年，欧盟成员国为28国，还有不少欧洲国家在申请入盟。英国是欧盟的成员。英国在2016年6月23日通过全民公决离开欧盟，成为欧盟历史上的首个"脱欧"案例。英国"脱欧"也被视为全球范围内"逆（去）全球化"的重要案例。目前，英国是否最终"脱欧"仍然存在不确定性，但是，从2017年3月29日英国正式启动《里斯本条约》第50条款，开始与欧盟进行"脱欧"谈判以来,"脱欧"过程对欧盟的前途、对现有世界秩序的影响深远。在过去 2—3 年,欧盟深受英国"脱欧"的掣肘。2018 年前后是英国"脱欧"的关键时刻,学者们高度关注,多角度研究。其中,不仅包括观察英国"脱欧"对欧盟的影响,也包括分析英国"脱欧"对中国等的影响。

【文章举例】

1. 冯存万:《多重危机视角下的欧盟政策调整及中欧关系》,《国际展望》2018 年第 6 期。

2. 史志钦、田园:《英国"脱欧"对欧盟安全与防务的影响》,《当代世界与社会主义》2018 年第 2 期。

3. 叶祝弟:《和平、渐进与改革是英国转型成功的良药——钱乘旦教授访谈录》,《探索与争鸣》2018 年第 2 期。

4. 张程、刘玉安:《英国退欧与欧洲防务一体化问题探析》,《国际论坛》2018 年第 2 期。

5. 冯存万:《构建全球新角色:退欧框架下的英国外交评析》,《国际论坛》2018 年第 4 期。

6. 张飙:《"全球英国":脱欧后英国的外交选择》,《现代国际关系》2018 年第 3 期。

7. 孙盛囡、高健:《英国脱欧与中英关系的发展趋势》,《当代世界》2018 年第 4 期。

【专家点评】

英国脱欧问题是全球化进程中市场、社会和政治问题相互交织引发主权国家困境的典型。学界对这一问题的探索也因此呈现出视角和方法的多元,既有从劳动力市场角度对脱欧派社会基础的实证考察,又有从历史学和政治学角度对英国国家身份和民主制度的反思。英国脱欧在政治、经济和法律层面引发的诸多不确定性及中国的相关对策，亦是学界热议的话题。随着实证研究的完善和理论探讨的深入，多项研究又体现出殊途同归的特点，其核心问题均从不同层面指向丹尼·罗德里克（Dani Rodrik）经典的"全球化三元悖论"假说。英国的案例表明，在市场和社会相互嵌入的双向运动下，经济全球化、政治民主和国家主权之间的张力似乎不可避免。设计怎样的政治容器，才能够承载经济全球化和社会保护的双重目标？这不仅是英国和欧盟的当务之急，也是深度卷入全球化进程的所有国家必须正视的问题。在这个意义上，学界对英国脱欧的关注显然已经超越了单纯的地区热点问题探讨，对全球化时代经济社会治理总体性方案的思考，是值得学界进一步关注的重要议题。

（点评人：张海洋，中国社会科学院《欧洲研究》编辑部副主任、副编审）

热点六："印太"战略及其影响

【热点介绍】

2017年1月，特朗普政府上台，旋即高调退出《跨太平洋经济伙伴关系协定》（TPP）。2017年11月，特朗普访华后首次参加在越南举行的亚太经合组织（APEC）峰会。具有讽刺意味的是，在这个以"亚太"（Asia-Pacific）为名的代表冷战后世界上经济增长最快的地区（跨地区）国际关系新特征的论坛上，特朗普政府却宣布其具有颠覆性的新外交政策——"印太"（Indo-Pacific）战略。2018年11月，美国派副总统彭斯参加在巴布亚新几内亚举行的APEC峰会，再次推广"印太"战略。"印太"到底是什么？"印太"的影响如何？如果说"亚太"是一个地区或者跨地区合作概念，"印太"则是一个地区冲突概念。美国及其地区盟友（包括日本和澳大利亚，以及印度，甚至一些东盟国家）越来越明确地用"印太"来与中国发起的、其他许多国家参与"共建"的"一带一路"倡议相竞争或者平衡、制约而不是对接或者合作。重要的国际会议,例如在新加坡举行的"香格里拉对话"(SLD),都少不了有关"印太"的热烈讨论。关于"印太"战略本身,尤其是"印太"战略对"一带一路"倡议的影响成为2018年中国国际关系研究的热点。

【文章举例】

1. 林民旺:《"印太"的建构与亚洲地缘政治的张力》,《外交评论》2018年第1期。

2. 刘胜湘、辛田:《均衡制衡与特朗普政府"印太"战略论析》,《当代亚太》2018年第6期。

3. 江时学:《基于"一带一路"倡议的中国拉美命运共同体探究》,《社会科学战线》2018年第7期。

4. 宋伟:《从印太地区到印太体系:演进中的战略格局》,《太平洋学报》2018年第11期。

5. 王栋:《国际关系中的对冲行为研究——以亚太国家为例》,《世界经济与政治》2018年第1期。

6. 张洁:《美日印澳"四边对话"与亚太地区秩序的重构》,《国际问题研究》2018年第5期。

【专家点评】

"百年未有之大变局"在全球范围展现,但首先集中反映于地区层面。在不同地缘空间版图结构与重塑、各种地区力量分化与组合的进程中,美国"印太"战略与中国"一带一路"倡议的博弈产生的影响最大,引发的关注最多。从2017年年底开始,美国"印太"战略迅速从提出概念构想走向推动战略实施。相应地,中国学术界的关注从比较研究各种版本的"印太"战略、构想、愿景转为聚焦美国的"印太"战略。"印太"战略意在维护美国的地区领导地位,在战略设计上带有针对"一带一路"倡议的色彩,这就使"一带一路"倡议被置于与"印太"战略博弈地区秩序主导权的"新高度",成为2018年度学术研究的热点之一。未来,更多的学者或将通过借鉴历史经验,尝试对"印太"战略与"一带一路"倡议的互动做出更多诠释、预测,提出破解与应对之道。同时,中美博弈产生的外溢效应以及其他国际力量所具有的政策自主性,也决定了必须更加关注地区国家与组织的认知差异与战略抉择,因为地区秩序的最终走向将由多种力量的相互作用所决定。

(点评人:张洁,中国社会科学院亚太与全球战略研究院研究员)

热点七: 改革开放以来中国与世界关系的演变

【热点介绍】

2018年是回顾和总结过去40年中国与世界之间关系的"时刻"。在2018年6月举行的中央外事工作会议上,习近平总书记认为当今世界正在经历"百年未有之大变局"。这是继邓小平在20世纪80年代提出"和平与发展仍是时代主题"后的又一大"时代判断"。40年是一个长和平时期,更是一个大发展时期。这一时期,世界和中国都发生了巨变。中国的发展改变了世界,世界的发展影响了中国。中国成为现有世界秩序的一部分。由于中国的加入,现有世界秩序发生了前所未有的改变。提出、强调和分析这一课题具有重大学术价值和外交政策意义。在对这一课题的已有各种研讨中,有的是大历史的宏观把握,有的则是从某种角度深入讨论中国与世界之关系。这些角度包括世界格局(世界秩序)、外交理论与外交实践、软实力、世界经济体系、"战略机遇期"等。

【文章举例】

1. 胡键：《软实力研究在中国：一个概念演进史考察》，《国际观察》2018 年第 6 期。

2. 杨洁勉：《改革开放 40 年中国外交理论建设》，《国际问题研究》2018 年第 5 期。

3. 杨娜：《改革开放 40 年：中国参与全球治理的特点及启示》，《教学与研究》2018 年第 8 期。

4. 张蕴岭：《中国对外关系 40 年：回顾与展望》，《世界经济与政治》2018 年第 1 期。

5. 张清敏：《理解中国特色大国外交》，《世界经济与政治》2018 年第 9 期。

6. 张宇燕：《中国对外开放的理念进程与逻辑》，《中国社会科学》2018 年第 11 期。

【专家点评】

中国与世界的关系是主导过去 40 年的中国国际关系研究的中心课题之一。过去 40 年，中国国际关系研究的主题之一就是中国与世界之间的关系。这一主题涉及中国认识世界、融入世界、参与世界和影响世界等各个方面，其复杂性是不言而喻的。改革开放 40 年的时刻，是反思中国与世界之间关系的时刻，也是反思过去 40 年关于中国与世界之间关系之研究的时刻。伴随着中国外交政策的转变，以研究中国与世界之间的关系为例，中国国际关系研究在这 40 年到底发生了什么样的大转变？发展是中国在过去 40 年的主题，在变动的世界中实现发展、在变动世界中的"战略机遇期"一直是一个关键的研究主题。为管理中国与世界之间的关系，中国意识到仅使用"硬实力"是不够的，但对"软实力"重要性的认识是一个长期的过程。中国逐步形成了新型的具有中国特色的外交，以处理中国与世界之间的复杂难题和艰巨挑战。中国不仅强调维护和增加自身在全球化世界中的国家利益，而且强调"构建人类命运共同体"，更加积极地参与全球治理。

（点评人：王正毅，教育部"长江学者"特聘教授、北京大学国际关系学院学术委员会主任）

热点八： 全球化与全球治理的反思和探索

【热点介绍】

在本体论意义上，当今世界是复合相互依存的全球化世界。中国是过去 40 年全球化进程最主要因素之一。全球化带来了全球问题，而全球问题则要求全球治理。"逆（去）全球化"不仅是全球化，而且是全球治理的对立面。最近几年，以英国"脱欧"和美国"退群"为代表的"逆全球化"使全球治理体系在局部发生严重倒退，全球治理僵局不仅没有得到改善，反而趋于恶化。全球治理处在艰难时刻。全球治理向何处去？改革是全球治理的主要出路。但是，美国、欧盟和中国针对全球治理体系改革的立场和政策不同，争论激烈。与美国不同，中国外交政策的优先是更加积极参加全球治理，在全球治理体系及其改革中的作用上升。2018 年，反思全球化，讨论全球治理的方向，探索中国在全球治理中的作用成为学术热点。

【文章举例】

1. 程卫东：《欧洲是否会走向"逆全球化"之途》，《人民论坛》2018 年第 10 期。

2. 康晓：《气候变化全球治理的制度竞争——基于欧盟、美国、中国的比较》，《国际展望》2018 年第 2 期。

3. 龙永图、林毅夫、朱云汉等：《逆全球化与新全球化：当今世界走势与中国发展》，《探索与争鸣》2018 年第 1 期。

4. 李昕蕾：《治理嵌构：全球气候治理机制复合体的演进逻辑》，《欧洲研究》2018年第2期。

5. 秦亚青、魏玲：《新型全球治理观与"一带一路"合作实践》，《外交评论（外交学院学报）》2018年第2期。

6. 蔡亮：《试析国际秩序的转型与中国全球治理观的树立》，《国际关系研究》2018期第5期。

7. 周强：《补偿何时能换来对全球化的支持——嵌入式自由主义、劳动力流动性与开放经济》，《世界经济与政治》2018年第10期。

【专家点评】

半个世纪以来，全球化推动了跨越国界的全球生产体系的兴起，促进了全球贸易和生产的蓬勃发展和经济繁荣，也推动了文化、经济、机制、价值、资本、人口等前所未有的流动、分工、交流和融合。与此同时，也带来了人类文明或文化价值冲突、分配不公等问题。随着伊斯兰世界"反西方化"、英国"脱欧"、美国"特朗普现象"的出现、中美贸易冲突等难题，当今世界的全球化进程似乎面临着前所未有的挑战。对此，诸多论者认为，我们正处于"逆全球化"或"新全球化"的历史时期。如何科学认识和解释全球化的历史逻辑、发展规律、未来趋势，如何科学认识和解释所谓"逆全球化"思潮发生的原因，特别是如何以开放、包容、自信的心态面对和把握我们所面临的挑战和历史机遇，将对中国进一步全面深化改革开放和国家治理、政治、经济、文化现代化等各方面实践产生深远的影响，这是学术界面临的一项重大理论和实践课题。

（点评人：郭苏建，教育部"长江学者"特聘教授、复旦大学社会科学高等研究院院长）

热点九： 区域国别研究的理论建构与学科建设

【热点介绍】

区域国别研究，也称国际领域研究，实为中国多年来"国际问题研究"的主体内容之一。对国际体系和世界经济体系中的地区和国家的成建制的社会多学科研究始于美国。在冷战的推动下，美国的苏联研究十分发达。冷战结束后，美国的中国研究取代苏联研究而持续勃兴。20世纪六七十年代，中国的区域国别研究集中于对亚非拉的研究；冷战结束后，则偏重美国研究和欧洲研究。中国的"一带一路"倡议不仅使中国的区域国别研究集中在"一带一路"沿线国家，而且使区域国别研究成为国际关系学科中增长最快的领域。2018年，教育部批准的一系列区域国别研究基地在各地隆重挂牌，加上以前的老牌研究机构，中国的区域国别研究已经覆盖世界上几乎每一个地区和每一个国家。在2018年，从社会科学各个视角，尤其是国际关系学，对区域国别研究的一般讨论（即到底为什么研究区域国别和如何研究区域国别）空前热烈。

【文章举例】

1. 初晓波：《日本地区研究的论争与发展》，《国际政治研究》2018年第5期。

2. 程多闻：《区域研究与学科之间的争论与融合》，《国际观察》2018年第6期。

3. 刘青：《区域和国际研究：关于历史和"原理"的思考——牛可副教授访谈》，《国际政治研究》2018年第5期。

4. 王缉思：《浅谈区域与国别研究的学科基础》，《北京大学国际战略研究简报》，2018年12月21日，第73期。

5. 《专访朱文莉——中国的美国研究现状与未来发展》，《国际政治研究》2018年第6期。

【专家点评】

区域与国别研究的涵盖面很广。这一学科既关注国际关系领域的理论问题，也探讨世界上层出不穷的危机和"热点"的来龙去脉；既分析多种多样的综合性问题，也研究各个区域和不同国家的政治、经济、外交、历史、社会和文化。近几年，这一领域的研究在中国呈现出欣欣向荣的景象。一方面，中国特色的"大国外交"的发展要求更为深入地了解世界各国的基本国情，以便为中国的外交决策提供更好的学术支撑；另一方面，无论在政策上还是在经费上，中国政府对区域国别研究的扶持力度不断加强。2018年，一系列新的区域国别研究机构的挂牌和有关的研讨会表明，关于区域国别研究的学科体系正在中国形成。但是，如何开展区域国别研究，如何使区域国别研究具有中国特色，如何提升区域国别研究的质量，如何推动区域国别研究的学科建设，这是中国相关研究领域的每一个学者需要思考的重大问题。显然，这些都与区域国别研究的方法论密不可分。总之，在区域与国别学科的研究中，方法论至关重要，有必要推动方法论建设，并以此提高区域国别研究的理论化水平。

（点评人：江时学，澳门科技大学社会和文化研究所访问教授、上海大学特聘教授）

热点十： 非传统安全研究领域的新议题

【热点介绍】

国际安全研究是国际关系研究的重要组成部分。安全是国际关系的主要目标之一。过去40年，中国国际安全研究的一个特点是越来越重视"非传统安全"议题。非传统安全代表着广义的安全和新的安全，涵盖多样的、综合的议题。2018 年，非传统安全研究是中国国际安全研究中的热点。在改革开放 40 年之际，回顾 40 年的中国非传统安全研究、研究新的非传统安全议题，如人的安全、全球公域（the global commons）、人工智能等，构成这一年非传统安全研究的特点。全球公域是国际安全研究的"新疆域"，根据联合国文件，主要包括空天、公海、极地、网络等。网络空间的安全和网络地缘政治是重大课题。中国在人工智能领域跻身世界前列，国际关系学者及时和敏锐地引入人工智能议题。中国正在建设海洋强国，积极参与全球海洋治理，涉海安全研究成为非传统国际安全研究的亮点。

【文章举例】

1. 蔡翠红：《网络地缘政治：中美关系分析的新视角》，《国际政治研究》2018 年第 1 期。

2. 董亮：《2030 年可持续发展议程下"人的安全"及其治理》，《国际安全研究》2018 年第 3 期。

3. 封帅：《人工智能时代的国际关系：走向变革且不平等的世界》，《外交评论》2018 年第 1 期。

4. 廖丹子：《中国非传统安全研究 40 年（1978—2017）》，《国际安全研究》2018 年第 4 期。

5. 郎平：《网络空间国际秩序的形成机制》，《国际政治科学》2018 年第 3 期。

6. 王晨光：《路径依赖、关键节点与北极理事会的制度变迁——基于历史制度主义的分析》，《外交评论》2018 年第 4 期。

【专家点评】

非传统安全威胁的挑战推进了全球安全治理的深度合作，而"人类命运共同体"的倡议则为全球安全治理提供了价值坐标。2018 年的非传统安全研究集中体现了对"逆全球化"和"深度全球化"的思考。无论是气候变化、网络安全、极地安全、海洋安全、人的安全等经典性非传统安全议题的研究，还是人工智能与大

数据等非传统安全全新议题的探索，都体现了中国基于"人类命运共同体"的理念参与和推动全球安全治理所作的努力和贡献。2018年，非传统安全研究主要体现出以下特征：一是前沿性。非传统安全研究的议题逐渐从恐怖主义、气候治理、人的安全拓展到网络安全、极地治理、人工智能等。二是体系性。自20世纪末中国国际关系学界开始关注非传统安全研究以来，非传统安全研究从零散的、局部的专题探索逐渐走向全局的和体系的思考与总结。学界不仅关注非传统安全研究的脉络与演化，而且努力建构具有"中国智慧"的"中国方案"与展望非传统安全研究的未来。三是理论性。非传统安全研究开始从更深层次探讨安全与发展、安全与自由、安全与正义、安全与公平、安全与秩序等基本价值关系。

（点评人：余潇枫，浙江大学公共管理学院教授）

国际安全大数据
　　研究报告

全球安全态势：大变革背景下的机遇与挑战

赵 洋

【内容提要】 2017年是进入21世纪以来全球安全态势出现最深刻变革与调整的年份。随着中国经济在"新常态"中快速增长以及综合国力的稳步提高，中国正在逐步回归世界舞台的中央。与此形成对照，特朗普治下的美国采取了一系列逆全球化的政策，而这无疑对美国的软实力造成了重大损害。尽管从某种程度上讲，特朗普的某些政策可能在一定时期内可以为美国带来收益，但是在全球经济一体化与区域化不断深入发展、对全球治理进行变革呼声不断高涨的当今，这种逆全球化政策从长远来看对美国、对世界都是有害而无益的。尽管中美之间在综合国力上的绝对差距仍然十分显著，中国在短期内也不可能取代美国地位，但是随着两国实力的不断接近，中美两国之间博弈的复杂程度已经空前提升，其深度和广度也是前所未有的。至少部分是出于遏制中国的目的，美国一方面于年初积极在韩国境内部署"萨德"反导系统，另一方面则大力推动其"印太战略"，这无疑使中国的周边安全形势复杂化。此外，俄罗斯同西方国家的关系仍然紧张，双方关系改善的前景也很不明朗。在地区热点中，最引人注目的无疑是上半年的朝核危机，朝鲜和美国在此轮危机中已经走到战争边缘。但中国在面对外部复杂形势时保持了战略定力，没有使自身发展受到外部消极影响。这一年举行了第一届"一带一路"国际合作高峰论坛，"一带一路"倡议的朋友圈稳步扩展。中国已经成长为全球化最坚定的推动者和支持者，所倡导的构建人类命运共同体理念也进一步深入各国人心。

【关键词】 大国关系；地区形势；恐怖主义；联合国；朝核问题；"一带一路"倡议；全球治理

一 引言

通常而言，"安全"并不是一个清晰的概念，而是充满了模糊性。这种模糊性来自安全概念自身，这是因为安全本身就包含了主观和客观的要素。现实主义国际关系理论往往从物质主义的角度出发来看待安全，将安全看作不存在对于一个行为体生存的客观的物质性威胁。但是，部分学者也强调安全所具有的主观性的一面，如阿诺德·沃尔弗斯（Arnold Wolfers）指出，安全在实质上代表了一国所拥有的一种价值，它一方面衡量已获取价值的威胁的缺失状况，另一方面则表现出对于这些价值将要遭受的攻击所抱有的恐惧。因此，一个国家的安全状况可以是从几乎没有安全或安全感到几乎完全的安全或不存在恐惧，这一连续统一体当中的任何一点。[①] 事实上，同安全相关的一个具有相当大的主观性的概念则是恐惧，它意味着一种心理上的感受。在国际关系理论中，安全本身就是同恐惧相互交织在一起的，难以将二者完全分开。例如，约翰·米尔斯海默（John Mearsheimer）一方面指出安全或生存是国家在国际体系中所追求的首要目标，另一方面又强调国家（特别是大国）彼此之间存在着恐惧，而恐惧又催生了国家追求安全的行为。[②] 理查德·内德·勒博（Richard Ned Lebow）则比较详细地阐述了安全和恐惧之间的关系。他指出，恐惧实质上是一种情感（emotion），它

---

① ［美］阿诺德·沃尔弗斯：《纷争与协作——国际政治论集》，于铁军译，世界知识出版社2006年版，第133页。
② ［美］约翰·米尔斯海默：《大国政治的悲剧》，王义桅、唐小松译，上海世纪出版集团2003年版，第44—45页。

来自人类将自身的想象力运用到可能发生的或者是或然的后果当中。同时,恐惧也激发了对于安全的追求,而这可以通过多种手段来得到满足。在国际关系当中,获取安全的手段则是直接获取军事力量或间接地建立联盟。①

因此,从某种意义上来讲,衡量安全就是衡量人们内心的一种恐惧感。在国际关系中,国家作为个人的集合体,也会受到个人的恐惧感的影响并因此采取相应的行为。亚历山大·温特(Alexander Wendt)曾经指出,尽管国家同真实的个人在很多方面存在着巨大的差异,但是将国家类比为人是一种非常有效的研究方法。通常来讲,将国家拟人化就是将国家的人格看作构成了这些国家的个人的行为和话语。② 从这个角度讲,个人的恐惧感的集合就构成了作为一个整体的国家的恐惧感。现实主义者指出了一个在某种意义上至今仍然具有说服力的观点,即人的各种情感会推动国家采取不同的行为,或者可以说情感是导致社会冲突的一个重要的原因。肯尼思·华尔兹(Kenneth Waltz)借助巴鲁赫·德·斯宾诺莎(Baruch de Spinoza)的观点,指出人的行为往往不是由纯粹的理性而是由情感来支配的。如果人的行为是完全理性的,那么人出于维护生存的考虑而做出的行为就会自动地导致和谐的状态。然而事实并非如此,因此人会在情感的驱动下被卷入纷争与冲突当中。③ 同时,相较于个人的恐惧感,国家的恐惧感是一种主体间性的存在,这就正如巴里·布赞(Barry Buzan)等人所指出的,安全需要依赖于"存在性威胁"(即安全的"指涉对象")而存在,同时也需要在安全化的"听众"之间建立一种主体间性,即听众拥有对于一个存在性

---

① Richard Ned Lebow, *Why Nations Fight: Past and Future Motive for War*, Cambridge: Cambridge University Press, 2010, p. 86.

② Alexander Wendt, "The State as Person in International Theory," *Review of International Studies*, Vol. 30, No. 2, 2004, p. 289.

③ [美] 肯尼思·华尔兹:《人、国家与战争——一种理论分析》,信强译,上海世纪出版集团2012年版,第19页。

威胁成为"威胁"的共同理解。① 这种共同理解一旦得以建立，它就会成为一种社会事实或制度事实。法国社会学家埃米尔·涂尔干（Emile Durkheim）指出，这种事实的特点在于它可以从外部给予个人以约束，并且是由存在于个人之身外，但同时又具有使个人不能不服从的强制力的行为方式、思维方式和感觉方式所构成的。② 或者如温特借助科学实在论（scientific realism）的观点，指出尽管这种事实是由主体间观念所构成的，但是它具有独立于人们的思想和语言而存在的特点。③ 从这个意义上讲，如果一个国家内部足够多的国民拥有一种共同的恐惧感，那么这种恐惧感就可以成为一种独立于个体而存在的社会事实，从而对国家间关系产生影响。

"国际安全大数据"实际上就是对安全的主观要素和客观要素相结合的定量分析，这种分析通过选取相关的指标，对一定时期内一个国家的安全态势进行量化处理。需要指出的是，国家安全和国际安全的概念有所不同。就国家安全而言，它涉及某一特定国家的安全态势，即这个国家没有面临事实上的或者是感知上的威胁。就国际安全而言，它更多的是强调一种超国家层次的安全或者说是"共同安全"，如布赞所指出的，国际安全是一种相互关联的事情，它强调在面临威胁和脆弱性的时候人类集体需要彼此联动。④ 从这个意义上讲，该指数所涵盖的指标主要涉及的是"国家安全"，尽管有时候这些指标也会涉及国际安全的相关要素。另一个需要注意的问题在于，由于感知指数所选取的大部分指标衡量的是个体的安全感，因此它实质上是通过将个体的安全感进行叠加来衡量国家安

---

① ［英］巴里·布赞等：《新安全论》，朱宁译，浙江人民出版社2003年版，第34—35页。

② 郭大水：《社会学的三种经典研究模式概论》，天津人民出版社2007年版，第16—17页。

③ Alexander Wendt, *Social Theory of International Politics*, Cambridge: Cambridge University Press, 1999, p. 52.

④ ［英］巴里·布赞等：《新安全论》，朱宁译，浙江人民出版社2003年版，第14页。

全的，而这就不可避免地涉及个体安全同国家安全之间关系的问题。对此，布赞提出了关于个人安全和国家安全之间关系的三个假设：第一，尽管个人安全是重要的分析层次，但是它在实质上从属于国家和国际体系这些更高层次的政治结构。第二，国家安全同个人安全之间具有矛盾，国家可能会对个人安全产生消极影响。第三，个人追求安全的行为同样会对国家产生积极或消极的影响，而这取决于国家和个人是否对立。① 尽管个人安全同国家安全之间可能存在某些不一致，但是也不宜将二者看作完全对立的概念，而这也是在解读"国际安全态势感知指数"时需要关注的问题。阿米塔夫·阿查亚（Amitav Acharya）对此指出，倡导个人安全并不能贬低国家作为人的安全的主要保障者的重要性，但同时也需要注意到国家并不是个体的唯一的保护者。② 事实上，在绝大部分情况下，国家仍然是人的安全的最强有力的保护者，因此过于强调二者之间的对立对于维护个人安全并无助益。同样，在"国际安全态势感知指数"所反映的绝大多数国家当中，国家都充当了个人安全的强有力的保护者。

在指标选取方面，可以将"国际安全大数据"所选取的变量看作一些关于安全的先行性指标，也就是说它们反映的是安全问题的"表象"而不是原因。这就如同人的身体在出现问题时会产生出某些表象——如体温升高、心跳加快、血象异常等——从而使医生可以据此判断一个人究竟得了何种疾病一样，人们也可以通过观察国家安全的表象——如投资撤离、旅游人数减少、留学生回国、物价上涨等——来判断国家处于何种安全态势当中。事实上，很容易发现涉及国家安全态势的表象，因为在趋利避害的本性支配下的个人总会对外部环境做出近似于条件反射般的反应。当外部环境出现了

---

① ［英］巴里·布赞：《人、国家与恐惧——后冷战时代的国际安全研究议程》，闫健等译，中央编译出版社 2009 年版，第 57 页。
② ［美］阿米塔夫·阿查亚：《人的安全：概念及应用》，李佳译，浙江大学出版社 2010 年版，第 3 页。

某些不利的变化时,人就会出于本能地将这种变化同对于自身安全的威胁相联系并采取相应的避险行为。在信息高度发达的现代社会中,个人的恐慌情绪也会被无限放大,从而像传染病一样迅速在社会中传播。这种放大则体现在两个方面。

第一,恐慌情绪会从个体迅速扩散到人群当中,从而最终导致全社会的恐慌。典型案例是在2011年3月日本发生大地震之后,因为受到"核辐射"谣言的影响在中国大陆很多地区出现了"抢盐"的风潮,从而最终迫使官方媒体出面辟谣。这种迅速并且在很多情况下是非理性的恐慌情绪的蔓延是现代社交网络高度发达、信息传递和共享技术飞速发展所带来的一种无法避免的负面影响。在现代信息社会当中,无论真实或不真实的负面信息都可以通过互联网、手机短信、微信或其他即时通信工具得以迅速传递,从而在官方权威话语出现之前便已经形成气候。

第二,恐慌情绪往往还具有"外溢"效应,即可以从一个领域溢出到另一个领域。例如,当个体感觉到迫在眉睫的安全威胁时,可能会做出一些预防性反应,如囤积生活用品、富人加速向外移民等,而这些变化又会引发其他领域的变化,如推动外资撤离、留学生提前回国、赴该国旅游人数减少等。这些不同的领域相互关联,一个领域的变化往往会带动其他领域的变化。个人的恐慌情绪可以被放大这一事实已经得到了政治心理学研究的认可,如相关研究已经指出,一个社会群体的成员之间有可能通过他们彼此之间的互动来相互影响,从而导致情感具有"传染性",也就是说其他人的情感可以影响到一个人自身的情感。同时,共同的情感也是一个社会群体所具备的必要特征,如果没有共同情感的存在,那么一个群体就仅仅是个体的简单叠加,从而作为整体的群体也就不能作为一个独立的行为体而存在。①

---

① Jonathan Mercer, "Feeling like a State: Social Emotion and Identity," *International Theory*, Vol. 6, No. 3, 2014, pp. 523 – 524.

本文对2017年的国际安全态势进行系统分析，主要聚焦于大国关系的变化与调整、地区安全态势的现状、非传统安全问题以及国际维和行动四个领域。进入2017年之后，大国关系中竞争性的一面有所加强，特别是特朗普政府的上台对中美和美俄关系均造成了较大冲击，相比之下，中俄关系保持稳定发展，但是也存在某些潜在问题。地区安全局势仍不乐观，朝核问题牵扯着多个大国博弈，美国倡导的"印太战略"也可能加剧地区大国竞争，而西亚北非地区也依然是冲突和纷争爆发的集中地。在非传统安全方面，网络安全仍是各国需要认真面对的问题，恐怖主义的活动也需要持续加以关注。随着美国不断的"退群"行为，其在全球事务中的影响力正在下降，而中国在以联合国为核心的全球治理体系中的地位得到了提升。中国积极支持联合国维和行动，并为此提供了大量公共产品。当然，联合国维和行动也需要某些改革，而中国也将是推动改革的中坚力量。

二 大国关系深刻调整 不确定性进一步增强

2017年是大国关系进入深刻调整的一年，这种调整随着特朗普入主白宫而被进一步明显放大。特朗普所具有的反建制的民粹主义倾向强于美国有史以来任何一位总统，这种倾向在对外关系中的表现则是奉行经济民族主义和"美国第一"原则，并不惜为此采取任何手段，而这注定会对现有的国际秩序造成巨大冲击。特朗普带来的冲击首先体现在美国同中、俄等主要大国的关系方面，其中尤以中美关系最为引人瞩目。随着中国经济在过去40年的高速增长，中、美两国之间的实力正在不断接近，而这也推动两国之间的关系进入了一个质变期，从而使得双方博弈的复杂性达到了前所未有的高度。[1] 2017年

---

[1] 张宇燕：《2017：未来历史学家可能浓墨重彩书写的年份》，载张宇燕主编《全球政治与安全报告（2018）》，社会科学文献出版社2018年版，第2页。

4月，中国国家主席习近平在美国海湖庄园同特朗普举行了首次元首会晤，并宣布建立外交安全对话、全面经济对话、执法及网络安全对话以及社会和人文对话四个高级别对话机制以取代原有的中美战略与经济对话。同年7月，两国元首又在二十国集团汉堡峰会后举行会晤。2017年11月，特朗普实现了首次对中国的国事访问。

中美首脑会晤并未消除两国之间的重大分歧，双方在政治、经济、安全等问题上的立场差异成为阻碍两国关系平稳发展的主要障碍，并且这种障碍随着特朗普个人特质等因素又得到了强化。正是在2017年8月，美国宣布对中国启动301调查，对中美经贸发展造成了负面影响，违背了互利共赢的国际贸易原则，也为后来美国发动对华"贸易战"埋下了伏笔。这一年的12月，美国发布了《国家安全战略》报告，明确将中国定义为"战略竞争对手"和"修正主义国家"，而2018年1月美国国防部发布的《国防战略》报告同样将中国视为"战略竞争者"。从战略上看，在特朗普当政之后，美国将中国视为最主要的战略竞争对手已成为定局，两国关系中对抗性和冲突性的一面前所未有地提升。在政策层面，美国的对华政策已经从侧重接纳与改变的"接触"转变为"规锁"——即弃用现有的国际制度或体系，并以一套更具针对性和更严厉的新规则来"规范"中国行为，以将中国固定在全球价值链的中低端位置上。① 这其中的核心原因之一则在于中国在综合实力上的追赶，特别是在高科技领域取得的进步，已经对以美国为首的发达国家构成了"威胁"。同时，尽管这种"规锁"起始于贸易领域，但是绝不会仅仅局限在这一领域当中，美国将其蔓延到政治、安全、意识形态等各领域是必然的。

中美关系的实质性变化无疑会加大中国所面临的外部压力，特别是经济和军事上的压力。在经济上，特朗普从竞选时就将中国看

---

① 张宇燕：《世界格局在2018年的多重变奏》，载张宇燕主编《全球政治与安全报告（2019）》，社会科学文献出版社2019年版，第2页。

作美国经济最大的挑战，认为美国在中国加入世界贸易组织的问题上对华"让步"太多，而且正是中国商品的大量出口导致了美国人的失业和美国制造业的衰落。对于特朗普而言，这种看法是根深蒂固的，并不会随着他的当选而有所改变。在安全认知上，特朗普政府也趋于保守。美国前总统奥巴马的《国家安全战略》报告对安全问题的认知是多元化的，涵盖了人口和社会变迁、信息快速传播、传染病、武器和毒品问题、难民问题等，而特朗普对安全的认知则极为单一，认为美国所面临的安全威胁就是大国之间的权力竞争。在2017年发表的特朗普政府的第一份《国家安全战略》报告中，中俄两国被看作挑战美国实力、侵蚀美国安全和繁荣的"罪魁祸首"，并且中国对美国的威胁程度要大于俄罗斯。美国国防部于2018年1月发表的《国防战略》报告则延续了这一传统，认为中国利用经济优势来威胁邻国，并且在南中国海进行军事化。与此同时，曾经出现在奥巴马政府的《国家安全战略》报告中的气候变化、传染病和毒品等非传统安全问题则从特朗普政府的《国家安全战略》报告中消失了。

正是在这种思想的支配下，特朗普政府将"以实力求和平"置于外交政策的中心地位，而这里的实力则是指纯粹的物质性实力。事实上，利用实力优势来为本国谋求比其他国家更多的利益是历届美国政府所一贯坚持的原则，但是不同政府对实力的理解却不尽相同。奥巴马政府尽管强调实力因素，但更多关注所谓的"巧实力"，即利用政治、经济、外交、军事和文化等各种途径恢复美国的全球领导地位，为此美国既需要团结盟友，也需要解除对手；既需要维系原有的联盟，也需要同其他国家开展广泛合作。但特朗普对实力的理解则简单得多，就是将国家实力等同于军事和经济等物质性力量。因此在竞选期间，他就反复强调需要增加军费开支以维系强大的军事实力。在经济上，特朗普则关注以制造业为代表的实体经济的重要性，特别突出经济安全在国家总体安全中的地位。同往届美国政府相比，推广美国式的价值理念并不是特朗普所追求的核心目标，而这体现在国家外交战略中则是他对于制度性和观念性因素的忽视和轻视。

当然，如果探究特朗普政府对外战略的根源，仍然可以从美国的传统价值理念等方面找到依据。美国是一个受到基督教思想广泛影响的国家，而这种影响也不可避免地投射到美国对外部世界的看法当中。具体而言，就是美国人总倾向于通过宗教式的道德观来表达对其他国家的认知，甚至不惜采用激烈斗争的形式。凡是阻碍美国实现"理想"的力量，就是"不道德""不正义"乃至"邪恶"的力量，因此必须被铲除才能伸张正义。美国人总喜欢将自身描绘为道德"高尚的"一方，而敌人则是"邪恶的"。只有在道德上压倒敌人，美国以宗教信仰为基础的民族凝聚力才能得到维持和巩固，美国的国家安全也才能够得到保障。[①] 历史学家曾对此一针见血地指出，美国人有着"强烈的民族自高自大情绪，所以总是按照其他民族不如美国人的标准来解释他们不能建立基于个人主义的共和制度这个事实……美国式的共和制度是最高级的政府形式，那些在共和制上妥协让步的人，可能因其历史原因生来就低人一等"。[②] 因此，在特朗普政府看来，朝鲜、伊朗等国家仍然属于"流氓国家"之列，在其对外政策的某些方面甚至比之前的政府更具进攻性。

同时，特朗普政府的外交也表现出明显的与以往各届政府所不同的地方，其中最突出的就是对全球化和全球治理的敌视，以及对各种国际规范、规则和制度的任意践踏。现有的绝大多数国际制度——包括特朗普认为让中国等发展中国家占了"便宜"的世界贸易组织——都是肇始于第二次世界大战之后，是在美国主导下建立起来的制度。国际制度本身的非中性意味着美国可以从这些制度中

---

① 张宇燕、高程：《美国行为的根源》，中国社会科学出版社2016年版，第42—43页。

② ［美］孔华润主编：《剑桥美国对外关系史（上）》，王琛等译，新华出版社2004年版，第15页。

收获到不成比例的收益,而当特朗普政府认为这些制度已经不再能够使美国获得超越其他国家的收益时,便选择"退群"或"另起炉灶"。特朗普政府上台不久,便退出了《跨太平洋伙伴关系协定》,随后又退出了《巴黎协定》和联合国教科文组织,在2018年又宣布退出《中导条约》。对于世界贸易组织、联合国甚至是作为自身同盟体系的北约,特朗普政府也是毫不掩饰地大加指责。对于美国这种"任性"的"退群"行为究竟会对由它自身所建立的战后自由主义世界秩序构成多大伤害,仍然是学者们争议的问题。例如,一些现实主义者认为所谓的自由主义秩序是不可能永久持续下去的。约翰·米尔斯海默指出,自由主义秩序本身就包含了导致它毁灭的种子,因此它所面临的危机并不是特朗普的政策所导致的。具体而言,只有冷战后的国际秩序才是一种由美国主导的自由秩序,它产生的原因在于美国是一个自由民主国家。但是,这一秩序将在全球范围内传播民主作为自身重要的目标,然而这是十分困难的,并且也经常恶化美国同其他国家的关系,有时候甚至会导致灾难性的战争。除此之外,这种秩序将国际制度优先于国内需求,从而在包括美国在内的自由民主国家内部产生了负面的政治影响。[①] 查尔斯·格拉瑟(Charles Glaser)也认为美国以维持自由国际秩序为基础的外交政策是危险的,它夸大了对于现状的小型挑战所构成的威胁程度,并且隐含地拒绝适应在东亚地区产生的新均势。[②] 因此,执着于追求维护自由国际秩序对于美国而言是不利的,它导致美国不能采取有效的战略来应对外部环境的变化,并且也忽视了美国同其竞争对手之间进行合作的必要性。格拉瑟据此认为中国实力的增长及其对美国利益构成的挑战,并不意味着将中国整合到全球经济中是一个"错误",而中国也已经广泛地同世界经济融为一体,

---

[①] John J. Mearsheimer, "Bound to Fail: The Rise and Fall of the Liberal International Order," *International Security*, Vol. 43, No. 4, 2019, pp. 7–8.

[②] Charles L. Glaser, "A Flawed Framework: Why the Liberal International Concept Is Misguided," *International Security*, Vol. 43, No. 4, 2019, p. 52.

从而导致孤立中国是代价高昂的,也不会有助于阻止美国的相对经济损失。美国应当更改指导其介入东亚安全事务的规则,并做出必要的让步和妥协,因为这有助于减少紧张、误解以及同中国的可能冲突。①

因此,无论是自由主义学者还是现实主义学者,事实上都对特朗普政府的外交政策有诸多争议。自由主义者认为特朗普政府的行为将会终结由美国建立,同时也是由美国所主导的自由主义秩序,而现实主义则认为当前美国仍然将维系自由秩序作为核心目标,从而不能有效应对国际权力结构的变化,甚至有可能导致美国同他国之间产生不必要的冲突。无论是否致力于追求维系自由主义秩序,在深受民粹主义影响的特朗普的治下,美国已经表现出更多利己主义甚至是独断专行的特征,从而不仅影响了同中国、俄罗斯等传统竞争对手之间的关系,甚至也影响了同欧洲、韩国和日本等传统盟友之间的关系。事实上,美国的"退群"并不是像英国"脱欧"那样的纯粹退出,而是希望以退为进,力求通过建立对自己更加有利的非中性制度来实现自身的政治和经济目标。② 这从美国逼迫加拿大和墨西哥签订新版自由贸易协定就可以体现出来,而美日欧三方也多次对未来世界贸易组织的改革与发展方向发表共同声明,以表现出对外一致的声音,其核心就是确保以美国为首的西方发达国家在这一体制中能够使自身利益最大化。

除中美关系不断紧张外,美国同俄罗斯之间也维持着冷淡的关系。同中国一样,俄罗斯在美国的《国家安全战略》报告中同属对美国构成威胁的力量。尽管从表面上看,美俄关系可能会因特朗普独特的风格而在表面上呈现出较奥巴马时期更为缓和的迹象,但就长期而言,美国作为世界超级大国的国家利益而不是总统的施政风

---

① Charles L. Glaser, "A Flawed Framework: Why the Liberal International Concept Is Misguided," *International Security*, pp. 86 – 87.
② 张宇燕:《世界格局在 2018 年的多重变奏》,载张宇燕主编《全球政治与安全报告(2019)》,社会科学文献出版社 2019 年版,第 3 页。

格是影响美俄关系的决定性因素，因此美俄关系注定不会出现根本性变化。① 同中美关系相比，美俄之间的矛盾似乎更难以化解，因为两国关系僵局的根源在于双方根本战略利益上的冲突，特别是在地缘政治利益方面的冲突。纵观近年来美俄关系就可以发现，双方在几乎所有涉及国际事务的重大问题上都存在着尖锐的矛盾和对立。2004年，俄罗斯同西方国家之间的关系就因东欧地区的"颜色革命"而陷入紧张境地；2008年，俄罗斯和格鲁吉亚之间因争夺对南奥塞梯地区的控制权而爆发军事冲突，西方国家也是一边倒地反对俄罗斯。2013年，俄罗斯不顾美国的外交抗议给予"棱镜门"爆料人爱德华·斯诺登临时庇护权，引发了美国的强烈不满。2014年，俄罗斯干预乌克兰危机而引发西方国家的集体制裁，俄罗斯同以美国为首的西方国家之间的尖锐矛盾进一步凸显出来。西方国家对俄罗斯的经济制裁造成了国际油价的断崖式下跌，这对在经济上高度依赖能源出口的俄罗斯而言是致命的打击。2017年，随着美军对叙利亚政府军进行的武力打击，美俄军机也出现多次紧急对峙的状态。2018年，叙利亚政府军解放了大马士革省东古塔地区和霍姆斯省，并不断巩固原来的控制区域，将战线推进到以色列和约旦边境。俄罗斯加大了对叙利亚政府军的援助，并加紧对目标区的空袭活动，而美国及其盟国则不断试图阻止政府军的攻势，甚至在俄、土、法、德四国领导人举行叙利亚问题四国峰会上，就和平结束叙内战达成共识，叙利亚和平出现曙光之际，美国仍主导国际联军多次空袭叙利亚代尔祖尔省并造成大量平民伤亡，使得叙和平进程遭受重大挫折。

当然，导致叙利亚军事不断出现波折的原因是多方面的，除美俄外，伊朗、土耳其和以色列等地区大国也分别卷入叙内战，叙利亚内战呈现出各方力量不断角逐的复杂局面。但是，作为介入叙内

---

① 李隽旸：《大国关系和国际力量对比的变化》，载张宇燕主编《全球政治与安全报告（2019）》，社会科学文献出版社2019年版，第25页。

战的最主要的两股外部势力,美俄之间的对抗仍是导致叙国内和平进程不断受阻的主要原因,而这背后更多地体现出这两个大国之间基于自身地缘政治利益的考量。

事实上,早在2012年普京再度当选俄罗斯总统之时,就出现了美俄关系会进入"新冷战"的论断。但是同中国相比,基于自身的能力限制,俄罗斯可资利用的反制美国的有效措施并不多。例如,在2014年面对因乌克兰危机引发的西方集体制裁,俄罗斯就难以做出有效回击。迫于缺乏其他的外交政策工具,俄罗斯只能基于自身的军事实力诉诸个体利益导向鲜明的强硬外交。然而这种"以强硬对强硬"的外交手段并不能有效缓解俄罗斯所面临的地缘政治困局,相反可能会导致俄罗斯在更多领域当中的利益受损。① 从美国的角度来看,选取同俄罗斯对抗的政策则是基于两方面的考虑。一方面,从国际政治的角度来看,对抗俄罗斯可以遏制一个潜在的战略对手,同时凝聚北约和亚太盟友,维护美国主导的国际秩序,并填补独联体地区的权力真空;另一方面,从国内政治角度来看,打击俄罗斯也可以顺从美国民意。对于俄罗斯而言,选择同美国对抗则主要是因为美国对北约的军事义务同俄罗斯所追求的欧洲安全新架构之间存在着结构性矛盾。② 同时,需要指出的一点在于,无论美俄关系向更好或更坏的方向发展,都无法从根本上改变中美关系的"新常态",即两国之间竞争性的一面会不断突出,因此双方都需要更加审慎地处理双边关系以降低"擦枪走火"的可能性。

相比之下,中俄关系则延续了长期以来的稳定发展态势,两国在业已建立的全面战略协作伙伴关系的基础上进一步加强了合作。对俄罗斯而言,以美国为首的北约仍然是其首要威胁。2017年,随着美国在韩国和东欧部署导弹防御系统,俄罗斯更加深刻地感受

---

① 熊李力、潘宇:《乌克兰困局:俄罗斯外交的延续性与断裂性》,《外交评论》2015年第2期,第132页。

② 李隽旸:《大国关系和国际力量对比的变化》,载张宇燕主编《全球政治与安全报告(2019)》,社会科学文献出版社2019年版,第25—26页。

到了北约对其安全的威胁,而这也在一定程度上推动俄罗斯同中国接近。在双边关系方面,中俄两国元首已经建立起年度互访机制,也经常在各种多边活动中进行会晤,从而为两国政治互信的提升奠定了基础。2016年6月,中俄发表了《关于加强全球战略稳定的联合声明》,指出影响全球战略稳定的消极因素正在增加,个别国家和军事政治同盟"谋求在军事和军技领域获得决定性优势,以便在国际事务中毫无阻碍地通过使用或威胁使用武力来实现自身利益"。[①] 随着美国特朗普政府不断采取单边主义行径以及将中俄同时列为竞争对手,中俄两国都意识到必须对美国的所作所为进行有效回击。因此,两国都公开声明坚持多边主义,维护联合国在解决国际争端中的核心地位,反对任何国家在未获得联合国安理会授权的情况下对其他国家采取单边军事行动。中俄也共同反对对他国采取单边经济制裁以及破坏世界贸易规则的行为。

特别值得一提的是,随着"一带一路"倡议的深入推进,俄罗斯对这一倡议的认识也从疑虑转变为支持。在"一带一路"倡议提出初期,俄罗斯曾担心这一倡议的推进会影响其在中亚和独联体国家中的地缘政治影响力。一方面,乌克兰危机后俄罗斯面临西方国家严厉制裁;另一方面,近年来中俄关系也经历了长足的发展,俄罗斯对"一带一路"倡议的看法也逐渐趋于积极。2017年5月,普京来华参加了第一届"一带一路"国际合作高峰论坛。对于俄罗斯而言,"一带一路"倡议为其经济发展提供了难得的机遇,特别是在乌克兰危机后面临西方国家制裁,俄罗斯的经济遇到了一定困难,而国内对于"一带一路"倡议的关注日益增多。很多俄方专家认为"一带一路"倡议有助于利用中国贷款来加快俄罗斯基础设施建设,特别是推动远东和西伯利亚地区的经济社会发展。[②] 同时,

---

① 陈宇:《中俄关系与"一带一路"对接合作》,载张洁主编《中国周边安全形势评估:中美博弈与地区应对(2019)》,世界知识出版社2019年版,第77页。

② 同上书,第83页。

俄罗斯认为"一带一路"倡议在政治上有助于推动欧亚大陆融合为一个整体,从而使其成为世界的力量中心,而中俄两国则是这一中心的主角。① 这是因为同中国相比,俄罗斯在欧亚地区的经济影响力较小,因此它专注利用其在军事上的传统优势,力图成为欧亚安全事务的代言人,而让中国成为这一地区经济事务中的主导性力量。当然,这也从一个侧面反映出中俄两国关于"一带一路"倡议的认知差异,因为中国发起"一带一路"倡议的主要目标在于推动各地区之间的互联互通,加强不同地区、不同国家在经济上的相互融合,从而使各国都可以从经济全球化的发展中受益,而俄罗斯则更加看重这一倡议的政治和安全意义,希望借助这一倡议重塑其在中亚的地区大国形象,同时对冲同西方国家的矛盾。

因此,中国也要对中俄关系可能产生的积极和消极影响有清醒的认识。一方面,俄罗斯可以增强中国对"自身地缘战略能力的估计";另一方面,如果中俄合作超出了必要限度,也可能对双方外交决策形成掣肘。② 因此,在同中国核心利益没有重大交集的领域中,中国尤其需要加强自身战略判断,避免同俄罗斯之间的不必要合作,以使自身不至于被俄罗斯拖入额外的风险当中。

三 地区安全形势仍不乐观 部分地区安全问题频发

从地区层面上看,2017 年各地区之间的安全态势呈现出较大差异,某些地区仍然是安全问题频发地区,有可能或者已经造成了军事冲突。以朝鲜半岛核问题为例,半岛核问题主要是美国和朝鲜之间的问题。但是不可否认的是,无论朝鲜发展核武器的首要针对目标是谁,中国作为朝鲜的邻国都不可能不受到朝核危机

---

① 陈宇:《中俄关系与"一带一路"对接合作》,载张洁主编《中国周边安全形势评估:中美博弈与地区应对(2019)》,世界知识出版社 2019 年版,第 85 页。
② 李隽旸:《大国关系和国际力量对比的变化》,载张宇燕主编《全球政治与安全报告(2019)》,社会科学文献出版社 2019 年版,第 26 页。

的影响，因而不允许朝鲜半岛生战生乱也就成为中国一贯而坚决的立场。从 2010 年以来，朝鲜半岛上就问题不断，多次引起爆发军事冲突的风险。尤其是朝鲜不顾国际社会强烈反对，多次执意进行核试验，引发美韩等国的连锁反应。2010 年，朝韩之间先后发生了"天安号"事件和延坪岛炮击事件并造成人员伤亡，将两国推到战争边缘，成为影响半岛稳定的重大事件。2012 年 12 月，朝鲜无视安理会相关决议，发射"光明星 3 号"卫星。2013 年 2 月，朝鲜在北部地下核试验场进行了第三次核试验，引起国际社会的强烈反应，并且引发了联合国对朝鲜的制裁。朝鲜的一意孤行一方面恶化了东北亚地区的安全局势，如韩国就在 2013 年强化了美韩军事同盟，并且强化了先发制人的打击能力，美国也借此机会加快了亚太反导系统建设的步伐，另一方面也使中朝关系趋于冷淡。①

对于美韩所采取的军事演习等反制措施，朝鲜也给予激烈回击，不仅宣布 1953 年的停战协定无效，切断了朝韩之间的热线电话，而且威胁对美日韩三国进行先发制人的打击。朝鲜的一意孤行不仅为美国重返亚太和日本重新军事化提供了借口，也给中国带来了压力。

2017 年，随着特朗普入主白宫，朝核问题进入了历史上极不寻常的一年，因为美国明确显露出了对朝鲜动武的倾向，而朝鲜也加速了核导弹发展进程，以对美国形成威慑力。在特朗普看来，奥巴马政府对朝鲜所奉行的"战略忍耐"政策是错误的，因为它并没有阻止朝鲜发展核武器，并明确发出了对朝动武的信号。从 2017 年上台直到当年 9 月初朝鲜进行第六次核试验，特朗普一直强调在对朝政策中"所有选项都在桌上"，强烈暗示对朝动武，并一度表示"谈判不是解决朝核问题的答案"，甚至声称要"摧毁朝鲜"。美

---

① 王雷：《新一轮朝核危机与朝鲜半岛安全形势》，载李慎明、张宇燕主编《全球政治与安全报告（2014）》，社会科学文献出版社 2014 年版，第 239 页。

国国务卿蒂勒森、国防部部长马蒂斯等高级官员也多次表达了对朝鲜动武的措辞。虽然美国声称如果朝鲜弃核，美国将不追求改变朝鲜体制、不追求朝鲜政权崩溃、不急于南北统一，以及不跨越38度线进攻朝鲜的"四不"原则，但是由于美方将朝方完全不能接受的全部弃核作为先决条件，从而导致双方难以开展有效对话。① 在朝鲜方面，2017年3月，朝鲜进行了大推力火箭发动机测试，4月又试射了使用固体燃料的北极星－2型中程弹道导弹，5月成功测试了中远程弹道导弹火星－12，7月又连续试射远程洲际弹道导弹火星－14，而后于9月3日又进行了第六次核试验。从朝美双方的举动来看，2017年无疑是朝核危机最为危险的一年，双方都没有做出让步的表态。朝鲜继续坚定推动其发展核武器的既定战略，而美国也通过在韩国部署"萨德"系统、美韩大规模联合军演等手段加深了朝鲜半岛紧张局势。

2018年，半岛核问题出现重大转机。年初，金正恩在元旦贺词中透露出朝鲜已经完成国家核力量的建设以及要同韩国缓和关系两个信息，并在后来采取了一系列政策调整。2018年4月，朝鲜劳动党第七届中央委员会第三次全体会议表示，当前党的战略路线是集中一切力量进行社会主义经济建设。从4月起，朝鲜主动采取了一些冻核行动，如停止核试验和导弹发射、废弃核试验场等。② 同时，以平昌冬奥会为契机，朝韩之间恢复了高层交往，并在多次沟通后实现了两国领导人的首次会面以及《板门店宣言》的签署，从而确立了建立双方沟通交流渠道、停止敌对行为、缓解军事紧张关系、推进停和转换机制构建等原则。③ 但是，最引人瞩目的莫过于特朗普和金正恩于2018年6月实现了会晤并发表了《美朝联合声

---

① 邹治波：《朝鲜半岛局势与前景》，载张宇燕主编《全球政治与安全报告（2018）》，社会科学文献出版社2018年版，第3页。
② 邹治波：《朝鲜半岛局势的重大变化与发展》，载张宇燕主编《全球政治与安全报告（2019）》，社会科学文献出版社2019年版，第254页。
③ 同上书，第255页。

明》，主要内容包括美国和朝鲜相互承诺，依照两国人民对和平及繁荣的愿望，建立新型美朝关系；美国和朝鲜将合作在朝鲜半岛建立长久稳定的和平机制；朝鲜承诺努力实现半岛无核化等。① 事实上，在此次会晤之后，朝美两国也确实释放出了一些善意，如朝鲜释放了三名美国公民、在国庆阅兵时也比较克制，而美国也暂停了大规模军演。但是，很显然美朝之间仍有很多难以解决的障碍，改善两国关系以及实现朝鲜半岛无核化都是任重道远的。

事实上，美朝关系的主要矛盾并不会随着两国首脑会晤而有所缓解，双方在朝鲜弃核等问题上的分歧仍然是巨大的。对美国而言，其所追求的目标是朝鲜一次性的弃核，然后再对其进行适当补偿，而朝鲜则坚持分步弃核的方式。对此双方互不相让，为此特朗普还一度声明要取消美朝首脑会晤。关于朝鲜弃核问题，美方并没有准备出一个切实可行的方案，对于半岛无核化的判断标准，"核设施"的范畴等问题，双方的判断也不一致。在制裁问题上，朝鲜希望美国取消全部对朝制裁，而美国还坚持制裁施压，双方在这方面的分歧也难以调和。② 如果美国没有迫使朝鲜按照自身意志做出让步，那么未来其对朝政策可能会趋于更加强硬。朝鲜的最终目标则是以一个有核国家的身份同包括美国在内的主要大国进行交往，因此它可以做出某些承诺，但也要服从自身的外交大局，很难想象它会在美国不解除制裁的情况下做出弃核的决定。从这个角度来看，美朝双方都应该是已经做好了"打持久战"的准备，因而朝鲜半岛的僵局还会继续下去，短期内不会出现明显改观。

相比之下，人们对于南亚地区的关注度则随着"印太战略"的出台而不断提高。尽管印度对这一战略并不是全心全意投入，但由

---

① 邹治波：《朝鲜半岛局势的重大变化与发展》，载张宇燕主编《全球政治与安全报告（2019）》，社会科学文献出版社2019年版，第257页。
② 《金特会谈崩了？No，他俩都是高手》，环球网，http://world.huanqiu.com/article/2019-02/14431823.html?agt=15438.

于中印之间的领土争议及其他一些问题,印度始终不能正确看待中国的发展和壮大。随着中国借助"一带一路"倡议特别是中巴经济走廊而在南亚的经济影响力不断提高,中国和巴基斯坦之间的"全天候战略合作伙伴关系"不断发展,印度对中国的防范和疑虑心理也在上升,特别是对中巴关系以及中国在南亚地区的经济存在抱有很深的偏见和误解。① 为了制衡中国,印度积极推动其"邻国第一"政策,强化同美国和日本的安全合作,并或明或暗阻碍"一带一路"项目在南亚的实施。尽管南亚的很多国家——如马尔代夫、斯里兰卡、孟加拉国、尼泊尔和不丹等——都表现出浓厚兴趣,也希望借助中国投资发展本国经济,但由于担心招致印度的不满而不敢同中国走得过近,中国同南亚国家的政治、经济合作受到了消极影响。

2017年下半年,借助印度、日本和澳大利亚对中国的防范心理,特朗普政府开始重提"印太"概念,并制定和细化相关概念。同年10月,美国国务卿蒂勒森在演讲时使用了"自由而开放的印太"的表述。在2017年11月的亚洲之行中,特朗普也公开宣布美国将要构建"自由而开放的印太"。② 同美国相呼应,日本也是印太战略的积极支持者。日本首相安倍晋三在2017年9月访问印度时,两国领导人承诺要将"自由和开放的印太"同"向东看"战略结合起来,推动两国在海上安全和印太地区的互联互通等方面加强合作。两国计划扩大现有的联合军演规模,加强在人道主义援助、减灾、维和行动和反恐等领域的联合演习。澳大利亚也借助印太战略频频向印度抛出"橄榄枝",如两国在2017年6月举行了联合军演。2017年2月,印澳两国在新德里举行了首次外交和国防秘

---

① 王雷:《中国周边安全形势评估(2016—2017)》,载张宇燕主编《全球政治与安全报告(2018)》,社会科学文献出版社2018年版,第66页。

② 张洁:《东南亚对中美地区秩序博弈的认知与政策选择》,载张洁主编《中国周边安全形势评估:中美博弈与地区应对(2019)》,世界知识出版社2019年版,第139页。

书"2+2"对话会,深化了两国合作关系。至 2018 年中期,这一战略在美国基本成形,并形成了经济和安全两大抓手。在经济方面,美国试图采取行动来促进这个地区的基础设施建设,并且在"自由、公平和对等"的原则下重新塑造各国间贸易和经济关系。在 2018 年 7 月的"印度—太平洋共商论坛"上,美国国务卿蓬佩奥宣布美国将通过 1.13 亿美元的新计划,支持印太地区未来在数字经济、能源和基础设施等方面的建设。在安全方面,蓬佩奥在 2018 年的东盟地区论坛上宣布美国将出资 3 亿美元用于加强在印太地区的安全合作,以加大在南海的军事存在。[①] 但是,美日澳印四国在印太战略的构想上也存在着诸多分歧,东南亚国家也对印太战略的动机抱有疑虑。例如,美国、日本和澳大利亚对航行和飞行自由、建立基于规则的地区秩序等问题能够保持一致,而印度则对此有不同意见。同时,日本更加关注美国在南海和朝核等问题上承担更多责任,而印度关注的重点则是印度洋地区的秩序,对介入南海问题较为谨慎。澳大利亚则在经济上对中国依赖较多,因此在某些问题上也会比美日更加克制。同时,东盟的态度也是印太战略必须加以考虑的因素。尽管美国官员多次强调会维护东盟在印太地区的中心地位,但东盟对这一战略仍有很大迟疑。如果印太战略是以遏制中国为目标的排他性设计,那么东盟就很难支持这一战略。即使是如菲律宾这类同中国存在岛屿争议的国家,也对印太战略保持警惕,菲学者就指出东盟欢迎印太战略带来的投资机遇,也欢迎美国帮它们加强海空力量以应对中国,但是中国也是东盟国家主要的投资者、对外援助者和基础设施建造者,对东盟的发展而言是必不可少的。因此,美国也不应该强迫东盟国家在中美之间选边站队。[②] 另外,东盟国家也担心自身成为大国博弈的棋子,因此要求能够

---

① 张洁:《东南亚对中美地区秩序博弈的认知与政策选择》,载张洁主编《中国周边安全形势评估:中美博弈与地区应对(2019)》,世界知识出版社 2019 年版,第 140—141 页。

② 同上书,第 144 页。

参与到关键性的决策当中,以免自身成为中美利益交换的牺牲品。

全球政治中的另一个热点地区——西亚北非——则延续了动荡不安的态势。除去长期以来的阿以冲突,自2011年"阿拉伯之春"爆发以来,该地区很多国家的内部局势也成为人们关注的焦点。从2011年开始,这一波动荡先后波及了埃及、利比亚、也门、巴林和叙利亚等国家,其中最严重的当属利比亚和叙利亚,两国不仅先后爆发内战,而且引发了西方国家的干预。例如在叙利亚内战当中,美俄两国就分别支持反对派和政府军,从而将一场内战演变成了大国之间的博弈。叙利亚内战对于该国、该地区乃至世界其他地区的安全产生了两方面的威胁:首先,叙利亚内战造成了大量平民伤亡,同时导致上百万人沦为异国难民,而难民的大量涌入对其他国家的安全造成了严重的隐患。其次,叙利亚内战也推动了极端恐怖组织和"圣战"活跃分子的活动,随着危机的不断持续,"伊斯兰国"(Islamic State, IS)的势力不断崛起壮大并向其他地区渗透,黎巴嫩真主党和世界各地的"圣战爱好者"介入内战当中,基地组织分支也同叙利亚反对派携手合作,这些都使得叙利亚局势进一步朝着国际化和复杂化的方向发展。①

西亚北非地区的矛盾包括两个方面:一是阿拉伯国家和以色列之间的矛盾,即人们传统上说的"中东问题";二是自"阿拉伯之春"以来日益凸显的,以叙利亚危机为代表的大国在这一地区的博弈。就前者而言,以色列或者说犹太人同阿拉伯人之间的矛盾是1948年以色列建国以来就一直存在,并且多次引发战争的矛盾。从宗教、民族或历史的角度来看,阿以关系中都包含了难以解开的矛盾。就后者而言,叙利亚内战已经演变成俄罗斯同西方国家角逐势力的舞台。2017年12月,俄罗斯总统普京在访问叙利亚时曾宣

---

① 丁工:《西亚北非:持续动荡的地区局势及格局变化》,载李慎明、张宇燕主编《全球政治与安全报告(2014)》,社会科学文献出版社2014年版,第286页。

布将从叙境内撤出俄罗斯军队,但后来又批准了俄叙两国扩建海军基地的协议,从而表明俄军事力量将会长期存在于地中海和中东地区,而这也将进一步加剧俄罗斯同北约等西方力量之间的矛盾。

四 非传统安全问题持续引发关注

在非传统安全领域,最引人瞩目的无疑是恐怖主义威胁和网络安全问题。从数据上看,2017年全球面临的反恐形势仍然十分严峻,特别是某些地区(如欧盟)成为恐怖主义活动的高发地区。根据欧洲刑警组织在2018年6月公布的《恐怖主义现状及趋势报告》,在2017年共有9个欧盟国家发生了205次未遂和得逞的恐怖袭击事件,比2016年的144次增加了44.4%,而且扭转了自2014年起恐怖袭击次数在欧盟逐年下降的趋势。[①] 这些袭击共导致68人死亡,844人受伤,而且几乎所有死伤都是由"圣战"恐怖分子造成的。"圣战"恐怖分子的袭击数量从2016年的13次增加到2017年的33次,增幅达153.8%。需要指出的是,这些恐怖分子并没有在国外加入恐怖组织的经历,而是在欧洲本土被激进化的。尽管在多方打击下,所谓的"伊斯兰国"分崩离析,但发动"圣战"的恐怖分子数量并没有减少。在"伊斯兰国"或其他恐怖组织的指挥和操纵下,恐怖分子仍然可以针对欧盟国家发动袭击。事实上,欧洲部分国家正在成为恐怖主义活动的重灾区,从法国、英国、德国到意大利、西班牙、卢森堡乃至希腊、匈牙利和马其顿等国家都有遭受新一轮恐怖袭击的可能性。欧洲地区近年来恐怖主义活动的增多同中东难民潮的影响有很大关系,因为恐怖分子可以借机进行渗透。此外,恐怖主义意识形态在网络上的泛滥也是重要原因。

发生在欧盟的恐怖袭击的另一个特点是"独狼式"的袭击日益

[①] 邵峰:《全球恐怖主义与国际反恐斗争(2017—2018)》,载张宇燕主编《全球政治与安全报告(2019)》,社会科学文献出版社2019年版,第117页。

增多,已经成为主要的袭击形式,袭击手段也不再局限于制造爆炸,而是越来越"大众化"。在这其中,用卡车等交通工具冲撞人群成为一种新的恐怖形式。自从 2016 年 7 月法国尼斯发生卡车冲撞人群的惨案,造成 80 人死亡以及 100 余人受伤之后,各类恐怖组织似乎发现了一种新的"有效"进行袭击的方式,欧洲各地的卡车撞人事件不断增多,以至于人们给予这种袭击一个新的名字——车辆恐怖主义。① 例如,2016 年 12 月,德国柏林圣诞市场遭遇袭击,袭击者驾驶卡车冲向人群,导致 12 人死亡及 50 人受伤。2017 年 3 月 22 日,一名袭击者驾车在伦敦市中心议会大厦附近街道碾压行人,造成 4 人死亡,50 人受伤。2017 年 4 月 7 日,一名男子在瑞典斯德哥尔摩中心地区劫持一辆卡车并冲撞人群,造成 15 人死亡,5 人受伤。2017 年 8 月 17 日,在西班牙巴塞罗那著名景区兰布拉大道,一辆货车冲撞步行道上的人群,造成 13 人死亡,100 余人受伤。同传统的袭击模式相比,这种以日常交通工具为作案工具的恐怖袭击显然更加难以防范,而恐怖组织也利用了这一点。根据西班牙《国家报》网站的相关报道,"伊斯兰国" 2016 年在其网站上专门介绍了利用汽车发动恐怖袭击。袭击者都将旅游景点等行人众多的地区作为袭击目标,就是要造成大量的人员伤亡。② 尽管这种手段表面上很"低端",但其造成的杀伤力并不亚于使用武器的袭击行为,并且也难以在事前进行有效预防。

在世界其他地区,恐怖主义也不时制造导致大量人员伤亡的袭击事件。2017 年 4 月俄罗斯圣彼得堡发生地铁爆炸袭击,导致 16 人死亡,近 50 人受伤。几天之后,埃及西部城市坦塔和该国第二大城市亚历山大的两座教堂接连发生爆炸事件,而"伊斯兰国"则宣称对两次事件负责。2017 年 5 月,英国曼彻斯特的一座市内体育

---

① 邵峰:《全球恐怖主义与反恐斗争(2016—2017)》,载张宇燕主编《全球政治与安全报告(2018)》,社会科学文献出版社 2018 年版,第 103 页。

② 同上书,第 104 页。

场在举行演唱会时发生自杀式爆炸,导致 22 人死亡。同月 31 日,阿富汗首都喀布尔使馆区也发生了汽车炸弹爆炸事件,并造成至少 90 人死亡。2017 年 11 月,埃及再次发生袭击事件,恐怖分子袭击了西奈省首府阿里什市一座清真寺,造成超过 300 人死亡。最为恶劣的一点在于,恐怖分子专门选择在星期五主麻日发动袭击,以便制造伤亡。恐怖分子首先引爆炸弹,然后使用冲锋枪对信徒进行扫射,最后又袭击了赶来的救护车。2018 年 1 月,阿富汗首都喀布尔市中心发生自杀式汽车炸弹袭击,造成 95 人死亡,150 人受伤,而塔利班宣布对此事件负责。从近两年恐怖袭击发生的特点来看,"伊斯兰国"尽管作为一个实体已经基本被消灭,但仍通过各种途径传播恐怖主义意识形态,以教唆世界各地的恐怖分子发动袭击。同时,新媒体和网络也成为极端思想传播的工具,正是通过这些渠道,各地的恐怖分子在受到蛊惑之后不断发动"独狼式"袭击,全球化、低端化和"独狼"化已经成为当前恐怖袭击发展的最新趋势。

除恐怖袭击外,网络安全问题也引发越来越多的关注。2017 年,网络安全形势显得愈加严峻,安全威胁辐射至技术、经济和政治等方面,恶意网络攻击的规模和力度也较往年有了明显的提高,造成的损失也更加难以估量。2017 年的 5 月 12 日,全球近 100 个国家和地区爆发了超过 7.5 万起的电脑病毒攻击事件,而事件的罪魁祸首是一种勒索病毒,它源自由美国国家安全局所开发的漏洞攻击程序"永恒之蓝",因而美国也被批评由其斥巨资研发的病毒武器库反而导致了全球网络环境更加不安全。除这一事件外,所谓的"黑客门"问题也在这一年中不断发酵。从 2016 年起,就有消息传出俄罗斯政府受益并帮助黑客入侵美国民主党网络系统,窃取希拉里及其团队的电子邮件,并交由"维基百科"公布于世,以干扰其总统选举。这一事件引发了美俄两国之间的外交纠纷,时任美国总统的奥巴马以俄罗斯涉嫌干涉美国选举为由,宣布 35 名俄罗斯外交官为"不受欢迎的人",并限他们 72 小时之内离境。2017 年年初特朗普上台后，面对外界巨大压力，其团队也表示接受关于俄罗斯通过黑客操纵美国大选的结论。随后，美国参众两院10名议员联名提交了一份针对俄罗斯的新的大范围制裁法案，涉及签证禁令和冻结资产等措施。俄罗斯则对此坚决予以否认，并指责美国谴责俄罗斯黑客攻击是一次"佯攻"，意在掩盖中情局在全球的大范围黑客行动。①

关于俄罗斯是否干扰了2016年美国总统大选难以有定论，但美国对自身网络安全问题的高度重视则是不争的事实。同时美国基于自身在网络方面的优势地位，也时常将互联网作为国际斗争的一种手段，以实现自己的政治和经济目标。2018年2月，美国司法部宣布将成立一个名为"网络数字工作组"的网络安全工作组，重点关注对美国大选的操纵情况。同年8月，美国众议院情报委员会提出《安全选举法案》，该法案将允许地方选举办公室申请联邦拨款，购买用于选举的纸质设备以取代无纸的电子投票机，以防止出现黑客攻击从而导致选票信息被篡改等情况。8月15日，特朗普签署一项命令，放宽美国政府对于部署进攻性网络武器的限制，从而为军事行动提供支持，以及实施攻击性网络行动。按照美国2018年5月发布的最新《网络安全战略》，风险识别、减少漏洞、减少威胁、影响缓释、落实网络安全成果成为网络安全管理的五大支柱。2017年8月，美国国土安全部宣布成立新的机构间中心——国家风险管理中心，以帮助关键的基础设施企业长期评估持续存在的网络威胁以及由此引发的网络风险，打击入侵和破坏金融、能源和医疗保健系统的黑客行为，化解科技公司遭受网络攻击的危险。②除美国外，其他主要国家也均高度重视网络安全问题。欧盟在2013年便出台了《欧盟网络安全战略———一个开放、安全、可靠的网络空间》，

---

① 郎平：《网络空间国际治理的新态势与新挑战》，载张宇燕主编《全球政治与安全报告（2018）》，社会科学文献出版社2018年版，第89页。

② 郎平、丁丽伟：《网络安全与大国关系》，载张宇燕主编《全球政治与安全报告（2019）》，社会科学文献出版社2019年版，第104页。

重点关注网络犯罪、个人隐私保护和数据安全等问题。

中国近年来也越来越意识到网络安全和网络主权的重要性,在2014年2月,中央网络安全和信息化领导小组宣告成立,充分体现出中国坚决保护网络安全、维护国家利益的决心。2015年通过的《中华人民共和国国家安全法》则特别强调了要维护网络空间的主权、安全和发展利益。2017年中国外交部和国家互联网办公室共同发布了《网络空间国际合作战略》,提出了建立网络命运共同体的目标,申明了"和平、主权、共治和普惠"四项原则,而这也是中国首次就网络国际合作提出自身主张,为网络全球治理贡献中国方案。① 当前,网络空间已经成为各方角逐的新战场,如美国将中国和俄罗斯作为最强大的信息战对手,夺取和保持对信息的获取权和控制权将是未来各国竞争的核心内容之一。

五 全球化面临不确定性 中国作用进一步增强

近年来,在美国和欧洲国家内部民粹主义和逆全球化思潮有所抬头,也为全球化的未来蒙上了不确定性。在地区层面,曾经被视为全球化典范的欧盟正在饱受英国脱欧问题的困扰,欧盟和英国在这一问题上也经历了反复的讨价还价,至今双方仍未达成共识,"硬脱欧"也仍然是一个可能的选项。在全球层次上,特朗普不断表示,并且事实上也在一定程度上退出了多个全球多边组织,导致全球治理的未来更加困难重重。当然,逆全球化也许并不会改变世界政治发展的大方向,因为各国之间在政治、经济、文化乃至环境等方面的相互联系不断增强是世界政治发展的总趋势,当前国与国之间的关系也远远超出了相互依赖的程度,发展成为一种全球化模式,即"一种社会关系和互动的空间结构的变化,它导致了跨大陆

---

① 《中国发布〈网络空间国际合作战略〉》,人民网,http://politics.people.com.cn/n1/2017/0302/c1001-29117278.html。

联系和网络"。它超越了孤立的社会之间的联系,推动了社会生活和跨国基础的重构。① 同时,现有的全球治理模式也确实迫切需要变革,但变革的方向并不是逆全球化,而是提高广大发展中国家在治理中的话语权,以使这些国家能够在全球事务中发出自己的声音,维护自身的正当利益。

就英国而言,即使脱欧,它同欧盟之间的经济和政治联系也无法割裂。在众多领域之中——诸如化学品、航空和药品等——英国仍然需要同欧盟进行良好沟通。在航空、汽车的领域当中,产品的生产、运营和监管也是全球化和区域化的,彻底的脱欧将给企业带来巨大的损失。同时,在脱欧的同时,英国还建议在未来建立"英国—欧盟货物自由贸易区"。② 从这些方面可以看出来,尽管希望在政治上不再从属于欧盟,英国也仍然需要同欧洲的经济融合为一体,因而任何希望彻底同全球化脱离的观点都是不切实际的。就美国而言,特朗普的"退群"行为无疑给很多国际组织和制度——如《巴黎气候协定》、联合国教科文组织、世界贸易组织甚至是联合国——造成额外压力,但这种仅仅从自身偏好出发,从纯粹工具主义动机的角度去对待国际制度的方式也是同全球化的发展趋势背道而驰的。在特朗普看来,某些国际制度如不能实现美国利益的最大化,或者是对美国维护和增进自身利益造成"妨碍",那么美国就应该毫不犹豫地选择退出,而维护全球治理的稳定和有效则完全不在他的考虑范围之内。为了美国的一国利益,为了实现所谓的"美国优先",即使以破坏世界政治的稳定和世界经济的繁荣为代价也在所不惜。

相比之下,中国已经成为全球化的积极推动者和全球治理的积

---

① Robert Keohane, "Introduction: From Interdependence and Institutions to Globalization and Governance," in Robert Keohane, ed., *Power and Governance in a Partially Globalized World*, New York: Taylor & Francis Group, 2002, pp. 14–15.
② 任琳:《全球治理:形势与特点》,载张宇燕主编《全球政治与安全报告(2019)》,社会科学文献出版社2019年版,第87—88页。

极参与者。中国积极为全球治理提供公共产品,并倡导"共商、共建、共享"的治理理念。在经济方面,随着"一带一路"倡议的不断推进,这一倡议对各国的吸引力也越来越大。在2017年5月主办的第一届"一带一路"国际合作高峰论坛上,共有49位国家元首、政府首脑以及130多个国家的约1 500名嘉宾作为正式代表参加了论坛,联合国秘书长古铁雷斯和其他诸多国际组织的领导人也出席了论坛。在此次峰会上,习近平主席发表了题为《携手推进"一带一路"建设》的讲话,总结了"一带一路"在推动"政策沟通、设施联通、贸易畅通、资金融通、民心相通"方面取得的显著成绩,强调要将"一带一路"建设成和平之路、繁荣之路、开放之路和创新之路。① "一带一路"倡议提出以来,中国对沿线国家的投资迅速增长。2015年,中国企业对沿线50余个国家进行了投资,投资流量达到189.3亿美元。从项目上看,中资企业在60余个沿线国家承包了3 987个项目,新签合同额为926.4亿美元。中国还同联合国工业发展组织、开发计划署、儿童基金会、人类居住规划署、贸易与发展会议、人口基金会、世界卫生组织等诸多国际组织签署了合作文件。正如习近平主席所指出的,"一带一路"倡议对于"挖掘新的经济增长点、增强各国内生发展动力、促进全球经济增长具有重要意义,有利于推动经济全球化向包容普惠方向发展",在"一带一路"建设过程中"各国都是平等的参与者、贡献者、受益者"。② 同时,随着时间的推进,"一带一路"倡议也不断延伸到新的领域,如中国同相关国家倡导建立了"冰上丝绸之路""旅游丝绸之路""数字丝绸之路"等,推动了"一带一路"倡议的纵深发展。

在政治与安全方面,中国积极支持联合国在维护世界和平与稳

---

① 《习近平在"一带一路"国际合作高峰论坛开幕式上的演讲》,新华网,http://www.xinhuanet.com/politics/2017-05/14/c_ 1120969677.htm.
② 《习近平在"一带一路"国际合作高峰论坛圆桌峰会上的闭幕辞(全文)》,新华网,http://www.xinhuanet.com//politics/2017-05/15/c_ 1120976534.htm.

定、解决地区争端和冲突中的核心作用,并积极为此作出自身贡献。根据 2018 年联合国大会通过的关于 2019 年至 2021 年的会费和维和摊款比额决议,中国从 2019 年起已经成为联合国第二大会费国和维和摊款国,所占比例分别为 12% 和 15.2%,对此中国方面表示,这既是中国经济总量和人均国民总收入增长的结果,也是中国国际影响力上升的体现。① 除去资金方面的贡献之外,中国还为联合国维和行动提供了大量人员,是安理会五大常任理事国中派遣维和人员人数最多的国家,所派人数远超其他四个理事国派出人数的总和。相比之下,发达国家尽管在资金上对维和行动有较大贡献,但是却越来越不愿意为联合国主导的行动派遣维和人员。事实上,20 世纪 90 年代以来,发达国家对联合国维和人员的贡献就呈现不断减少的趋势,现今发展中国家已经成为派遣维和人员的绝对主力。作为一个负责任大国,中国同时在经费和人员方面都为维和行动作出了重大贡献,为其他国家起到了表率作用。除此之外,中国也积极为应对其他全球性问题作出自身贡献。例如,在气候治理领域,中国积极推动可再生能源的发展和利用,推动自身能源转型,已经被称作"气候政策的领导者"。② 在难民治理问题上,中国提出坚持标本兼治的理念、突出国际合作的精神以及秉持客观中立的原则三点主张,并认真履行自身承诺,落实好援助措施,积极为完善全球难民治理贡献力量。③

---

① 《外交部就中国将成为联合国第二大会费国和维和摊款国等答问》,中华人民共和国中央人民政府网站,http://www.gov.cn/xinwen/2018-12/24/content_5351756.htm.

② 《中国气候治理赢得外媒点赞》,新华网,http://www.xinhuanet.com//world/2017-11/20/c_129744794.htm.

③ 《中国代表阐述中国关于难民问题的三点主张》,新华网,http://www.xinhuanet.com//2017-10/05/c_1121762989.htm.

六 结论

本文对2017年的全球安全态势进行了分析,重点关注大国之间的竞争与合作关系、地区安全与热点问题、非传统安全和全球问题四个领域,显示出在全球政治经济大变革、大调整的背景之下,各国的利益诉求出现分化,合作难度加大,世界政治走向的不确定性增加。总体上看,随着中国经济的持续发展和国力的不断增强,中美两国之间的结构性矛盾日益凸显,两国关系中竞争性的一面不断突出,并超越合作性的一面成为双边关系的主要特征。应当承认,中美之间竞争性加剧是中国综合国力的发展所必然导致的局面,因此也将在未来相当长一段时间内成为两国关系的主要态势。但是这并不意味着中美两国之间必然爆发冲突或落入"修昔底德陷阱"的困境,而这取决于两国能够有效地管控分歧,特别是作为守成国的美国可以包容中国的崛起。即使是"修昔底德陷阱"这一词汇的发明人格雷汉姆·阿利森(Graham Allison)也强调,历史证据表明崛起国和守成国可以妥善地管控它们之间的关系而不至于引发战争,因而也有理由相信中国的崛起并不必然导致中美之间的冲突。[①]

在其他方面,朝核问题仍然是牵动各方神经的焦点问题,而朝美乃至其他各国围绕着这一问题的博弈也加深了解决问题的难度。尽管特朗普和金正恩实现了直接会晤,但是由于双方之间的利益诉求差距巨大,双方在解除美国对朝制裁和半岛无核化等问题上的立场也难以调和,导致会晤并未取得实质性成果。中国倡导的"双暂停""双轨并进"方针是解决朝核问题的有效方式,但这需要朝美两国的相互理解和相互配合。这一倡议对解决朝核问题确实起到了

[①] Graham Allison, *Destined for War: Can America and China Escape from Thucydides's Trap?* Boston: Houghton Mifflin Harcourt, 2017, p. 187.

巨大的推动作用，而这也可以从特朗普和金正恩第一次会晤前朝美双方的一些行动中观察出来。除朝鲜半岛外，西亚北非地区也仍然是冲突较为集中的区域，特别是叙利亚内战已经演变为俄罗斯和美国之间的角力场。大国博弈复杂了叙利亚局势，也使得结束内战、实现和平更加困难。

在非传统安全方面，恐怖主义仍然是各国面对的重大威胁，而欧盟由于难民潮等问题正在滑向恐怖主义的深渊。网络安全也是各国关注的核心问题之一，各国都将防止黑客攻击、维护数据安全作为国家安全的重要内容。随着逆全球化思潮愈演愈烈，全球治理面临严峻挑战，全球政治的未来发展趋势也蒙上了不确定性。中国借助"一带一路"倡议等积极为全球治理提供公共物品，坚持在共商、共建、共享的基础上推动全球治理深入发展，以使所有国家都可以享受到治理成果。中国还积极为联合国维和行动提供人力、物力资源，坚持联合国在维护世界和平与安全中的主导性作用，推动联合国在公平正义的基础上开展维和行动，以促进世界和平与安全。

（赵洋，对外经贸大学国际关系学院副教授；Zhao Yang, Associate Professor, School of International Relations, University of International Business and Economics）

地区安全与军事行动

美国安全战略：朝向现实主义的突变

达 巍 齐 鑫

【内容提要】 特朗普上台后，美国整体国家安全战略发生了向现实主义方向的"突变"。在这一总体方向引领下，美国的安全与军事能力建设在核力量、网络空间、导弹防御和太空四个方向有明显的进展，反恐与国土安全则是特朗普政府最优先的安全事务。与此同时，特朗普政府的"不确定性"在若干重大问题上仍然存在。

【关键词】 美国安全；特朗普政府；安全战略

2017年1月20日，唐纳德·特朗普就任美国总统。反建制、非传统的政治领导人与惯性强大的"国家安全建制力量"（national security establishment）相遇，在两股力量共同作用之下，2017年美国安全战略与具体政策都发生了重大变化。

一 整体安全战略构想：转向现实主义

特朗普上任后，着力兑现其"美国优先"的竞选理念，美国内外政策出现一系列重大变化。在安全领域，美国国家安全战略整体上呈现出一种强烈的现实主义思维方式，并集中体现在特朗普政府2017年12月18日公布的首份《国家安全战略》报告当中。2018年1月和2月，美国国防部又先后公布了《国家防务战略》报告与《核态势评估》报告，在更为具体的层面体现了《国家安全战略》

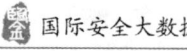

的思想。具体而言，美国国家安全战略构想出现了以下四点重大变化。

（一）对美国面临的外部安全环境判断趋于消极和灰暗

特朗普本人及其高级幕僚长期以来一直秉持一种竞争性的世界观，认为当今全球安全环境十分险恶。这种世界观认为，世界是由相互竞争的民族国家组成的"丛林"，国际关系的本质是"你失我得"的"零和"游戏。特朗普在竞选期间曾多次宣称世界正处于极其危险的时刻。特朗普上任后，其国家安全方面的重要幕僚——国家安全事务助理麦克马斯特在《华尔街日报》上发表联名文章《美国优先不意味着美国单干》，文章开宗明义即宣称"世界是一个竞技场而非共同体"①。具有讽刺意味的是，麦克马斯特还被普遍认为是特朗普政府内部相对"国际主义"的高级幕僚。在并未面临"9·11"事件、伊拉克战争、金融危机等重大危机、挑战的情况下，特朗普政府对国家安全环境的感知似乎比奥巴马政府、布什政府都更为敏感。2017年《国家安全战略》报告开篇即宣称，美国"面临极端危险的世界"，当今世界的性质是"竞争性的"。"历史的一个核心连续性就是追逐权力，当今时代并无不同。"② 与其相呼应，2018年《核态势评估》报告开篇即宣称，"全球核威胁状况从2010年《核态势评估》报告发表以来有明显的恶化。"③

（二）对威胁来源的判断趋于传统

在特朗普政府之前，奥巴马政府在判断美国国家安全面临的威

---

① H. R. McMaster and Gary D. Cohn, "America First Doesn't Mean America Alone," *The Wall Street Journal*, https://www.wsj.com/articles/america-first-doesnt-mean-america-alone-1496187426.

② The White House, *National Security Strategy of the United States*, December 2017, pp. 1, 25, https://www.whitehouse.gov/wp-content/uploads/2017/12/NSS-Final-12-18-2017-0905.pdf.

③ Office of Secretary of Defense, "Nuclear Posture Review," February 2018, https://media.defense.gov/2018/Feb/02/2001872877/-1/-1/1/EXECUTIVE-SUMMARY.PDF.

胁与挑战时有两个特点：一是强调安全威胁的多样性与不确定性；二是强调新型威胁特别是非传统安全威胁的重要性。2010年奥巴马政府首份《国家安全战略》报告列举的安全挑战包括：恐怖主义以及正在进行中的伊拉克、阿富汗两场战争；大规模杀伤性武器特别是核武器的扩散；太空和网络空间面临的破坏性威胁；气候变化与跨国犯罪的威胁；全球经济增长再次停滞的风险；民主价值观在全球扩展受阻等。① 2014年奥巴马政府的第二份《四年防务评估》报告强调，全球化是美国面临的多种安全威胁背后的推动力。全球权势转移与扩散、人口和社会变迁、技术创新以及信息的快速传播都带来了新的安全挑战。② 2015年奥巴马政府第二份《国家安全战略》报告在延续第一份报告威胁判断的同时，又新增了传染性疾病、武器和毒品贩卖、难民问题、破坏性和断裂性的网络空间威胁等。③

即便是同为共和党，布什政府对威胁的判断也与特朗普政府有明显不同。2002年9月布什政府公布首份《国家安全战略》报告，除宣称恐怖主义威胁外，还宣告"大国战争的时代已经过去"，美国面临的威胁主要来自"失败国家而非征服性国家"。④ 2006年布什政府第二份《国家安全战略》报告则强调极端伊斯兰主义带来的挑战，将"结束暴政"、传播美国价值观作为美国国家安全的优先事项。⑤ 2008年布什政府的《国防战略》报告在描述美国面临的安

---

① The White House, *National Security Strategy of the United States*, December 2017, p. 8.

② Department of Defense, *Quadrennial Defense Review Report*, 2014, p. 3, http://archive.defense.gov/pubs/2014_Quadrennial_Defense_Review.pdf.

③ The White House, *National Security Strategy of the United States*, December 2017, p. 1.

④ The White House, *National Security Strategy of the United States of America*, September 2012, p. 1.

⑤ The White House, *National Security Strategy of the United States*, December 2017, pp. 3 - 4.

全环境时，将主要矛盾定义为"暴力极端主义试图推翻民族国家体系"，而其他的安全问题如非传统安全挑战、其他大国军力上升以及"流氓国家"试图获取大规模杀伤性武器等则仅属于长远挑战。①

相比之下，特朗普政府对威胁的判断有几个明显变化。

一是对威胁的判断更为集中，也更为传统。气候变化、流行性疾病从"雷达屏幕"上消失。奥巴马政府后期开始提出的"2＋2＋1"模式被继承下来，也即两个大国俄罗斯、中国，两个地区层次敌对国家伊朗、朝鲜，外加恐怖主义威胁。

二是在五大威胁中，第一个"2"也就是大国威胁的地位空前突出。这是自冷战结束以来从未出现的情况。20世纪90年代，地区强国与地区战争曾被美国认定为主要威胁；进入21世纪后，恐怖主义和大规模杀伤性武器的结合则成为主要威胁。奥巴马政府后期虽然认为大国竞争的风险持续上升，但地位从未如此突出。2017年《国家安全战略》报告宣称，"中国和俄罗斯挑战美国的实力、影响和利益，企图侵蚀美国的安全和繁荣。中俄意图通过削弱经济自由和公平、扩展军队以及控制信息和数据来压制社会和扩大它们的影响力。"② 2018年1月，美国国防部推出的《国家防务战略》报告开篇即强调了大国竞争的威胁，"国家间战略竞争，而不是恐怖主义，是现在美国国家安全的主要关切"③。

三是在大国威胁中，中国首次被置于俄罗斯之前。一般而言，美国政府文件在讨论中俄两国对美构成的安全威胁与挑战时，普遍将俄视为紧迫但相对不那么重大的"威胁"，将中国视为重大但并

---

① Department of Defense, *National Defense Strategy*, 2008, p. 2, https：//www.defense.gov/Portals/1/Documents/pubs/2008NationalDefenseStrategy.pdf.

② The White House, *National Security Strategy of the United States*, December 2017, p. 2.

③ The Department of Defense, *2018 National Defense Strategy of the United States*, p. 1, https：//www.defense.gov/Portals/1/Documents/pubs/2018 – National – Defense – Strategy – Summary.pdf.

不紧迫的"挑战"。特朗普政府不再细心区别"威胁""挑战"这些概念的区别,在"威胁"性质上将中俄等而视之,在严重程度上则明显将中国置于俄罗斯之前。2017年《国家安全战略》报告中提及"中国""中国人"共达36次,且在经济、意识形态、军事、技术创新、各地区战略中均将中国视为竞争对手。报告提及俄罗斯的次数则只有25次。《国家防务战略》报告同样将中国排在了俄罗斯之前,"中国是一个战略竞争对手,利用掠夺性经济来恐吓邻国,同时在南中国海进行军事化。俄罗斯侵犯了附近国家的边界,并对其邻国的经济、外交和安全决定行使否决权"[①]。

(三)在安全战略目标上收缩战线目标更集中

基于对美国身处"恶劣"的安全环境的判断,也基于"长期以来美国维持国际秩序,结果被中、俄等国利用"的战略判断,特朗普在安全目标上主张"战略收缩",也即追求较小、较少的目标,更聚焦美国自身。特朗普对国家利益的界定非常狭隘。《国家安全战略》报告定义了美国的四个目标:一是保护美国本土;二是促进美国繁荣;三是以实力求和平;四是扩展美国的影响力。在这四个目标当中,"以实力求和平"实际上是美国战略手段,而非目标;其余三个目标表面看似与多年来美国两党"安全""繁荣""民主(领导力)"的战略目标框架类似,但仔细审视,则会发现特朗普政府这三个目标一定程度上都聚焦美国自身,有一定的内向型。"安全"的首要焦点是确保美国本土和民众安全,对地区冲突、失败国家的关注大幅下降;"繁荣"主要是美国国内经济繁荣,无意于通过推动经济全球化实现繁荣;"影响力"主要是在国际组织和制度中与其他大国竞争、改变制度中所谓"不利于美国利益"的部分,不再热衷于担任国际制度以及美国意识形态的维护者与推进者。

---

① The Department of Defense, *2018 National Defense Strategy of the United States*, p. 2.

(四) 在应对手段上强调实力特别是物质性实力

特朗普在竞选期间即反复强调美国要支出必要的经费以"重建美国军队",形成历史上最强大的军力。在大选期间,特朗普多次引用里根"以实力求和平"的名言。当选后,特朗普的助手彼得·纳瓦罗 (Peter Navarro) 等人为此专门撰文,将"以实力求和平"称为"特朗普主义"。① 在特朗普政府上任伊始白宫推出的《"美国优先"的外交政策》中,特朗普政府宣称"以实力求得和平"将在美国外交政策中处于"中心位置"。② 2017 年《国家安全战略》报告则将"以实力求和平"作为战略的四大支柱之一,这也是该报告的四大主体部分之一,在其下重点论述了军事力量、国防工业基础、核力量、太空、网络空间、情报、外交等七个实力建设重点。尤其值得注意的是,这份《国家安全战略》报告特别强调了"经济安全就是国家安全"的理念,③ 强调能够带来就业机会的实体经济的重要性。这与冷战结束以来历届美国政府的安全理念有着明显的差别。此外,特朗普政府也不再追求在境外推广美国价值理念,对制度性力量、观念性力量的重视程度明显下降。

从"零和"视角看待国际体系,强调传统安全威胁特别是大国威胁,试图通过自身实力建设来赢得国家之间的竞争,这些特征都是典型的现实主义国际关系思维。特朗普政府对此并不讳言。2017 年《国家安全战略》报告在开篇就强调特朗普政府奉行的是"有原则的现实主义"。回首历史,美国在安全事务上固然一直有现实主义成分,但是其安全和外交战略上的自由主义底色才是真正的

---

① Peter Navarro, "The Trump Doctrine: Peace Through Strength," *The National Interest*, March 31, 2016, http://nationalinterest.org/feature/the-trump-doctrine-peace-through-strength-15631.

② The White House, "America First Foreign Policy," https://www.whitehouse.gov/america-first-foreign-policy.

③ The White House, *National Security Strategy of the United States*, December 2017, p. 17.

"美国特性"的体现。自冷战结束以来,以自由主义为主导思想更是美国国家安全战略的核心特色。特朗普政府在2017年的"现实主义"转向力度大、速度快,不仅与冷战结束以来的历届美国政府的安全战略与政策形成了"断裂",而且在美国漫长的安全传统中也可算是少数派。

二 力量建设:服务本土安全与大国竞争

从2017年1月27日特朗普签署"重建美国军队"的总统备忘录,提出"以实力求和平,重建美国军事力量",[①] 到2017年12月2日美国国家安全事务助理麦克马斯特在讲话中提出"以竞争求改变"(With competition, comes change),[②] 特朗普政府围绕着"实力"与"竞争"两个关键词,服务于"本土安全"和"大国竞争"两个目标,加强了美国安全与军事力量建设。加强军队特别是表现在加大军费投入上。特朗普政府扭转了奥巴马政府执政8年美军军费增长缓慢的颓势。2017年11月8日,美国国会就总额达6 920亿美元的2018年度国防预算达成一致。根据这一预算,美军2018财年将获得基础防务拨款6 260亿美元,海外应急行动拨款660亿美元。这一拨款规模比2017财年增加了730亿美元,增幅达10%。美国军方2018年将采购一批尖端武器装备,包括90架F-35战机、15架KC-46空中加油机、7架P-8A反潜侦察机以及驱逐舰、滨海战斗舰等13艘海军舰艇。特朗普上任后,美军人员规模有所增长,扭转了奥巴马政府执政8年美军规模下降20万人的颓

[①] The White House, *Presidential Memorandum on Rebuilding the U. S. Armed Forces*, January 27, 2017, https://www.whitehouse.gov/presidential-actions/presidential-memorandum-rebuilding-u-s-armed-forces/.

[②] Remarks by LTG H. R. McMaster at the Reagan National Defense Forum: Reclaiming America's Strategic Confidence, December 2, 2017, https://www.whitehouse.gov/briefings-statements/remarks-ltg-h-r-mcmaster-reagan-national-defense-forum-reclaiming-americas-strategic-confidence/.

势。2017年美军增加1.7万人。2018财年美军官兵将获得2.4%的加薪，美军还将增加2万多名军人。①

除了上述"面"上的变化之外，特朗普政府在以下四方面重点加强了能力建设。

（一）核力量

服务于"重建美军"的目标，同时也作为特朗普政府与中俄等大国竞争的主要手段之一，特朗普政府2017年对美国核战略做了重要调整。奥巴马执政8年期间，美国核战略的要义一是防止核扩散和核恐怖主义，防范和打击核恐怖主义；二是缩小核武器在国家安全中扮演的角色；三是提出"无核世界"构想，降低对核威慑的依赖程度，缩减对核武器特别是对核武器研发的投入。② 核武器在美国安全战略中的作用似乎逐渐缩小。特朗普政府决心逆转这一趋势，核武器在奥巴马政府时期是美军最后的手段，而在特朗普政府的军事战略中，核武器扮演越来越重要的角色，核威慑开始重新受到美军重视。美国国防部在2018年2月推出的《核态势评估》报告凸显了特朗普政府对核力量的重视程度。报告宣称，由于国际战略环境的恶化，美国需要发展门类更加丰富的核武器，以提高核威慑力。报告提出强化"三位一体"的核力量，近期目标是改进部分潜射弹道导弹，使其具备搭载低当量核武器的能力，远期将发展一种可以携带核弹头的舰载巡航导弹。同时，美国将逐渐更换陆基、海基和空基核弹头。③ 在经费方面，截至2017年3月，核武器项目开支占美国国防预算的3.5%。特朗普政府计划在未来将国防预算

---

① Active Duty Military Strength Report, August 31, 2017, https：//www.dmdc.osd.mil/appj/dwp/dwp_reports.jsp.

② The Department of Defense, *Nuclear Posture Review*, April 2010, https：//www.defense.gov/Portals/1/features/defenseReviews/NPR/2010_Nuclear_Posture_Review_Report.pdf.

③ The Department of Defense, *Nuclear Posture Review*, February 2018, https：//media.defense.gov/2018/Feb/02/2001872877/-1/-1/1/EXECUTIVE-SUMMARY.PDF.

的大约6%用于核武器项目。① 据美国国会预算办公室（CBO）数据，核武现代化未来十年需花费约4 000亿美元，其中1 890亿美元用于战略核运载系统及武器，包括潜艇、洲际导弹和轰炸机，以及美国能源部的特殊弹头和潜艇的核反应堆；90亿美元用于战术核武器和运载系统；870亿美元用于核武器实验室、生产设备和维护费用；580亿美元用于国防部指挥、控制、通信和预警系统升级；560亿美元用于额外费用。② 特朗普执政一年来，美国核武库已开始加大更新换代力度。

特朗普政府调整核战略的原因有三：其一，在美国国家安全威胁认知中，大国和"流氓国家"威胁已经明确超越了恐怖主义。排在前列的俄罗斯、中国和朝鲜都拥有核武器。在"以实力求和平"的目标下，加强核威慑，以更加强大的核力量来震慑敌对的有核国家就变得"顺理成章"。其二，相对于常规武器，核武器花费相对较小，威慑力巨大，"性价比"高。依照美军战略司令部司令约翰·西顿在2017年"军事记者和编辑年度会议"上的表述："威慑总是比战争便宜，没有什么比失去一场战争更昂贵。"③ 其三，美国核武库在奥巴马时期由于长期预算紧缩已经进入汰旧换新的关键阶段，客观上需要对核武库进行维护和更新。

（二）网络空间

在当代国际安全环境下，网络空间是国家行为体和非国家行为体都异常活跃的场域，可以直接影响美国本土的人员与设施安全。

---

① "Stratcom Commander Makes Case for Modernizing Nuclear Triad," March 31, 2017, https：//www.defense.gov/News/Article/Article/1137610/stratcom-commander-makes-case-for-modernizing-nuclear-triad/.

② 谢瑞强：《美国"核重建"：特朗普时代的美国核政策走向何方？》，澎湃新闻网2017年10月26日，http：//www.thepaper.cn/newsDetail_forward_1837943.

③ "Stratcom Commander Makes Case for Modernizing Nuclear Triad," March 31, 2017, https：//www.defense.gov/News/Article/Article/1137610/stratcom-commander-makes-case-for-modernizing-nuclear-triad/.

与此同时，网络空间作为一个安全竞争的新场域，也是大国博弈的主要焦点、大国竞争的新边疆。

美国自奥巴马政府起即高度重视网络空间。特朗普政府在继承前任基础上，将信息战、数据竞争、人工智能等新焦点纳入其安全战略。2017年1月，国防部负责情报的副部长莱特和网络司令部司令罗杰斯在国会作证的时候定义了美国军方在网络上需要应对的"4+1"威胁，即俄罗斯、中国、朝鲜、伊朗四个国家和"伊斯兰国"这个非国家行为体。莱特宣称，这些威胁"直接、清晰，且在全部作战场域不断发展"①。2017年美国《国家安全战略》报告特别强调，"信息战加速了政治、经济和军事竞争……数据将影响美国的经济繁荣和未来在世界的战略地位。对于确保美国经济的持续增长、抵制敌对的意识形态以及建立和部署世界上最有效的军事力量而言，利用数据的能力是至关重要的。"②

2017年美军在网络空间的最大动作是将网络司令部升级为美军第十个作战司令部。这一调整显示网络空间在美军联合作战中的重要性进一步上升，也显示军方在网络空间将发挥更加重要的作用。2017年美军网络部队的新动向包括：其一，网络部队走向跨场域、跨军种联合作战的整合力量。网络司令部司令罗杰斯在2017年2月称，"进攻性网络力量应该被当作核武器，在设定的敌对领域之外使用时，指挥权应该掌握在最高领导人手中。"③ 2017年5月，罗杰斯在国会作证时称，"网络部队将负责所有军事场域中涉

---

① Amaani Lyle, "Pentagon Officials Describe Ongoing Importance of Cyber Capabilities," January 5, 2017, https://www.defense.gov/News/Article/Article/1043038/pentagon-officials-describe-ongoing-importance-of-cyber-capabilities/.

② The White House, *National Security Strategy of the United States*, December 2017, p. 3.

③ Cheryl Pellerin, "Rogers Discusses Near Future of U. S. Cyber Command," February 24, 2017, https://www.defense.gov/News/Article/Article/1094167/rogers-discusses-near-future-of-us-cyber-command/.

及网络的行动实施,以盘活全域。"① 在对"伊斯兰国"的武装斗争中,美军网络部队行动与空袭、特种部队和地面袭击协调进行,标志着美军联合一体化作战已初步完成与网络攻击的整合。网络参战将成为常态化、战术化、可操作的选择。其二,美军对网络作战力量的投入持续增加。网络司令部 2018 财年的预算达到 6.4 亿美元,相较 2017 财年上涨接近 16%。② 截至 2018 财年结束,网络司令部将打造一支拥有 6 200 人,分为 133 个编队的网军力量。③ 其三,美军依托网络司令部的平台大力发展网络领域"军民融合"。一方面,网络部队由军人(约占 80%)和大量文职雇员(约占 20%)组成;④ 另一方面,网络司令部紧密联系美国重要的科技企业,开展技术合作。网络司令部分别在硅谷和波士顿等地开展了"网络司令部伙伴点"项目(the Cybercom Point of Partnership),联系当地的企业。

(三)导弹防御

美国认为,竞争性大国、"敌对国家"的弹道导弹是可以直接攻击美国本土安全的传统威胁,如果这一能力与核能力结合,更是美国本土安全面临的重大威胁。与此同时,导弹防御能力直接关涉大国之间的战略平衡,也是大国竞争的主要疆域。

2017 年 4 月 6 日,美军北方司令部(主要职责是防卫美国本土和北美地区安全)在国会参议院作证时评估,"俄罗斯、中国、

---

① Cheryl Pellerin, "Cybercom: Pace of Cyberattacks Have Consequences for Military, Nation," May 24, 2017, https://www.defense.gov/News/Article/Article/1192583/cybercom-pace-of-cyberattacks-have-consequences-for-military-nation/.

② Ibid..

③ Jim Garamone and Lisa Ferdinando, "DoD Initiates Process to Elevate U.S. Cyber Command to Unified Combatant Command," August 18, 2017, https://www.defense.gov/News/Article/Article/1283326/dod-initiates-process-to-elevate-us-cyber-command-to-unified-combatant-command/.

④ Cheryl Pellerin, "Rogers Discusses Near Future of U.S. Cyber Command," February 24, 2017.

朝鲜、伊朗和可能攻击北美地区的非国家暴力极端团体"是对美国的主要威胁。① 俄罗斯排在首位,具有"多样化的"远程打击手段,包括陆基、海基弹道导弹、网络武器,特别是俄最新拥有的能够精准打击到北美地区的巡航导弹,对北美地区构成全域性的威胁。中国排在第二位,军事力量正在迅速现代化,洲际弹道导弹能力不断提升。美国军方尤其担心朝鲜的核导威胁。2017年7月4日和7月28日,朝鲜两次试射"火星-14"洲际弹道导弹;2017年11月29日,朝鲜又试射了"火星-15"洲际弹道导弹。朝鲜称"火星-15"可打击美国本土全境,可装载超大型重型核弹头。伊朗虽无核武器,但在2017年成功试射了"神鸟"号运载火箭,美军评估认为此举可能意味着伊朗洲际弹道导弹技术的提升。

根据以上威胁评估,特朗普政府将"加强导弹防御"作为优先事项。"美国正在部署一个以朝鲜和伊朗为重点的分层导弹防御系统,以保卫我们的家园免受导弹袭击。该系统可以在导弹发射之前解除其威胁。"② 在具体措施方面,特朗普政府对导弹防御预算进行了小幅提升。2017年5月,美国防部发布了2018财年国防预算申请,用于导弹防御的预算申请总额是99亿美元,专门负责导弹防御体系建设的导弹防御局的预算申请总额是79亿美元。与2017财年相比分别增长了8.7%和5.1%。其中陆基中段洲际弹道导弹拦截项目分配到了其中的18亿美元,"宙斯盾"导弹防御系统得到17亿美元,"萨德"系统2018年预算是7.9亿美元。③ 同时,2017

---

① "2017 NORAD and USNORTHCOM SASC Posture Hearing," April 6, 2017, http://www.northcom.mil/Newsroom/Speeches/Article/1143019/2017-norad-and-usnorthcom-sasc-posture-hearing/.

② The White House, *National Security Strategy of the United States*, December 2017, p. 8.

③ "Budget Request Seeks Greater Missile Defense Capabilities," May 26, 2017, https://www.defense.gov/News/Article/Article/1195807/budget-request-seeks-greater-missile-defense-capabilities/.

年度美国军方对不同类型的导弹防御武器进行了试验。2017年5月30日，美军首次进行陆基中段洲际弹道导弹拦截试验（GMD），从位于太平洋马绍尔群岛的夸贾林环礁试验场发射一枚射程达到洲际弹道导弹级别的目标弹，随后从加利福尼亚州范登堡空军基地发射一枚拦截弹，并将其成功拦截。美军导弹防御局认为这是一次具有里程碑意义的试验，证明美国有能力防卫来自朝鲜和伊朗的导弹威胁。[1] 此外，美军还实施了其他有针对性的重要试验，如"宙斯盾"弹道导弹防御系统首次"标准－3"2A拦截试验和首次"标准－6"应对复杂中程弹道导弹试验、"萨德"系统的首次中远程弹道导弹拦截试验等。

（四）太空

"让美国再次伟大"也包括让美国在太空再次伟大。2017年版《国家安全战略》报告中申明："美国必须保持我们在太空的主导地位和行动自由。"[2] 虽然美国在太空领域仍然拥有巨大优势，但是特朗普政府认为，其他太空大国如中国、俄罗斯和欧洲国家技术能力发展迅速，竞争日益激烈。同时，太空已不再是大国垄断，私营部门也开始给予太空越来越多的关注。过去美国缺乏具有连续性和整体性的太空战略，造成资源浪费和方向上的困惑。此外，航天技术的发展对经济具有持续的拉动作用，不仅可以直接创造就业，还可以带来相关领域的技术升级。因此，特朗普政府决心在太空方面有所突破。

执政一年以来，特朗普政府虽未推出完整的太空战略，但调整了机构设置，宣示了战略愿景目标。2017年6月30日，特朗普签

---

[1] Cheryl Pellerin, "Missile Defense Agency Chief: BMD System 'Ready to Defend the Homeland Today'," May 31, 2017, https://www.defense.gov/News/Article/Article/1198311/missile-defense-agency-chief-bmd-system-ready-to-defend-the-homeland-today/.

[2] The White House, *National Security Strategy of the United States*, December 2017, p. 31.

署行政命令,正式重建美国国家太空委员会(National Space Council,NSC),由副总统彭斯亲自挂帅。2017年版《国家安全战略》报告中提到:"将太空提升为优先领域……国家太空委员会将审查美国的长期太空目标,并制定一个整合所有太空部门、支持创新并保持美国在太空领域领导地位的战略。"① 2017年12月11日,特朗普签署第一份太空政策指令,公布其政府在太空领域的愿景规划,宣布美国宇航员将重返月球并最终前往火星。

不过,太空能力的发展需要消耗大量资金,更需要长时间的持续投入,对政府战略和政策的延续性要求很高。十几年来,美国太空战略不断摇摆。小布什政府曾要求美国国家航空航天局(NASA)在2020年之前送宇航员重返月球,该指令在奥巴马时期因经费原因未能按计划实施。奥巴马政府2010年要求美国国家航空航天局在2025年以前开始"月球以外的载人航天任务,包括将宇航员送上小行星",并在21世纪30年代中期"将人类送上火星轨道"。小行星计划已被特朗普政府否决。近年来,美国航天界在重返月球和登陆火星之间的优先级上一直存在争论。特朗普的远景目标提到先在月球建立基地作为进一步登陆火星的跳板,将两个目标进行整合。但是这两个目标中的任何一个都将耗费大量资金。两者整合到一起,经费支持是否能够跟上仍然存疑。

三 反恐与国土安全:第一安全要务

反恐和国土安全是特朗普在竞选期间最为关心的安全议题,也是"美国优先"原则的首要体现。2017年《国家安全战略》报告中的第一根支柱的核心也是国土安全。特朗普政府将美国本土安全放在压倒一切的位置上,力图摆脱美国主流价值观的束缚。一年

---

① The White House, *National Security Strategy of the United States*, December 2017, p. 31.

来，特朗普政府虽然尚未有统一的反恐战略出台，但是在具体措施上有重大调整。

境外反恐方面，特朗普政府努力把握"有效打击"与"有限责任"之间的平衡。首先，加大境外军事反恐的力度。美国2018财年用于保障反恐作战、军援等的海外应急行动的预算为646亿美元，较2017财年执行预算增加28亿美元，增幅为4.5%。2018财年美国计划在阿富汗保持8 448人的驻军，在伊拉克和叙利亚维持5 765人的军事部署，支持海外应急行动的战区部队将达到56 310人，用于美国本土以及其他应急行动的部队达16 611人。特朗普政府在反恐上赋予军方更大的职权，军方在境外反恐上占据了越来越强的主导地位。其次，在"美国优先"的原则下，特朗普政府试图减少在海外承担不必要的责任。在增加投入的同时注意在国际反恐联盟和北约等框架下实施打击行动，试图分担责任，避免单方面大规模投入。就美国海外反恐的两个"主战场"来看，其一，特朗普政府加大了打击"伊斯兰国"的力度，但是方式上首先是以领导"全球打击伊斯兰国联盟"的形式，以多边行动分担责任，地面武装仍然主要依赖当地力量。直接介入以特种部队、无人机定点清除等小规模高精度的打击为主，在加强打击力度的同时减少介入成本。伊拉克军队于2017年7月收复摩苏尔，10月攻下拉卡，"伊斯兰国"最大的两个据点已经失守，在军事方面遭到重创，这是特朗普2017年反恐政策最大成绩之一。不过"伊斯兰国"据点丧失后，其思想上的影响仍然非常大，宗教极端思想的渗透将以更加隐蔽的形式影响美国及盟国的安全。其二，特朗普于2017年8月21日公布了对阿富汗的新战略。一方面，宣布对阿增兵，强调美军将依据实际战况，而非提前拟定的时间表作出军事行动选择，给予军方将领更多权力，以更好打击"在阿富汗国内散布暴力和混乱"的武装组织网络；另一方面，强调对达成一个包括塔利班在内的政治解决方案持开放态度，要求阿富汗政府承担起在军事、政治以及经济上相应的责任。

在"美国优先"的施政理念下,特朗普政府的国内反恐政策可以用"收口""外扩""拔刺"几个词来概括。即收紧边境和移民政策、将防线扩展到国境之外、预防并打击本土恐怖主义。

其一,推出已成为特朗普"标志性政策"的边境和移民管控措施——"边境墙"和"禁穆令"。2017 年版《国家安全战略》报告称:"加强对我们边界和移民体系的控制是国家安全、经济繁荣和法治的核心……美国有权决定什么人在什么情况下可以进入美国。"① 2017 年 1 月 27 日,特朗普上任后迅速推出"阻止外国恐怖分子进入美国的国家保护计划"(简称"禁穆令"),要求暂时禁止来自 7 个伊斯兰国家(伊拉克、叙利亚、伊朗、苏丹、索马里、也门和利比亚)的公民入境。在遭到多次法律挑战之后被重新拟定和调整,最终对来自伊朗、利比亚、索马里、叙利亚、也门、乍得、朝鲜和委内瑞拉的旅行者作出了限制。此外,移民管控还包括终止"追梦人"移民计划、加大移民遣返力度等。尽管遭到国内外诸多反对,经费也迄今尚未落实,特朗普政府仍然在缓慢而坚定地推动美墨边境筑墙计划。根据美国海关和边境保护局(U. S. Customs and Border Protection)2018 年 1 月 5 日向国会参议院提交的规划,未来 10 年美国将新建一段长约 500 千米的边境墙,并加固现有的约 655 千米长的隔离屏障。其中,分配到 2018 财年的方案为新建 96 千米边境墙、加固 22.5 千米,需花费 16 亿美元。② 同时,特朗普政府也加大了对非法移民和"潜在恐怖分子"的执法力度。

其二,扩展反恐外延。2017 年 9 月 27 日国土安全部执行部长

---

① The White House, *National Security Strategy of the United States*, December 2017, p. 9.

② Tal Kopan, "Trump Asks for \$33B for Border, Including \$18B for Wall," CNN, https://edition.cnn.com/2018/01/05/politics/border-security-billions-trump-wall/index.html.

杜克在参议院听证会上提到，新时代的国家安全环境下，已经不能用"国内"（home game）和"国外"（away game）的二分法来看待威胁，这一区分界限已经模糊。应该舍弃传统的防卫思路，整合跨部门和国际力量来应对威胁。① 国土安全部部长凯利2017年4月在乔治·华盛顿大学的讲话中阐述了特朗普政府的具体措施。一是"安全始自南部边境1500英里之外"②，即在源头上打击犯罪和恐怖主义。加强与中北美洲国家的合作，帮助它们改善国内环境，清除犯罪和恐怖滋生的源头。二是防线外扩，加强与周边国家合作，派遣国民警卫队，设立缓冲区，在恐怖分子抵达美国之前即予以有效打击。

其三，打击本土恐怖主义。美国本土恐怖主义近年呈多发的趋势。2016年4月到2017年4月，美国18个州发生了36起美国本土恐怖主义事件。③ 这类恐怖主义多是"独狼式袭击"，与境外组织没有直接的联系，难以预警和预防。其源头多是恐怖主义思想借助网络的传播，所以打击本土恐怖主义的重点在网络和思想两方面的控制。2017年9月20日，国土安全部副部长格拉迪在联合国大会上提出对这一源头进行控制的措施。一是提高社区防范意识。在恐怖分子利用网络接触到本国公民之前，就由政府和大社交媒体公司出面对公民进行教育，让公民认识到威胁。二是积极打击恐怖分子的网上招募，用正确的宣传引导存在被转化风险的潜在恐怖分

---

① "Written testimony of DHS Acting Secretary Elaine Duke for a Senate Committee on Homeland Security and Governmental Affairs hearing titled 'Threats to the Homeland'," September 27, 2017, https://www.dhs.gov/news/2017/09/27/written-testimony-dhs-acting-secretary-elaine-duke-senate-committee-homeland.

② "Home and Away: DHS and the Threats to America, Remarks delivered by Secretary Kelly at George Washington University Center for Cyber and Homeland Security," April 18, 2017, https://www.dhs.gov/news/2017/04/18/home-and-away-dhs-and-threats-america.

③ Ibid..

子。三是提高预警能力,及时发现本土人员与恐怖分子的谋划活动。① 这些措施显示,特朗普政府已经将加强对网络思想传播的管控作为反恐的一个重要措施。

四 特朗普政府安全战略:剩余的不确定性

特朗普政府上任之初,"不确定性"成为分析特朗普政府内外政策时最常用的概念。整个2017年,特朗普政府的"不确定性"似乎有所减少,"确定性"逐渐增强。尽管如此,当前美国安全战略与政策仍然有一系列重要疑问,有待进一步深入观察。

首先,特朗普政府在朝核问题上是否会陷入"骑虎难下"的境地?

2017年,全球最危险,也最接近战争边缘的安全问题恐怕就是朝核问题。特朗普高度重视朝核问题,上任后立即着手重新评估对朝政策,并最终以"极限施压"战略取代了奥巴马政府"战略耐心"战略。在言辞上,特朗普本人及其安全团队在2017年向朝鲜施加了强大的压力。特朗普通过推特频频发言,扬言要"摧毁朝鲜",甚至卷入与朝鲜领导人之间的"口水战"。2017年《国家安全战略》报告明确将朝鲜列为五大威胁之一,宣称朝鲜准备"用核武器杀死上百万的美国人"②。在军事部署上,为威慑朝鲜,美军向关岛增派战略轰炸机,并飞越朝鲜半岛,派遣"卡尔·文森"号、"罗纳德·里根"号双航母在朝鲜半岛附近水域参加军事演习。美韩、美日也在2017年度进行了多轮联合军演,规模扩大、复杂

---

① "DHS's Claire Grady Discusses Efforts to Curb Terrorist Recruitment Online at the 2017 United Nations General Assembly," September 20, 2017, https://www.dhs.gov/blog/2017/09/20/dhss-claire-grady-discusses-efforts-curb-terrorist-recruitment-online-2017-united.

② The White House, *National Security Strategy of the United States*, December 2017, p. 7.

程度提升。美日合作发展反导力量,成功试射美制 SM－3 型防空导弹,大幅提升对中程弹道导弹的拦截能力。不顾中国反对,执意在韩国部署"萨德"系统。在外交上,美国推动联合国安理会通过多个对朝制裁决议,同时在全世界广泛动员,组织世界各国对朝鲜施加了有史以来最强大的外交压力。总体看来,2017 年朝鲜半岛战争阴云密布,军事冲突似乎有一触即发的风险。

与此同时,朝鲜在 2017 年仍然进行了一次核试验以及多次导弹试验。到 2017 年年底,朝鲜领导人宣布历史性的"核导大业"已经完成。美方也评估认为朝鲜核导能力已经非常接近威胁美国本土的程度。特朗普政府虽然一直威胁可能采取军事手段解决朝核问题,但并未采取实质行动,也未能消除外界对于军事方案可能造成巨大的连带损失的担忧。由于美国军方并未能令人信服地展现出如何能够以可接受的较小代价军事解决朝核问题,不少分析家认为特朗普在朝鲜半岛问题上不过是虚张声势。由此,美国在对朝鲜威慑上似乎陷入了"骑虎难下"的境地。除了军事打击之外,特朗普政府缺乏有效吓阻朝鲜核导能力发展的办法;与此同时,军事行动可能带来巨大风险,从而让特朗普政府难以做出决断。朝在美高压之下核导能力不断取得进展,美威胁动武却迟迟没有实质性动作,这无疑将对美战略信誉造成重大损害。进入 2018 年,韩国平昌冬奥会前夕,半岛南北双方实现了外交突破。与此同时,一度是特朗普政府驻韩大使人选的美国朝鲜问题专家车维德(Victor Cha)的提名突遭撤销。西方及韩国媒体报道称,背后的原因是车维德公开反对对朝动武,与特朗普政府政策冲突。[①] 如果这一报道为真,可能显示特朗普政府确实在认真准备给朝鲜一个"流血教训"(bloody nose strategy)。显然,特朗普半岛政策的走向仍然是有高度不确定

[①] Alex Lockie, "A Recent Shift in Trump's Inner Circle Seems to Confirm the 'Bloody Nose' Strategy against North Korea is Real," *Business Insider*, http：//www. businessinsider. com/trump－inner－circle－victor－cha－confirm－bloody－nose－strategy－north－korea－2018－1.

性的。

其次，特朗普政府能否真正打消其盟友的疑虑？

第二次世界大战结束以来，美国的盟友体系一直是美国在全球的霸权基石。坚持对盟友的安全承诺、坚持对盟友体系的支持与投入，是70年来美国两党的"基本国策"。然而，在特朗普竞选和上任之初，美国的欧洲、亚洲盟友却感受到前所未有的冲击。特朗普要求盟国为美国分担负担，称"美国在保护欧洲、亚洲盟友安全上花费了数万亿美元，这些国家必须为此付费"，否则"美国就应让它们自生自灭"；北约"哄骗"美国，如果"要解散就散了吧"。也曾表示日本、韩国不能永远依赖美国，为此可以发展核武器；[①]这些言论一度造成美国众多盟国恐慌。不过在特朗普执政一年中，其在盟友政策上似乎逐渐趋于温和。在北约，特朗普与北约盟国领导人的一系列首脑会晤以及高级官员互访起到了稳定相互认知的作用。北约框架下美欧防务合作基本稳定，反恐行动稳步推进。尽管如此，"特朗普冲击"仍然存在。2017年，特朗普以及美国副总统、防长等官员在多个场合要求其他北约国家提高军费开支，使其达到各国国内生产总值的2%以上。这一方面给其盟友施加了压力，但另一方面也在一定程度上疏离了美与盟友的关系。毕竟，截至2016年，28个北约国家当中只有美国、英国、希腊、爱沙尼亚、拉脱维亚5国达到或超过了2%这个目标。[②]在东亚，美国与日本、韩国的盟友关系在特朗普上任后逐渐巩固。特朗普主动致电日韩政府首脑，向日本重申履行对钓鱼岛的"防御义务"。美国国防部部长马蒂斯打破防长首访北约国家的惯例，上任后首先访问亚洲盟国。马蒂斯在香格里拉峰会上表示，到2020年，美国会将六成军

[①] Stephanie Condon, "Donald Trump: Japan, South Korea Might Need Nuclear Weapons," CBS News, March 29, 2016.

[②] "SIPRI Military Expenditure Database 2015" (XLS), Stockholm International Peace Research Institute, 2016.

力转移到亚太，[①] 延续了奥巴马政府"亚太再平衡"增加亚太军力存在的趋势。特别是围绕朝鲜核导问题，美日、美韩均有密切合作。但是特朗普从全球制度中后撤的基本态度、其亚太战略迄今不甚清晰的事实，均给日韩两国的精英内心投下疑虑阴影。与此同时，美国不断对朝鲜施加军事压力，使韩国战略界担心美国是否会绕过韩国发动军事冒险。美国与其盟友之间的关系如何演进，是影响下一步美国安全战略推进的重要变量。

再次，印太战略究竟是正在成形的战略，还是空洞的概念？

特朗普政府上任后，放弃了前任奥巴马政府的"亚太再平衡"战略，但是并未推出替代性战略。第一，特朗普政府是否拥有一个亚太战略，一直是各方关注的焦点。2017年10月特朗普亚太行之前，特朗普政府高官如国务卿蒂勒森、国家安全事务助理麦克马斯特开始集中推销"自由和开放的印太"概念。特朗普本人在亚太访问中也多次提及这一关键词。到2017年年底，美国《国家安全战略》报告将"印太"作为一个次区域加以论述，并称其为"自由和压制秩序的竞技场"[②]。但是迄今为止，印太还停留在概念阶段。特朗普政府尚未详细阐述"印太战略"细节。这一战略的基本战略目标是什么，在经济、外交、安全等几方面将如何落实，中国与印太战略的关系是怎样的，在美国退出《跨太平洋伙伴关系协定》（TPP）之后，"印太战略"的经济抓手是什么，都还很不明晰。显然，从抽象的概念到系统的战略再到具体的政策，特朗普政府还有很长的路要走。第二，特朗普政府在全球和地区层面都在贯彻"美国优先"的理念。其战略思维的基本逻辑与"印太战略"这种地区多边框架从根本上是矛盾的。特朗普政府的主要精力还是在国内

[①] "Remarks by Secretary Mattis at Shangri – La Dialogue," June 3, 2017, https://www.defense.gov/News/Transcripts/Transcript – View/Article/1201780/remarks – by – secretary – mattis – at – shangri – la – dialogue/.

[②] The White House, *National Security Strategy of the United States*, December 2017, p. 45.

问题上，其是否有意愿和能力在印太地区投入精力与资源，贯彻一个覆盖从太平洋到印度洋广阔地域的宏大战略，让人十分怀疑。第三，"印太"热背后的推动力量主要是两股。一是特朗普政府内的高官与官僚机构，特别是国家安全委员会与国防部；二是日本、印度等国。前者不愿看到美国在印度洋—太平洋这一广阔区域缺乏地区战略，后者面对中国崛起、美国地区战略破碎，也充满战略焦虑。通过推动"印太战略"，可以起到将美国"拉住"的作用。未来美国政府内部决策体制，美国与日、印、澳等国的互动，美国与中国的互动都将塑造"印太战略"的走向。由于这一地区的重要性，美国任何地区战略的成形与推进势必都将对国际安全形势产生重大影响。

最后，特朗普政府的安全决策体系是否已经理顺？

从表面上看，随着特朗普政府几个重大安全战略陆续出台，其安全战略已经逐渐成形，似乎也意味着其安全决策体系已经理顺。然而仔细研究几个战略，仍然会让人产生"这究竟是特朗普的战略，还是特朗普高级幕僚的战略"之疑问。如美国几份安全战略报告均高度强调大国竞争。如果研究特朗普的发言记录，会发现特朗普本人虽然也重视大国竞争，但是更主要的是从经济竞争而非地缘政治角度出发的。在安全问题上，特朗普首先重视的还是对美国本土的安全威胁，尤其是恐怖主义威胁和朝鲜、伊朗的核导威胁。相比之下，恰是共和党建制派近年来一直在强调大国之间的地缘政治，也特别强调要坚持美国在国际制度中的影响力。2017 年共和党全国代表大会通过的《共和党政纲》中，仍然强调了全球领导地位的重要性，并且强调中俄等国是美国的地缘政治竞争对手。① 这或许解释了为何"大国竞争"在 2017 年《国家安全战略》中变得如此突出，以及为何"推进美国影响力"仍然被列为四大目标之

---

① *The 2016 Republican Party Platform*，https：//prod‐cdn‐static.gop.com/media/documents/DRAFT_12_FINAL［1］‐ben_1468872234.pdf.

一。从这个角度看,目前特朗普政府拿出的安全战略,要么是其政府内部不同观点的妥协,要么是特朗普放手其政府内部的"国家安全建制力量"制定,特朗普仅仅是加以背书而已。特朗普政府在安全决策模式上仍然存在变数,也将对美国安全战略与政策的演进产生重要影响。

(达巍,国际关系学院校长助理、教授;齐鑫,中国现代国际关系研究院 2017 级博士研究生;Da Wei, Assistant president and professor, University of International Relations; Qi Xin, Ph. D. candidate, China Institutes of Contemporary International Relations)

北约面临的安全局势及其军事预算与军事行动论析

张 建 周玉萍

【内容提要】 近年来,随着国际形势和欧洲安全格局的发展变化,北约面临的安全局势发生了诸多变化,面对这些变化,北约成员国相继调整了国防预算,北约组织也增加了军事演习,从军事行动上体现自身的存在和作用。通过阐述北约当前面临的安全问题,解读横向上、纵向上、大国视角下的北约成员国军事预算及动因,多重压力共同导致了北约军事预算的小幅增长。继而深入分析北约安全政策的变化和采取的军事演习等动作,乌克兰危机后北约组织重新找到了功能定位并增加了军事行动。

【关键词】 北约;欧洲安全;国防开支;军事行动

一 引言

北大西洋公约组织(North Atlantic Treaty Organization,NATO)简称北约组织或北约,是欧美主要发达国家为实现战略同盟、防卫协作而建立的一个国际军事集团组织。北约与欧洲安全、国际局势紧密相联,自第二次世界大战后成立以来一直备受关注,逐渐发展为最具影响力的区域安全组织。冷战结束后,两极格局不复存在,北约和欧盟的扩大是国际政治版图最重要的变化。① 冷战结束后北约进行了五轮扩大,最近一次扩大是 2017 年 6 月黑山加入北约组织,这个曾在前南斯拉夫时期被北约作为轰炸目标的巴尔干国家正式成为北约第 29 个成员国,北约东扩一方面使得俄罗斯与西方关系长期紧张,普京三个任期的俄罗斯对外政策走向逐渐强硬;另一方面,2017 年特朗普就任美国总统后,在关于北约的改革、军费承担、转型和扩大等问题上美欧之间原本存在的问题和分歧更加严重。此外,从行动上来看,在乌克兰危机后,北约成员国提高了国防预算,② 北约在黑海地区和波罗的海地区军演的数量和规模不断提升。

面对北约的东扩、欧洲多国军事预算的增加和北约频繁的军事行动,人们不禁要问,当前的北约面临哪些安全问题?北约成员国军事预算与军事行动有何新变化,体现了哪些特点?本文试对这些问题进行解读。研究北约军事预算对我们从深层次理解和把握北约、欧洲国家对外政策的制定、实施和走向具有重要意义。

二 北约当前面临的安全问题

2017 年是华沙条约组织解散 26 周年,北约启动东扩进程也已经有 21 年,2017 年 5 月 25 日,北约峰会在比利时首都布鲁塞尔举行,美国总统特朗普、法国总统马克龙首次以总统身份出席北约峰会,黑山首次以"成员国"身份参加,在竞选时曾持"北约过时论"的美国总统特朗普公开指责了 23 个北约成员国未能实现分摊军费的目标,北约面临的内外困境和多重挑战再次成为国际社会关

---

① 冯绍雷主编:《构建中的俄美欧关系——兼及新帝国研究》,华东师范大学出版社 2010 年版,第 70 页。
② 《抗衡俄罗斯军事活动 丹麦拟大幅增加国防预算》,新浪网,2018 年 1 月 18 日,http://mil.news.sina.com.cn/2018-01-18/doc-ifyquixe3975581.shtml。

注的焦点。① 恐怖主义和移民问题、来自俄罗斯对与其接壤的北约边境的威胁、西亚北非的局势动荡是当前北约面临的三大挑战。

第一，近年来，恐怖主义势力及其行径不断蔓延和增多，欧洲恐袭事件频发，且恐怖主义不断呈现草根化、独狼化。

2017年3月22日，在比利时布鲁塞尔机场、地铁站恐怖袭击一周年当天，英国伦敦市中心议会大厦附近又发生了恐怖袭击，造成了5人死亡，40多人受伤。恐怖主义和极端主义不断发展蔓延与西方国家长期实施的对外干涉政策有直接关联。欧洲安全面临着恐怖主义的威胁，防范恐怖主义的难度在提升。从外部来看，中东地区战乱不断，叙利亚和平进程推进缓慢，极端主义、恐怖势力快速滋长，同时给欧洲带来的另一个严峻社会问题便是移民问题。联合国难民署认为，当前来自西亚北非地区焦急等在欧洲边境的人中，大部分属于"难民"，一小部分属于"移民"。对于欧洲国家来说，甄别这群人的身份很难，而且在人道主义危机一触即发之际，社会稳定和经济发展都十分重要，因此不少欧洲国家陷入了两难境地；从内部来看，还有一些"内生性"的恐怖主义威胁，欧洲国家一直以来奉行开放多元的社会治理理念，宽松的移民政策引来了众多穆斯林移民，但这些移民很难融入主流社会，贫困、失业问题长期存在，因此,一些年轻的穆斯林成了"伊斯兰国"的成员。内外因素使得恐怖主义在未来一段时间都将成为欧洲国家及北约面临的严峻挑战。

第二，北约中的南欧成员重视北非与西亚的安全问题以及相关的移民和难民问题，东欧成员则关注俄罗斯及北约东部边界的安全

---

① 北约对成员国的军费分摊份额有两个标准，一是把相当于本国GDP总量2%的经费纳入北约军事开支的总预算中，二是把本国军费中的20%用于武器研发中。从北约公布的2016年年报来看，目前只有美国、希腊、爱沙尼亚、英国和波兰缴足本国GDP 2%的份额。再看20%的军事设备和研发投入份额标准线，有10个国家符合要求。严格意义上讲，同时满足北约两个军费分摊标准的，只有美国、英国和波兰三个国家，详见Transparency and accountability, https://www.nato.int/cps/en/natohq/topics_111582.htm, 2018年1月18日。

态势。

　　北约与俄罗斯之间长期维持着较为紧张的关系,自 2013 年年底乌克兰危机及克里米亚入俄事件以来,面对西方的制裁,俄罗斯与美欧外交关系恶化,在东欧、波罗的海地区,俄罗斯与北约的军事对峙常态化。西方媒体和相关研究型智库发表了多个报告,对"俄罗斯威胁"表达了"担忧"。① 美国知名智库兰德公司发布的报告称,俄军可以在 60 小时内"击溃北约"。② 乌克兰危机以来,在北约与俄罗斯接壤的东欧、北欧地区,俄罗斯每年都举行大量的合成兵种协同训练和复合军事演习,尤其是由俄罗斯和白俄罗斯联合举办的有战略打击力量参与的"西方"系列军事演习,这一承袭于苏联传统的军演更使北约感到俄罗斯军事力量的威胁。2017 年 9 月中旬,俄罗斯与白俄罗斯再次联合举办了"西方—2017"的大规模联合军演,演习地区从俄罗斯科拉半岛一直延伸至白俄罗斯境内。③ 尽管俄白两国均强调,此次军演不针对第三方,不会对欧洲整体或邻国构成任何威胁,但北约国家高度紧张,西方媒体更是将此次军

---

① David A. Shlapak and Michael W. Johnson, "Reinforcing Deterrence on NATO's Eastern Flank, Wargaming the Defense of the Baltics," https://www.rand.org/pubs/research_reports/RR1253.html; Andrew Radin, "How NATO Could Accidentally Trigger a War with Russia," https://www.rand.org/blog/2017/11/how-nato-could-accidentally-trigger-a-war-with-russia.html; Hans Binnendijk and Anika Locke Binnendijk, "Deterring the Unthinkable: NATO's Role Along the Eastern Flank," https://www.rand.org/blog/2017/11/deterring-the-unthinkable-natos-role-along-the-eastern.html; Bryan Frederick, "Matthew Povlock, Stephen Watts, Assessing Russian Reactions to U.S. and NATO Posture Enhancements," https://www.rand.org/pubs/research_reports/RR1879.html; Boris Toucas, "NATO and Russia in the Black Sea: A New Confrontation?" https://www.csis.org/analysis/nato-and-russia-black-sea-new-confrontation.

② Dave Majumdar, "Revealed: Russian Invasion Could Overrun NATO in 60 Hours," http://nationalinterest.org/blog/the-buzz/revealed-russian-invasion-could-overrun-nato-60-hours-15112.

③ Путин по итогам учений 《Запад – 2017》 призвал повысить мобилизационную готовность, http://tass.ru/armiya-i-opk/4749583.

演渲染为"战争准备"。① 德国国防部长冯德莱恩（Ursula von der Leyen）称："俄白两国参与此次军演的实际兵力高达10万人，军演旨在'展示实力与能力'。"② 此外，在2017年12月美国宣布向乌克兰提供杀伤性军事装备后，乌克兰东部的危机和战事更有升级的风险。③

第三，西亚北非等地区热点问题持续发酵。

在中东地区，叙利亚危机已持续超过六年，2017年12月11日，俄罗斯总统普京在访问叙利亚时宣布，将从叙利亚撤出俄罗斯军队，然而，普京又于2017年12月29日签署法律，批准俄叙两国2017年1月签署的扩建塔尔图斯海军基地协议，表明了俄罗斯力量要在地中海和中东地区长期存在的意图。这也说明叙利亚问题的重心将从以战场上的较量为主转为以实质性的政治谈判为主，但战后重建和社会稳定仍是叙利亚面临的挑战；在北非突尼斯，2018年年初爆发的抗议示威活动从首都突尼斯市开始蔓延至全国10多个省份；在阿富汗，阿安全部队在打击塔利班方面实力有所加强，但安全形势依然具有挑战性，"伊斯兰国"扩张势头令人担忧，阿安全部队在2017年的行动中消灭了包括"伊斯兰国"武装分子在内的6 000多名武装分子，2018年1月20日，阿富汗首都喀布尔洲际酒店遭恐怖袭击，并造成30多人伤亡，2018年阿富汗安全形势将依然严峻。④

---

① Julian Ropcke, "Putin's Zapad 2017 Simulated a War against NATO," http://www.bild.de/politik/ausland/bild-international/zapad-2017-english-54233658.bild.html.

② "Russian Defence Ministry commented on Germany's Minister of Defence Statement on Upcoming Zapad 2017 Exercise," http://eng.mil.ru/en/news_page/country/more.htm?id=12141542@egNews.

③ "US Approves Weapon Supply to Ukraine," http://defense-update.com/20171224_weapons_to_ukraine.html.

④ При теракте в афганском отеле погибли шесть украинцев, https://lenta.ru/news/2018/01/22/kabul.

三 北约欧洲成员国军事预算与国防开支的解读

随着 2017 年 6 月 5 日黑山共和国正式加入北约，北约现已囊括 29 个成员国。随着北约成员国的再次增加，军事预算与国防开支再次被各方聚焦，研究北约欧洲成员国军事预算与国防开支的变化，既要横纵对比，又要探索变化背后的动因。

（一）投入的趋势

1. 横向比较

北约要求各成员国国防支出达到本国 GDP 的 2%。[①] 2017 年在 27 个北约欧洲成员国中，国防支出达到 GDP 2% 的有 5 个国家，按照比例由高到低依次为：希腊（2.32%）、爱沙尼亚（2.14%）、英国（2.14%）、罗马尼亚（2.02%）、波兰（2.01%）。其余 22 国均低于 2%，其中国防开支占 GDP 比重低于中位数 1.31% 的国家有克罗地亚、德国、阿尔巴尼亚、斯洛伐克、丹麦、荷兰、意大利、捷克、匈牙利和斯洛文尼亚，低于 1% 的国家有西班牙、比利时和卢森堡。

按照北约标准，至少 20% 的军费要用于采购武器。[②] 2017 年北约所有成员国在这一指标上的实际支出比例的中位数是 19.37%，与组织目标极为贴近。超过 20% 与低于 20% 的成员数量基本平衡，但相互间差距较大，设备支出占比最高的国家是罗马尼亚（46.49%），最低的是比利时，仅占国防支出的 5.3%。

2. 纵向比较

与 2014 年相比，罗马尼亚、立陶宛、拉脱维亚 2017 年国防开

[①] "Wales Summit Declaration," https：//www.nato.int/cps/ic/natohq/official_texts_112964.htm.

[②] Ibid..

支比重增长较为显著，其余成员国变化不大。北约组织的各欧洲成员国在 2017 年的设备支出占国防支出的比重与 2014 年相比，除法国、英国、爱沙尼亚三国有小幅降低外，其余国家在这一指标上均呈现增势，其中罗马尼亚、立陶宛、保加利亚、拉脱维亚、捷克、斯洛文尼亚六国增幅超过 100%。

北约组织的欧洲成员国国防开支占 GDP 比重从 2015 年开始连续三年逐年增长，这是自 1989 年冷战结束后至今的近 30 年时间跨度里出现的第二次增长，前一次发生在 2007 年至 2009 年。

2015 年以来北约军费下降趋势得到扭转，2017 年欧洲盟国中有 23 个国家增加军费开支，20 个国家的军费开支占 GDP 比例上升，这表明北约在增加军费方面取得进展。但这项工作远未完成，北约内部仍没有实现公平分担，距离所有成员国军费开支达到北约标准仍有很大难度。

北约组织的欧洲成员国国防开支总额从 2014 年开始持续增长，一改此前 2008 年全球金融危机爆发后各国大幅缩减开支的态势。

3. 英法德欧洲大国比较

年度国防支出方面，英国 2015 年至 2017 年依次为 557.60 亿美元、593.81 亿美元、592.18 亿美元，增幅与上一年相比依次为 -2.94%、6.49%、-0.28%，2016 年显著增长后，2017 年略有减少；法国 2015 年至 2017 年依次为 496.19 亿美元、503.76 亿美元、510.67 亿美元，逐年增多，增幅与上一年相比依次为 -0.95%、1.53%、1.37%；德国 2015 年至 2017 年依次为 437.55 亿美元、451.75 亿美元、470.36 亿美元，增幅依次为 1.31%、3.25%、4.12%，连续三年逐年递增。英、法、德三国的国防支出在北约欧洲成员国中排名前三。

国防支出占 GDP 比重方面，2017 年英国为 2.14%，法国为 1.79%，德国为 1.22%。英国达到北约规定的国防支出占 GDP 的 2% 以上的标准，德国差距较大。英国 2015 年至 2017 年依次为2.08%、2.18%、2.14%,稳定在GDP的2%以上;法国2015年至2017年国防支出占GDP比重均为1.79%;德国2015年至2017年依次为1.18%、1.20%、1.22%,保持在较低水平上缓慢增长。

设备支出占国防支出比重方面,2015年至2017年英国依次为21.75%、21.56%、22.03%,法国依次为25.04%、24.44%、24.17%,德国依次为11.93%、12.21%、14.08%。三国中,德国保持持续增长态势,但比值仍大大落后于其他两国并明显低于北约规定的20%。

(二) 变化的诱因

1. 国防开支增加及占GDP比例提升的原因分析

(1) 受美国施压影响

从2016年美国总统大选中胜出并执掌白宫后,特朗普以富有鲜明个人特色的方式引领美国政治经济走向,并主导处理了一系列国际事务。在防务问题上,2017年2月,特朗普在向国会提交的政府预算中计划将国防预算增加10%,约540亿美元,以重建美国军事力量。[①] 与此同时,美国也对其传统盟友提出了相应要求,2017年5月在北约峰会上,特朗普直言欧洲盟国防御开支不足,指责23个北约成员国未能履行分摊军费的义务,仅有美国、英国、爱沙尼亚、希腊和波兰等五国国防开支达到GDP份额的2%的标准,并拒绝明确支持《北大西洋公约》第5条所规定的共同防御条款。这一军费比例出自北约此前定下的共同纲领,在2014年9月召开的北约峰会上各成员国达成共识,由出席会议的国家元首和政府首脑联合签发了《威尔士峰会宣言》(Wales Summit Declaration),明确规

---

① "Trump to Propose 10 Percent Spike in Defense Spending, Major Cuts to Other Agencies," https://www.washingtonpost.com/powerpost/trump-to-propose-10-percent-spike-in-defense-spending-massive-cuts-to-other-agencies/2017/02/27/867f9690-fcf2-11e6-99b4-9e613afeb09f_story.html?utm_term=.8cc97f8d1eb1.

定了北约成员国国防开支不得少于国内生产总值（GDP）的2%，国防预算中的20%以上用于主要装备，各国承诺停止削减国防支出，军费随GDP增长而增加，并在未来十年内将国防开支提高至占GDP比例的2%，以在平衡美国与欧洲盟友为联盟贡献能力方面有所改善。①

对于美国在欧洲安全事务中的地位以及美国主导的全球军事部署，对于维持西方国际话语权和政治影响力，北约欧洲盟国是有深切认识的。因而基于对国家利益的考虑，美国就北约军费问题在行动和言辞上的施压对于这些国家而言并不是全无道理的。

《今日美国报》有文章认为，特朗普在资金问题上与北约其他成员国争斗，疏远了美欧传统盟友关系；《华盛顿邮报》的一篇文章则认为，布什和奥巴马政府此前数十年希求北约盟友能够承担起对该组织经济义务的愿望都未能实现，而相比之下，特朗普的强硬态度和不再重申美国第5条义务的做法却着实发挥了作用。特朗普让盟友们为北约集体安全多缴付120亿美元，北约由此变得更加强大了。

（2）受俄罗斯威胁影响

访问欧盟时，特朗普拒绝明确承诺北约共同防御条款的态度，使其盟友在备感震惊的同时也作出表态，即使没有美国支持，它们也准备坚持集体自卫。特朗普2017年的中东政策失调，伊朗破解危局，俄罗斯有条不紊地加强与伊朗和土耳其的关系。北约欧洲盟国面对来自东欧和中东的威胁相应增加，因而在美国盟友不甚可靠的情况下，提升防务能力以妥善应对周边压力就显得十分必要了。

在过去的十多年里，北约欧洲成员国增加国防预算，绝大多数

---

① "Wales Summit Declaration," https://www.nato.int/cps/ic/natohq/official_texts_112964.htm.

情况都是因应俄罗斯的军事活动,一旦俄罗斯在某一时期针对欧洲的军事活动频繁,这些国家就会相应地增加防务支出。① 2014年克里米亚并入俄罗斯后,北约开始在靠近俄罗斯的北约成员国加强军事存在,以应对所谓俄方军事威胁。俄罗斯坚决反对北约的军事举措并采取反制行动,包括2016年在波罗的海地区的飞地加里宁格勒部署具备核打击能力的"伊斯坎德尔"弹道导弹和S-400反导系统。② 俄方还谴责西方国家对其近期军事演习的反应是在"激化"恐俄情绪。鉴于克里米亚危机和"俄罗斯的侵略性",部分北约盟国认识到有必要加大国防投入,以抗衡俄罗斯在东欧和北欧的军事活动。

(3) 受其他安全问题影响

目前北约欧洲盟国不仅面临来自美国的压力,俄罗斯、伊朗等国家的威胁,同时还受到军事网络攻击、难民危机和恐怖主义的影响。如卡梅伦政府在《2015战略防务与安全审查》报告中称,将在未来10年内投入超过2 000亿英镑用于英国的国防建设,以打击

---

① 关于这方面的研究可参见冯绍雷《北约东扩、"特朗普新政"与俄欧安全新格局》,《俄罗斯研究》2017年第1期,第3—36页;黄登学《美俄关系拟"再重启"的逻辑、领域与限度》,《当代亚太》2017年第6期,第67—91页;Martin A. Smith, *Russia and NATO since* 1991: *From Cold War Through Cold Peace to Partnership?*, New York: Routledge, 2006; Данилов Д. А., Мироненко В. И. Европейская безопасность: в поиске совместных ответов на угрозы и вызовы, 《Современная Европа》, № 1, 2017; Стивен Пайфер, Контроль над вооружениями, сотрудничество в области безопасности и отношения США и России, http://www.globalaffairs.ru/valday/Kontrol-nad-vooruzheniyami-sotrudnichestvo-v-oblasti-bezopasnosti-i-otnosheniya-SShA-i-Rossii-19240; Александр Грушко, НАТО пытается раздувать 《угрозу с Востока》, http://www.globalaffairs.ru/diplomacy/NATO-pytaetsya-razduvat-ugrozu-s-Vostoka-19137; Finian Cunningham, "Back to the Future⋯NATO Self-fulfilling War Plans for Russia," https://www.rt.com/op-edge/409498-nato-russia-cold-war/; Richard Sokolsky, "The New NATO-Russia Military Balance: Implications for European Security," http://carnegieendowment.org/2017/03/13/new-nato-russia-military-balance-implications-for-european-security-pub-68222.

② Райк Хенлейн, Семейные сцены, http://www.globalaffairs.ru/global-processes/Semeinye-stceny-19172.

恐怖主义。① 这也是英国在北约组织中所承担防务任务日趋重要的表现。

2. 国防开支增幅较小的原因

(1) 不存在大规模战争的可能

伴随着冷战结束、两极格局瓦解，保有苏联大部分领土的俄罗斯已不具备对西方国家构成根本性威胁的实力。据统计，北约欧洲成员国每年的国防开支总计为2540亿美元左右，而俄罗斯每年的国防开支不足700亿美元。此外，无论是东欧还是中东，伊朗核问题全面协议的达成使这些地区的局势相对缓和。

在美苏冷战的政治大背景下，西欧的政治经济发展脉络清晰，对于共同目标，即整合欧洲资源建设一个超级大国级别的政治军事联合体，是没有明显分歧的。而冷战结束后，尤其是2000年之后，少了现实的战争压力，少了政界对欧洲一体化的强力推进，各国内部的保守主义思潮不同程度抬头，基于民族主义的政治观念也有了更大的发言权。而北约试图通过强化自身地位和进一步武装，将冷战议程强加给北约欧洲盟国，以此证明自己在新安全形势下的做法存在必要性，与欧洲实际的安全需要不符，而大幅增加军费诱发地区乃至全球军备竞赛，也是非常危险的。

(2) 对美国的依赖心理严重

鉴于第二次世界大战以后美国强大的国家实力及维持全球霸主地位的刚性需求、主观意愿和积极实践，北约的欧洲盟友长期依赖于美国的政策导向和军事庇护。近年来，美国在经济疲软、财政吃紧的情况下依然独挑大梁维持北约的正常运转，防务开支占GDP比重明显高于欧洲盟国，年度国防开支占北约军费总额的2/3以上。美国在这一区域性国际组织中长期居于绝对主导地位。若要弥

---

① "Strategic Defence and Security Review 2015," https：//www.gov.uk/government/publications/national – security – strategy – and – strategic – defence – and – security – review – 2015.

合欧洲各国在武器装备、作战能力、专门人才等方面与美国的显著差距，巨额的防务经费投入是必不可少的，这也令很多欧洲盟友更愿意蜷缩在领袖的羽翼之下得过且过。2014年6月，美国总统奥巴马在环欧访问期间提出了一项"欧洲安全保障动议"，计划投入10亿美元用于支持及训练与俄罗斯接壤的北约国家的军队力量。[①]

尽管美国具备足够强大的综合实力和国际影响力，特朗普上台后也采取了一系列对美欧关系构成负面影响的措施，但欧洲仍然是美国在全世界最大的贸易伙伴、最大的投资者和最大的盟友群，并且欧洲与美国共同构成当今最重要的全球机制的核心部分，因而美国即便怨怒欧洲盟友不够"义气"，也难以将其抛弃而独自称霸。

（3）维持社会福利制度的需要

有人认为国防支出占到GDP 2%的份额是不合理也不可能实现的，大幅增加军费预算将会严重挤压其他领域的开支，对经济建设和社会发展产生消极影响。欧洲各国原本良好的社会福利制度的运行也会由于经费不足而受到扰乱，因此加大对北约的军事投入势必会受到民众的反对。而政客在竞选时则越来越多地倾向于迎合民意，通过控制军费、盘活经济、维持福利以取得民众广泛的支持。

（4）国家经济不景气的压力

现在欧洲各国经济状况普遍欠佳，这种格局下欧洲一体化的吸引力急速降低，各国的保护主义抬头和右翼市场扩大。这种民意的转变，在西欧的政体下是不可能不体现在各国政策上的。2008年的金融危机使得欧洲经济开始陷入新一轮的衰退，在这个大背景下，英国保守党和自由民主党组成的联合政府于2010年5月开始

[①] Christopher S. Chivvis, "What Can Obama's ＄1 Billion Investment in European Security Actually Buy?" http：//foreignpolicy.com/2014/06/06/what－can－obamas－1－billion－investment－in－european－security－actually－buy.

上台执政。联合政府上台之后不久，便启动了一项规模巨大的财政紧缩政策，主要内容就是削减政府开支和增加税收，其中就包括大量削减防务开支。因此，联合政府上台之后，快速地将皇家空军的所有"鹞"式战斗机以及"猎迷"MR2海上巡逻机退役，此后"猎迷"MRA4的研制工作也被叫停。特蕾莎·梅政府同样采取财政紧缩政策，但将防务作为一个重要优先项，① 军费支出有一定增长。

（三）对2018年北约欧洲成员国国防支出的预测

根据2018美国《国防战略》报告，美国会加强跨大西洋北约联盟，重申《北大西洋条约》第5条共同防御条款，强调欧洲对美国国家安全的重要性。北约将继续遏制俄罗斯，击败恐怖分子，并克服北约外围的不稳定因素。② 期望欧洲盟国履行承诺，增加国防和现代化开支，以支持北约解决盟国在安全领域的共同关切。

美国对欧洲盟友在增加国防开支上的影响力将会持续存在，甚至进一步加强。若是希望美国继续支持欧洲防务，各盟友有必要大幅增加对北约集体防御的贡献。

一个国家的年度国防开支并不完全用于军事力量的提高和支持军事行动上。以希腊为例，在北约所有成员国中，希腊每年的国防开支仅次于美国和英国，位列第三，但是其中的大部分是用来支付退休人员和现役人员的薪水，而不是采购新的武器装备。

因此，2018年北约欧洲成员国的国防支出及其占GDP比重预计会有小幅增长，但同时各国的实际军事投入与提升有待依据国防支出的具体构成作出进一步判断。

---

① "I'll make sure we build new Trident right now: THERESA MAY explains how she will make the UK's defence an important priority if she becomes Prime Minister," http：//www.dailymail.co.uk/news/article－3674319/I－ll－make－sure－build－new－Trident－right－THERESA－explains－make－UK－s－defence－important－priority－Prime－Minister.html.

② "Summary of the 2018 National Defense Strategy," https：//www.defense.gov/Portals/1/Documents/pubs/2018－National－Defense－Strategy－Summary.pdf.

四 乌克兰危机后的北约安全政策及军事行动

北约安全政策经历了不同的转型时期,乌克兰危机前后,北约的安全政策经历了重大转型。乌克兰危机后,克里米亚入俄事件是俄罗斯在第二次世界大战后首次扩大边界,也是科索沃独立以来欧洲版图的最大改变。事实上,乌克兰危机成为北约安全环境判断及军力建设的拐点。[①]

(一) 前景迷茫的组织转型

冷战结束,华沙解体,北约在相当长一段时间内缺乏方向感,难以找到适当组织定位和发展目标,把军事行动由欧洲推向亚洲,引发国际社会不满。而北约东扩,不断吸收东欧国家、波罗的海国家、巴尔干地区国家加入,使俄罗斯认为其战略空间受到挤压而不断采取对抗性行动。另外,如同欧盟内部分歧一样,北约内部也因一些具体议题和北约未来发展道路产生分歧。在 2010 年葡萄牙首都里斯本的北约峰会上,批准了用于指导北约未来十年发展的战略新概念,这是冷战结束后北约通过的第三份战略文件,战略新概念认为北约应保持和发展应对非传统安全威胁的能力,保证成员国安全。会议还就建立欧洲反导系统达成协议,同时北约还邀请俄罗斯参与合作,共建欧洲反导系统。另外,北约领导人还在峰会上正式确定阿富汗移交防务的时间表。在 2012 年美国芝加哥的北约峰会上,北约的防务转型和阿富汗问题是会议焦点,在欧债危机问题恶化的背景下,一些欧洲国家经费紧张,普遍削减军费。可以看出,在乌克兰危机爆发之前,随着北约发展至顶峰,内部问题和组织转型问题也暴露出来,这也为乌克兰危机的爆发埋下了伏笔。

---

① 员欣依、孙向丽:《北约核政策与核态势的回顾及展望》,《国际安全研究》2017 年第 5 期,第 128—154 页。

(二) 乌克兰危机爆发与北俄关系全面恶化

始于2013年11月的乌克兰危机从街头抗议升级为武装对抗，是冷战结束以来最为严峻和复杂的国际危机之一。[①] 至今乌克兰东部战事未平。乌克兰危机爆发后，传统军事安全与俄罗斯威胁再次成为北约重要的议事日程。2014年9月，在英国威尔士召开的北约峰会是乌克兰危机后的第一次峰会，乌克兰战乱、中东局势动荡、网络攻击等都是国际安全面临的紧迫问题，北约在军事建设方面力推"战备行动计划"，移交阿富汗的防务任务，提高军费用于国防建设，对俄态度开始从合作转为对抗，随着形势的发展，北约与俄罗斯伙伴关系终结，东欧、北欧的国家对俄疑虑增大。[②] 2016年7月，在波兰华沙举办的峰会是北约历史上规模最大的一次峰会，展示了成员国在面对俄罗斯以及对付恐怖主义方面的"团结一致"和"坚定立场"。关于北约和俄罗斯的关系，北约秘书长延斯·斯托尔滕贝格此次峰会期间明确表态说，俄罗斯已经不是北约的战略合作伙伴。峰会宣布向东欧国家增派四个营的国际战斗部队，分别部署在波兰、拉脱维亚、爱沙尼亚和立陶宛四个国家。北约还决定加强其在阿富汗的军事存在，这也是考虑到从另一方面，即在亚洲对俄罗斯进行牵制。北约国家与俄罗斯还互相质疑对方军事透明度，虽然双方之间仍保有必要的磋商机制，但相互信任严重缺失，双方恐怕很难建立真正意义上的安全和军事互信，对抗也将是北约与俄罗斯关系的常态。

(三) 军事动态与行动

克里米亚入俄后，北约不仅加强了在中东欧的军事存在，还不断通过多个联合军演来提升队伍之间的默契。一些东欧、北欧国家

[①] 高飞、张建：《乌克兰危机背景下的大国博弈及其对国际安全格局的影响》，《和平与发展》2014年第6期，第78—96页。

[②] "Exercises," https://www.nato.int/cps/en/natohq/topics_49285.htm.

提高了戒备等级，加强了对俄罗斯的防范。芬兰、挪威、丹麦和波兰等国在军事方面加强了综合戒备。以 2017 年为例，2017 年北约军演继续常态化，在黑海、地中海、波罗的海等地都举行了军演。2017 年 1 月，北约在波兰的军事演习拉开了今年中东欧地区频繁军演的序幕。此后，北约军演的频次基本是一个月一次，有时甚至是几个演习同时进行，演习主要在立陶宛、爱沙尼亚、拉脱维亚和波兰进行。北约非常看重波罗的海地区的军事部署，2016 年 7 月，北约成员国领导人决定在波兰、立陶宛、爱沙尼亚和拉脱维亚四国部署多国部队。2017 年年初至 5 月，来自德国、比利时、荷兰和挪威的 1 000 名军人陆续抵达立陶宛。6 月后，北约还将军演扩展到了其他地区：6 月，罗马尼亚，挪威炮兵侦察营参加"贵族跳跃"（Noble Jump）北约联合演习，7 月，在乌克兰的军事演习拉入了诸多北约国家，来自美国、乌克兰、格鲁吉亚、罗马尼亚和土耳其的 30 余艘军舰参加在乌克兰举行的"海上微风—2017"（Sea Breeze - 2017）军演；保加利亚"军刀卫士 2017"军演于 7 月 11 日至 20 日在保加利亚、罗马尼亚和匈牙利三国境内举行，来自 22 个北约成员国及伙伴国的约 2.5 万名军人参演。演习旨在通过欧洲地区部队的快速动员和集结能力来展示其威慑力。8 月，在格鲁吉亚的军演也可以看到北约的存在。9 月 27 日，波黑图兹拉，北约和伙伴国参与欧洲—大西洋灾害应急协调中心（EADRCC）实地救灾演习；10 月，北约"辉煌大洋 2017"（Brilliant Mariner 2017）联合海上力量展示在北海海域举行。来自加拿大、丹麦、法国、希腊、德国、意大利、荷兰、挪威、葡萄牙、西班牙、土耳其和英国的共计 27 艘主战舰艇组成了大规模的海上编队，旨在展示北约海上实力；11 月，北约军事演习在位于土耳其西南部的阿克萨兹海军基地拉开帷幕，来自土耳其、美国、英国、保加利亚、罗马尼亚 5 个北约成员国的舰船、军机和 3 000 余名军人参加了演习，为期 10 天的军事演习主要包括海空联合行动、紧急搜救和补给等课目，旨在加强北约成员国间的联合作战能力。① 2017 年 12 月 24 日，北约秘书长延斯·斯托尔滕贝格公开表示，北约各成员国因俄罗斯海军舰船频繁在大西洋、地中海等海域活动而深感焦虑。为对俄进行反制，北约将按计划增设军事指挥部门，强化指挥、行动架构，包括重启冷战后即被关闭的大西洋司令部。② 这些军事活动展示了北约对威胁的感知在加深以及对传统安全领域的再度重视。

（四）非传统安全应对

近年来，随着世界形势的发展，成员国所面临的包括导弹攻击、恐怖主义、北约成员国境外的不稳定或冲突、网络袭击、气候变化等安全威胁增多，北约开始逐渐重视非传统安全领域的投入。

2017 年 11 月 28 日，北约代号为"网络联盟"（Cyber Coalition）的大规模网络战演习在爱沙尼亚拉开帷幕。参加"网络联盟"演习的是 700 多名信息技术专家，分别来自 25 个北约成员国、欧盟国家，以及芬兰、瑞典、爱尔兰、瑞士这四个北约伙伴国。演习目的在于检查北约成员国及伙伴国应对网络攻击的能力，对抗针对移动通信网络、工业系统和各类军事控制系统的攻击并演练专家在国内和国际层面的协作。③ 面对国际社会对北约在反恐方面的期望和新时期世界安全问题的新挑战，北约近期的一些举措也在展现"坚定不移打击恐怖主义的决心"④。2017 年，北约向打击"伊斯兰国"国际联盟提供了支持，并与伊拉克、约旦和突尼斯等国开展了

---

① https：//www. nato. int/cps/en/natohq/news. htm? query = &date_from = &date_to = &sort = date：D：R：d1&keywordquery = Exercises + &start = 0.

② 王宇：《北约增设司令部，完善对俄制衡布局》，《中国国防报》2018 年 1 月 3 日。

③ "NATO's Flagship Cyber Exercise Begins in Estonia," https：//www. nato. int/cps/en/natohq/news_149233. htm? selectedLocale = en，2018 年 1 月 22 日。

④ 关于北约反恐政策的演变，参见波尔特、方长平《北约反恐战略的演变》，《国际观察》2016 年第 5 期，第 122—136 页。

安全合作。

2018年,北约峰会将在比利时布鲁塞尔召开,应对来自俄罗斯的威胁和北约组织改革是会议核心议题,同时恐怖袭击和难民潮等议题也将成为2018年北约峰会的热点。

五 结论与展望:欧洲安全的未来

冷战结束后,随着国际格局的变化、跨大西洋关系的起落和欧洲一体化的加深,欧洲开始建设自己的军事力量,且欧洲国家独立的军事力量处于逐步发展的状态中,但当前来看欧洲安全的"中流砥柱"仍是北约。在北约逐年增加军费和频繁进行军演的同时,俄罗斯也在国防建设和军事发展上更加重视和增加投入,双方已陷入安全认识的"误区"。美国的对外政策走向、北约和俄罗斯未来关系的走向将是欧洲安全的关键因素。此外,"伊斯兰国"等恐怖势力的发展、西亚北非的局势及难民问题、非传统安全中的网络安全这三大因素也是影响欧洲安全的重要因子。但从当前北约的军费开支和军事行动来看,欧洲安全的未来并不明朗,仍充满挑战。和平与合作才是当今世界的主流,也是历史的发展趋势,冷战思维和集团对抗的延续不论对国际安全还是欧洲安全都是巨大的阻碍。

(张建,外交学院外交学与外事管理系讲师;周玉萍,外交学院外交学专业博士研究生;Zhang Jian, Department of Diplomacy and Foreign Affairs Management, China Foreign Affairs University; Zhou Yuping, Ph. D Candidate at China Foreign Affairs Clnivesity)

地缘政治博弈下俄罗斯周边安全形势与防务建设

马建光

【内容提要】当前,围绕有关热点问题的全球地缘政治博弈加剧,国际体系开始发生深层次变化,这也间接影响到了俄罗斯。2017年,俄周边安全形势波诡云谲,多种不确定性因素时刻影响着俄罗斯国家安全:与北约的对峙、恐怖主义的威胁、网络太空安全问题是俄当前面临的三大主要威胁。针对动荡的安全态势,俄在2017年重点强化了防务安全建设,通过变动兵力部署、加强防务合作、提升技术水平来拱卫国家安全,并取得了突出的成果。然而,大国间利益关系日趋复杂,竞争与合作的交织并存,全球性安全问题难以协调解决仍使俄周边安全形势充满变数,俄国家安全在今后一段时间内依然将面临重重挑战。

【关键词】地缘政治;俄罗斯国家安全;安全态势感知;防务建设;美俄对峙;乌克兰危机;叙利亚战争;朝核危机;伊斯兰国;恐怖主义;战略新疆域;网络信息安全;空天防御;防务合作;兵力部署

2015年12月31日,俄罗斯总统普京正式批准了修改版《2020年前俄罗斯国家安全战略》(以下简称《国家安全战略》),[①] 明确了未来五年俄罗斯国家利益拓展的优先方向及俄罗斯国家安全政策

---

① Президент России, http：//www.kremlin.ru/acts/news/51129.

的目标、任务和相关举措。新版《国家安全战略》定义了俄防御军事打击的战略目标及应对极端思想传播的方式,[①] 同时明确指出俄国家安全的主要威胁依然来自北约。俄国家安全战略的调整折射出俄国内、国际环境的变化,其主要依据是多重的:北约和欧盟"双东扩"压力日益凸显、俄与西方在意识形态领域的对抗不断加剧、非传统安全领域威胁逐年增多。在国内,俄罗斯的经济仍有待恢复,军事现代化步伐受到一定冲击。[②] 以此为背景,俄在规划自身防务建设上,思路更加清晰、针对性更强、经费使用更加谨慎。

2017年,俄与美国等西方国家因乌克兰危机出现的对立进入第四个年头,这种对立始于乌克兰,并在之后逐步蔓延到了叙利亚、阿富汗和东北亚地区。尽管对立并不意味着双方在安全领域合作的消弭,但俄罗斯自身所处环境的不确定性与日俱增,这促使俄以新版《国家安全战略》为纲要,制定防务战略与计划。在2016年,俄开始正式实施《俄罗斯联邦2016—2020年国防计划》,制定了新版《俄罗斯联邦信息安全学说》,并开始研究《2018—2027年国家武器装备计划》的具体金额与分配方案,这为俄在2017年完善体制编制、变更兵力部署、更新武器装备、加强军事训练、筹划防务建设奠定了坚实基础。

一 俄罗斯周边安全形势分析

俄罗斯是世界上领土面积最大的国家,国土范围覆盖亚欧大陆。根据英国著名地缘战略学家麦金德提出的"心脏地带"理论,

[①] 陆齐华:《俄罗斯国家安全战略的历史演进》,《俄罗斯学刊》2016年第4期,第23页。
[②] 马建光、孙迁杰:《俄罗斯国家安全战略的变化及影响——基于新旧两版〈俄联邦国家安全战略〉的对比》,《现代国际关系》2016年第3期,第16页。

俄罗斯是世界的"心脏",是"世界上最大的天然堡垒",[1] 亦是各方利益诉求的交会点。不同的国际政治行为体拥有不同的利益诉求,当诉求发生交会与碰撞,冲突便在所难免。这从俄罗斯最近两年的安全态势感知指数上便能一窥究竟,其所处环境安全形势依旧相对严峻(见表1)。

表1 部分欧洲国家2016年安全态势感知指数

排名	国家	指数
3	冰岛	-1.88063683
5	芬兰	-1.75949074
6	爱尔兰	-1.73143493
8	奥地利	-1.651342066
9	丹麦	-1.51830958
27	意大利	-0.698973511
42	德国	0.03651449
74	英国	0.433019392
97	格鲁吉亚	0.775966709
105	法国	0.909397975
112	摩尔多瓦	1.003481149
121	俄罗斯	1.173734061
158	乌克兰	1.84101736

资料来源:对外经贸大学国际关系学院大数据国际关系研究中心、国际关系学院《国际安全研究》编辑部:《国际安全态势感知指数2017》,2017年6月17日,第35页。

俄罗斯认为,当下的全球经济危机是导致地缘政治版图发生深度位移的强大催化剂,而西方国家干预他国内政则是另一个动荡因素,其将自身价值观强加给别国的企图将导致国际关系出现动乱和

---

[1] Halford Mackinder, "The Round World and the Winning of the Peace," *Foreign Affairs*, Vol. 21, No. 4, 1943, pp. 595–605.

失控，由此还会导致联合国权力地位的下降。① 目前，俄罗斯对其周边安全形势的判断大致可从以下三个方面把握。

(一) 北约依然是俄首要威胁与竞争对手

在2016年，俄联邦安全会议秘书、联邦安全局前局长帕特鲁舍夫就曾表示，美国和北约积极部署全球反导系统对俄罗斯的"侵略性"逐步加大，而在俄罗斯边境地区举行演习、部署重型武器装备则表明其对俄的进攻潜力不断增强。俄国防部长绍伊古大将对此也有类似的表述，他在2017年6月的加里宁格勒俄国防部部务会议上指出："（俄罗斯的）西方伙伴不愿放弃反俄方针，（2017年）5月举行的北约峰会就证明了这一点，它们把俄罗斯与恐怖主义相提并论，列为同等的威胁。"②

从俄军政高层的立场出发，俄虽不愿与美国、西欧国家展开全面对抗，但随着2017年美国在韩国及东欧部署导弹防御系统、北约的军事职能日益凸显并逐步迈向全球，俄深刻感受到了北约对俄国家安全造成的直接威胁。首先，美国于2017年开始在东欧部署三个满员配置的装甲战斗队，包括美军第一个"数字化师"——步兵第四师的第三装甲旅，以及步兵第一师的第二装甲旅。这些旅配备坦克、步兵战车等重型装备，轮流赴波兰展开部署的同时，还于2017年在俄西部边界附近地区参加了北约"波罗的海行动—2017""军刀出击—2017"演习，踏上了波罗的海三国的领土，使美军在波罗的海沿岸部署的兵力达到了历史新高，让俄高度紧张。其次，美国的行动让北约其他国家做出回应——在美国不断呼吁北约国家增加防务开支以达到占各国国内生产总值（GDP）2%这一标准的前提下，近半数的北约国家在2017年开始增加防务开支，批量列

---

① 陆齐华：《俄罗斯国家安全战略的历史演进》，《俄罗斯学刊》2016年第4期，第32页。

② "Head of the Russian Military Department General of the Army Sergei Shoigu Held the Board Session of the Ministry of Defence," http：//eng. mil. ru/en/news _ page/country/more. htm? id = 12129809@ egNews.

装新式武器的同时还明显提升了部队的调动频率。在波兰及波罗的海三国,北约已部署了4个营的多国联合部队,这批总数为1 000人的部队主要来自德国、比利时、荷兰和挪威,于2017年上半年先期进驻立陶宛,而波罗的海三国与波兰也于2017年建成了4个营5 000人联合部队,配备了坦克、步兵战车、自行迫击炮等大量重型武器,上述部队同样参加了"波罗的海行动—2017"和"军刀出击—2017"大规模演习,反映出2017年北约在边境地区对俄军事压制的总体态势。

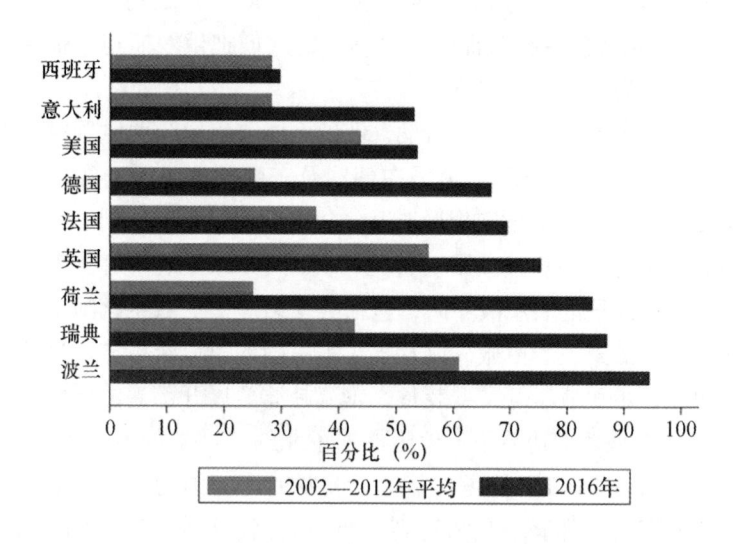

图1　9个北约国家2016年防务费用增长情况

资料来源:*SIPRI YEARBOOK 2017.*

与此同时,在外交层面,俄罗斯与西方关系的走向很大程度上取决于美俄关系,而美俄关系由于"通俄门"事件持续发酵未能成功破局,双方不仅从2017年7月开始互相驱逐外交人员,暂停外交设施使用权,特朗普还在8月2日以俄在克里米亚及乌克兰东部进行军事行动为由,签署了对俄实施新一轮制裁的法案,并间接带动了欧盟追加对俄制裁。如今，美国国内建制派势力对俄十分反感，大幅抵消了特朗普改善美俄关系的种种努力；加之，由于历史原因，已加入北约的波罗的海三国（立陶宛、拉脱维亚、爱沙尼亚）、波兰及其他原华约组织成员国长期以来存在强烈的反俄情绪，在北约内部间接掀起了一股浪潮，即改善对俄关系是一种政治上的"不正确"。此外，黑山在2017年6月加入北约进一步表现出美国及北约在地缘政治上的"弱俄、遏俄、孤俄"政策，这使俄罗斯备感压力。舆论唱衰、经济制裁、政治孤立、军事打压，是乌克兰危机以来美国及北约对俄采取的总体政策方针，这种方针在2017年非但没有消除，反而日渐强化。对此，俄不得不以北约为竞争对手加强军事斗争准备，并在多份官方文件中将北约描述为首要威胁与竞争对手。

（二）恐怖主义对俄威胁犹存

2017年，俄在打击极端势力上取得了明显进展，特别是在叙利亚，俄帮助叙政府军从"伊斯兰国"武装及反对派手中夺回了近95%的领土，反恐行动成效显著。俄军强硬出击，在打击叙利亚极端组织的同时很大程度上稳定了叙利亚局势，但也因此遭到了极端组织的报复。

近年来，俄屡遭恐怖袭击（见表2）。2015年，俄罗斯一架客机在埃及坠毁，造成217名乘客和7名机组人员死亡，俄联邦安全局将空难原因定性为恐怖袭击。即便在叙利亚，"伊斯兰国"全部的外籍恐怖分子中，俄籍人员数量最多。据俄国防部长绍伊古大将介绍，从2015年9月30日至2017年12月20日，俄军在叙利亚共消灭了60 318名恐怖分子，其中2 840名来自俄罗斯，[①] 而由于"伊斯兰国"在叙利亚的节节败退，俄籍恐怖分子的回流趋势日趋

---

① "Supreme Commander – in – Chief Vladimir Putin Attends Extended Board Session of Russian Ministry of Defence," http：//eng. mil. ru/en/news _ page/country/more. htm？ id = 12155960@ egNews.

表2 2017年部分国家遭受恐怖袭击情况
（2016年5月—2017年5月）

国家	袭击事件数（件）	死亡人数（人）	受伤人数（人）	伤亡总人数（人）
伊拉克	429	6 286	3 240	9 526
叙利亚	90	1 578	1 453	3 031
阿富汗	132	1 362	1 660	302
巴基斯坦	64	640	1 116	1 756
尼日利亚	73	622	484	1 106
索马里	72	524	387	911
也门	32	503	484	987
土耳其	79	456	1 148	1 604
埃及	55	316	319	635
利比亚	33	278	379	657
法国	12	179	645	824
印度	34	147	106	253
菲律宾	32	127	147	274
美国	7	102	83	185
俄罗斯	13	71	118	189
英国	8	49	176	225
德国	14	30	121	151
乌克兰	16	19	25	44
伊朗	6	16	14	30
哈萨克斯坦	3	15	17	32
中国	3	11	13	24
印度尼西亚	8	8	58	66
意大利	3	1	3	4

资料来源：对外经贸大学国际关系学院大数据国际关系研究中心、国际关系学院《国际安全研究》编辑部：《国际安全态势感知指数2017》，2017年6月17日，第41—42页。

明显。这也间接导致 2017 年俄国内发生的恐怖事件数量略有回升，因此俄依然把打击恐怖主义视作"最重要的国家任务"。

据俄联邦安全局统计，近五年来俄境内发生的恐怖活动数量减少了九成。2016 年 5 月—2017 年 5 月，俄境内爆发的恐怖袭击次数为 13 起，伤亡人数为 189 人，[①] 略高于美国，低于法国和英国等欧洲国家，总体安全形势大为改观。然而，在莫斯科、圣彼得堡这样的大型城市，由于机场、地铁站这样的交通枢纽人群聚集，制造恐怖事件能产生轰动效应，因此逐渐成为恐怖分子的重点进攻方向。2017 年 4 月 3 日，在俄罗斯第二大城市圣彼得堡发生的地铁爆炸案造成了包括自杀式袭击者在内的 16 人死亡；一个半月后的 5 月 25 日，俄联邦安全局在莫斯科抓获了 4 名来自俄国内及中亚的恐怖分子，他们试图使用爆炸装置对莫斯科的交通设施发动袭击。俄强力部门还在 2017 年 7 月至 8 月连续破获了 4 起针对交通设施的恐怖袭击图谋，其中既有来自车臣的分裂势力，又有"伊斯兰国"的俄罗斯分支力量。与此同时，俄强力部门发现，毒品的跨境走私活动在 2017 年开始呈增长趋势，而作为恐怖分子的主要资金来源，跨境毒品贸易日渐频繁表明恐怖分子在俄国内活动趋势的增强，令俄强力部门高度紧张。

不仅如此，2018 年是俄罗斯的大选之年，复苏缓慢的经济、长期低下的行政效率使俄社会矛盾不断酝酿，国民对政府的不满情绪日益增加。2017 年 3 月，俄罗斯 82 个城市 6 万余人走上街头参加"反腐"游行，尽管此次游行对普京的执政和连任影响不大，但同样为俄罗斯未来的政治走向添加了不确定性，[②] 特别是为"颜色革命"与恐怖活动的交织并发提供了可乘之机，这令俄在今后一段时间内都将面临严峻的恐怖主义威胁，国内安全形势

[①] 赵洋：《国际安全态势分析与预测（2016—2017 年）》，《国际安全研究》2017 年第 6 期，第 148 页。

[②] 同上，第 139 页。

日趋紧张。

（三）"战略新疆域"竞争影响俄国家安全

作为当今时代出现的"战略新疆域"，网络、太空领域的安全形势越来越为各地区大国所关注。俄罗斯作为地跨欧亚的大国更加重视维护"战略新疆域"的秩序稳定，力图阻止任何国家及域外势力威胁俄罗斯在"新疆域"的生存、发展空间。

在信息安全领域，俄罗斯认为自己面临的国际挑战和威胁日益加剧。就在2017年5月12日，一种名为"永恒之蓝"的电脑病毒在全球爆发，被感染电脑的屏幕会被锁定，用户需要向黑客支付价值300美金的比特币，否则电脑内所有资料将被删除。全球近百个国家的超过10万家组织和机构被病毒攻陷，其中俄罗斯有11 200家组织遭到攻击，病毒对俄罗斯的攻击集中在内务部、联邦安全局、卫生部、铁路及银行系统，俄多个地区的驾驶证发放系统因感染病毒被锁定，"灾情"十分严重。

透视俄网络安全现状，矛盾集中、形势严峻是主要特点。自2005年以来，俄国家机关网站每年都会遭到近100万次网络攻击，总统网、国家杜马官网、各强力机构及银行官方网站则是遭受网络袭击的"重灾区"。据《俄罗斯报》2017年2月9日报道，在2011年9月至2012年8月一年间，就有74%的俄罗斯电脑遭受过病毒感染，43%用户的社交网站密码被窃取，两项数据均高达世界第一；另据俄联邦安全局提供的资料，仅俄总统网和国家杜马官网，每年就遭到1万余次的攻击，[①] 国际黑客组织对俄网络攻击呈现组织化、蔓延化的发展趋势。俄独立网络安全机构"卡巴斯基"曾公布过一个名为"红色十月"的大型国际黑客间谍组织，这个组织从2007年起就不断窃取世界各国政府、外交机构和科研中心的数据，而俄罗斯则是被该组织袭击最多的

---

① Информационная безопасность в России в современных условиях, 9 февраля 2017, rhttp：//izvestia. ru/news/686054.

国家。①

在太空领域，随着太空竞争加剧，太空制权成为战场制权的重要组成部分。苏联是世界上最早开始探索太空的国家，但这种领先地位正面临严峻挑战，其中最主要的威胁来自该领域的直接竞争对手美国。2017年，美国国家太空防御中心（NSDC）正式开始运转，美国前国防部副部长罗伯特·沃克（Robert O. Work）表示，这一中心的使命是"在国家安全受到威胁时，对卫星进行集中管理和控制，消灭来自太空的威胁并为美军提供航天支援"，② 这一举措表明美军已开始准备应对太空可能发生的冲突；加之，近年来美国的高超声速武器发展迅速，X-37B、X-51A等高超声速航天器的试飞表明美国在该方面取得的重大进展，配合覆盖全球的一体化卫星侦察网络，实现对地球任一区域的"瞬时全球打击"正一步步迈向现实。俄罗斯非常担心，美国在该领域的进取行动将破坏美俄战略力量的平衡，并使俄领土上方的太空区域处于"透明化"状态。

综上，分析2017年俄罗斯的安全形势，总体状况依然严峻，这迫使俄不得不做出反应，在2017年明显更加重视国家防务力量建设。

二 2017年俄罗斯防务建设概况

自乌克兰危机以来，俄罗斯开始逐步将军事手段作为捍卫国家利益的优先选项，国家防务力量建设步伐明显加快。2017年，俄防务建设的重心主要围绕三个层面展开。

---

① 马建光、张乃千：《防监听 俄启用新型信息安全系统》，《北京日报》2017年5月17日，第9版。

② Maximilian Betmann, "A Counterspace Awakening? Assessing the Recent Shift in US National Security Spacestrategy," *The Space Review*, May 22, 2017, http://www.thespacereview.com/article/3247.

（一）根据威胁方向调整兵力部署，重点是西部及南部

由于乌克兰危机久拖不决、叙利亚战场用兵需要以及北约大军压境，俄针对相关地域积极调整兵力部署，特别加强了适应大规模作战行动的军、师一级作战单位的建设力度，并将其部署在俄乌边境、北高加索地区及"飞地"加里宁格勒，增加对潜在威胁的威慑与应对能力。

针对北约在俄西部边境地区的军事调动，俄高层选择"以增兵对抗增兵"。2017年2月11日，俄国防部在其官网上宣布，位于列宁格勒、下诺夫哥罗德、加里宁格勒、沃罗涅日的四个坦克训练场已投入使用，① 这则消息从侧面坐实了西方媒体此前广泛报道的一则传闻：俄军正沿其西部地区边境线附近部署坦克师，包括年年参加红场阅兵式的近卫第4坎捷米罗夫卡坦克师、近卫第2摩步师及位于沃罗涅日的近卫第10坦克师。这三个师隶属新组建的近卫第1坦克集团军，是拱卫莫斯科的首要卫戍力量，已全部进入最高战备状态。俄军同时继续在西部地区部署"伊斯坎德尔－M"战术导弹，据悉已达到4个旅的数量，将对北约部队产生持续威慑。

在南部地区，俄军在重建近卫第150摩步师的基础上，加快了新式装备列装进度，约1 800台（套）现代化武器装备在2017年列装俄南部军区，其中大部分在2017年用于叙利亚战场。尽管普京在年底宣布从叙利亚撤军，然而南部军区依然作为驻叙部队的前沿基地处于战备状态。与此同时，俄在西部、南部的兵力调整并未削弱北极及远东地区的部署情况，相反，俄主动出击，在占据优势的前提下继续巩固局部优势。其中，在北极地区，俄军完成了两个独立摩步旅的部署，并建成"三叶草"北极前沿基地；而在远东地区，俄军接收了约1 000件新式武器装备，完成了第182轰炸机师

---

① "4 Tank Training Grounds and 3 Firing Grounds Built in A Month, Western MD," http: //eng. mil. ru/en/structure/okruga/west/news/more. htm? id = 12149266@ egNews.

的重组工作,① 还在日俄争议的择捉岛、国后岛分别部署了"棱堡""舞会"岸基导弹营,② 威慑美日。俄总统普京在2017年12月13日的记者会上宣称,俄2017年的防务支出达到了460亿美元,③ 位居世界第四。他还在第二天批准了2018—2027年版《国家武备计划》,该计划预算总额达19万亿卢布(约合3 241亿美元),以赶上北约及中国的军事技术发展步伐为目标,其中地面作战力量将得到最多的装备发展经费,而核力量的现代化也将是拨款的重点,④ 体现出俄以加强武装力量建设抵御安全威胁的决心。

(二) 深化与独联体国家的防务合作

独联体国家是俄国家安全的重要屏障。在国家安全层面,俄罗斯非常需要独联体地区作为"缓冲区"为俄提供战略预警、防御支援。2017年,俄罗斯在独联体国家"集体安全条约"框架内,继续就相关方面加强与独联体国家的合作。

在反恐方面,随着俄国内恐怖分子活动日趋猖獗,俄军加强了与独联体国家军队在反恐方面的合作,重点是展开协同反恐演习。2017年3月,俄派出南部军区空降兵部队参加"集安"组织在塔吉克斯坦举行的"搜索-2017"联合反恐演习,并出动了图-95MS战略轰炸机、图-22M3超音速远程轰炸机为演习行动提供空中支援。同年10月,俄罗斯与白俄罗斯联合举行的"西方—2017"大规模军事演习在俄白边境地域展开,双方共派出1.27万人参加演习,重点演练了俄罗斯在集体安全条约组织框架内与独联体国家

---

① "In 2017, Eastern MD Troops Receive over 1, 000 Military Vehicles and Weapons," http://eng.mil.ru/en/news_page/country/more.htm?id=12152721@egNews.

② 《反制日美 俄最快明年在千岛群岛部署反舰导弹》,新华社,2017年12月13日,http://news.xinhuanet.com/mil/2017-12/13/c_129764271.htm.

③ 《普京:俄罗斯会确保本国安全绝不卷入军备竞赛》,人民网,2017年12月14日,http://ru.people.com.cn/n1/2017/1214/c408039-29707770.html.

④ Dmitry Gorenburg, "Russia's Military Modernization Plans: 2018-2027," http://www.ponarseurasia.org/sites/default/files/policy-memos-pdf/Pepm495_Gorenburg_Nov2017.pdf.

在反恐行动上的协调与配合，展现了俄在跨国安全合作上的突出成果，而这也是俄罗斯2017年规模最大的一场跨区域、多兵种合成演习。

在空天防御方面，俄国防部长绍伊古大将于2017年4月12日参加了在吉尔吉斯斯坦首都比什凯克举行的独联体成员国国防部长理事会第46次防空问题协调委员会会议，会议对2017年独联体国家防空部队的演训、情报交流工作做了规划和部署。在此基础上，俄罗斯与白俄罗斯、亚美尼亚建立的地区联合防空系统在2017年正式投入使用，大大增强了俄在西部、南部地区的空防屏障；空防领域的协同演习也同步进行，其中规模最大的"战斗友谊—2017"联合防空实弹射击演习于2017年9月在俄罗斯阿舒卢克训练场和哈萨克斯坦萨雷沙甘训练场举行，来自俄罗斯、亚美尼亚、白俄罗斯、哈萨克斯坦、吉尔吉斯斯坦和塔吉克斯坦六国的空防部队参加了演习，土库曼斯坦和乌兹别克斯坦的军事代表团列席观察。[①] 此类演习每两年组织一次，重点演练独联体国家防空部队与航空兵部队联合反击空中侵略的行动，俄还利用萨雷沙甘训练场及同在哈萨克斯坦的拜科努尔航天基地分别发射53T6反导拦截弹及用于天域监控的"莲花"侦察卫星，检测了俄空天军与独联体国家防空力量在空防拦截与空天监视上的协同合作能力。

（三）突出网络信息安全建设

事实上，俄罗斯自立国以来就十分重视网络空间安全。苏联解体后，俄罗斯首任总统叶利钦将原克格勃（KGB）负责网络信息安全的第9局单独拆分出来，成立了"俄罗斯信息安全委员会"，[②]将网络信息安全单独立为国家安全战略中的考量专项。2013年1

[①] 《独联体6个成员国将参加"战斗友谊—2017"联合军演》，俄罗斯卫星通讯社，2017年4月12日，http：//sputniknews.cn/military/201704121022330685/?utm_source=short_direct&utm_medium=short_url&utm_content=edtq&utm_campaign=URL_shortening.

[②] 秦思：《俄罗斯军事改革启示录》，解放军出版社2008年版，第415页。

月,俄罗斯总统普京签署总统令建立国家计算机信息安全机制,用来监测、防范和消除计算机信息隐患。2016年12月,普京批准了新版《俄联邦信息安全学说》,强调部分国家对军事设施施加信息技术影响能力的提升,已对俄罗斯的网络安全产生了巨大威胁。① 俄罗斯将网络安全提升至国家战略高度,确定从战略层面评估国家网络安全形势、保障重要网络基础设施的安全、对计算机安全事故进行鉴定、建立电脑攻击资料库等统筹事项和顶层设计,体现出强化俄罗斯国家安全、实现国家复兴整体战略目标的鲜明特点。②

在完善顶层体制的前提下,俄政府和军方明确以网络安全领域前沿科技为研究重点,加快实现全部软、硬件关键节点的国产化,提升重要网络基础设施的可靠性、自主性。2014年6月,俄罗斯宣布政府机构和国营企业,将不再采购以Intel或AMD为处理器的计算机,采购的计算机必须安装俄国产芯片处理器;同时,采购的计算机也不能安装Windows系统或Mac操作系统,而要安装俄罗斯专门开发的Linux操作系统,这一系统已于2017年在俄军范围内完全替代Windows系统,③ 从而大幅降低了指挥控制系统遭受入侵的威胁。

俄罗斯特别重视军事领域的网络空间防御工作。2017年5月初,为防范各种移动网络被监听,俄国防部批准采用名为"屏蔽-电子战"的新型信息安全系统。该系统采用多个大功率天线和11台无线电干扰器,可干扰压制所有已知移动通信频段,同时监控己方的保密通信。该设备一旦开启,将彻底压制从2G到4G的移动通信终端以及各种网络设备的语音和数据通信。④ 目前,该系统已

---

① 《普京签署〈俄罗斯信息安全条款〉》,人民政协网,2016年12月6日,http://www.rmzxb.com.cn/c/2016-12-06/1196818.shtml.

② 贾易飞、梅占军:《俄罗斯网络安全机制的构建》,《军事文摘》2017年第3期,第74页。

③ 《俄军队对Windows系统说再见》,《参考消息》2018年1月10日,第6版。

④ Воинские части закрыли непроницаемым《Заслоном》, https://news2.ru/story/519049.

配属到俄空天军驻叙利亚的作战单位,将成为俄军加强网络空间安全建设的又一重要举措。与此同时,俄罗斯正式成立了专门负责网络攻防任务及科研工作的"科技连",旨在为快速发展的网络战部队源源不断输送优质"新鲜血液",利用网络战发挥"非对称"作战优势,在战争尚未开始前削弱敌方作战实力和反应能力,在敌方有对俄进行网络攻击的企图之前"先发制人",夺取战场的主动权。

2017年,俄罗斯针对自身面临的威胁持续推进防务安全建设,灵活调整兵力部署,优化组织编制,推进武器现代化,加强与周边国家的安全合作,聚焦抢占新生战略制高点,基本完成了预期目标,增加防务实力的同时有效维护了国家安全。

三 俄罗斯安全态势发展评估

俄罗斯为巩固国家安全作出了很多努力,在防务建设上取得的成果也是可圈可点。然而,一个不争的事实是,自叙利亚危机爆发以来,从身居幕后运筹帷幄到不惜投入兵力直接参与作战,美俄为扩大在中东地区的影响力持续相互角力,而乌克兰危机的紧张局势没有得到根本性的改善。从当前形势看,俄采取强力反制手段造成的后果是,美国和北约对俄施加的"紧箍咒"越念越紧,并在互不相让中不断循环往复。俄罗斯与美国、俄罗斯与北约关系难免陷于恶性循环,在短期内,俄国内及周边安全形势难言乐观。

(一)北约与俄持续对峙影响俄西南地区安全

特朗普上台后,美国的安全政策出现了新的变化,也推动了新一轮的全球安全关系大调整。[1] 美国2017年公布的《国家安全战略》报告表明,美国对俄罗斯的战略对抗态势短期内难以改变,各类针对俄罗斯的制裁法案仍将继续生效,无论是特朗普还是反特朗

---

[1] 赵洋:《国际安全态势分析与预测(2016—2017年)》,《国际安全研究》2017年第6期,第149页。

普的美国建制派政治人士,都难以放弃"遏俄"方针。① 美国和其北约盟友,当前依然在意识形态、贸易金融和防务安全领域对俄施压,面对美国及北约长期的围堵和制裁,俄罗斯虽强势反制,但也绝非真的想与美国拼尽国力一决高下,其更希望通过种种手段迫使美国重视俄罗斯的诉求,把美国逼回谈判桌,就乌克兰问题、北约东扩问题等深度"摸底",然而在上述问题中,尚无迹象表明,美国和北约会做出让步。

与此同时,在对俄态度上,美欧之间罕见地保持了基本一致。北约的欧洲成员国在俄罗斯和美国双重压力下,正逐渐提高防务开支,加强在东欧的前沿军事部署。② 欧盟理事会在 2017 年 12 月 21 日通过了一项决议,批准将对俄经济制裁延长至 2018 年 7 月 31 日,这意味着在决议有效期内,俄罗斯与欧盟的关系不会有大幅改善。2018 年是俄罗斯的大选之年,面对狂热的民意、连任的压力,普京对美国和欧盟的妥协几乎成为泡影,强硬或许是唯一选择,这表明俄罗斯与北约国家在未来短期内关系转暖的空间依然有限,也使俄西南部地区的安全态势仍将持续紧张。

(二)"伊斯兰国"退潮给俄国家安全带来新隐患

尽管俄军在叙利亚战场取得了一个又一个的战术胜利,"伊斯兰国"也逐渐丧失在叙所占领土,然而叙利亚的内战远未结束,退却的恐怖分子回流进入俄境内、美国对库尔德武装的支持导致新一轮内战时刻处于酝酿之中,这使俄罗斯依然面临恐怖主义的威胁,在叙利亚问题上的纵横空间也开始被美国压缩。

在叙利亚战场上,俄罗斯在战术层面取得了一系列的成功,但成功带来的红利正慢慢消退,"伊斯兰国"在正面战场上的失

---

① 冯绍雷:《2017—2018 年的俄罗斯:从危机走向重构的关键一年》,《新民晚报》2017 年 12 月 28 日,http://newsxmwb.xinmin.cn/world/2017/12/28/31346471.html.
② 冯玉军:《俄罗斯:局部亮点难掩深层阴霾》,转引自《迷茫与进取:复旦国际战略报告 2017》,澎湃新闻,2018 年 1 月 12 日,http://www.thepaper.cn/newsDetail_forward_1947333.

利使其开始化整为零、分散行动。在未来,"伊斯兰国"可能分散为若干恐怖组织,从正规战转为游击战,向俄罗斯及独联体国家渗透,谋求新的生存空间,其在正面战场上的失败反而可能导致恐怖组织自身转变形态,并出现某种程度的扩散。① 尽管俄罗斯专门成立了新的国民近卫军用于反恐和内卫工作,与独联体国家的反恐合作也开展得如火如荼,然而漫长的边境线和相对薄弱的兵力部署,使俄在应对恐怖活动时依然压力重重。2018年是俄罗斯总统大选之年,在此关键时刻,面对随时可能来袭的恐怖势力,能否"防得早、找得准、堵得住",这将成为对俄政府及相关强力部门的巨大考验。

(三)朝核问题将为"向东看"带来变数

尽管从近期看,朝韩关系在经济、文化等领域开始"破冰",朝鲜领导人金正恩在2018年的新年贺词中也公开表示与韩国共建和平、派体育代表团参加平昌冬奥会的意愿。然而,在最关键的核安全领域,朝鲜并没有松口的迹象,金正恩还表示朝鲜将加快新式弹道导弹生产。此外,作为冲突当事人之一的美国,其态度将决定2018年朝鲜半岛局势走向,一旦美韩联合军演如期举行,朝鲜针锋相对的导弹试射就不会停止,半岛的紧张局面就更难以缓解。

俄罗斯与朝鲜在日本海西岸沿线接壤,其边境线距朝鲜东北部的舞水端导弹基地仅有200千米,因此俄罗斯对朝核问题的久拖不决深感忧虑。俄认为,朝核问题是影响东北亚安全与稳定的重要因素,会对俄"向东看"战略的开展造成极为不利的影响,这种影响包括生存威胁和发展受阻两个方面:朝核危机的日趋发酵将引发地区国家乃至大国间的激烈对抗,随着"萨德"反导系统正式落户韩国,中俄同美国之间矛盾加深,地区局势进一步复杂化,俄远东周

---

① 唐永胜:《局部动荡与大国竞合——2017年国际安全形势主要特点》,《当代世界》2018年第1期,第35页。

边爆发冲突的可能性也在不断上升;① 同时,不稳定的局势会阻碍优质资本进入远东,使俄"向东看"后继乏力,间接加深远东地区对俄中央政府的离心力,动摇俄中央政府的权威和国家整体稳定。在可预见的未来,东北亚地区安全形势的好转仍将缺乏足够的推力,动荡与不安中,俄罗斯的"向东看"将不可避免地受到波及。

(马建光,国防科技大学国际问题研究中心主任,教授;Ma Jianguang, Professor, Director of Center for International Studies, National University of Defense Technology)

---

① 赵洋:《国际安全态势分析与预测(2016—2017年)》,《国际安全研究》2017年第6期,第150页。

印度—太平洋地区安全态势：
格局、热点与走向

宋 伟 卓振伟

【内容提要】 作者从战略格局、地区热点和局势走向三个方面分析了2017年印太地区的安全态势。2017年是印太战略格局初步成形的一年，美、日、澳、印四国加强双边和多边合作，制衡中国的战略态势已经基本形成，地区内军事竞赛的风险进一步上升。在地区热点方面，朝鲜弃核的可能性很小，美国的极限施压战略未必能让朝鲜屈服，中国面临的安全压力越来越大，但朝鲜核问题可能陷入地区恐怖均衡的局势，需要对偶发性事件进行危机管控。南海局势降温明显，但是并没有彻底解决，在印太体系的大背景下将来还有升温的可能性。

【关键词】 印太体系；安全态势；战略格局；地区热点；局势走向

在传统的地缘政治视角下，"太平洋和印度洋被视为相互独立的两个世界，但新的发展开始激发一种更为整体的视角"，也就是说，太平洋与印度洋被看作一个战略上的整体，而不再是两个分离的区域。① "印太"概念最初是由智库提出的战略构想，逐渐为官方所采纳，并落实到具体的政策和行动中来。印、日、美、澳四国

---

① C. Raja Mohan, "Indo-Pacific Naval Partnership Open to Delhi and Canberra," *The Australian*, November 2, 2011.

先后不同程度接受"印太"概念。在 2005 年前后，印度和日本两国智库开始广泛讨论两国战略与海事合作的可能性。双方达成的共识是从海事安全和地缘政治的角度来看，印度洋地区和西太平洋都不能分开来对待。印度国家海事基金会学者格普利特·库拉纳（Gurpreet S. Khurana）在 2007 年最早提出"印度—太平洋"这个政治概念，用以指代的地理范围包括亚洲和东非国家所濒临的印度洋和西太平洋海域。[1]

印太地区的概念虽然逐渐为国际学术界和政策界所接受，但是这一概念进入政策话语和政策过程的速度则相对缓慢一些。原因在于，尽管美国和日本一直力推美、日、澳、印四国安全合作，但美国之前一直没有把中国明确为战略对手，而印度和澳大利亚则对印太体系的构想更加迟疑。澳大利亚一直有强烈的声音认为印太体系应该是开放的，中国在其中也应该有自己的位置。但是，2017 年似乎是印太战略格局形成的关键一年。尽管特朗普当局抛弃了亚太再平衡的战略术语，但 2017 年出台的美国《国家安全战略》把中国和俄罗斯定位为主要对手，将世界划分为美国的盟友与美国的对手两大类，中国和印度经历了洞朗军事对峙，澳大利亚国内的反华政策兴起，这一切都使得印太地区的概念逐步在政策实施中演化为一种初步成形的印太体系或印太战略格局，而这一格局的基本内容就是美、日、澳、印四国同盟的战略构想。当然，在讨论印太地区的安全局势时，同样不能忽视两个热点问题，即朝核问题与南海问题。在印太地缘战略竞争加剧的背景下，朝核问题、南海问题、东亚的军备竞赛都将处于一种明确或者潜在紧张的态势之中。总的来说，印太地区的安全局势基本稳定，但是中国所面临的安全压力在上升。

---

[1] Gurpreet S. Khurana, "Security of Sea Lines: Prospects for India – Japan Cooperation," *Strategic Analysis*, Vol. 31, No. 1, 2007, p. 150.

一 印太体系战略格局初步成型

(一) 印太体系的概念进一步凸显

印太地区和印太体系从一种政治概念进入政策话语,可以追溯到2007年。当时,日本首相安倍晋三访问印度期间,提出类似的"更大范围的亚洲"(broader Asia)概念,旨在打破太平洋与印度洋的地理边界,而且涵盖了美国和澳大利亚。安倍倡议日印两国建立"战略全球伙伴关系",共同致力于建设欧亚大陆边缘地带的"自由与繁荣之弧"。[①] 2010年,美国国务卿希拉里·克林顿开始使用印太概念,强调印太地区对全球贸易和商业的重要性。[②] 2011年11月,克林顿在《外交政策》上撰文指出:"亚太地区已成为全球政治的一个关键驱动力。这个地区从印度次大陆一直延伸到美洲西海岸,横跨太平洋和印度洋,由于交通运输和战略因素而日益紧密地联系在一起。"[③] "美国以连贯和整合的方式看待变得越来越重要的印度洋地区和东亚,这种新视角将有助于美国应对地区内的关键性挑战和机遇。"[④]

澳大利亚也开始用大亚太(Greater Asia–Pacific)或者"印太"概念来取代亚太概念。2012年10月,澳大利亚在《亚洲世纪

[①] Shinzo Abe, "'Confluence of the Two Seas' Speech by H. E. Mr. Shinzo Abe, Prime Minister of Japan at the Parliament of the Republic of India," August 22, 2007, http://www.mofa.go.jp/region/asia-paci/pmv0708/speech-2.html.

[②] Hillary Clinton, "Secretary Clinton's Speech on Regional Engagement in Asia," October 28, 2010, https://asean.usmission.gov/secretary-clintons-speech-on-regional-engagement-in-asia/.

[③] Hillary Clinton, "America's Pacific Century," *Foreign Policy*, November 2011, http://foreignpolicy.com/2011/10/11/americas-pacific-century/.

[④] Joseph Yun, "The Rebalance to Asia: Why South Asia Matters (Part 1)," Testimony Statement Before the House Committee on Foreign Affairs Subcommittee on Asia and the Pacific, Washington, DC, February 26, 2013, http://www.state.gov/p/eap/rls/rm/2013/02/205208.htm.

中的澳大利亚》中 2 次提及"印太"概念，但有 55 次提及"亚太"概念。然而，在《2017 外交政策白皮书》中，澳大利亚提及前者的次数增加到 68 次之多，而后者仅有 4 次。2016 年 8 月 27 日，日本首相安倍在第六届非洲发展国际会议上提出"自由与开放的印太战略"，主张通过高质量的基础设施投资来实现亚非两个大陆的互联互通，以及维持开放、自由和基于规则的海事秩序。

美国总统特朗普延续了奥巴马总统对"印太"概念的强调，借用了"自由与开放的印太"的提法，并在他的首次亚洲之行中反复提及。2017 年 10 月，国务卿雷克斯·蒂勒森发表上任后首个对印政策的演讲，认为印太是 21 世纪最为重要的部分，并且"我们正在从美国、印度和日本之间的重要的三边关系中获益。而当我们展望未来，依然有空间邀请包括澳大利亚在内的其他国家加入，来建设我们共同的目标和倡议"[①]。特朗普在 2017 年 11 月 3 日至 15 日访问日、韩、中、越、菲亚洲五国，并参加亚太经合组织（APEC）峰会、美国—东盟峰会。在这场"超过 1/4 世纪以来美国总统访问亚洲时间最长"的行程中，美国具有三个核心目的：其一，联合全世界来反对朝鲜政权的核威胁；其二，加强在自由与开放的"印太"中的美国盟友和经济伙伴关系；其三，坚持公正和互惠的贸易。[②] 特朗普 11 月 5 日在日本演讲时表示，要与朋友和盟友们一起，力争建立自由和开放的印度洋—太平洋区域，建立美、印、日、澳四国战略伙伴关系。11 月 10 日，特朗普在亚太经济合作组织工商领导人峰会上再次表示，美国支持建立自由、开放的"印

---

① Rex W. Tillerson, "Remarks on 'Defining Our Relationship with India for the Next Century'," October 18, 2017, US. Department of State, https://www.state.gov/secretary/remarks/2017/10/274913.htm.

② Donald Trump, "Remarks by President Trump on His Trip to Asia," the White House, November 15, 2017, https://www.whitehouse.gov/the-press-office/2017/11/15/remarks-president-trump-his-trip-asia.

太"地区,并强调"印太"地区将对促进美国经济繁荣发挥重要作用。①

印太概念凸显的一个标志性事件是,在 2017 年 11 月 12 日举行的马尼拉东盟峰会上,美日印澳四国外交高级官员在十年之后再度单独开会探讨印太地区的安全问题,因此引起国际社会的关注。美日印澳四国的安全合作最早可追溯至 2004 年的印度洋海啸救灾行动。2007 年 5 月,四国代表在马尼拉的东盟地区论坛会议期间讨论安全合作问题。同年 9 月的悉尼 APEC 峰会期间,四国加上新加坡海军在孟加拉湾进行马拉巴尔军事演习。由于担心中国政府将这些行为解读为遏制本国的信号,澳大利亚的陆克文政府和印度的辛格政府不愿意进一步激怒中国,都不愿意继续推进这一倡议。② 在奥巴马执政后期,这一倡议开始死灰复燃。

此外,在印度洋地区主义方面,在 2017 年的外交白皮书中,澳方承诺加强包括环印度洋联盟在内的印度洋地区架构。印度总理莫迪和澳大利亚总理特恩布尔在 2017 年的联合声明中也重申对环印度洋联盟的承诺。从 2011 年开始,澳大利亚就开始着手振兴环印度洋联盟这一印度洋地区的经济合作组织,印、澳都是该组织创始国。③ 在 2017 年 3 月的雅加达峰会上,环印度洋联盟首次举行领导人峰会,澳大利亚与斯里兰卡、南非、印尼、孟加拉国和坦桑尼亚六国领导人与会,发布阻止和打击恐怖主义和暴力激进主义宣言。

---

① 肖光恩、袁子馨:《关注特朗普"亚洲之行"制造的"印太"舆论漩涡》,中国社会科学网,http://ex.cssn.cn/jjx/jjx_gzf/201711/t20171121_3749481.shtml.

② Ashok Sharma, "The Quadrilateral Initiative: An Evaluation," *South Asian Survey*, Vol. 17, No. 2, 2010, p. 240.

③ 澳大利亚参议院在 2013 年 6 月的一份报告中论证了环印度洋对本国外交、贸易和国防的重要性,系统回顾环印度洋联盟的发展历程。Australian Foreign Affairs, Defense and Trade References Committee, *The Importance of the Indian Ocean Rim for Australia's Foreign, Trade and Defense Policy*, June 2013.

（二）印太体系的四国同盟格局初显

冷战结束以来，美国亚太双边同盟体系逐步呈现出网络化的发展态势。① 这个安全网络框架由美国及其友好国家中大量的双边、三边以及其他多边合作所构成。日本、澳大利亚和印度在美国印太安全网络中承担重要角色。

在四边关系中，日本、澳大利亚是美国的传统盟友，美日、美澳和美日澳间已经形成外交和国防部长级"2+2"对话机制来协调政策。日本右派精英桥下彻认为，特朗普的当选为日本进一步谋求独立自主创造机会。② 特朗普和安倍有着一些相近之处，都声称恢复国家的伟大、都崇拜强势的领导人和喜欢高尔夫球。两人在2017年前后进行了两次"高尔夫外交"，大大降低特朗普当选之初日本对其政策不确定性的疑虑。澳美关系由于特朗普粗暴对待两国在2016年的难民安置协议而一度下降，但很快随着特朗普的态度软化和遵守协定而恢复正常。2017年美国印太安全网络化的最大进展是印度与美国、日本和澳大利亚的双边关系，在武器销售、军事演习、军事技术合作以及机制建设等领域均有所强化。

就印美关系而言，特朗普在竞选期间就强调对印关系。反恐是特朗普的阿富汗和南亚政策的核心目标。2017年8月21日，特朗普宣布美国在该地区的政策有四个变化：其一，新战略的核心支柱从以时间为基准转变为基于条件而定；其二，新战略的另一个基础支柱是整合美国外交、经济和军事等各方面的工具；其三，改变对待巴基斯坦的方式。特朗普指责巴持续包庇罪犯和恐怖分子；其

---

① 孙茹：《美国亚太同盟体系的网络化及前景》，《国际问题研究》2012年第4期，第39页。

② Takako Hikotani, "Trump's Gift to Japan: Time for Tokyo to Invest in the Liberal Order," *Foreign Affairs*, September/October 2017, pp. 21–22.

四，进一步发展与印度的战略伙伴关系。①

在机制建设方面，2017年6月26日，莫迪总理访问美国，致力于将"主要防御伙伴"可操作化。美国在2016年12月授予印度独有的"主要防御伙伴"地位，使得两国国防贸易和技术共享的制度化程度达到美国最亲密的盟友级别。莫迪支持美国成为印度洋海军论坛的观察员国。在2017年8月15日，特朗普和莫迪的通话中，两国决定成立外交部长和国防部长组成的"2+2"对话机制。在军售方面，特朗普批准美国向印度出售22架总价值为20亿美元的Guardian MQ-9B无人机，这是美国第一次将这种飞机出售给非北约盟国。印度军方计划将这批无人机部署在安达曼群岛一带，用以监控整个孟加拉湾和马六甲海峡的西段航道，增加对中国海军在该区域活动的感知能力。

在军事演习方面，马拉巴尔军事演习在2015年12月吸纳日本为正式成员，成为美印日三边安全合作的重要标志。2017年7月10日至17日的马拉巴尔联合军演是这项军演历史上规模最大的一次，三国均派出航母或者准航母参加。在贸易与投资方面，石油贸易成为印美合作的重点。自美国2015年取消石油出口禁令以来，特朗普政府第一次向印度出口石油，以满足印度日益增长的石油需求和石油进口多元化的诉求。此外，2017年9月14日，美国与尼泊尔签订了总额为5亿美元的合约用于基础设施建设，这是美国第一次与南亚国家签订这类合约。

就日印关系而言，2017年9月13日至14日，安倍访问印度并发布联合声明，承诺"自由和开放的印太战略"与"向东看政策"联合起来，在海事安全、印太地区的互联互通等方面加强合作。两国在安全与防务关系上的表现为：在军事演习方面，除了马拉巴尔

---

① Donald Trump, "Remarks by President Trump on the Strategy in Afghanistan and South Asia," August 21, 2017, the White House, https：//www. whitehouse. gov/the-press-office/2017/08/21/remarks-president-trump-strategy-afghanistan-and-south-asia.

演习之外，两国还计划扩大人道主义援助、减灾、维和行动、反恐等方面的联合演习和行动。在军售方面，日本愿意出售最先进的US-2水陆两栖飞机。在机制建设方面，双方欢迎通过年度国防部长对话、国家安全顾问对话、"2+2"对话、国防政策对话机制等实现定期与机制化的接触。此外，日印承诺加强与美国、澳大利亚以及其他国家的三边合作框架。

就澳印关系而言，2017年4月9日至12日，特恩布尔总理访问印度并发布联合声明。两国在安全与防务方面的进展主要表现为：在军事演习方面，两国海军于6月在西澳大利亚海岸进行AUSINDEX-2017演习，这是2015年创立以来的第二次。两国的联合军演还扩展到其他兵种，两国在2016年10月举行了特种部队的军事演习，并计划在2018年进行陆军的军事演习。在机制建设方面，2017年12月12日，两国在新德里举行了首次外交和国防秘书"2+2"对话会，实现了2014年阿伯特访印时的提议。

然而，四国合作和四国同盟的未来仍然存在不确定性。在马尼拉四国会面中，四国并没有形成共同宣言，在各自表述中侧重也有所不同。四国尽管在制衡中国上存在共同利益，但是在制衡中国的具体领域和尺度方面存在分歧。美国在印太的主要安全关切包括反恐、海事安全和朝核问题等。从规范层面而言，美日澳对航行和飞行自由、规则基础上的地区秩序等概念的理解能够保持一致。但是，印度与美日在"自由航行"特别是"无害通过权"问题上存在分歧。[①] 从具体领域来看，日本重点在朝核问题和南海问题上分担美国的责任，并在整个印太地区形成"美主日辅"的格局。印度最关注的领域是反恐与印度洋地区秩序的稳定，对南海问题审慎介入，对朝核问题介入意愿最低。印度审慎地拒绝了澳大利亚派舰参加印美日三国的马拉巴尔演习的请求，

---

① 许娟：《"印太"语境下的美印日海洋安全合作》，《南亚研究》2017年第2期，第110—111页。

避免过度激怒中国。澳大利亚在军事上依附于美国,在经济上对中国具有脆弱性。① 澳大利亚在"航海自由"等规范层面紧紧追随美国盟友,但是在具体行动中则更容易受到中国因素的影响,而会保持一定的克制。

二 印太地区的热点问题

(一) 朝鲜半岛核问题与东北亚安全局势

2017年朝鲜半岛的安全形势持续升级,朝鲜和美国及其盟友之间陷入施压与对抗的恶性循环之中。特朗普政府开始实施"极限施压"再"接触"政策,以压促变。"极限施压"意味着美国不在乎朝鲜释放出何种信号,只关心朝鲜是否采取实质性的行动弃核。它在美国对外政策上的体现就是,美国不会针对朝鲜释放的任何善意信号马上给予积极的回应,而是选择继续加强对朝制裁,直到朝鲜为推进半岛无核化采取实质性行动——永久性地停止核导试射,销毁其核武库,关闭甚至拆除核反应堆,接受国际原子能机构的核查。与此同时,特朗普政府承诺不寻求政权更迭。2017年5月3日,国务卿蒂勒森扩展为"四不原则",即"不寻求改变政权、不寻求政权瓦解、不寻求朝鲜半岛加速统一、不寻求出兵朝韩非军事区以北的理由"②。

在经济制裁方面,特朗普政府加快单边制裁和多边制裁的步伐。在单边制裁层面,特朗普在2017年9月21日签署13810号行政命令,授权财政部有权制裁任何与朝鲜进行贸易往来的个人或实体,以及协助促成相关贸易交易的金融机构。2017年11月20日,

---

① Dennis Rumley, "The Emerging Indian Ocean Landscape: Security Challenges and Evolving Architecture of Cooperation – an Australia Perspective," *Journal of the Indian Ocean Region*, Vol. 11, No. 2, 2015, pp. 184 – 204.

② Rex W. Tillerson, "Remarks to U. S. Department of State Employees," U. S. Department of State, May 3, 2017, https://www.state.gov/secretary/remarks/2017/05/270620.htm.

特朗普宣布将朝鲜重新列入美国的"支持恐怖主义名单",这是美国自2008年之后重新将朝鲜列入该名单。美国的二级制裁波及部分中国公民和企业。欧盟、日本和韩国都宣布扩大或延长对朝鲜的经济制裁。在多边制裁方面,美国积极通过联合国安理会这个集体安全机制,不断追加制裁朝鲜。2017年4月24日,特朗普邀请15位安理会理事国的代表前往白宫共进工作午餐,敦促安理会对朝鲜采取更为严厉的制裁措施。针对朝鲜日益频繁的核试验和导弹试射行动,安理会在2017年先后一致通过第2356号决议、第2371号决议、第2375号决议和第2397号决议,对朝鲜实施包括限制石油运输在内的越来越严厉的经济制裁。

在军事威慑方面,特朗普政府更新对朝作战的"5015作战计划"。该报告包括特种部队实施刺杀和对关键设施的定向打击等手段。这一计划在美国与日本、韩国的双边或三边军事演习中有所体现。随着朝鲜弹道导弹技术的不断成熟,尤其是洲际弹道导弹技术能够直接威胁美国本土,美国及其东亚盟友的战略焦虑进一步受到刺激,其联合演习的规模和频率不断扩大(见表1)。

日本积极参与美国的极限施压政策。国内右派分子据此重弹修宪和拥核的老调。在朝鲜第六次核试验之后,自民党实力派人物石破茂就认为日本应该考虑对无核三原则进行修改,把现行三原则中的"不拥有、不制造核武器"予以保留,但删除"不运进核武器"。

文在寅政府强调外交政策的自主性,在周边大国间保持中立和平衡,强调朝韩的政治和解与经济合作,和平解决半岛核问题,构建半岛和平机制。① 在半岛和平问题上,文在寅延续金大中、卢武铉的"阳光政策",主张"半岛和平构想"。

在朝鲜第6次核试验之后,特朗普与文在寅在电话通话中同意取消对韩国常规弹头的重量限制。韩日方面,两国在2016年11月

---

① 吴晶晶:《韩国部署"萨德"的政策演变》,《国际问题研究》2017年第6期,第95页。

表1　2017年朝鲜和美国及其盟友的军备竞赛

朝鲜的核试验和导弹试射	美国与韩国、日本针对朝鲜的军事演习
4月4日，1枚KN-15导弹试射成功。 4月16日，1枚KN-15导弹试射失败。 4月29日，1枚KN-17导弹试射失败。 5月14日，1枚"火星-12"导弹试射成功。 5月21日，1枚"北极星-2"导弹试射成功。 5月29日，1枚高精度导弹试射成功。 6月8日，4枚反舰导弹试射成功。 7月4日，1枚"火星-14"洲际弹道导弹试射成功。 7月28日，1枚"火星-14"洲际弹道导弹试射成功。 8月26日，3枚短程弹道导弹试射失败。 8月29日，1枚"火星-12"导弹试射成功，第1次飞越日本领土。 9月3日，氢弹试验成功，这是朝鲜第6次核试验，也是系列测试以来威力最大的一次。 9月15日，1枚"火星-12"导弹试射成功，第2次飞越日本上空。 11月29日，1枚"火星-15"洲际弹道导弹试射成功。	1月20日至22日，美韩联合举行朝鲜导弹预警演习。 3月1日至4月30日，美韩举行"鹞鹰"年度军演，"卡尔·文森"号航空母舰参演，规模创历年之最。 3月13日至24日，美韩举行"关键决心"年度军演，重点演练打击朝鲜核武与导弹设施。 3月14日至15日，美日韩举行反导预警演习。 4月3日至5日，美日韩首次举行联合反潜演习，针对目标是朝鲜方面的潜艇威胁。 4月23日，两艘日本驱逐舰与美国"卡尔·文森"号航母战斗群在西太平洋举行联合军事演习。 5月3日至22日，美日英法四方在日本海实施四国框架下的首次联合演习。 5月18日，美韩举行"勇士打击7"联合作战演习，模拟清除朝鲜核武。 6月1日至3日，美日在日本海举行联合军演，首次出动3艘航母。 6月23至25日，美韩加（拿大）在济州近海举行联合军演。 7月5日，美韩举行联合导弹演习。 7月28日，美韩举行联合导弹演习。 8月10日至28日，美日在北海道举行"北方蝮蛇—2017"联合军演，是两国有史以来最大规模的实弹军事演习。 8月21日至31日，美韩举行"乙支自由卫士"年度联合军演。 9月18日，美韩举行朝鲜半岛轰炸演习。 10月11日，美日韩首次在夜间举行空中联合军演。 10月16日至20日，美韩在"北方界线"以南的朝鲜半岛东、西海域举行联合军演，"罗纳德·里根"号航母战斗群参演。 11月11日至14日，美韩在朝鲜半岛东部海域举行航母战斗群联合演习，美三艘核动力航母参演。 11月16日至26日，美日举行联合海上演习，美日共四艘航母联合编队参演。 12月4日至8日，美韩举行"警戒王牌"年度联合空中演习。 12月11日至12日，美日韩在日本附近海域演习，加强弹道导弹信息交换以及导弹飞行轨迹追踪能力。

资料来源：作者自制。

23日正式签署中断四年的《军事情报保护协定》,并在2017年8月宣布将该协定有效期延长至2018年11月。

中韩关系受到萨德问题的困扰,但双方政治关系已经基本恢复。中国一贯反对美国在韩国部署"萨德"反导系统。随着"萨德"的部署在2017年成为既成事实,两国外长于2017年11月22日在北京会晤,王毅表示,中方重视韩方关于不考虑追加"萨德"系统、不加入美国反导体系、不发展韩美日三方军事同盟的表态以及无意损害中方安全利益的表态,希望韩方继续妥善处理"萨德"问题。①

中国与俄罗斯主张维护东北亚的现状,反对通过武力解决朝核问题。2017年7月4日,两国外长在就朝鲜半岛问题发布的联合声明中表示:"双方以中方关于朝鲜暂停核导活动和美韩暂停大规模联合军演'双暂停'倡议、实现朝鲜半岛无核化和建立半岛和平机制'双轨并行'思路以及俄方解决朝鲜半岛问题分步走设想为基础,提出共同倡议。"② 2017年9月18日,俄罗斯外长拉夫罗夫在与王毅会晤时表示,中俄双方在半岛核问题上立场"完全一致"。在坚持上述主张的同时,中国也开始与美国磋商一些突破以往禁忌的问题。

(二) 南海问题与亚太安全局势

相比朝核问题,2017年南海问题呈现出一定的缓和、降温趋势。这主要得益于东南亚国家对特朗普外交着重于朝鲜问题而采取观望态度,以及菲律宾杜特尔特政府与美国关系的持续紧张背景下寻求改善与中国关系的政策转向。

中国在南海问题上实施双管齐下的策略。一方面,2016年以

---

① 中国外交部网站:《王毅同韩国外长康京和举行会谈》,https://www.fmprc.gov.cn/zyxw/t1513135.shtml。

② 《中华人民共和国外交部和俄罗斯联邦外交部关于朝鲜半岛问题的联合声明》,2017年7月4日。

来，中国与东盟加速《南海行为准则》的谈判，2017年8月6日，中国—东盟外长会议顺利通过《南海行为准则》框架文件。2017年11月，李克强总理在出席第20次中国—东盟（10+1）领导人会议时，宣布中国与东盟国家启动准则的案文磋商。另一方面，中国继续加大在南海的存在。中共十九大报告中在经济建设成就方面特别提到"南海岛礁建设积极推进"。2017年中国在南海岛礁新建设设施总面积29万平方米。

菲律宾外交随着杜特尔特的就职从在南海问题上对抗中国以服务美国的亚太再平衡战略，急剧转变为搁置南海争端，来获取中国提供的实质物质利益和对菲基础设施建设的支持。菲律宾在2016年10月7日正式中止两国的南海联合巡航计划。美菲年度例行的联合军演数量从每年的3个缩减到只剩下"肩并肩"军演。2017年的"肩并肩"军演与往年相比呈现出演习规模减少，演习地点避开敏感的南海，演习内容由国土防卫转变为人道主义救援、灾难应对等特点。从表2的文本来看，美菲的联合声明没有涉及对南海仲裁案的内容，在篇幅上也少于美越联合声明，与美日澳的联合声明更是形成鲜明对比。

中菲关系不断升温，主要表现在：其一，两国国家元首和政府首脑互访频繁。2016年10月，杜特尔特访华，签署了约135亿美元的协议和投资。2017年5月，杜特尔特以菲律宾总统和东盟轮值主席国的双重身份第二次访华，参加"一带一路"国际合作高峰论坛。2017年11月15日至16日，李克强总理访问菲律宾。在两国的联合声明中，中国愿意在菲律宾打击恐怖主义、毒品犯罪以及马拉维战后重建问题上提供帮助。其二，2017年5月19日，中菲南海问题磋商机制举行第一次会议，两国的南海争端从对抗走向对话。其三，恢复军事交流。2017年4月30日至5月2日，三艘中国军舰赴菲律宾达沃港访问，杜特尔特总统登舰参观。其四，菲律宾利用东盟轮值主席国的身份，降低南海问题在东盟峰会中的议题重要性以及阻止对中国不利的联合声明。在菲律宾的努力下，第 30 届东盟峰会的联合声明中对南海仲裁庭的裁决保持缄默，而是强调与中国加强合作和修补关系。在第 50 次东盟外长会议上，菲律宾反对联合声明中出现"填海"和"非军事化"等字眼。①

由于菲律宾立场的转变，越南在东盟变得相对孤立。在 2017 年 8 月 5 日的东盟外长会议上，越南要求在联合公报上加上对南海"岛礁扩建与军事化"的关切。最终的联合公报只是温和地强调："在声索国和其他国家所有行为实施中非军事化和自我约束的重要性。"② 该联合公报并未将矛头直接指向中国。越南试图引入国际投资使南海问题复杂化的策略遭遇挫折。西班牙国家公司终止在万安滩的天然气勘探项目、印度国有石油公司结束在南海 128 号油气区块的勘探项目。

中国和美国及其盟友在南海问题上的分歧依然明显。在规范层面，特朗普政府基本延续奥巴马时代的主张。美国国防部从 1991 年开始每年定期发布《航行自由报告》，对认定的违反航行自由规范的国家进行点名。1992 年该报告第一次涉及中国海事问题。自 2007 年以来，中美两国关于航行自由的规范冲突逐渐严重，中国连续成为美国点名的对象。美国的批评主要集中在五个方面：对专属经济区的领空实施管辖；国内法对在专属经济区进行调查行动的外国实体定罪；过度的直线基线；限制通过防空识别区但无意图进入该国领空的外国飞机；外国军舰无害通过领海需要事前允许等。③ 日本和澳大利亚在规范层面紧密跟随美国。2017 年 8 月 6 日，美日澳发表声明，重点强调 2016 年的南海仲裁案结果具有法律效力，

---

① 李金明：《"杜特尔特经济学"与中非关系的改善》，《东南亚研究》2017 年第 6 期，第 147—149 页。

② ASEAN, "Joint Communique of the 50th ASEAN Foreign Ministers' Meeting," August 5, 2017, http://asean.org/joint-communique-50th-asean-foreign-ministers-meeting/.

③ US Department of Defense, *Annual Freedom of Navigation (FON) Reports*, http://policy.defense.gov/OUSDP-Offices/FON/.

要求中菲两国遵守(见表2)。

表2 2017年美国在部分场合关于南海问题的立场

2017年8月6日《澳大利亚—日本—美国部长级三边战略对话联合声明》	部长们强调坚持以规则为基础的秩序的重要性,呼吁各国尊重航行和飞行自由以及其他合法使用海洋的国际行为,并重申三国将继续在国际法允许的范畴内飞行、航行和行动。部长们对南海海域纠纷表示严重关切。部长们表示强烈反对可能改变现状和加剧紧张局势的强制性单边行动……部长们注意到海洋法争端解决机制和法庭的决定在各方和平解决南海海事争端中的重要性。部长们呼吁东盟成员国和中国全面有效地执行《2002年南海各方行为宣言》。部长们承认对《南海行为准则》框架达成的共识。部长们进一步敦促东盟成员国和中国确保准则得到及时确定,并具有法律约束力,有意义,有效果,并符合国际法。
2017年11月12日《美越联合声明》	双方领导人强调国际社会自由和开放进入南中国海的战略重要性,不受阻碍的合法商业的重要性,尊重航行和飞行自由以及其他合法用途的必要性。双方重申先前美越和美国—东盟关于南中国海立场的联合声明,包括呼吁各方避免动作升级、争端军事化以及非法限制海洋限制。他们重申,他们共同致力于根据国际法解决争端,包括充分尊重法律和外交进程。他们呼吁全面有效地执行《南海各方行为宣言》,并且早日达成有效的、具有法律约束力的《南海行为准则》。他们还呼吁所有南中国海声索国根据1982年的《联合国海洋法公约》所反映的国际海洋法澄清和使用它们的海事主张,并在管理和解决它们争端时善意履行国际法律义务。
2017年11月13日《美菲联合声明》	双方重申坚持航行和飞行自由、自我克制等原则。强调根据《联合国海洋法公约》和平解决南中国海争端的重要性。他们强调根据海洋法公约所反映的国际法和平解决南中国海争端的重要性。他们进一步强调,需要继续推行建立信任措施,增加相互信任和信心,避免采取包括军事化等使紧张局势升级的行动。

资料来源:作者自制。

在行动层面，特朗普注重军事威慑的作用。美国的"航行自由计划"是军事挑衅意味最为浓重的军事行动，即美国认定某国的海洋政策主张违背"航行自由"原则时，则派出军舰或飞机进行试探性航行或飞越，以确认自己主张的航行自由没有受到影响。2017年美国进行了三次所谓"航行自由"行动，而整个奥巴马时代只有四次。这三次行动分别是：5月25日，"杜威"号导弹驱逐舰擅自闯入中国美济礁12海里。7月2日，"斯坦塞姆"号导弹驱逐舰擅自闯入中国西沙群岛中建岛12海里。8月10日，"麦凯恩"号驱逐舰进入中国美济礁12海里。对于这种行径，中国军方的应对策略是进行识别查证，并予以警告驱离。2017年9月1日，美国首次制定了关于在南海"航行自由"行动的计划表，规定美国太平洋司令部每个月将执行两到三次航行自由行动。此外，2017年10月11日，美国"查菲"号导弹驱逐舰出现在西沙群岛附近海域，但未进入12海里，属于一次准"航行自由"行动。

日本在南海问题上积极配合美国。在日本看来，南海问题和东海问题是相互依赖的。2015年5月，时任防卫大臣的中谷元就认为，中国在南海的造岛行动会使其扩展在该地区的军事存在，继而阻碍美国军队在东海突发事态时支援日本。[①] 一方面，日本积极开展南海巡航活动。2017年5月，日本"出云号"准航母经停越南、新加坡、印度尼西亚、菲律宾和斯里兰卡，对南海进行为期3个月的巡航。杜特尔特以及东盟十国海军军官先后获邀登舰访问。2017年5月7日至10日，美日海军在南海进行联合军事训练。2017年6月9日至10日，日美澳加四国在南海进行联合巡航训练。另一方面，日本积极拉拢东南亚国家，使得后者在中国南海维权中发挥障碍作用。2017年1月，安倍连续访问了菲律宾、澳大利亚、印度尼西亚和越南。安倍承诺向越南提供6艘巡逻船和1 200亿日元的贷

---

① Reinhard Drifte, "Japan's Policy Towards the South China Sea – Applying 'Proactive Peace Diplomacy'?", PRIF Report No. 140, Peace Research Institute Frankfurt, 2016, p. 6.

款。安倍和印尼总统佐科达成协议,加强纳土纳群岛等边境海域的海上安全与开发,将其作为双方"最优先的要务"。

澳大利亚对南海问题的介入程度比日本低。澳大利亚在2016年拒绝美国联合巡航的提议。特恩布尔总理在环印度洋联盟首次领导人峰会上公开表示没有与印尼联合巡航的计划。但为了显示在南海的影响力,澳大利亚海军在2017年9月4日至11月26日,派出6艘军舰共1 200名士兵参加"印太奋斗—2017"军演,这是澳大利亚海军近30年来规模最大的军事行动。澳大利亚海军在实际行动时一般避免进入中国所主张的岛礁12海里领海内。

印度对南海问题的介入在美日印澳四国中最低。印度在2016年也拒绝美国联合巡航的提议。印度和越南已经达成一项协议,将在越南建立一个卫星数据的接收中心,所获得的数据共享,可以增强越南对南海的监视能力。新加坡拉拢印度在马六甲海峡发挥更大影响力。2017年11月29日,印度和新加坡签署一项海军协议,主要内容是使用对方基地,加强海上安全合作,强调"尊重国际水域的航行和贸易自由"的必要性。

三 印太地区的安全局势走向

2018年,印太地区的战略竞争和安全竞争将会进一步加强,最主要的原因是特朗普当局对中国崛起的战略焦虑有增无减。在2017年版美国《国家安全战略》中,美国界定了三个主要挑战——中国和俄罗斯这样的"修正主义大国"、伊朗和朝鲜这样的"流氓国家"以及"圣战"恐怖组织这样的跨国威胁组织。其中,"中国意欲在印太地区取代美国,推广它的国家主导型经济模式,并重新塑造有利于它的地区秩序。"① 在这个报告中，特朗普当局认为过去几十年美国对中国的接触政策已经失败。报告认为，美国原想把中国纳入美国主导的国际秩序之中，但是这一想法是天真和幼稚的。

在把中国定位为主要战略对手的框架下，特朗普政府应对挑战的基本策略是"以实力求和平"，中美战略竞争的态势日益明显，可以想见在贸易、安全领域的摩擦将会继续增多。一方面，特朗普政府通过增加国防开支来巩固美国军事实力。美国2017年的国防预算是6190亿美元，增幅为10%。特朗普签署约7000亿美元的2018财年国防授权案，为阿富汗和伊拉克战争以来之最。与之相比，美国界定的竞争对手中国2017年国防预算是1.04万亿元人民币（约为1479亿美元），增幅为7%；俄罗斯2017年的国防预算为491亿美元，降幅为25.5%，为20世纪90年代以来最大一次减幅。

另一方面，特朗普要求盟友分担更多的责任，对巴基斯坦等效率低下的盟友直接点名批评，对印度、越南等出售更多先进的武器来制衡中国的军事影响力。澳大利亚、日本、韩国的国防开支都呈上升趋势。澳大利亚2017年的国防预算为352亿澳元，增幅为8.3%。澳大利亚计划缩短国防开支占国内生产总值2%的时间，从2023年提前到2020年。日本2018年的防卫预算达到5.19万亿日元，增幅约为1.3%，连续第6年增长，并连续第3年超过5万亿日元。韩国2017年的国防预算为347亿美元，增幅为4%。2018年军费预算达到395亿美元，增幅达7%。美国的重要安全合作伙伴印度2017年国防开支为404亿美元，增幅为10%。此外，新加坡2017年国防预算124亿新元（约93亿美元）。印度尼西亚2017年国防预算81.7亿美元。越南2017年的

---

① White House, *National Security Strategy of the United States of America*, December 2017, p. 25.

国防开支约为49亿美元。菲律宾2017年国防预算为1 342亿菲律宾比索（约29亿美元）。

中美之间战略竞争态势的日益明显，并不意味着两国之间将会很快发生直接的军事冲突。事实上，作为国际体系中的两个核大国，中美之间发生大规模冲突的可能性很小。但是，中国周边的环境可能会有所恶化，美国可能继续挑动中国周边国家在南海问题上向中国发难，在朝核问题上继续给中国施加压力，同时支持印度在南亚和中亚地区扩大影响力，这些都会影响到中国的周边安全。

总的来看，南海局势只是暂时缓和，没有从法律层面得到根本解决。领土作为主权国家的基本要素之一，在领土民族主义盛行的印太地区始终是具有零和博弈性质的问题。当然，杜特尔特的任期到2022年才结束，菲律宾的对美和对华政策基本上可以保持稳定。越南在经济上依赖中国，原本准备全力参与的《跨太平洋伙伴关系协定》（TPP）又因特朗普的退出面临困难，因此在接下来的三年中南海局势应该总体上继续保持缓和的势头。事实上，就如中国方面所反复指出的，南海地区的航行自由问题没有遇到任何实际的挑战；中国是自由贸易和航行自由的坚定维护者。

随着朝鲜核与导弹危机的加剧，韩国越来越依赖美韩同盟，以及被动寻求美日韩三边安全合作。由于美国方面又不具备一次性全部清除朝鲜核武器的能力，以及中国和俄罗斯反对使用武力，解决朝鲜半岛核问题大门尚未关闭。

面对着朝鲜半岛核问题这个可能导致东亚地区擦枪走火的问题，地区内国家在坚持朝鲜半岛无核化的最终目标的同时，还须加强危机管控。地区国家应当加强情报共享，建立和完善常态化的危机预警和管控机制，避免朝鲜突然的核试验、弹道导弹试射或其他挑衅行为挑动地区大国间的矛盾，甚或导致战争的爆发。

(宋伟,中国人民大学国际关系学院教授;卓振伟,中央党校国际战略研究院,助理研究员;Song Wei, Professor at School of International Studies, Renmin University of China; Zhuo Zhenwei, Assistant Research Fellow of the Institute of International Strategic Studies, Party School of the Central Committee of C. P. C.)

南亚地区安全形势：特点、动因与趋势[*]

宋海啸　李志永

【内容提要】 目前南亚地区安全形势具有印度军事优势加快、印巴矛盾加剧、经济问题政治化与安全化、对华安全合作圈正在形成、"外源式"恐怖威胁增大、反恐统一阵线裂痕扩大等特点。整体上，美国及其印度洋战略、印度的大国雄心、印巴矛盾与恐怖主义是南亚地区安全的动因与主导力量。

【关键词】 南亚安全形势；特点；动因；趋势

南亚地区安全超越了地区安全本身，成为国际安全中重要而敏感的一环，在2017年尤其明显，世界大国或国家集团，包括美国、中国、印度、日本、俄罗斯与欧盟、东盟，均与南亚地区安全问题有或多或少的关联性。因此，对南亚地区安全形势进行梳理，尤其是对南亚地区安全的动因、主导力量进行深度剖析，以及对未来南亚安全趋势进行前瞻分析，对维护中国国家安全和中国在该地区的国家利益至关重要。

一　南亚地区安全形势特点

（一）印度寻求南亚地区军事绝对优势的步伐加快

为了确保在南亚地区的霸主位置以及在印度洋地区的优势地

---

[*] 本文系2017年国家社科基金项目"'一带一路'战略在南亚面临的宗教风险研究"（项目编号：17XZJ010）阶段性研究成果。

位，2017年，印度加快了寻求南亚地区军事绝对优势步伐。印度国防部2017年度报告指出：鉴于国际安全局势中存在的不确定性和安全挑战，随着印度在地区和全球范围内作用日益增强，印度国家安全的范围日益扩大，必须有力地和积极地参与同世界上友好国家的国防和安全合作。印度继续努力与多国建立更牢固的防务伙伴关系，应对新出现的威胁，以加强区域和国际和平与稳定。①

值得关注的是，印度2017年度国防报告特别提及中国近年推行的军事改革。报告认为，中国人民解放军的改革，旨在加强党对军队的领导，提高军队移动联合作战能力、多维进攻和防御能力、近海防御和远海防卫能力，并且建立核导弹和常规导弹的领空防卫能力。

据此，印度采取了一系列措施，以提高军事控制能力与安全应对能力。

首先，推进军队大规模改革，为未来"混合"战争做准备。

2017年8月，印度政府通过了系列措施来削减120万非作战冗余（non-operational flab）部队，以期增强军队战斗力。印度国防部长阿伦·贾伊特利（Arun Jaitley）表示，有关委员会提出的65个旨在"提高战斗力和再平衡武装力量的国防开支"的建议将在改革的第一阶段实施，并在2019年年末完成。贾伊特利说，"这涉及了重新部署约5.7万名军官、士兵以及平民的职位。岗位独立可能是此次国防改革最重大的一项。"与此同时，此次改革通过了在限定时间内关闭国内39个军事农场的决议，这些军事农场总面积超过2 000英亩。②

2017年11月，印度陆军参谋长比平·拉瓦特在新德里举行的

---

① 《印度国防部年度国防报告2017》，https://mod.gov.in/sites/default/files/AnnualReport1617.pdf.

② 《印度时报》，2017年8月31日。

主题为"2017年印度未来装甲战车"的研讨会上表示,未来的战场将是复杂的,战争也将具有"混合"的性质,陆军需要系统地实现战斗能力现代化,以此来应对任何可能出现的情况。他还表示,在关注传统领域战争的同时,非传统领域、太空和网络空间也"不容忽视"①。

与此同时,印度加强有针对性的军事准备,包括部署在印巴接壤的西部平原地区和印中接壤的北部山地地带同时进行作战的"未来装甲战车"。此外,印度军方为了加强其陆、海、空三军的协同作战能力,在2017年11月发表了一份"三军联合训练声明",这也是印度军方第一次推出这样的文件,在宏观上提出了三军联合训练的基本原则、目标等。②

其次,收紧对印度洋的控制,将防线推至马六甲海峡。

2017年8月,在中印部队边境对峙持续紧张之际,印度正强化其影响力及对印度洋的控制。印度海军透过海上联合演习,协助南亚与东南亚国家培训,强化装备,借助日本建立海洋监控系统,强化与邻国和东南亚国家的合作,增加对印度洋的控制。③

2017年11月,印度海军参谋长苏尼尔·兰巴表示,印度已把守了印度洋的每个出入口。除了在印度洋的东部主要入口马六甲海峡和巽他海峡部署军舰之外,印度还与印度尼西亚、马来西亚、泰国等国家展开联合巡逻。并为增强印度海军与"友军"的联系,印度新创立了"海洋外交基金",印度政府和海军将通过此基金,为较小的国家提供小型战舰和巡逻艇。同时,印度海军正在加紧推出新的印度洋兵力部署计划,在关键海上交通要道加大永久军事部署,扩大印度海军在印度洋的航迹。④

同时,印度加强军事部署,海上防线正在向马六甲海峡延伸。

---

① 《印度时报》,2017年11月15日。
② 同上。
③ 《今日印度》,2017年8月24日。
④ "今日印度"网站,2017年11月2日。

2017年12月，印度空军与俄罗斯联合开发的"布拉莫斯"超音速巡航导弹试射成功。"布拉莫斯"导弹将部署在位于印度洋东侧的安达曼—尼科巴群岛、孟加拉湾沿线的维沙卡帕特南和面向阿拉伯海的西部古吉拉特邦约40架苏霍伊战斗机上。印度防卫当局提及远离本国领土的马六甲海峡，是出于对经由该海峡进入印度洋的中国的危机感。此事件被日本《经济新闻》称为"印度正加紧在自己视为势力范围的印度洋扩大影响力"①。

印度海军2017年3月提出了一项计划，旨在到2020年，确定其在印度洋地区的主导地位。但是有评论认为：印度海军现有13艘潜艇和1艘航空母舰——"维克拉玛蒂亚"号，而它至少需要24艘潜艇才能维持最低的兵力水平。目前，印度海军在各个领域内，连最低的运转能力都达不到，很难达到其战略目的。②

最后，印度在全球"爆买"军火，俄罗斯仍然是最大供应商。

目前印度已经成为发展中国家里仅次于沙特阿拉伯的第二大武器购买国。美国国会研究局发布的《2008—2015年对发展中国家的常规武器转让》报告称，在2008年至2015年，印度购买了价值340亿美元的军事装备，虽然远远低于沙特阿拉伯的935亿美元，但在武器进口数额上排名第二。③

2017年，印度的全球军购包括：6.5亿美元购买6架美国阿帕奇武装直升机、从以色列航空工业公司（IAI）购买远程舰空导弹供印度海军使用、第2艘法国设计的"汉德里"号鲉鱼级潜艇在孟买建造完成下水、从法国获得31架"美洲虎"攻击机（法国无偿赠送）等。

尽管近年来印度在极力追求武器进口多元化，但是目前俄罗斯

---

① 日本《经济新闻》，2017年12月4日。
② 俄罗斯卫星网，2017年3月1日。
③ 《印度斯坦时报》网站，2016年12月28日。

仍然是印度最大的武器供应商，在过去50年，印度每年用于采购俄制武器和平台零部件的费用超过20亿美元。① 据印度《经济时报》2017年2月22日报道，一份关于近5年全球武器交易的报告显示，尽管印度正扩展与美国、欧洲和以色列的军事合作，但俄罗斯仍然是印度的最大武器供应商，远超过位于第二的美国。据报道，斯德哥尔摩国际和平研究所公布的一项研究显示，从2012年到2016年，印度进口的武器68%来自俄罗斯，14%来自美国，以色列名列第三，占7.2%。这份报告还预测，未来俄罗斯仍然会是印度主要武器的最大供应商。② 2017年比较令外界关注的印俄军购合同包括：S-400防空导弹系统（已于2018年1月交付）、合研五代战机（印度至少购买150架）。

（二）印巴矛盾加剧　"低烈度"冲突难以控制

2017年南亚地区最大的安全威胁仍然是印巴矛盾，而且矛盾有加剧趋势，克什米尔地区的"低烈度"冲突难以控制。

首先，印巴矛盾表现在战略层面的对峙。

2017年1月，英国媒体爆料，印度新任陆军参谋长承认，印度军方此前制定了在爆发危机时对邻国巴基斯坦发动攻击的秘密军事计划，此计划称为"冷启动"计划。该计划旨在对印巴危机作出快速反应，危机包括好战分子从巴基斯坦土地上发动袭击。巴基斯坦官员回应说，如果在发生严重恐怖袭击等事件后印度实施传闻已久的、旨在攻击巴基斯坦领土的"冷启动"计划，巴方将采取所有必要措施实施自卫，包括以核武应对。③

2017年印巴军事核竞赛由陆地发展到水下。2017年1月，巴基斯坦首次从潜艇发射能携带核弹头的射程450千米巡航导弹——"巴布尔-3"号，巴军方证实，它能携带各种弹头，以确保国家的

---

① 《俄罗斯报》，2017年2月16日。
② 印度《经济时报》，2017年2月22日。
③ 《金融时报》网站，2017年1月19日。

反击能力。伦敦大学国王学院教授沃尔特·拉德维希说:"如果巴基斯坦成功制造出潜艇携带的威慑武器,那么它在理论上就能消除其对印度先发制人的担忧。因为海洋武器的持久力更强。但这也为更多失误和事故创造了条件。"①

印度政府原子能部门秘书谢尔卡·巴苏(Sekhar Basu)表示,印度第二艘歼敌者级核潜艇计划在 2017 年年底或者 2018 年年初下水。

其次,印巴矛盾主要表现在克什米尔军事对抗上。

在克什米尔地区,印巴军事冲突从来都没有停止过。双方互相采取军事行动,进而互相攻击的行为从来没有停止过。2017 年 11 月 2 日甚至发生 3 次袭击。双方采取的军事手段不断升级,2017 年 12 月 10 日,巴基斯坦前驻华大使马苏德·汗声称,印军在克什米尔印控区对平民使用化学武器致人死亡,"犯下反人类罪"。② 比较惨烈的一次冲突是在 2017 年 10 月 9 日,印军与巴基斯坦武装人员在克什米尔边境巴德加姆地区(Budgam)爆发激烈冲突,双方指挥官同归于尽。③

(三)南亚经济问题严重政治化、安全化

2017 年南亚安全形势的显著特征就是经济问题严重政治化、安全化。

第一,"中巴经济走廊"的建设被政治化、安全化。

"中巴经济走廊"建设是"一带一路"倡议的一部分,是以"共商、共享、共建"为原则建设的"一带一路"典范,是造福于相关国家和人民的一个经济纽带。但就是这样一个"多赢"的经济走廊,被个别国家视为"安全威胁",本来属于经济领域的话题被刻意地政治化,甚至"妖魔化"。

---

① 俄罗斯《独立报》,2017 年 1 月 11 日。
② 巴基斯坦《黎明报》,2017 年 12 月 10 日。
③ 《印度斯坦时报》,2017 年 10 月 9 日。

首先，中巴的亲密关系与印巴、中巴的竞争关系导致印度对"中巴经济走廊"持总体怀疑态度。国家利益的对立、民族感情的敌对，使得凡是巴基斯坦支持的都是印度要反对的，尽管"中巴经济走廊"是开放的、互利的、多赢的合作倡议，但还是逃不过地缘政治的负面竞争。

其次，"中巴经济走廊"欲向阿富汗延伸也受到印度质疑。阿富汗曾经主动提出要加入"中巴经济走廊"，此举引起印度的警惕与疑虑，印度开始炒作中巴经济走廊"围堵印度"。

第二，南亚小国发展经济的诉求被视为"远印亲华"。

新兴经济体的迅猛发展，以及南亚整体安全局势的缓和与好转，给南亚小国经济发展带来了难得的历史机遇，许多南亚小国纷纷把对内大力发展经济、对外全方位外交作为基本国策，事实证明这些政策与措施给相关国家人民带来福祉。但是由于这与传统的一味依赖印度不同，被打上政治和安全的烙印，甚至被视为"远印亲华"，有被印度报复的危险。

2017年12月初，中国与马尔代夫签署自由贸易协定消息传出，印度反应激烈。印度《国民先驱报》称，中马突然签署自贸协定，印度颇感愤怒。这是继巴基斯坦后，第二个南亚国家与中国签署自贸协定，被认为是中国在印度"后花园"加强影响力的信号。印度外交部发言人公开提醒马尔代夫遵守其"印度优先"承诺。甚至有媒体报道印度由此"做工作"，煽动马尔代夫国内反对派攻击现政府"亲华"。

与此同时，2017年12月结束的尼泊尔议会选举，左翼联盟遥遥领先，并将组建下一届政府。被香港地区媒体称为：印度在南亚地区的影响力衰退，既疏远了尼泊尔，也疏远了马尔代夫，正迫使这两个国家转向中国。①

---

① 香港亚洲时报在线，2017年12月9日。

（四）印度竭力构建多重针对中国的南亚安全合作圈

"一带一路"倡议让印度产生严重的战略忧虑，由此采取了一系列的反制措施，与所谓"友好国家"构建多重针对中国的南亚安全合作圈。

美国"重返亚太"战略以及"印太"战略给予了印度契机。在2016年印美签署了后勤保障协议之后，印美军事合作日益紧密。2017年10月，特朗普政府同意向印度出售航母弹射器系统——最新型电磁弹射器。印度希望在其第二艘国产航母上实现装备。[①] 2017年11月12日，美国、印度、日本和澳大利亚四国外交部门的官员在越南亚太经合组织（APEC）领导人非正式会议期间举行了正式会议，标志着"四国机制"正式启动。对此，印媒兴奋宣称，印度已成为美国亚太战略的重要支点。

印度与日本的防务合作更加频繁。2017年7月，日本驻印度大使平松贤司和印度副外长贾伊尚卡尔在印度首都新德里的外交部交换了允许日本向印度出口核电的《日印核能协定》，协定生效。根据该协定，将可以向未加入《不扩散核武器条约》（NPT）的印度转移核物质以及核能相关技术。2017年9月13—15日，日本首相安倍晋三访问印度，与印度总理莫迪举行第12次印日年度首脑会晤。日本首相访问印度并进行首脑会谈，意在加强同印度在海上安全保障领域的合作，应对其所谓的"珍珠链战略"，牵制中国开展的正常海洋活动。印度可能完成与日本之间的首次军备采购，采购目标为日本US-2水陆两栖飞机。

另外，"随着对中国在塞舌尔的存在感日益增强感到担忧"，以及"尊重国际水域的航行和贸易自由"，印度分别与塞舌尔、新加坡签署海军合作协议。实际上，印塞军事协议是在2015年达成的，其中一项主要内容是在塞舌尔阿桑普申岛建立军事基础

[①]《印度时报》，2017年10月18日。

设施。但是一直到2017年都没落实,为避免为该协议重回谈判桌,2017年10月,印度派出外交秘书苏杰生突访塞舌尔,与塞舌尔总统直接会面。2017年11月29日,印度和新加坡签署了一项海军协议,主要内容是加强海上安全、联合演习、"临时使用彼此的海军设施"以及相互的后勤支持,协议同时强调了"尊重国际水域的航行和贸易自由"的必要性。对此,《印度时报》11月29日报道声称,加强与新加坡、越南、缅甸、马来西亚和印度尼西亚等东盟国家的军事联系以抗衡中国,符合印度整体的"向东行动"政策。①

2017年印度对华政策一个重大事件就是"洞朗对峙",将中印关系推向危险边沿。6月18日,印度边防部队非法越过中印锡金段已定边界,进入中国洞朗地区阻挠中方道路施工。8月28日,印军撤出,中印双方在边境地区对峙了71天。事后,印度军方多次声称印度必须做好战争准备。9月6日,曾经宣称印度在为"2.5线战争"做准备的印度陆军参谋长比平·拉瓦特再次在军方智库陆地战争研究中心演讲时称,印度面临着与中国和巴基斯坦同时开战的潜在威胁,"我们北边的对手(中国)正在秀肌肉,他们采取切香肠战术,逐步侵占我们的领土,测试我们的底线……我们必须警惕,谨防局势升级演变为冲突"。小规模冲突有可能像滚雪球一样扩大为全面战争,而巴基斯坦那时会借机进犯,"我们必须做好准备"。② 11月,拉瓦特要求印度加速在中印边境部署现代化的地堡,作为部署山地部队的一步。③

(五)美国调整南亚安全部署 加强南亚军事存在

重新调整南亚安全部署,加强南亚军事存在,成为美国2017年南亚安全的一环。

---

① 《印度时报》,2017年11月29日。
② 《印度斯坦时报》网站,2017年9月7日。
③ 俄罗斯卫星网,2017年11月26日。

美国国务卿蒂勒森在 2017 年发表了他的首个关于印度的外交政策演讲,他认为在目前这个充满不确定的时期,印度在国际舞台上需要一个可靠伙伴,美国就是它们的选择。他称印度是世界上最大的民主国家,美印对未来的愿景一致,呼吁两国在防务关系上走得更近。印度需要和美国合作,维护印太地区稳定,美国和印度在印太地区的安全、自由航行、自由贸易、反恐问题上目标相同。[1]

2017 年 8 月,美国总统特朗普呼吁印度为阿富汗稳定作出贡献,借此机会不再倚重巴基斯坦。美国首次将巴基斯坦—阿富汗地区冲突的解决扩大至包括新德里在内的一个战略三角的框架内,此举被评价为——美对阿富汗新战略"亲印弃巴"。[2]

2017 年 10 月,美国国防部设计了在阿富汗作战的新战略。参议院召开听证会对战略进行了质询。最终,参议院认为美军可能需要在阿富汗再驻军十年。从阿富汗战争开始,美军总计要在阿富汗作战长达 26 年,甚至更久。8 月,特朗普宣布要改善阿富汗的状况。据五角大楼称阿富汗现在美军只有 8 500 人,到 2017 年秋天特朗普要在阿富汗增兵 3 000 人。实际上美军在阿富汗现在有 11 000 人,比之前国防部报告的 8 500 人要多,而且国防部正在计划增兵。[3]

(六) 南亚地区新的社会治安风险根源正在产生

首先,国内矛盾引发的社会治安风险加大。

2017 年 8 月 25 日,印度北方邦南部城市勒克瑙爆发大规模的合同制教师抗议活动,抗议导致该市多个核心路段交通瘫痪。除了教师抗议之外,印度也发生了多起其他行业人群举行的抗议活动。

---

[1] 美国彭博社,2017 年 11 月 18 日。
[2] 法国《世界报》,2017 年 8 月 24 日。
[3] 美国《防务新闻》,2017 年 10 月 3 日。

8月22日，印度近百万银行职员参与全国性大罢工，抗议印度政府出台的银行改革制度，受此影响，印度的公共银行陷入大面积停摆，大多数国立银行持续关门歇业。8月23日，在印控克什米尔地区南部阿南纳塔格一所学院，学生抗议升印度国旗，放火并冲撞警察。学生们打断了一场由克什米尔警方发起的体育活动。学院院长达尔表示，"活动开始后不久，学生们很快变得暴力，他们向台上和帐篷放火。"

印度东北地区民族独立运动从未平息，2017年10月13日，印度西孟加拉邦大吉岭动乱（发起动乱的"廓尔喀人民族独立运动组织"，GJM）再起，印度警方与抗议者在山区森林中爆发激烈枪战，抗议者重火力扫射导致一名警察死亡，数名警察受伤。抗议者们为求独立，封锁大吉岭山区长达104天，其间暴力与纵火事件不断。①

其次，跨境民族（难民）问题引发社会骚乱和恐怖事件。

自从2017年8月若开邦局势发生动荡以来，在不到两个月的时间里已经有多达50万的罗兴亚人难民进入孟加拉国，其中60%以上是儿童。再加上该国原有的30万难民，目前共有超过80万名难民居住在孟加拉国。由于缅甸和孟加拉国就若开邦罗兴亚人问题难以达成一致意见，难民问题与恐怖事件交集发生，给孟加拉国社会造成很大的压力，不时有恐怖事件发生。

（七）"外源式"恐怖威胁急剧增大　恐怖组织内部矛盾激化

由于"伊斯兰国"武装在中东被击溃，部分人员正在向南亚转移，特别是情况比较复杂的阿富汗山区，成为"伊斯兰国"武装转移的理想之所。"伊斯兰国"目前在阿富汗已经渗透到楠格哈尔省、库纳尔省、朱兹詹省等至少9个省份，南亚地区"外源式"恐怖威胁急剧增大。

---

① 《印度时报》，2017年10月13日。

2017年12月10日,一阿富汗地方官员说,一批阿尔及利亚籍和法国籍武装人员11月进入阿富汗北部一个主要由极端组织"伊斯兰国"分支控制的地区,其中一些武装人员来自叙利亚和伊拉克。据阿富汗媒体12月12日报道,阿富汗北部朱兹詹省两处地区日前被极端组织"伊斯兰国"控制。"伊斯兰国"在朱兹詹省已建立多个据点,并封锁了从杜尔扎卜通向其他地区的道路。朱兹詹省南部达尔扎卜地区至少80%的区域已被"伊斯兰国"控制,该组织还在当地招募和训练武装力量。约300名弹药充足的"伊斯兰国"武装人员强迫当地家庭交出儿童,以培训和发展其战斗力量。①

值得关注的是,与过去恐怖组织合流不同,本次"外源式"恐怖组织入侵,导致国际恐怖组织内部矛盾激化。

在阿富汗,"伊斯兰国"武装多次与阿富汗塔利班武装发生冲突。由于在阿富汗胡吉亚尼地处边境地区,长期以来政府对这里的管控能力较弱,武装组织间常为争夺势力范围发生交火,令当地安全形势有进一步恶化的趋势。2017年11月29日,在阿东部楠格哈尔省的"伊斯兰国"武装与当地塔利班武装发生交火,造成双方至少18人死伤。②

与此同时,"伊斯兰国"阿富汗分支也发生内讧事件。2017年11月,藏匿在阿富汗东部楠格哈尔省的极端组织"伊斯兰国"武装分子发生内讧事件,15名武装分子遭"伊斯兰国"内部人员斩首。

(八)"独狼式"恐怖袭击成为新的恐怖形式

2017年南亚地区恐怖主义活动的典型形式为"独狼式"恐怖袭击。

2017年9月5日,巴基斯坦俾路支省纳西拉巴德地区的一个宗

---

① 《阿富汗时报》,2017年12月12日。
② 阿富汗黎明电视台,2017年11月30日报道。

教场所附近，一袭击者试图进入这个宗教场所时被警察阻拦，随后引爆了身上的爆炸物，造成至少20人死亡，另有近30人受伤。袭击发生时宗教场所内至少有800人。11月16日，阿富汗首都喀布尔一家餐厅附近，自杀性恐怖分子引爆了炸弹，导致18人死亡，还有10人受伤。12月22日，一名自杀袭击者驾驶装有炸药的汽车驶入坎大哈市马旺德区的一处警察总部，造成至少6人死亡，4人受伤。

（九）恐怖主义资金难以斩断　反恐统一阵线裂痕增大

2017年阿富汗鸦片生产继续攀升，与2016年相比，2017年增加了87%，达到9 000吨，创下了新的纪录，此外，种植鸦片的面积与2016年相比也增加了63%，达到创纪录的32.8万公顷。2017年的鸦片生产和罂粟种植为阿富汗、它的邻国和阿富汗鸦片的中转或目的地国带来多重挑战。阿富汗的反叛活动将会增加，恐怖主义团体将会得到更多资金支持。[①] 国际社会难以斩断恐怖主义资金来源。

国际反恐成员各行其是，统一阵线难以协调一致，相互之间裂痕进一步扩大。2017年8月，传出"阿富汗政府高官正在与阿富汗塔利班秘密对话，频度高达'几乎每天'，塔利班就修改宪法和国家制度提出具体条件"的消息。[②] 不过，阿富汗政府随即否认这一报道的内容。

同时，美巴相互指责对方破坏违背反恐统一阵线。美国向巴基斯坦透露了包括"虔诚军"（LeT）、"穆罕默德军"（JeM）以及"圣战者运动"（HUM）在内的20个恐怖主义组织名单。美国称，"哈卡尼网络"武装组织将巴基斯坦西北部与阿富汗接壤的联邦直辖部落地区（FATA）作为其安全避难所，并利用其向阿富汗发动进攻。巴基斯坦对此进行了反驳，希望美国不要做

[①] 联合国官网，2017年11月15日。
[②] 美联社，2017年8月30日。

"毫无根据的指控",巴方认为,恐怖组织可能会以阿富汗为基地袭击巴基斯坦。①

二 南亚地区安全的动因与主导力量剖析

(一) 美国及其印度洋战略是主导力量

21世纪以来,鉴于西太平洋和印度洋安全利益日益相连,集中了亚洲主要新兴经济体,同时也是重要的海上通道,美国政府和美国部分精英认为,应将印度洋和太平洋利益加以整合,并推出了"印度—太平洋"概念。

美国的南亚政策也逐步由"扶持巴基斯坦、平衡印巴"变成"压巴扶印"。特朗普上台后推出美国新的"阿富汗及南亚战略",继续加大对印的扶持和合作力度。

(二) 印度的大国雄心是关键因素

印度作为南亚最强大的国家,其对外战略举足轻重。

独立以来,印度历届领导人都追求"有声有色"的大国地位,并为之不断努力,但是南亚和印度洋地区复杂的国际环境,让印度的大国之路并非一帆风顺。

整体上,2017年国内外形势对印度的发展相当有利:在国内,印度经济改革("废钞令"顺利进行与《商品和服务税法案》实施)的顺利进行,国内经济实力提升,民族主义泛起特别是印度教民族主义在印度政坛的迅猛发展,莫迪政府大受鼓舞;国际上,印、美、日、澳准同盟关系("四国机制")构建,以及与俄传统关系的发展,使得印度国内对国际形势持乐观判断。

然而,印度同时面临国际压力与周边压力叠加攀升的战略忧虑,一方面,中国"一带一路"倡议得到国际社会,特别是南亚各国的积极响应,让印度感到面临中国的"战略围堵";另一方面,

---

① 《印度时报》,2017年11月2日。

巴基斯坦与中国的良好关系、孟加拉国的经济发展与融入世界经济、斯里兰卡以及马尔代夫发展经济诉求与开展平衡外交、尼泊尔政治左倾与对印离心倾向等，均让印度感到如坐针毡、周边外交压力倍增。

（三）印巴矛盾与克什米尔冲突是最大变数

印巴矛盾与克什米尔冲突成为地区合作与地区安全的最大变数。

印度一直采取在国际上孤立巴基斯坦的外交政策，并试图给巴基斯坦贴上"恐怖主义支持者"的标签。2017年4月，巴基斯坦将印度间谍库尔布胡山·贾达夫判处死刑，导致原本不良的两国关系进一步紧张。

与此同时，克什米尔问题一直是印巴问题的症结所在。早在2003年，双方在克什米尔地区巴印实际控制线一带达成停火协议。但近年来，克什米尔地区冲突时有发生。尤其是2017年以来，双方在克什米尔地区巴印实际控制线附近摩擦不断，时有交火事件发生，两国之间关系改善的余地不大。据《印度时报》10月27日报道，作为两国关系持续紧张的一个标志，印度缺席了一场在巴基斯坦举办的亚洲多边海上安全会议。

（四）"内源式"与"外源式"恐怖主义是地区安全威胁

在南亚地区，不但有"内源式"恐怖主义，而且有"外源式"恐怖主义，近年活动频繁，成为地区安全重大威胁。

在印度，几乎每年国防报告都将印度面临的威胁概括为四个：克什米尔越境恐怖主义、东北地区独立行动、左翼极端主义、国内恐怖主义。[①] 这里，第一个属于"外源式"恐怖主义，其他三个都是"内源式"恐怖主义。

---

① 《印度国防部年度国防报告2017》，https://mod.gov.in/sites/default/files/AnnualReport1617.pdf.

在阿富汗，不但有"内源式"塔利班组织的暴力活动，而且有"外源式""伊斯兰国"的渗透与恐怖活动。

在巴基斯坦，除了各类极端宗教组织之外，还有类似俾路支解放军这类"内源式"恐怖组织，也有输入性的塔利班组织和"伊斯兰国"等。

中国外长王毅认为，"中印同为发展中大国，战略契合点远远大于具体分歧，合作需要明显超越局部摩擦。我们一贯重视作为两大邻国和两大文明古国的睦邻友好，同时坚定维护自身的主权权益与领土完整。我们有理有利有节处理了印度边防部队越界进入中国洞朗地区事件，通过外交手段使印方撤回装备和人员，既体现了对中印关系的珍惜和重视，也彰显了维护地区和平稳定的诚意与担当。我们相信，只要双方深入开展战略沟通，及时消除战略疑虑，中印合作的战略价值就会更清晰地呈现在人们面前，中印就能实现两国领导人期待的'龙象共舞'和'1 + 1 = 11'的前景。"①

印度外长斯瓦拉吉也表示，印度始终高度重视对华关系，将其作为印度外交政策的重要组成部分。作为两大发展中国家，印中关系的意义超越双边范畴，对地区乃至世界均具有重要影响。在当前世界形势复杂多变的背景下，印中关系虽遇到一些挑战，但总体保持平稳发展。两国通过外交手段解决洞朗事件，充分体现了双方的政治智慧。印方始终认为，印中之间的共同点远远大于分歧，两国应加强战略沟通，增进战略互信，绝不能让分歧演变成争端，争端演变成冲突。印方愿与中方恢复各项双边机制性安排，推进各领域合作。同时管控好分歧，共同维护边界地区的和平安宁。只有印中携起手来，亚洲世纪才会真正到来。②

---

① 《王毅：在2017年国际形势与中国外交研讨会开幕式上的演讲》，中华人民共和国外交部网站，2017年12月9日，http://www.fmprc.gov.cn/web/wjbz_673089/zyjh_673099/t1518042.shtml.

② 《王毅会见印度外长斯瓦拉吉》，大众网，2017年12月12日，https://www.dzwww.com/xinwen/guoneixinwen/201712/t20171212_16767070.htm.

但是，中印关系的深层次问题，比如政治互信问题、中印边界问题、中巴关系问题等成为中印关系发展的障碍，以及印度成为核供应国成员问题和印度"入常"问题，均被印度视为中国战略围堵印度的一环。这些诱发中印矛盾的因素依然存在，中印关系的前景依然难以乐观。

（宋海啸，博士，中国（昆明）南亚东南亚研究院、云南省社会科学院印度研究所研究员；李志永，博士，对外经济贸易大学国际关系学院教授；Song Haixiao, Senior Researcher, Yunnan Academy of Social Sciences, Yunnan Academy of South East Asian and South Asian Studies; Li Zhiyong, Professor, School of Internationel Relations, University of Internationel Business and Economics）

中东地区安全局势与治理困境：
基于大数据的考察

章 远

【内容提要】 中东是世界政治中典型不稳定地区，但中东在地缘政治层面和能源领域都有着极为重要的关键地位，也是中国"一带一路"倡议推进过程中重要的链接地带，中东的安全关系着区域内国家的生存状态、民众安居乐业的水平，也影响着国际政治的应对模式和大国战略走向的变化。中东乱局的原因在于地区内的竞争性政治结构、域外大国的格局性干预以及地区内外政治力量之间的互动和博弈。基于数据统计结果，尽管 2017 年发生了一些具有转折意义的事件，但中东安全困局并没有根本性变化，未来地区安全发展将仍然面临着突破内部对立和外部干预的治理困境的考验。从长远来说，提升民生水平，削减战斗武装，尊重国际多边合作成果应有助于缓和地区紧张局势。

【关键词】 中东地区；外部干预；恐怖主义；内战；叙利亚；冲突降级区；利比亚；"伊斯兰国"组织；难民；巴以冲突；自杀性爆炸；汽车炸弹；《赛克斯—皮科协定》；《贝尔福宣言》；伊朗核协议；特朗普；内塔尼亚胡；耶路撒冷；库尔德人；独立公投；也门；胡塞武装；代理人战争；卡塔尔外交危机；海合会；什叶派；逊尼派；宗派主义；能源安全；"一带一路"倡议

中东在地缘政治层面和能源领域都有着极为重要的关键地

位，是中国"一带一路"倡议推进过程中重要的链接地带，但是中东却是世界政治中典型的不稳定地区。纵观2017年，中东地区传统的安全困局并没有根本性缓解，武装对抗战役仍然频发，暴力冲突反复出现，恐怖主义事件不时见诸报端，安全局势持续动荡。中东地区的安全问题关系着区域内国家的生存状态、民众安居乐业的水平，也影响着国际政治的应对模式和大国战略走向的变化。引发中东地区安全问题的来源既包含传统安全型难题，也不能排除非传统安全的作用力。本文将基于大数据的统计，结合中东年度政治结构变化，通过重新审视中东内外交织的安全困局解释路径，分析2017年中东地区安全局势的演进，梳理中东安全问题的治理困境。

一 中东安全困局的传统解释路径

按照政界和学界的主流解释路径，中东乱局的根本性原因在于地区内的竞争性政治结构、域外大国的格局性干预以及地区内外政治力量之间的互动和博弈。恐怖主义、内战、巴以矛盾和教派对立是常见的中东地区内部结构性症结。诸大国对中东安全事务的干预与其对改变中东格局关键事件的立场有直接联系，但究其根本，干预行为最终都将落脚到现实主义观照的竞争主导权和提升影响力上去。在那些争议性领域，地区内外各方政治力量之间始终处于互相结盟、对抗斗争、再重组直至走向权力集团实力相对均衡的、微妙的和平状态。

（一）地区内部持续性对抗

从涉及政治的对抗性暴力的烈度来看，恐怖主义是较为低层级的暴力形式，随着参与人数的增多和冲突各方职业化、军事化程度的增加，群体暴力升级为内战。

其一，活跃的恐怖主义组织制造的大量恐怖袭击事件是中东地区内最常见的安全难题。恐怖主义组织和恐怖分子蓄意使用暴力攻击无辜的非战斗人员、非武装的平民。恐怖主义问题是全球面临的安全顽疾，也是长期困扰且破坏中东稳定的安全威胁之一。不论是从恐怖袭击事件数量还是从伤亡者数量来看，近年的中东都是世界范围内最严重的暴力受害者。按照《全球恐怖主义指数（2017）》（GTI）的统计，[①] 2016年西亚北非地区受恐怖袭击而丧命的民众有13 512名，远高于排在遇袭身亡人数第二位的南亚地区，后者的数字也达到了5 949名。

其二，恐怖主义频发的国家也常是那些饱受内战苦难的国家。内战、国家政局不稳是中东地区安全困局的另一个内部原因。GTI的年度报告显示，受恐怖主义影响最严重的前十名国家分别为伊拉克、阿富汗、尼日利亚、叙利亚、巴基斯坦、也门、索马里、印度、土耳其和利比亚。自2012年以来，那些因内战而造成高死亡人数的国家，同样也呈现出高程度的恐怖主义，比如叙利亚、伊拉克、阿富汗和也门。[②] 以利比亚为例，利比亚自2011年内战爆发开始，始终处于武装冲突不断、战局持续混乱、国家分崩离析的状态。从图1中可以看到，利比亚近些年每个月都有国民因为各种暴力和袭击事件而失去生命。内战造成的人员和财务损失比恐怖主义更严重，对安全心理的摧残也更持久，类似的悲剧仍然不断在叙利亚、也门上演着。

其三，以色列和阿拉伯世界的矛盾、犹太人和阿拉伯人的矛盾是自以色列建国以来中东最主要的地区内国际冲突的结构性根源。不论是宗教、历史还是群体记忆，巴以冲突背后重叠的圣地和土地控制权是难以和解的安全悖论。随着1993年《奥斯陆协议》的签署，以色列暂缓了犹太人定居点修建行动。从表1中以

[①] Institute for Economics & Peace, "Global Terrorism Index 2017," *Institute for Economics & Peace*, November 2017, http://visionofhumanity.org/app/uploads/2017/11/Global-Terrorism-Index-2017.pdf, p. 19.

[②] Ibid., pp. 21, 35。

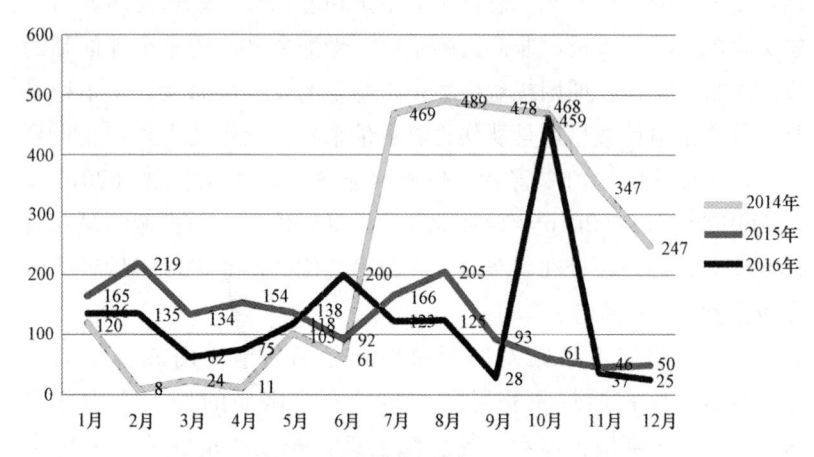

图 1　利比亚死于暴力和恐怖主义的人数统计
（2014—2016）

资料来源：www.libyabodycount.org.

色列受恐怖袭击的人数来看，1993年《奥斯陆协议》公布后的数年间，以色列境内是相对和平的；而1997年以色列受恐袭伤亡数字的剧增则与内塔尼亚胡当政、以色列内阁通过在东耶路撒冷哈尔霍马地区兴建犹太人定居点计划并强行动工兴建定居点、哈马斯的军事复仇等变动都存在关联性。令人遗憾的是，以色列的强硬态度加上国际公认的排他性的主权原则，导致巴勒斯坦建国历经数十年还是没有实质性的进展。在巴勒斯坦争取独立建国的过程中，以色列的那些对立面出现了一定程度的分裂：巴勒斯坦内部慢慢产生了温和派和激进派的分裂；本来坚定支持巴勒斯坦的阿拉伯阵营也出现了细微的变动，比如，沙特阿拉伯近几年与以色列在经济合作、反恐合作等许多领域持续走近，形成事实同盟关系。

表1 以色列因自杀性袭击或者其他爆炸袭击而伤亡的
人数统计（不包括恐怖分子）①

年份	死亡（人）	受伤（人）	合计（人）
1994	35	0	35
1995	39	0	39
1996	59	0	59
1997	24	407	431
1998	1	0	1
2000	33	13	46
2001	60	275	335
2002	49	508	557
2003	118	589	707
2004	46	192	238
2005	7	54	61
2006	4	31	35
2007	3	0	3
2008	0	90	90
2009	0	0	0
2010	8	0	8
2011	0	0	0
2012	6	51	57
总计	**492**	**2 210**	**2 702**

资料来源：Israel Ministry of Foreign Affairs.

其四，教派矛盾，具体而言最大的教派矛盾发生在什叶派的伊

---

① 本表的统计时间是从巴以《临时自治安排原则宣言》，即《奥斯陆协议》签署（1993年9月）起。Israel Ministry of Foreign Affairs, "Suicide and Other Bombing Attacks in Israel Since the Declaration of Principles," *Israel Ministry of Foreign Affairs*, May 2016, http://mfa.gov.il/MFA/ForeignPolicy/Terrorism/Palestinian/Pages/Suicide%20and%20Other%20Bombing%20Attacks%20in%20Israel%20Since.aspx.

朗和自认为逊尼派首领的沙特之间。逊尼派拥有中东最大的伊斯兰教教众，绝大多数的中东国家是以逊尼派穆斯林为多数人口的伊斯兰教国家。综合美国国会研究部（CRP）、皮尤调研（Pew）和美国中情局（CIA）的数据，全世界20%左右的穆斯林生活在西亚北非，其中逊尼派人口预计占到85%—90%，而接近90%的什叶派穆斯林生活在伊朗。[①]教派群体和有教派倾向的国家互相对立的矛盾是中东安全困局的又一地区内部结构性根源。比如，教派矛盾在一定程度上帮助"伊斯兰国"组织从2011年伊拉克内战对抗的什叶派和逊尼派中取得组织的壮大机会。不论是不是神权政治，伊斯兰教都深植于中东国家的政治文化和群体认同之中，哪怕是世俗政府也很难规避宗教对政治的影响。

（二）外部干预的普遍性解释

对中东地区安全的研究总是必须同时参考美国、俄罗斯等大国和国际组织的中东战略或者中东政策。外部干预是复杂化中东安全局面的外部变量，贯彻着外国关键国家对政治伊斯兰、犹太复国主义和主导权力归属的立场看法。

其一，从"伊斯兰革命"到"阿拉伯之春"，中东地区政治制度、政治环境的剧烈变革总是与外部国家的国际干预有关，很多时候国际干预直接就是变局的推动者和参与者。伊朗"伊斯兰革命"使美国与伊朗从曾经的盟友转为敌人，"伊斯兰革命"还带来地区"圣战"观念的复兴和政治伊斯兰极端化等负面效果。2010年中东变局以来，中东地区始终处于"转型与动荡相互交织"[②]的状态，西方国家采取强制性的外交干预、军事干预和人道主义干预多重复合介入，其结果是中东在大国争夺、社会转型和传统矛盾交织的过

[①] "Sunnis and Shia in the Middle East," *BBC*, December 19, 2013, http://www.bbc.com/news/world-middle-east-25434060.

[②] 刘中民：《中东形势的总体评估》，载刘中民、孙德刚主编《中东地区发展报告（2016—2017）》，世界知识出版社2017年版，第3页。

程中，陷入"不稳定结构"。①

其二，在主权领域，外部干预对犹太复国主义、巴勒斯坦独立运动、各国分裂势力的动摇以致双重标准的态度和作用方式，常使中东安全陷入积重难返的境地。美国和以色列的盟友关系以及犹太利益集团在美国国内强大的政治动员能力，导致美国中东政策始终向以色列利益倾斜。比如2011年，奥巴马执政时期，美国阻挠巴勒斯坦申请成为联合国会员国的努力。在这场不对等的较量中，巴勒斯坦方面在平民、财物上的损失远甚于以色列。仅以儿童保护领域为例，按照世界卫生组织的统计数字（见表2），近五年冲突中遇难的以色列儿童有十人，但直接死于冲突的巴勒斯坦儿童多达百余人。除了外交场合采取强硬措施施压之外，外部干预的具体形式还包括恐怖主义组织的认定、经济援助的程度调整、经济制裁的范围划定、主动军事打击、设置禁飞区、培植反对派势力，等等。

其三，中东地区的外部干预还映射着大国和重要国际组织权力争斗、利益协商和再分配过程。在中东问题上，美国、俄罗斯、土耳其、欧盟、北约等国际力量彼此的身份常在朋友和对手之间切换。在核问题、争议性执政府、分裂主义等重大议题领域，竞争性的外部干预既可能激化矛盾，也会使中东本土的利益诉求被淹没在大国的喧嚣和嫌隙之下。

（三）互动和博弈的典型争议领域

近年来，中东地区内外力量互相博弈的典型争议领域集中在原子能安全方面的伊朗核问题、对内战的武力介入深度和广度以及对分裂主义的打击方式上。相比于上述三个领域，在最热门的反恐怖主义议题上，地区内外力量反而比较容易达成道义上的共识并有所建树。从联合国安理会到地区性国际组织，再到美俄大国，对极端恐怖组织"伊斯兰国"的联合打击是较为成功的反恐合作。

---

① 王京烈：《中东地区安全与大国干涉的影响》，《西亚非洲》2013年第6期，第34—35页。

表 2 巴以冲突儿童伤亡统计（2012—2017）

	2012年 全年	2013年 全年	2014年 全年	2015年 全年	2016年 全年	2017年 1月	2月	3月	4月	5月	6月	7月	8月	9月
直接死于冲突的巴勒斯坦儿童（人）														
加沙地带	41	1	6	3	4	0	0	1	0	0	0	1	0	0
约旦河西岸	2	4	13	30	32	1	0	2	2	3	1	2	1	0
以色列	0	0	0	1	1	0	0	0	0	0	0	0	0	0
总计	**43**	**5**	**19**	**34**	**37**	**1**	**0**	**3**	**2**	**3**	**1**	**3**	**1**	**0**
因冲突直接受伤的巴勒斯坦儿童（人）														
加沙地带	—	—	—	—	—	1	1	2	0	2	9	5	9	2
约旦河西岸	93	10	49	158	33	11	23	27	21	95	15	190	26	22
以色列	549	1 231	1 221	2 264	1 002	0	0	0	0	0	1	0	0	0
总计	**643**	**1 241**	**1 270**	**2 423**	**1 093**	**12**	**24**	**29**	**21**	**97**	**25**	**195**	**35**	**24**
死于直接冲突的以色列儿童（人）														
巴勒斯坦领土（oPt）和以色列	2	0	7	0	1	0	0	0	0	0	0	0	0	0
因直接冲突受伤的以色列儿童（人）														
巴勒斯坦领土（oPt）和以色列	17	8	16	15	12	0	0	0	0	1	0	2	0	1

资料来源：WHO.

伊朗核问题自签署《联合全面行动计划》（JCPOA，简称"伊朗核协议"）以来有所缓解。该协议为伊朗的经济发展创造了相对宽容的外部环境，解除了一定的经济制裁，原本是有利于地区和平稳定、经济发展的国际合作成果，也是奥巴马政府的重要中东战略成果。但是在仇视伊朗的以色列看来，伊核协议并没有彻底摧毁伊朗的核能力，没有拆除核设施，还赋予伊朗复兴经济提升国力的空间，威胁到了"以色列的生存权"，[1] 这个局面并不符合以色列的期许。随着在伊核问题上更激进的特朗普的执政，伊核协议面临更大的挑战和考验。

中东内战背后总是存在大国政治、军事、经济干预的身影，阿富汗、伊拉克、利比亚都是如此。在叙利亚内战中，美国和其盟友支持叙利亚反对派，为反对派武装提供武器和军事培训，要求巴沙尔·阿萨德下台。俄罗斯则支持巴沙尔政权，给叙利亚政府军提供军事援助。2017年5月，俄罗斯、伊朗、土耳其共同签署协议同意在叙利亚境内设立四个"冲突降级区"（de-escalation zones），这是外国干预力量妥协的产物，但也被叙利亚部分反对派和库尔德政党视为分裂国家之举。[2] 至于仍然激烈的也门内战则被广泛认为是伊朗支持的胡塞武装和沙特支持的也门政府方进行的代理人战争。

从西撒哈拉问题到南苏丹独立，再到近年的库尔德问题，中东分裂主义的滋长和成败都与外部干预有关。旷日持久的内战消耗了中央政府对国家的控制能力，对国家失望的民众逐渐转向族群认同或者教派认同，当外部力量通过干预给予分裂主义以足够的支持，

---

[1] Oren Liebermann, "Netanyahu: Iran must Recognize Israel's Right to Exist in Deal," *CNN*, April 3, 2015, http://edition.cnn.com/2015/04/03/middleeast/iran-nuclear-netanyahu/.

[2] Anne Barnard and Rick Gladstone, "Russia Reaches Deal for Syria Safe Zones, But Some Rebels Scoff," *The New York Times*, May 4, 2017, https://www.nytimes.com/2017/05/04/world/middleeast/russia-iran-turkey-syria-de-escalation-zones.html?smpr&_r=0.

原来的主权国家将不得不面临碎片化的结局。应该承认，分裂主义并不能真正解决发展问题，无法带来长期有效的和平。2011年南苏丹共和国从苏丹共和国独立，获得联合国会员国资格，但经历了过渡六年的国家建设，其境内却仍然冲突不断。仅在2016年，南苏丹就有472人因恐怖袭击而丧生，是世界上最不和平的国家之一。① 同年，恐怖主义对苏丹经济的影响占到GDP的9%，是世界范围恐怖主义对国家经济影响第三严重的国家，仅排在伊拉克和阿富汗之后。②

二 中东安全形势

2017年对中东地区具有转折性意义的重大事件层出不穷：6月，沙特萨勒曼国王任命新王储并随之展开一系列新政，巴勒斯坦的法塔赫和哈马斯达成和解协议，沙特联合其他海湾国家宣布因卡塔尔"支持恐怖主义"而同卡塔尔断交、"伊斯兰国"组织在多国反恐力量联合打击下丧失曾经控制的绝大多数领土和居民继而走向覆灭；8月，特朗普签署制裁伊朗革命卫队的法案并威胁退出伊朗核协议；伊拉克库尔德斯坦自治区9月突然举行独立公投，黎巴嫩总理哈里里被迫辞职；年底，特朗普突然宣布将搬迁美国驻以大使馆；等等。尽管新出现的事件在不断改变着之后的应对政策，但是中东安全问题的顽疾，恐怖主义、内战、巴以问题、教派争端、大国干预在2017年都没有消失，比如美国介入耶路撒冷地位争议，美国对伊核协议的再审核，等等，都只是在中东安全传统困局的具体内涵和表现形式上呈现一定的摇摆。

---

① Institute for Economics & Peace, "Global Peace Index 2017," *Institute for Economics & Peace*, June 2017, p. 12, http：//visionofhumanity.org/app/uploads/2017/06/GPI17 - Report.pdf.

② Ibid., pp. 16, 81.

（一）传统的持续

从历史回顾的角度看，2017年中东安全形势与两大值得纪念的历史文件的签署息息相关：一份是后殖民遗产、中东问题的根源之一，1916年秘密签订、1917年被披露公开的《赛克斯—皮科协定》；另一份则是1917年英国支持以色列建国的《贝尔福宣言》。100年过去了，中东安全仍然承受着瓜分政治遗存和犹太复国主义的危害。

首先，重提《赛克斯—皮科协定》不仅因为今天中东的不稳定、国家之间征战不断、分离主义难以消除始终都与英法100年前粗鄙确定的非自然边界有关，也是因为2017年逐渐严峻的库尔德问题也可纳入《赛克斯—皮科协定》的解释范畴。1916年，并不专业的中东专家英国外交官马克·赛克斯（Mark Sykes）和法国外交官弗朗索瓦·乔治·皮科（François Georges – Picot）为了确保协约国在一战中的胜利地位，更为了瓦解奥斯曼帝国，而把中东瓜分到英法控制之下。《赛克斯—皮科协定》所划定的边界代表的是典型的殖民意志，是为当时的霸权国战后利益服务的，而并不是依据民族意志划定民族国家边界。其中，库尔德人并没有被视为单一民族，没有国土，相反他们被归入土耳其、伊拉克、叙利亚和伊朗，并在四个国家的交会地带以不同国家国民的身份持续生活至今。

其次，2017年是英国政府表示赞成犹太人在巴勒斯坦建立民族之家（national home）的《贝尔福宣言》发表100周年，以色列举行了系列百年纪念活动。1917年，同情犹太复国主义的英国外相亚瑟·詹姆斯·贝尔福（Arthur Balfour）致函英国犹太银行家、英国犹太复国主义者联盟副主席莱昂内尔·沃尔特·罗斯柴尔德（Lionel Walter Rothschild），表态英王陛下政府支持犹太人恢复家园。即便因以色列建国而冲突不断、阿拉伯世界抗议活动不止的环境下，英国方面还是认可《贝尔福宣言》为值得骄傲的外交成就，积极庆祝《贝尔福宣言》百年，并拒绝巴勒斯坦政府所要求的公开道歉。①

2017年另一件与阿以问题有关的纪念活动是第三次中东战争50周年。1967年6月，以色列国防军通过战争彻底占领耶路撒冷，扭转了中东局势，阿拉伯国家不得不接受以色列作为国家的事实存在。战后以色列在加沙和约旦河西岸不断修建犹太人定居点，还修建了多个检查站，控制巴勒斯坦地区的人员和货物流动。定居点的修建和检查站不断地制造着人道主义危机，阻碍着巴方的经济发展（见表3），也阻挠着国际人道救援组织的相关工作。

（二）中东安全新局面

2017年，中东恐怖主义最大的变化在于"伊斯兰国"组织彻底式微。2017年12月9日，伊拉克总理阿巴迪宣布伊拉克政府军已经收复"伊斯兰国"组织在伊拉克控制的所有领土，伊拉克政府取得打击"伊斯兰国"组织的历史性胜利。"伊斯兰国"组织作为一个"国家"，或者更准确地说"准国家"②已经不复存在，组织的成员和追随者逐渐回流或者外溢到周边国家和地区，"伊斯兰国"组织下一步很可能发展为类似现在衰落的"基地"组织一样，分散在全球各个角落，偶尔发动恐怖袭击，或者"独狼"行动的控制力不强的伞形跨国恐怖组织。

恐怖主义的袭击形式包括纵火、伏击、绑架、斩首、劫机、汽车炸弹，等等。从恐怖主义类型看，2017年中东恐怖主义事件袭击类型没有很大的变化。与前几年一样，以汽车炸弹、自杀性袭击

---

① Lizzie Dearden, "UK Refuses to Apologise to Palestinians for Balfour Declaration and Says It is 'Proud of Role in Creating Israel'," *Independent*, April 26, 2017, https://www.independent.co.uk/news/world/middle-east/palestinian-authority-uk-balfour-declaration-israel-sue-israel-zionism-refuse-apologise-lawsuit-a7702866.html.

② 章远：《"伊斯兰国"："准主权"与地区安全》，《国际安全研究》2016年第6期，第47页。

表 3 与以色列定居点有关的伤亡或者财产损失事件

	2012年 全年	2013年 全年	2014年 全年	2015年 全年	2016年 全年	2017年 1月	2月	3月	4月	5月	6月	7月	8月	9月
导致巴勒斯坦人伤亡的事件数（件）	100	92	107	97	30	6	11	7	6	9	1	6	2	1
导致巴勒斯坦人财产损失或者破坏土地的事件数（件）	269	305	217	130	68	7	8	15	7	9	10	4	6	5
影响巴勒斯坦方的事件数合计（件）	369	397	324	227	98	13	19	12	13	18	11	10	8	6
导致以色列人死亡的事件数（件）	36	39	87	91	49	1	6	6	8	10	2	5	0	1
导致以色列人财产损失或者破坏土地的事件数（件）	14	12	134	106	63	28	31	27	15	20	7	7	8	8

资料来源：United Nations Mine Action.

和枪击为最常见袭击方式。随着"伊斯兰国"组织的全面收缩，2017年，中东国家发生恐怖主义事件的总数量比2016年有所减少。但从频次来看，恐怖事件发生比较频繁的国家并没有变化，高频次国家仍然是伊拉克、叙利亚和土耳其。唯一恐袭事件增长变化比较明显的是埃及（见表4）。2017年11月24日，埃及北西奈省清真寺发生了严重的恐怖袭击事件。40余名恐怖分子在苏菲派拉瓦达（Rawdah）清真寺周五大礼拜时间段内引爆寺外炸药，又向奔逃的民众开枪，造成310人丧生。① 西奈半岛被认为将是下一个国际反恐的重点战场。

表4 恐怖主义事件频率

国家	2015年事件数（件）	2015年百分比（%）	2016年事件数（件）	2016年百分比（%）	2017年事件数（件）（截至8月）	2017年百分比（%）
阿尔及利亚	—	—	2	0.23	5	0.98
巴林	1	0.78	2	0.23	6	1.17
埃及	19	14.84	49	5.54	60	11.72
伊朗	—	—	2	0.23	5	0.98
伊拉克	41	32.03	535	60.45	258	50.39
以色列	23	17.97	18	2.03	16	3.13
约旦	—	—	4	0.45	2	0.39
科威特	1	0.78	1	0.11	—	—
黎巴嫩	3	2.34	7	0.79	2	0.39
沙特	8	6.25	10	1.13	14	2.73
叙利亚	8	6.26	108	12.20	64	12.50
突尼斯	5	3.01	5	0.56	5	0.98

---

① Nawal Sayed, "Egypt's Mufti Performs Friday Prayers at Rawdah Mosque," *Egypt Today*, December 1, 2017, http://www.egypttoday.com/Article/1/34941/Egypt% E2% 80% 99s – Mufti – performs – Friday – prayers – at – Rawdah – mosque.

续表

国家	2015年事件数（件）	2015年百分比（%）	2016年事件数（件）	2016年百分比（%）	2017年事件数（件）（截至8月）	2017年百分比（%）
土耳其	9	7.03	103	11.64	51	9.96
也门	10	7.81	39	4.41	24	4.69
总计	**128**	**100**	**885**	**100**	**512**	**100**

资料来源：WHO.

在巴以冲突领域，按照以色列方面的统计，2017年死于巴勒斯坦暴力和恐怖主义的以色列人比上一年数字还有所下降，可以排到2000年以来年度伤亡最少的第三位（见表5）。①

表5　2000—2017年巴勒斯坦暴力和恐怖主义导致的以色列遇难者

年份	人数（人）	百分比（%）
2000	43	3.24
2001	208	15.69
2002	457	34.46
2003	214	16.14
2004	124	9.35
2005	56	4.22
2006	29	2.19
2007	13	0.98
2008	36	2.71

---

① Israel Ministry of Foreign Affairs, "In Memory of the Victims of Palestinian Violence and Terrorism in Israel," *Israel Ministry of Foreign Affairs*, November 30, 2017, http://mfa.gov.il/MFA/ForeignPolicy/Terrorism/Victims/Pages/In%20Memory%20of%20the%20Victims%20of%20Palestinian%20Violence%20a.aspx.

续表

年份	人数（人）	百分比（%）
2009	8	0.60
2010	12	0.9
2011	23	1.73
2012	15	1.13
2013	6	0.45
2014	25	1.89
2015	30	2.26
2016	15	1.13
2017	12	0.90
总计	1 326	100

资料来源：Israel Ministry of Foreign Affairs.

2017年，中东冲突的烈度和内涵的变化更明显地体现在内战和有组织的暴力领域。即便叙利亚内战走向明朗化，政府军已经控制了绝大部分领土，但美国仍然希望通过扶植库尔德武装继续干预叙利亚政局。2017年，利比亚因暴力事件而造成433人死亡，[①] 接下来利比亚将迎来总统和议会选举，但持续恶化的安全局势和林立的党派将为国家的未来增加不确定性。也门的内战更具代理人战争色彩，背后是伊朗和沙特对地缘政治地位的争夺。随着也门前总统萨利赫被胡塞武装击毙，外界认为也门也将走向国家分裂的结局。这其中可能出现的变化因素是伊朗的国家实力，如果国际社会加强对伊朗的经济制裁，或者伊朗的国内政局继续变化，伊朗将可能无法继续向"代理人"提供足够的、持续的经济和军事援助，代理人战争可能无法继续。

美国总统特朗普上任后，美国的中东政策与奥巴马政府时期有

---

① 韩晓明：《利比亚安全局势持续恶化》，《人民日报》2018年1月25日，第22版。

了明显的转向。特朗普以收缩为调整的主基调，2017年的政策变化更多停留在外交试探层面。比如特朗普宣布美国在耶路撒冷地位的新立场。在伊朗核问题上，特朗普政府认为伊朗不可能履行伊核协议，不断威胁退出伊核协议，但是中国、欧盟、俄罗斯都坚持伊核协议的有效性。

（三）关键转折性事件

中东地区2017年最大的转折性事件是从上半年开始的"伊斯兰国"以之前分析没有预料到的速度迅速溃败。"伊斯兰国"曾经控制的数十万平方千米领土和数百万人员丧失殆尽，同时丧失的还有一度危及各国的极端主义政治号召力和宗教吸引力。数月之内连续失去重镇摩苏尔和拉卡的"伊斯兰国"组织，运用媒体招募能力也大幅下降，相比于2015年的每周200余次下降到每周不到20次发布。"伊斯兰国"威胁消除之后，带动了库尔德问题的彰显。因为参与打击"伊斯兰国"而取得更多国际认同的库尔德人开始争取谋求更多的政治利益和地位。但9月伊拉克库尔德自治区的独立公投似乎还是走得太快，从公投后欧美模糊的表态来看，西方国家还没有把战后迅速建立一个新的民族国家纳入议事日程。

2017年度中东地区发生的另一个转折性事件是沙特新政。沙特新王储主持新政以来，对内推出一系列社会改革措施，对外也发生策略上的变化。这些面向沙特国内的新政举措中最受赞誉的是给予沙特女性更多社会活动空间、客观上提高了沙特女性政治地位的那些措施。此外，王储主持的新政也积极推动沙特国内反腐，一定程度上为王储将来继任扫清了可能的反对势力。2017年沙特新政中对外政策的重大转折是沙特以卡塔尔支持恐怖主义为理由，联合海合会国家以及一些其他盟友国家与卡塔尔断交。卡塔尔断交事件事实上印证了目前在中东地区内，沙特和伊朗两个地区大国对立的政治态势。沙特新王储上任之后，改革了一系列沙特固有的政策，其中给予女性更多的社会活动空间的改革举措受到了广泛赞誉。国内反腐也为将来王储继任扫清了国内政治障碍。

美国的中东政策转向，尤其是特朗普上台后的中东政策变化值得进一步关注。以2017年1月的"禁穆令"为开端，特朗普当政伊始就显现出与美国前几届政府执政方式的很大不同。按照皮尤公司的统计，随着"禁穆令"以及相关中东政策的出台，美国接收的基督教难民比例逐月上升，仅到4月就已经开始超过穆斯林难民，而之前，穆斯林难民占一半左右。在中东政策上，特朗普更看重与沙特和以色列的关系。特朗普首次访问中东就同时访问沙特和以色列，足见其对中东这两个大国之间的重视。分析者怀疑，特朗普重新挑起的耶路撒冷迁馆问题是美国试图推动中东回到类似里根时期中东"美国治下的和平"的努力。

三　中东安全局势变动的后果

中东安全局势变动的后果首先是恐怖主义、暴力、冲突外溢带来的人口移动的问题，这其中既包含难民问题，也包含回迁问题和恐怖分子流向其他国家以及极端主义者的"圣战"迁移问题。

新崛起的分裂势力库尔德人、卡塔尔外交危机、海合会分裂、哈里里辞职背后的沙特和伊朗集团对抗，种种变化的背后都是中东后续仍然要面对的外交难题。沙特新王储对内负责实现沙特2030年愿景、积极通过反腐打击国内潜在政治威胁，稳定国内政局，但海合会内部却因沙特主导的卡塔尔断交事件而遭遇前所未有的分裂危机。沙特指责卡塔尔支持伊朗和巴勒斯坦伊斯兰抵抗运动。

中东代理人战争的意识形态根源是宗教主义的教派之争。中东是宗教多元化程度相当低的地区。[①] 失败的文化地位会渴望从外部

---

① Pew Research Center, "Global Religious Diversity," *Pew Research Center*, April 4, 2014, http://www.pewforum.org/2014/04/04/global-religious-diversity/.

寻求心理认同，获得认同整合后的归属感。尽管在全中东范围来看，什叶派穆斯林总人数比逊尼派穆斯林少得多，但在伊拉克和巴林，什叶派穆斯林也占国家人口中的多数。甚至在逊尼派人口比例最高的中东国家之一沙特，同样生活着规模可观的什叶派群体。①当然，从社会待遇角度而言，逊尼派占主体的国家内的什叶派群体往往自认为受到歧视且对生活状况不满意。

利用断交危机，伊朗积极推动与卡塔尔的友好关系，中东地区内部的联盟力量处在重组和产生变化进程之中。类似的联盟危机也发生在土耳其与其他北约国家之间。土耳其因库尔德问题而与美国和北约产生隔阂，继而与俄罗斯和伊朗形成更多共识。2017年下半年，伊拉克库尔德自治区的独立势力认为，一方面叙利亚因为内战而政治力量衰落、"伊斯兰国"走向覆灭也无暇顾及库区的政治活动；另一方面反"伊斯兰国"战争以来美国一直支持库尔德人武装，而土耳其政府既要面临国内经济发展不尽如人意而产生的民怨，也要应对国外对埃尔多安政府的不满。因此库尔德人独立建国的时机已经成熟，继而积极推动实现独立公投。但是，库区自治政府没有预料到的是，本来被寄予厚望的西方支持并没有到来，更致命的是伊拉克政府迅速反击，政府军队夺回了库区的经济重镇和石油命脉基尔库克。

未来和平治理的努力方向主要由三个部分组成：其一，需要重视政治制度对稳定的影响。政党军事化、政党与伊斯兰的密切关系、集权、不发达的公民社会引发的社会不满会冲击国家的统治基础。其二，要重视中东各国的族群复杂性。在中东，同时存在着跨国思潮，包括泛阿拉伯主义、泛伊斯兰主义、泛突厥主义，而民族主义在2017年随着全球民粹主义的复兴，有可能再次对现有民族

---

① 皮尤调研的统计标准是计算逊尼派占主体，同时什叶派人数超过一百万的国家，比如土耳其、也门、叙利亚、黎巴嫩等。Pew Research Center's Forum on Religion & Public Life, "Mapping the Global Muslim Population," Pew Research Center, October 7, 2009, http://www.pewforum.org/2009/10/07/mapping-the-global-muslim-population/.

国家、世俗国家、部族掀起新一轮的挑战。其三，要重视经济结构调整，战争对国家经济的破坏效应是显而易见的，未来的经济结构调整应涉及调整政府的军事开支，控制反叛军和反叛组织的资金来源。

四 中东安全治理困境

安全问题的影响和治理困境最基础的是经济治理。经济安全对提升安全水平至关重要。伊朗的经济制裁、苏丹的经济制裁的取消都极大地推进了国家经济水平进步。经济治理水平是国家治理的核心构成部分。内战、恐怖主义和有组织的暴力往往发生在国家治理能力不足的国家和地区。

在联合反恐治理方面，从共同打击"伊斯兰国"经验来看，联合军事打击共同反恐是有效的。技术上的反恐合作甚至可以突破阿拉伯国家和以色列的龃龉。沙特与以色列设在美国和欧洲的离岸公司进行贸易往来，合作的行业领域涉及基建、农业甚至军工业和互联网安全。类似的情况还发生在阿联酋。阿布扎比雇用以色列背景的安保公司，提供通过人脸识别数据读写等技术手段进行恐怖主义分子筛选和捕捉技术服务，为阿联酋人流密集的交通枢纽提供安保。[①] 但是技术上的反恐合作，却可能因为太过密切的信息共享，而造成沙特不得不与以色列继续维持合作关系，从而进一步弱化了阿拉伯国家作为一个集体向以色列争取巴勒斯坦利益的能力。2017年，美国、沙特和以色列在诸多中东政治问题上明显走近，被视为"事实联盟"。尤其是伊核问题，将来对伊核协议的执行和废除都将涉及这个不是联盟的联盟——遏制伊朗的以色列与逊尼派联盟。

在地区主导权争夺方面，也门胡塞武装向利雅得国际机场和阿

---

① 刘怡：《单边主义归来：特朗普的耶路撒冷棋局》，《三联生活周刊》2017年第51期，第90页。

联酋一座核电站发射"火山"型弹道导弹。胡塞武装仍控制着首都萨那等重要城市和北部省份。代理人战争的未来还是充满不确定。

大国博弈将继续在中东上演。2017年12月11日，普京在叙利亚赫迈米姆空军基地宣布俄罗斯开始从叙利亚撤军。但同时俄罗斯在叙利亚有军事基地、有能源利益，也一直在扩建驻叙利亚军事基地。美国积极寻找伊朗违反联合国安理会第2231号决议的证据，不愿意放弃利用伊核问题，以便继续在中东树立敌人，设置打击对手。

随着2017年10月法塔赫和哈马斯的和解，哈马斯撤出加沙。事实上，2017年大部分时间，分析家都乐观地认为，巴以矛盾已经让位于伊斯兰内部教派纷争和伊朗与沙特以及土耳其等国家争夺地区政治军事地位的争斗。然而，突发的变数出现在特朗普于2017年12月6日宣布承认耶路撒冷为以色列首都，继而指示国务院依照《耶路撒冷使馆法案》启动美国大使馆从特拉维夫迁往耶路撒冷计划。伊斯兰合作组织12月13日宣布承认东耶路撒冷为巴勒斯坦国首都。巴以问题将在未来重新回到中东安全的关键政治议题上来。并且，事实上，尽管哈马斯和法塔赫达成和解，但是并没有解决巴勒斯坦的政治领导权归属问题，也没有就武装的控制权达成一致，巴勒斯坦内部也并没有真正实现权力有效集中。

叙利亚内战的日内瓦和谈几乎没有进展、也门前总统萨利赫的遇刺身亡、利比亚武装割据的局面仍然没有破局的力量，叙利亚仍然无序。相比于苏丹逐渐平稳的政局，南苏丹政府和反政府两派的尖锐对立和矛盾给南苏丹的未来增加了不稳定的变数。"战后"的重建还任重道远。

"伊斯兰国"组织在代尔祖尔省和幼发拉底省仍然有一定的军事力量残存，"伊斯兰国"组织成员逐渐转移到周边地带，支线组织继续活跃。"基地组织""支持阵线"等恐怖主义继续在中东持续存在，并且积极拓展着组织活动领地。以埃及西奈半岛恐怖主义袭击事件为代表，恐怖分子回流、就地"圣战"都为未来安全治理增加难度。

　　稳定是经济增长、产业转型、国家治理水平提升所必需的政治环境。中国企业在中东的投资需要稳定的国家和地区环境。一方面，2017年在中东，中国企业从电子通信到零售商贸投资了诸多领域，且以295亿美元投资，占据地区投资总额的31.9%的优势成为中东地区最重要的投资者；① 另一方面，中国"一带一路"倡议在中东的推进将有助于地区经济发展，而民生水平的提高也将为地区稳定提供保障。

　　（章远，上海外国语大学中东研究所研究员；Zhang Yuan, Senior Research Fellow, The Middle East Studies Institute, Shanghai Internationel Studies University）

---

① 韩晓明：《一带一路为中东国家带来发展机遇》，《人民日报》2017年8月5日，第3版。

非洲地区安全状况及安全治理

安春英　周瑾艳

【内容提要】 基于非洲政治治理失序、经济增长低迷、贫困等社会问题的积弊,以及"伊斯兰国"恐怖主义扩散等因素,2017年非洲安全形势严峻,体现在选举暴力、海盗袭扰、族群冲突、内战、恐怖袭击、饥饿、传染病肆虐等方面。鉴此,在联合国、欧美国家等国际社会的支持下,非盟及次区域组织主导并开展了对非安全防务合作,取得了一定成效,但也面临资金与能力不足问题。预计2018年非洲仍面临"逢选易乱"问题,欧美对非安全援助减力则会加大非洲和平与安全问题的治理难度。加之,"伊斯兰国"武装人员回流非洲,非洲反恐形势将更加严峻。

近几年,从地区安全角度看,非洲热点安全问题爆发的烈度、范围都有收缩。但不容否认的是,从全球角度看,非洲仍是世界上动荡地区之一。2016年,非洲是全球各区域冲突事件最多的区域(19次),亚洲(15次)紧随其后。[①] 至2017年,非洲地区的暴力冲突仍然持续。澳大利亚经济与和平研究所发布的《2017年全球和平指数报告》数据显示,在全球163个国家中,非洲有6个国家位居2017年世界最不安全国家前十国之列,分别是南苏丹(第160位)、索马里(第158位)、利比亚(第157位)、苏丹(第155位)、中非共和国(第155位)和刚果(金)(第153位)。[②]

[①] *SIPRI Yearbook 2017*, https://www.sipri.org/yearbook/2017.
[②] The Institute for Economics and Peaces, *Global Peace Index 2017*, 2017, pp. 18 – 19.

一 非洲地区的安全形势及其特点

随着全球化的迅速发展、非洲国家政治治理失序以及非国家角色影响的上升,非洲地区的安全威胁体现为传统安全与非传统安全问题双向度的交织,2017年非洲安全形势严峻。

第一,大选带来的安全风险整体趋于减少,但非洲国家仍频发"逢选易乱"现象。2017年,安哥拉、冈比亚、莱索托、索马里(包括索马里兰)、刚果(布)、利比里亚、肯尼亚、塞内加尔、卢旺达、突尼斯和阿尔及利亚11个非洲国家(刚果民主共和国总统选举再度被推迟)举行了总统或国民议会选举。上述国家虽最终实现了政权和平交替,但一些国家仍存在由大选引发的程度不一的暴力冲突。在肯尼亚,该国因选举争议,在2017年8月以来多地紧张局势持续,出现局部骚乱。根据肯尼亚全国人权委员会公布的报告,8月9日至15日选举后的政治骚乱中,有37人死亡、126人受伤;① 在10月26日重启的第二次总统大选中,至少有14人死亡和多人受伤。② 在刚果(金),因现任总统约瑟夫·卡比拉谋求第三任期,反政府武装由此制造的国内骚乱不止,从南北基伍两省蔓延至坦噶尼喀省、开赛三省和中刚果省,甚至伴随着武装冲突。2017年5月至6月,在国内武装分子的配合下,刚果(金)发生数起越狱事件,有5 000多名囚犯越狱。③ 上述选后暴力事件仍属低烈度冲突,国内安全局势能够得到有效控制。

第二,恐袭安全威胁持续存在,尤以伊斯兰宗教极端组织暴恐

---

① "37 Died in Post – poll Chaos – KNCHR Report," http://www.nation.co.ke/news/Death – toll – of – Kenya – post – election – violence – 2017/1056 – 4131688 – w6fc91/index.html.

② "Uhuru Kenyatta is Declared Winner of Kenya's Repeat Election," https://www.nytimes.com/2017/10/30/world/africa/kenya – election – kenyatta – odinga.html.

③ http://www.nbd.com.cn/articles/2017 – 06 – 12/1116135.html.

活动为甚。从图 1 可以看出，恐怖主义袭击在全球分布并不均匀，北非和撒哈拉以南非洲地区是恐袭事件多发地域。伊斯兰马格里布基地组织、"伊斯兰国"利比亚分支、西非尼日利亚"博科圣地"、东非索马里"青年党"等伊斯兰极端宗教组织是非洲暴恐事件的主要袭击发动者。2017 年，非洲主要有 4 个地区遭受恐怖主义威胁，分别是北非地区、非洲之角地区、大湖地区以及萨赫勒地区。① 从武装冲突地点与事件数据项目（ACLED）获悉，2017 年在尼日利亚涉及"博科圣地"的各类武装冲突事件为 433 次，而在索马里与"青年党"有关的冲突事件则高达 1 033 次，② 给相关国家带来了极大的安全风险。仅 2017 年 6 月 8 日，尼日利亚北部城市的袭击事件就造成至少 14 人死亡。2017 年 10 月，索马里"青年党"在该国首都摩加迪沙发动汽车炸弹袭击，导致 231 人死亡、275 人受伤。③ 值得注意的是，除了非洲本土宗教极端组织以外，来自"伊斯兰国"的暴恐袭击已向北非地区扩散，并进一步向萨赫勒地区渗透。2017 年 11 月 24 日，持有"伊斯兰国"旗帜的恐怖分子向埃及西奈半岛的清真寺发动袭击，造成 305 人死亡、128 人受伤的惨痛结果。④ 正是基于对恐怖主义袭击扩散的担心，马里政府宣布国内安全紧急状态由原来的 6 个月（2017 年 4 月 1 日至 10 月 31 日）继续延长 1 年（至 2018 年 10 月 31 日）。由此可见宗教极端主义与恐怖主义相聚合而产生的暴恐事件对非洲国家安全带来的严重负面影响。

第三，索马里海域和几内亚海域海盗活动猖獗，威胁地区稳定。在全球五大海盗高危海域（索马里、几内亚湾、孟加拉湾、马

---

① *SIPRI Yearbook 2017*, https：//www. sipri. org/yearbook/2017.
② 数据由对外经贸大学国际关系学院大数据国际关系研究中心提供。
③ 《索马里首都汽车炸弹袭击 已致 231 人死亡》，新浪网，2017 年 10 月 15 日，http：//news. sina. com. cn/o/2017 – 10 – 15/doc – ifymuukv2137810. shtml.
④ 《埃及发生严重恐怖袭击至少 305 人死亡》，凤凰网，2017 年 11 月 26 日，http：//news. ifeng. com/a/20171126/53586768_0. shtml.

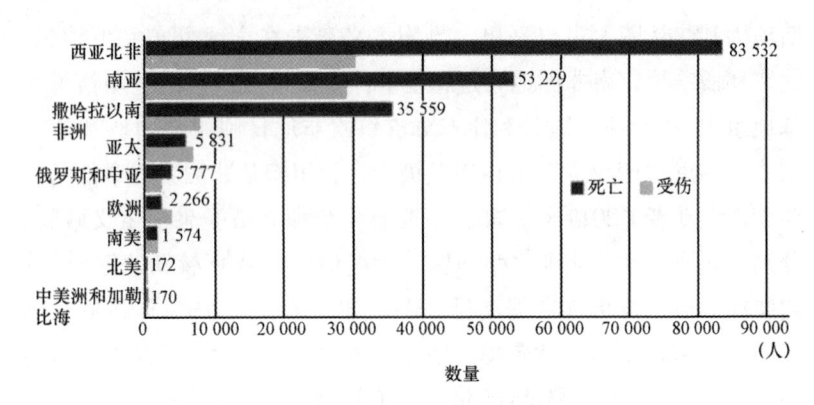

```
西亚北非                                                        83 532
南亚                              53 229
撒哈拉以南非洲              35 559
亚太          5 831
俄罗斯和中亚   5 777
欧洲       2 266
南美       1 574
北美       172
中美洲和加勒比海  170
      0   10 000  20 000  30 000  40 000  50 000  60 000  70 000  80 000  90 000
                              数量                                          (人)
```

图 1　2002—2016 年全球遭受恐袭伤亡人数

资料来源：The Institute for Economics and Peaces, *Global Terrorism Index 2017*, 2017, p. 19.

六甲、亚丁湾）中，索马里海盗和几内亚湾海盗甚为活跃。从案发数量看，基于国际社会与非洲国家对索马里海盗的持续强力打击，该地区的海盗袭击案件呈下降趋势（见表1），但在2017年出现再度活跃状况，仅在2017年3月，索马里周边就发生了6起海盗袭击案件，其中5起得逞。① 而在非洲大陆的另一端大西洋海域几内亚湾，从2013年起已超过索马里周边海域，成为非洲第一大海盗犯罪高发区。2016年，几内亚湾西非海域海盗袭击商船案件95起，远远高于2015年的31起，其中2/3的袭击案件发生在尼日利亚海域附近。② 2017年以来，在多方集中打击之下，该海域海盗袭击案件有所下降，1—9月为37起，其中在全球7起海盗事件中，被劫持的49名船员中有39名在尼日利亚海域被劫持。③ 2017年12月，

---

① Jason Patinkin, "Somalia's Pirates Are Back in Business," *Foreign Policy*, April 9, 2017, http：//foreignpolicy. com/2017/04/09/somalias - pirates - are - back - in - business.

② Oceans Beyond Piracy, "State of Maritime Piracy 2016," http：//oceansbeyondpiracy. org/reports/sop/east - africa.

③ https：//icc - ccs. org/index. php/1237 - 4 - takeaways - from - the - imb - s - latest - global - piracy - report.

尼日利亚海岸又发生 3 起海盗袭击事件。12 月 14 日，有 6 名海盗乘坐小船袭击了一艘正在布拉斯南部海岸运输中的散货船，造成十多名机组人员失踪。① 无论是海上劫掠，还是袭击海上油气设施，抑或绑架人质，海盗的犯罪活动给国际航运人员和财产造成巨大损失，也严重威胁国际海运安全环境，并间接拉高了国际海运成本。以应对索马里海盗的经济成本为例，海运商船总支出从 2015 年的 13 亿美元增加到 2016 年的 17 亿美元。② 这一总额包括航运营运商为增加保险、劳工、武装警卫和其他保护措施支付的费用，以及支付赎金和海军的部署费用。更令人担忧的是，海盗可能向极端主义恐怖分子走私武器。

表 1　2010—2017 年索马里和几内亚湾海盗犯罪情况

年份 区域	2010	2011	2012	2013	2014	2015	2016	2017
索马里海盗犯罪案件总数	219	237	75	15	11	0	1	9
几内亚湾海盗犯罪案件总数	40	53	62	52	41	31	39	36
世界海盗犯罪案件总数	445	439	297	264	245	246	191	180

资料来源："IMB Piracy and Armed Robbery Against Ships: Annual Report (2010 – 2017)," https://icc – ccs. org/index. php/1237 – 4 – takeaways – from – the – imb – s – latest – global – piracy – report.

第四，族群冲突和反政府武装滋扰成为社会矛盾的显性表现。基于大多数非洲国家存在弱政府、强社会的情况，加之部族传统力量的影响，族群冲突和反政府武装犯罪活动对国家政治与社会稳定造成负面冲击。于 2011 年建国的南苏丹，自 2013 年年底开始，总

---

① "Live Piracy & Armed Robbery Report 2017," https://icc – ccs. org/piracy – reporting – centre/live – piracy – report.

② Oceans Beyond Piracy, "State of Maritime Piracy 2016," http://oceansbeyondpiracy. org/reports/sop/east – africa.

统基尔和前副总统马沙尔之间的权力纷争演变为该国两大部族——努尔人和丁卡人之间全国范围的武装冲突，双方虽于 2017 年 12 月 21 日签署了停火协议，但双方冲突给该国造成了严重的人道主义灾难。据联合国统计，2014—2016 年南苏丹内战至少造成 5 万人死亡，① 约 200 万人在本国流离失所，近 200 万人成为邻国难民。2017 年 7 月，约有 600 万南苏丹人处于严重的饥荒状态。② 在埃塞俄比亚，2016 年 10 月至 2017 年 8 月，该国实行了为期 10 个月的国家紧急状态，这主要归因于奥罗莫族（占总人口 40%）和阿姆哈拉族（占总人口 30%）因对提格雷人（占总人口 8%）施政不满引发的多起抗议示威或冲突事件。紧急状态解除后，埃塞俄比亚国内部分地区局势持续动荡，族群冲突、宗教冲突、利益之争与民众反政府情绪等因素交织，地方性、零散性抗议示威和低烈度安全冲突事件频发。2017 年 8 月初，奥罗莫族人与索马里族人准军事组织 Liyu Police 间因土地纠纷宿怨暴力冲突频发且持续数周，双方各有大量人员伤亡。11 月以来，埃塞俄比亚西北部阿姆哈拉州首府巴赫达尔地区，手雷袭击（未遂）事件有所增多。③ 此外，活跃在尼日尔三角洲地区的反政府武装组织"尼日尔三角洲复仇者"（NDA），因对政府石油收益分配不满，于 2017 年 11 月宣布取消与中央政府签订的停火协议，继续以袭扰尼日尔三角洲地区输油管道、袭击陆路与水路安全人员、绑架包括外籍人士在内的石油工人等方式造成当地油气产区的不安全。④

第五，为躲避战乱或冲突，战争难民规模居高不下。据联全国难民署统计，截至 2017 年 6 月 30 日，来自非洲的难民占全球难民

---

① "U. N. Official Says at Least 50，000 Dead in South Sudan War，" *Reuters*, https：// www. reuters. com/article/us – southsudan – unrest – un/u – n – official – says – at – least – 50000 – dead – in – south – sudan – war – idUSKCN0W503Q.

② USAID，"South Sudan Complex Emergency Fact Sheet #9，" July 10, 2017, https：// www. usaid. gov/crisis/south – sudan/fy17/fs09.

③ http：//www. jccief. org. cn/v – 1 – 9985. aspx.

④ http：//obor. sh – itc. net/article/zhengcenew/wjhbnew/201711/1439254_1. html.

总数的 30%（见图 2）。

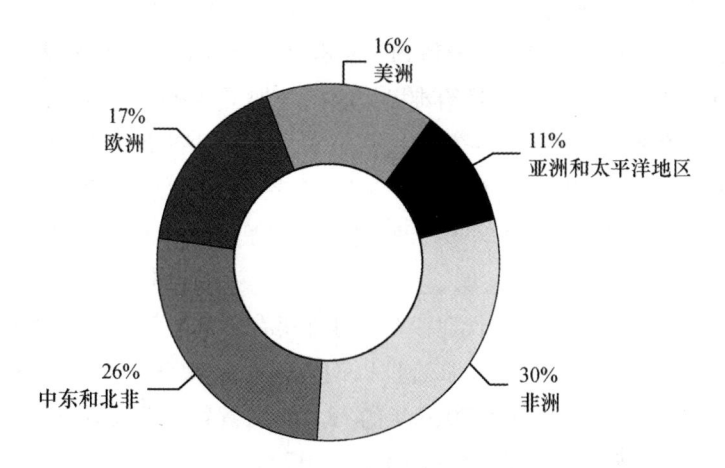

图 2 全球难民来源分布（截至 2017 年 6 月 30 日）

资料来源：http：//www.unhcr.org/figures-at-a-glance.html.

由于战乱与冲突引发的动荡是非洲难民问题的直接原因，因此非洲的难民以战争难民为主要类型，且难民来源与非洲动荡国家分布相重合，即主要分布在南苏丹、苏丹、刚果（金）、索马里、尼日利亚、中非共和国和厄立特里亚等国，其流向主要是本国非冲突地区及周边邻国。其中，受南苏丹内战影响，该国难民数量 2017 年仅次于叙利亚和阿富汗，居世界第三位。截至 2017 年 11 月 30 日，该国共有难民 281 642 人，与 2016 年 14 万难民数量相比，人数激增了一倍，向苏丹、乌干达、埃塞俄比亚等邻国避难。① 在刚果（金），自 2017 年 1 月起，该国持续的国内冲突导致 170 万人流离失所，大量难民逃往安哥拉、赞比亚和其他邻国。② 截至 2017 年 10 月 31 日，刚果（金）滞留了 526 543 名本国难民，另有 622 362

---

① UNHCR，http：//data.unhcr.org/SouthSudan/regional.php#_ga=2.192058536.325320199.1513982761-2062442514.1513982761.

② UNHCR，http：//www.unhcr.org/dr-congo-emergency.html.

名难民逃往邻国。① 在尼日利亚,"博科圣地"的暴力冲突导致230万民众在乍得湖盆地流离失所,其中54.5万民众逃往喀麦隆、乍得和尼日尔。② 非洲难民群体的大量存在,不仅冲击了难民来源国的社会秩序与稳定,而且给难民接收国增加了经济与社会负担,加剧了社会不稳定因素,一些难民甚至成为武装组织招募新兵的重要来源。

第六,政局不稳和旱涝自然灾害加剧了非洲粮食不安全情势。粮食安全是国家经济发展、社会稳定和国家自立的基础。但在非洲,粮食供需短缺问题长期存在,且近年有恶化趋势。据联合国粮农组织统计(见图3),撒哈拉以南非洲地区粮食不足发生率从2015年的20.8%上升到2016年的22.7%(营养不良人口2.24亿,占全球营养不良人口总数的25%)。2017年,社会动荡与自然灾害导致这一地区粮食不安全状况进一步持续与恶化。联合国粮农组织2017年12月发布的《作物前景与粮食形势》报告指出,2017年全球急需粮食援助的国家有37个,其中29个在非洲。在索马里、南苏丹和尼日利亚北部,有300多万人处于饥饿状态。而在埃塞俄比亚、中非共和国、刚果(金),饥饿现象也很普遍。例如,在埃塞俄比亚,受干旱或洪涝不利天气条件的影响,农作物收获大量减产,该国粮食供应不足人口达850万人。③ 当下,非洲国家的粮食不安全状况给国家稳定带来严重负面影响。

第七,疟疾、艾滋病、结核病等常见传染病尚未得到有效遏制,更为烈性的埃博拉、鼠疫、霍乱等传染病又在非洲部分国家肆虐横行。非洲一直是世界上传染病高发区,2016年,全球艾滋病

---

① UNHCR, "DRC Operational update," http://reporting.unhcr.org/sites/default/files/UNHCR%20DRC%20Operational%20Update%20-%2015NOV17.pdf, p. 1.

② UNHCR, http://www.unhcr.org/nigeria-emergency.html.

③ 《粮农组织:全球粮食供应充足 但冲突和干旱使饥饿加剧》,http://www.fao.org/news/story/zh/item/1071699/icode.

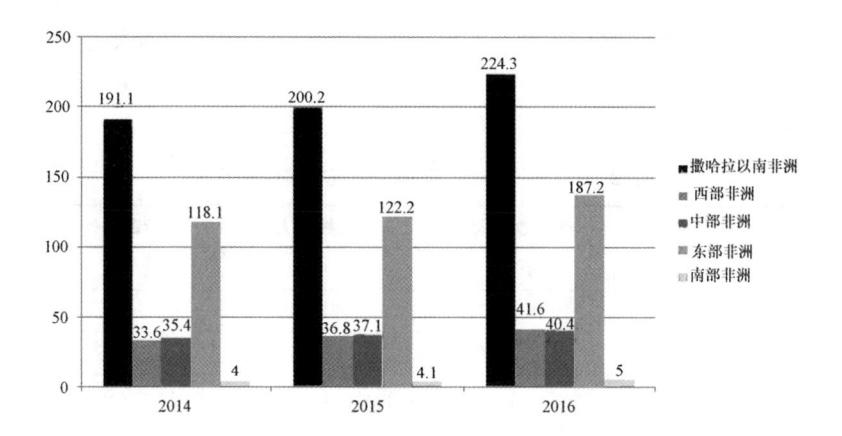

图3 撒哈拉以南非洲及次地区粮食不足人口数量（单位：百万）

资料来源：FAO, 2017 Africa Regional Overview of Food Security and Nutrition, Accra, 2017, p.6.

毒携带者约 3 670 万人，其中非洲有 2 560 万人（约占总数的 70%）。① 不仅如此，在西非的几内亚、利比里亚和塞拉利昂三国又突发了埃博拉疫情，该病案病死率在 25%—67%，2014—2016 年已造成了 1.13 万人的死亡（见表 2）。2017 年 5 月 11 日，刚果（金）北部利卡提地区（Likati）地区亦出现了埃博拉疫情，已造成 4 人死亡。此外，2017 年 8 月 1 日至 11 月 22 日，马达加斯加发生了史无前例的肺鼠疫疫情，且传播范围和迅速较快，共出现 2 348 个病例，其中有 202 人死亡。② 赞比亚自 2017 年 10 月以首都卢萨卡市为主要疫区，突发霍乱疫情，并已向中央省和铜带省等多个省市和地区扩展。截至 2018 年 1 月 9 日，全国累计病例 2 802 例，共造成 65 人死亡，该国最大的公立大学赞比亚大学在 2018 年 1 月 5 日因霍乱疫情暂时关闭。③ 这些传染病直接威胁当地民众的身体健

---

① http：//www.who.int/hiv/data/en.
② 《世卫组织：马达加斯加的瘟疫正在减缓 但必须维持应对力度》，http：//www.un.org/chinese/News/story.asp?NewsID=29132.
③ 《赞比亚大学因霍乱疫情关闭》，http：//www.xinhuanet.com/2018-01/06/c_1122220576.htm.

康和生命安全，直接关系到发展与稳定大局，需要非洲国家有效预防与控制。

表2 2014—2016年西非三国埃博拉疫情状况

国家	病例数（人）	死亡数（人）	病死率（%）
塞拉利昂	14 124	3 956	28
利比里亚	10 675	4 809	45
几内亚	3 811	2 543	67

注：病例数和死亡数包括疑似、可能和确诊的埃博拉病毒病病例。
资料来源：世界卫生组织2017年6月报道，http://www.who.int/mediacentre/factsheets/fs103/zh。

总体来看，2017年非洲地区的安全问题呈现以下四个特点：其一，多样性，即非洲国家的安全问题涉及国内战争、族群冲突、恐怖主义、疾病蔓延、跨国犯罪等多个方面；其二，长期性，逢选易乱、海盗袭击、饥饿等情势并非2017年突发事件，而是长期问题的延续；其三，跨国性，全球化与地区化突破了原有民族与国家"安全场域"的地区性局限，宗教极端主义暴恐活动、反政府武装犯罪活动、难民流动等不仅对非洲当事构成安全威胁，而且还对他国的国家安全造成不同程度的危害；其四，互动性，即安全问题诸方面存在一定的交织，如海盗活动与反政府武装相勾连，国内政治动荡与邻国宗教极端主义活动部分重叠，非法移民与粮食安全问题密切相关，等等。

二 非洲安全问题的症结

非洲安全形势持续严峻，主要基于以下几方面致因：

第一，政治治理失序。从20世纪60年代至今，虽然非洲国家已经走过50多年的国家发展历程，但基于殖民统治遗痕，大多数国家政权建设仍面临部落政治、地方主义对中央政府的挑战。总体看，当下非洲统一的民族国家构建尚未完成，民族国家建构与国家治理同步进行，也就是说，非洲国家大多是没有内在凝聚力的弱政府，加之该地区特有的传统部族政治的影响以及当政者治国理政经验的不成熟，使该地区国家安全问题丛生。在政治领域，众多非洲国家存在赢者通吃政治思维和部族政治情况。南苏丹内战是因权力分配不均而引发的以副总统马沙尔为首的来自南苏丹的第二大部族努尔人的强大武装力量，攻击以基尔总统为代表的南苏丹最大的部族丁卡族军队；2016—2017年，刚果（金）游行示威活动频发，是由小卡比拉在连续执政16年后又继续谋求连任总统引起的；始自2016年10月为期8个月的埃塞俄比亚全国紧急状态，导火索是政府对奥罗莫州（其居民主要是该国主体民族奥罗莫族）征地，却折射出奥罗莫族和阿姆哈拉族因对提格雷人施政不公而产生的积弊与宿怨；发生在2017年11月的津巴布韦大规模街头"倒穆"政治运动，表面上是津巴布韦执政党津民盟内部的"宫斗"，实际上反映的是当政者穆加贝恋权、"家天下情怀"（国家是我的，权力是我们家的）、权力失去监督与制约的政治治理情势。

第二，经济增长低迷加剧了社会不稳定因素。非洲国家总体属外向型经济特征，因此受近年全球经济低增速的影响，2016年和2017年非洲经济一改近20年中高速强劲增长态势，增长率分别只有1.7%和3.2%。① 首先，国家经济困境使政府财政收支状况恶化，政府会相应减少社会发展支出，并无力为国民提供所需安全保障。例如，2017年非洲最不安全国家南苏丹，2016年和2017年经济持续负增长（分别为-13.8%和-6.3%）②，而面对在战争中挣扎的占全国总人口的40%急需粮食救助的饥饿国民，政府无财政实力进口粮食，只能依靠外部国际援助。其次，经济增长的疲软，意

---

① United Nations, *World Economic Situation and Prospects*, New York, 2017, p. 3.
② IMF, *Regional Economic Outlook: Sub-Saharan Africa*, October 2017, p. 80.

味着国内经济各部门生产活力降低,失业群体扩大,尤其是青年失业增多对国内社会稳定造成更大威胁。据国际劳工组织统计,2017年北非和撒哈拉以南非洲地区青年失业人口分别为360万人和1 200万人,失业率分别为28.8%和11.1%(见表3)。这些失业群体无疑处于经济边缘化的态势,他们遂采用正常经济活动以外的谋生手段增加个人收入。例如,在非洲甚为猖獗的索马里海盗和几内亚湾海盗,他们的主要活动方式是袭击海上油气设施、劫掠船只、绑架人质等,追求经济利益系海盗的主要犯罪目标。由此,近年非洲国家欠佳的经济发展状况使之成为社会不稳定的"震荡源"之一。

表3 2016—2017年全球部分地区青年失业状况比较

项目 地区	失业率(%)		失业人数(百万)	
	2016年	2017年	2016年	2017年
北非	29.0	28.8	3.7	3.6
撒哈拉以南非洲	11.0	11.1	11.5	12.0
东亚	10.4	10.4	10.9	10.5
东南亚和太平洋地区	11.7	12.0	7.0	7.2
南亚	10.9	10.9	13.8	13.9
东欧	17.0	15.2	1.9	1.6
中亚和西亚	16.9	17.5	2.1	2.2
拉美和加勒比地区	18.7	19.6	10.3	10.7
世界	13.0	13.1	70.7	70.9

资料来源:International Labor Organization, *Global Employment Trends for Youth* 2017: *Paths to a Better Work in Future*, Geneva, 2017, p.17.

第三,贫困等社会问题的积弊易引发人们对生活现状的不满情绪,为极端宗教组织的滋生与发展提供了土壤。尽管近些年非洲国家在减贫方面付出了诸多努力并取得了一定成就,但按日均生活费不足 1.9 美元的国际新贫困线标准,撒哈拉以南非洲仍然成为世界上贫困人口最多(3.47 亿人)、贫困发生率(35.2%)最高的地区,其中刚果(金)和尼日利亚贫困人口比例分别为 77.2% 和 53.3%。① 不发达国家在经济发展的初级阶段腐败现象往往较为严重。根据"透明国际"发布的《2017 年世界廉洁指数排名》,非洲的索马里、南苏丹、苏丹、利比亚、几内亚比绍五国位居全球 176 个国家中的后十位(其中索马里排名垫底)。② 非洲国家社会生活中的腐败问题主要表现为:权力持有者利用其掌握的权力资源,大量侵吞国家财产或寻租,维系政治庇护人与被庇护人之间的裙带关系,谋求私利。对于国家权力滥用情势,反观自身窘迫的生活状况,很多民众产生了失望、焦虑乃至愤懑之情,一些人加入反政府的组织,包括"博科圣地""青年党""伊斯兰国"北非分支等宗教极端组织,通过暴恐事件发泄对政府不满情绪,引发社会动乱。

第四,"伊斯兰国"外部恐怖组织向非洲扩散,与非洲本土宗教极端组织相勾连,形成恶性互动态势。当 2014 年 6 月"伊斯兰国"宣布建立"哈里发国"后,"博科圣地""血盟旅"和索马里"青年党"等非洲宗教极端组织都先后宣誓效忠"伊斯兰国",伊斯兰马格里布基地组织内部阿尔及利亚中部的分支"安萨尔营"(Al Ansar Battalion)的部分成员也加入"伊斯兰国",由此非洲本土极端组织成员在活动经费、行动方式、成员训练等方面得到"伊斯兰国"的支持与帮助。而 2017 年以来,在国际社会合力围剿之下,"伊斯兰国"逐渐丧失在伊拉克和叙利亚的立足之地,其中北非地区经历阿拉伯剧变后政治震荡的利比亚和埃及成为"伊斯兰国"成员的扩散之地。2017 年 10 月 26 日,"伊斯兰国"武装分子

---

① AFDB, "Indicators on Gender, Poverty, the Environment and Progress toward the Sustainable Development Goals in African Countries 2017," http://www.afdb.org/statistics.

② https://www.transparency.org/news/feature/corruption_perceptions_index_2016#table.

在利比亚东部城市艾季达比耶袭击东部武装力量"国民军"的一个检查站，11月24日对埃及西奈省阿里什市一座苏菲派清真寺发动的严重恐怖袭击事件，分别由"伊斯兰国"利比亚分支和"伊斯兰国西奈省"的"耶路撒冷支持者"所为。此次埃及暴恐事件造成235人死亡、130多人受伤的严重后果。

非洲安全形势持续趋紧，既有国内因素，又有国际因素。其中，内生性、长期性因素占主导。在现代社会中，良好的政治治理是社会稳定的前提条件，包容性经济增长是社会动荡的减振器。为此，非洲国家需要在此方面持续努力，努力营造和谐发展的社会环境。

三 非洲地区的安全治理与防务合作

从非洲地区的安全治理参与方来看，可分为以下三个维度：

第一，从国家维度看，其参与非洲地区的安全治理具有两个突出特点。首先，依据国内安全情势，凭借相对强大的经济和军事实力以及相对先进的武器装备和专业经验，埃塞俄比亚、埃及、塞内加尔、尼日利亚等国在维系地区安全及国际对非安全合作中起着引领作用（见表4）。非洲大陆是联合国维和任务的主要区域，非洲国家作为其中的当事方亦深度参与国际组织在各任务区的维和行动。据联合国统计，2017年11月，全世界派出维和人员最多的20个国家中，有14个是非洲国家，包括埃塞俄比亚（8 387人）、卢旺达（6 490人）、埃及（3 267人）、塞内加尔（3 210人）、坦桑尼亚（2 690人）等国，其中埃塞俄比亚是全球派出联合国维和人员最多的国家。① 其次，非洲国家的军事开支总体呈下降趋势，难以满足维稳的现实需要。非洲国家的军事开支数额与国家经济状况

---

① UN, "Summary of Troop Contributing Countries by Ranking," https://peacekeeping. un. org/sites/default/files/ranking_0. pdf.

和政府财政能力密切相关。在 2014 年以前,非洲国家实现连续 11 年的军事开支增长,而从 2015 年起,非洲经济增势走低,大多数国家不得不下调军事支出。2016 年,非洲的军事开支为 379 亿美元,比 2015 年减少了 1.3%,占全球军事总开支的比例仅为 2.2%。① 在非洲动荡之地南苏丹,该国 2016 年军事开支总额为 5.25 亿美元,较 2015 年下降了 54%。在 2017 年非洲经济增长持续处于低位的情况下,非洲军事开支仍会继续下行态势,这与非洲作为世界上最为动荡的地区之一的处境是不相符的。

表 4 派出联合国维和人员最多的 20 个国家(截至 2017 年年底)

排位	国家	维和人员数量	排位	国家	维和人员数量
1	埃塞俄比亚	8 387	11	加纳	2 685
2	孟加拉国	7 240	12	中国	2 651
3	印度	6 700	13	布基纳法索	2 055
4	卢旺达	6 490	14	摩洛哥	1 609
5	巴基斯坦	6 256	15	多哥	1 432
6	尼泊尔	5 353	16	乍得	1 423
7	埃及	3 267	17	南非	1 218
8	塞内加尔	3 210	18	喀麦隆	1 133
9	印度尼西亚	2 695	19	赞比亚	1 128
10	坦桑尼亚	2 690	20	尼日尔	1 087

资料来源:UN, "Summary of Troop Contributing Countries By Ranking," https://peacekeeping.un.org/sites/default/files/ranking_0.pdf.

第二,从地区维度看,自主和平行动已成为应对非洲大陆危机的重要手段,非盟和次区域组织在安全领域的分工合作进入深度磨合阶段。"2020 年枪声沉寂计划"是非盟"2063 年议程"的重要

---

① "SIPRI Military Expenditure Database," https://www.sipri.org/databases/milex.

支柱之一，其核心是非洲和平与安全架构（APSA）。非盟的战略文件《非洲和平与安全架构路线图2016—2020》为非盟和地区组织、地区机制设立了五大战略优先领域：冲突预防，危机管理（包括非洲常备军和斡旋），冲突后重建及和平建设，战略安全事务（例如，轻小武器扩散、打击恐怖主义和跨国犯罪），协调与联合国、欧盟和其他区域经济体和区域机制的伙伴关系。非盟不仅主导与统筹非洲的危机应对与维和行动，如组织部署多国在索马里的安全保卫行动（现有2.2万名多国维和士兵），而且还力推非洲热点冲突问题的解决，如在2017年8月非盟解决冲突特别首脑会议上，讨论了索马里局势、苏丹达尔富尔问题、大湖地区安全局势等问题。政府间发展组织（Intergovernmental Authority on Development，IGAD，简称"伊加特"）参与了南苏丹内战的斡旋，于2017年12月倡导召开了"重振南苏丹和平协议高级别论坛"，南苏丹冲突各方和其他国内利益攸关方、伊加特成员国和国际伙伴方代表等共200余人与会。论坛最终签署南苏丹《停止敌对状态、保护平民和人道准入协议》。而非洲另一区域组织——西非国家经济共同体当面对冈比亚选举危机时，塞内加尔、尼日利亚、加纳、多哥和马里五国组成西共体待命部队，于2017年1月19日出兵冈比亚，再加上斡旋调停谈判，最终维护了冈比亚大选结果及促成该国政治危机的和平解决。

第三，从域外国际组织与大国维度看，联合国、欧盟、美国、法国等各方仍在介入非洲安全事务。从"安全—发展"的关系视角，美国和法国偏好用军事手段解决非洲安全问题，欧盟、英国和德国则更注重冲突预防、和平建设等长期路径，强调从源头解决非洲的冲突问题。具体而言，截至2017年10月，联合国在非洲开展的维和行动包括联合国西撒哈拉全民投票特派团（西撒特派团）、联合国利比里亚特派团（联利特派团）、联合国马里多层面综合稳定特派团（马里稳定团）、联合国中非共和国多层面综合稳定团（联中稳定团）、联合国组织刚果（金）稳定特派团（联刚稳定团)、非洲联盟—联合国达尔富尔法例行动（达尔富尔混合行动）、联合国阿卜耶伊临时安全部队（联阿安全部队）和联合国南苏丹特派团（南苏丹特派团）8项，共有9万多名人员在非洲各任务区执行调解、维和与建设和平等行动。①

欧盟是非洲重要的安全伙伴。非洲与欧洲是近邻，且欧盟是非洲最大的援助方。在和平与安全领域，欧盟应非洲的要求在2003年建立了非洲和平基金（APF）机制，用于支持非盟主导的和平行动与地区国家的可持续发展。截至2016年年底，该基金共拨付19亿欧元。② 2017年，欧盟非洲和平基金对非安全支持主要有如下三方面：一是支持非洲领导的和平支持行动（PSOs），包括非盟在索马里、几内亚比绍、南苏丹、大湖地区和中非共和国的维和行动，其中用于非盟驻索马里特派团（AMISOM）占比较大；二是支持非洲和平与安全架构（APSA）的运行，核心是配合非盟的和平与安全架构路线图（2016—2020），支持其自身安保能力建设；三是支持非洲地区早期反应机制（ERM）项下的各类倡议，通过斡旋、穿梭外交等在南苏丹、利比亚和布隆迪等国共支持了5项危机预防行动。在实践层面，2017年非盟在全球实施了16项军事和民事行动，其中9项在非洲（见表5）。民事行动支出由欧盟共同外交和安全政策（CFSP）资助，而军事行动则无法得到欧盟预算的支持，军事支出由欧盟成员国通过雅典娜机制（Athena – Mechanismus）分担。除军事和民事行动以外，在"发展—安全"观理念指导下，2017年年初，欧盟宣布设立总额为440亿欧元的非洲经济发展基金，以帮助非洲发展经济、消除风险，吸引更多外商投资，帮助非洲减少难民数量，避免更多难民涌入欧洲。③

---

① https://peacekeeping.un.org/en/where – we – operate.
② "African Peace Facility Annual Report 2016," http://www.africa – eu – partnership.org/sites/default/files/documents/apf_ar2016_en_v1_web.pdf, p. 5.
③ 《欧盟将启动440亿欧元基金用于非洲发展》，中国商务部网站，2017年2月25日，http://www.mofcom.gov.cn/article/i/jyjl/k/201702/20170202515035.shtml.

表5 2017年欧盟在非洲的军事和民事行动

军事行动		民事行动	
行动	授权	行动	授权
欧盟海军索马里护航任务（"阿塔兰塔"海上行动，2008— ）	打击索马里海域海盗，确保地区海上安全	欧盟对外行动署驻萨赫勒马里任务组（2014— ）	支持马里稳定、制度改革和权威重建
欧盟驻索马里军事培训团（2010— ）	强化索马里过渡政府与联邦政府机制；培训索马里军队	欧盟驻萨赫勒尼日尔任务组（2012— ）	提供培训指导，以强化当地安全能力
欧盟驻马里军事训练团（2013— ）	为马里武装力量提供军事培训和顾问	欧盟边境管理利比亚任务组（2013— ）	帮助利比亚政府发展和改善边境控制能力
欧盟驻中非共和国军事训练团（2016— ）	为防务部门改革作贡献	欧盟对外行动署驻索马里任务组（2012— ）	推进索马里（包括索马里兰）的海上民事法律的建立和培训执法能力
欧盟海军地中海任务组"索菲亚行动"（2015— ）	打击非法移民；训练利比亚海岸警卫队和海军；执行联合国武器禁运规定		

资料来源："The EU Strengthens Cooperation on Security and Defence," November 13, 2017, https://eeas.europa.eu/headquarters/headquarters-homepage/35285/eu-strengthens-cooperation-security-and-defence_en；张春：《大国对非洲合作态势的复杂转变》，《非洲发展报告（2016—2017）》，社会科学文献出版社2017年版，第220页。

美国是缴纳联合国会费最多的国家，承担联合国运营预算的

22%。美国还是联合国维和行动经费的最大贡献者,联合国每年维和行动预算的28%来自美国。值得注意的是,特朗普当选美国总统后,大力削减提供给联合国的会费。2017年7月,在美国的施压下,联合国决定将每年近80亿美元的维和预算减少6亿美元。[①] 削减联合国维和预算凸显特朗普对联合国和多边机制的不信任,更体现出美国希望以双边方式、军事手段直接介入非洲安全事务的理念。2017年10月4日,美国陆军特种部队在尼日尔进行联合巡逻时遭到埋伏袭击,造成3名美军士兵丧生。此次袭击发生后,美国同意提供600万美元支援萨赫勒非洲五国集团,支持五国联合部队(Joint Force G-5 Sahle)开展反恐行动,但美国拒绝批准以联合国名义施援。

总体来看,无论是来自非洲国家层面,还是非洲地区组织层面,抑或外部国际社会的支持及其合力采取的行动,有利于维护地区稳定,但同时也面临一些困境:

其一,资金短缺。安全合作资金是解决非洲和平问题从动议到行动的关键。从当下非洲各国及外部力量为非洲提供的和平与安全发展资金来看,远远不能满足实际需求。以2017年2月成立的萨赫勒五国集团联合部队为例,为打击萨赫勒地区恐怖主义袭击与反政府武装滋扰,采取首次行动的启动经费至少需要2.5亿欧元,如果军事行动全面铺开,则需要4.4亿欧元。但萨赫勒五国是全球最为贫困的地区,欧盟只许诺提供0.5亿欧元,美国承诺出资0.6亿美元,沙特确认出资1亿美元。[②] 尽管如此,资金缺口仍然较大。

其二,能力不足。如前所述,在国际对非安全防务合作中,非

[①] "Taking Credit for U. N. Budget Cut, Trump's Envoy Hints at More to Come," *The New York Times*, https://www.nytimes.com/2017/12/25/world/americas/trump-united-nations-budget.html.

[②] 《非洲积极应对反恐新形势》,网易,2017年12月19日,http://news.163.com/17/1219/03/D606DDJU00018AOP.html.

洲一体化组织未取得主导性地位。事实上，非盟、伊加特、西共体等地区组织虽力图实现"非洲人以非洲方式解决非洲问题"的目标，但由于上述地区组织在组建常备军、执行冲突管理任务、打击恐怖活动等行动中仍存在力不从心的问题，由此，非洲国家争取地区安全事务主导权的雄心与有限的财力和能力之间的差距为域外大国介入非洲安全事务提供了空间，造成自主与依附的矛盾。域外大国在介入非洲安全事务时都会附加政治条件，施加西方的价值观，实现自身的国家利益。例如，欧盟要求每一次非盟行动都要先提交欧盟委员会与欧盟政治与安全理事会的认可。如何在依靠外部支持和保持自身主导权和独立性的两难之间实现平衡，考验着非盟及非洲次区域组织。国家治理、地区治理、外部治理在非洲安全领域互推又互阻。

四 非洲安全形势发展趋势

如前所述，影响非洲不安全的原因以长期性、结构性因素为主，这些影响因子不会在短期内消失。基于此，今后非洲安全形势不容乐观。

第一，非洲国家依旧难以摆脱"逢选易乱"的痼疾。2018年，利比亚、埃及、马里、塞拉利昂、多哥、刚果（金）、津巴布韦、马达加斯加等18个非洲国家将举行总统选举。在上述国家中，多国政局不甚消停。例如，利比亚在卡扎菲政权被推翻后，经过6年多国家混乱状态，盘踞在拉法拉地区的利比亚民兵武装"利比亚黎明"虽受到利比亚民族团结政府军的打击，但其余部在的黎波里以南30千米处的阿齐齐亚市从事绑架、抢劫等犯罪活动。在依旧处于动荡、分裂的利比亚，2018年利比亚大选注定是不平静的。另外，2016年本应进行的刚果（金）大选，被刚果（金）选举委员会以技术原因为由宣布两次推迟，此举遭到反对派的强烈指责，并在2016年和2017年组织了数次游行示威活动，在与军警的冲突中造成数十人丧生。由此，刚果（金）选举危机会继续发酵，抗议和流血冲突或许难以避免。但从以往非洲国家大选引发的选举争议和后果看，选后暴力冲突的烈度在下降，国内安全局势仍可控。

第二，欧美对非安全援助缩水，加大非洲和平与安全问题的治理难度。尽管在非洲与外部力量进行安全治理中秉持"非洲人以非洲方式解决非洲问题"合作观，但囿于活动资金短缺，当下非洲的安全防务成效在很大程度上取决于欧美国家的安全援助力度。自全球金融危机发生及持续蔓延以来，欧美国家经济发展处于低潮，加之移民和难民问题正在动摇欧洲一体化的基础，当政者会把更多精力用于提振国内经济等国内问题，美国特朗普政府则更是大幅缩减对外援助支出，希望地区国家承担该地区的安全维系责任。具体而言，从非洲安全外部资金主要来源方欧盟情况看，2014—2016 年欧盟承诺的和平非洲基金援助额为 10.51 亿欧元，实际支付额为 7.42 亿欧元；而 2017—2018 年度该项资金的承诺额几乎减半，为 5.35 亿美元。[①] 值得注意的是，非洲发展基金在 2003 年成立时，欧盟条约严格禁止欧盟预算含有任何有"军事或国防"性质的运营支出。非洲发展基金的主要资金来源欧洲发展基金（EDF），并不属于欧盟预算的范畴，遵循例外的规则。近年来，关于将欧洲发展基金在 2020 年后纳入欧盟预算的争论将对非洲发展基金的未来产生影响，也为非洲和平支持行动的未来带来不确定性。

美国特朗普政府在单边主义、利己主义外交政策指导下，未将非洲列入美国对外安全合作的重点地区，且对非安全参与选择重点国别或领域。在 2017 年 12 月发布的美国《国家安全战略》报告中仅有少许字句谈及对非安全合作。而且，2017 年 12 月，美国因以色列耶路撒冷问题又提出删减提供给联合国 2018/2019 年度运营预

[①] "African Peace Facility Annual Report 2016," http://www.africa-eu-partnership.org/sites/default/files/documents/apf_ar2016_en_v1_web.pdf, pp. 10-11.

算 2.5 亿美元。① 而此前,非洲接受美国经济资助最多。由此,欧美国家对非援助释放的不利信息,不仅会减弱本已捉襟见肘的联合国驻非洲维和部队的行动能力,也不利于非盟的"非洲快速反应部队"建设,势必会影响涉及非洲热点冲突问题的应对。因此,西方国家对非洲的安全投入力度会有所减少,这对严重依赖外部力量来支撑安全资金流入的非洲国家和非洲地区、次地区组织来说,不能不说是一个负面因素。

第三,非洲本土恐怖组织暴恐活动受到遏制,但源自"伊斯兰国"及其在非洲分支成员的安全威胁上升。近年来,在非洲国家与国际社会的联手打击之下,肆虐在西非的暴恐组织"博科圣地"和东非的索马里"青年党"武装力量受到重创,破坏性影响有所降低。例如,尼日利亚、尼日尔、乍得、喀麦隆和贝宁西非五国已组建有 8 700 人的多国联合特遣部队,在其坚决打击下,五国已收复80%"博科圣地"占领地。虽然上述地区存在的暴恐袭击安全风险仍很大,但非洲本土的暴恐组织已经得到一定程度的有效整治。与此同时,北非地区安全风险却在上升。2017 年"伊斯兰国"在伊拉克、叙利亚相继溃败后,该组织部分武装(包括回流的本国人员)会向北非地区散去,以保持"伊斯兰国"在北非的势力。据报道,在叙利亚和伊拉克作战的"伊斯兰国"成员中,大约有 3 万人是外国武装分子,其中有 0.6 万人来自非洲。② 这些可能回流非洲大陆的"伊斯兰国"残余人员给非洲的反恐形势带来更多挑战。在利比亚,尽管"伊斯兰国"分支无力攻占大城市,但其残余力量则会在该国南部山区等地设立临时据点,择机发起反攻。在埃及,"伊斯兰国"利用西奈半岛复杂的民族、宗教关系及当地民众对政

---

① "Taking Credit for U. N. Budget Cut, Trump's Envoy Hints at More to Come," *New York Times*, https://www.nytimes.com/2017/12/25/world/americas/trump-united-nations-budget.html.

② 《非洲积极应对反恐新形势》,人民网,2017 年 12 月 19 日,http://world.people.com.cn/n1/2017/1219/c1002-29714551.html.

府的不满情绪,成为"伊斯兰国"成员新的栖身之处。更需注意的是,这股恐怖势力还有可能向苏丹、乍得、尼日尔渗透。由此,非洲反恐形势将更加严峻。

(安春英,中国社会科学院西亚非洲研究所《西亚非洲》编辑部主任、编审;周瑾艳,中国社会科学院西亚非洲研究所助理研究员;An Chunying, Senior Editor and Director of *West Asia and Africa*, Instifufe of West-Ksian and African Studies, Chinese Hcademy of Socool Sciences; Zhou Jinyan, Assistent Research Fellou, Institvte of West A-sian and African Shcdies, Chinese Academy of Social Sciences)

拉丁美洲地区安全局势：现状与展望

周志伟

【内容提要】 2017年，拉美地区安全环境呈现出复杂化的发展态势。受经济下行的影响，地区军费开支和武器进出口贸易明显回落，哥伦比亚和平进程得到持续改善。与此同时，社会暴力在拉美地区依然较为严重，而毒品问题成为重要诱因。政治选举引发部分国家社会形势局部动荡，尤其是委内瑞拉和洪都拉斯。受此影响，2017年拉美地区军事演习频繁，美国借此强化了在拉美的军事存在。2018年拉美地区安全形势会延续较为稳定的局面，主要影响要素并非源自传统安全威胁，而更多是源于地区政治经济环境的局部变化对安全形势的"外溢效益"，其中，政治选举依然是影响地区安全的重要因素，与此同时，拉美军费开支是否会因地区经济的回暖而上升，这也是非常值得关注的问题。

【关键词】 拉美安全；和平进程；社会暴力；政治生态；军事演习

2017年，由于政治生态变更、经济困境延续、社会矛盾加剧等因素，拉美地区安全环境呈现出复杂化的发展态势：一方面，哥伦比亚和平进程取得了新进展，长达半个世纪的内战局面宣告结束，有助于本地区的稳定和发展；另一方面，个别国家出现了一定规模的社会骚乱现象，特别是受委内瑞拉政治危机持续演变的影响，边境安全、难民问题成为南美洲地区安全的核心关切，相关国家为此强化了安全协调与合作的力度，以避免该国安全隐患向地区邻国外溢。尽管如此，当前的拉美地区安全主要体现在非传统安全领域，如何应对日益复杂的地区安全局势成为拉美国家面临的重要挑战。

一 2017年拉丁美洲地区安全局势

自2014年开始，拉美地区经济出现了连续两年的下滑，尤其是地区大国巴西的经济更是在2015年和2016年大幅滑坡，经济增速分别为-3.8%和-3.5%。2017年，尽管经济有小幅回升，但连续多年的经济低迷一方面使得拉美地区军费开支出现明显缩水的局面，另一方面则严重影响到各国社会政策的实施效力，从而导致社会矛盾的激化，公共治安问题重新成为拉美多国应对的核心要务。除此之外，2015年以来，政治力量博弈白热化成为拉美地区政治生态最突出的特征，受此影响，选举经常成为引发社会冲突和社会对抗的导火索，这一问题在委内瑞拉、洪都拉斯、厄瓜多尔体现得尤为明显。总体来看，2017年拉丁美洲地区安全局势呈现出以下主要特点：

第一，地区军费开支明显下降，小国军费支出占比居高位现象明显。

进入21世纪的头十年间，在大宗产品价格大幅上扬的带动下，拉美地区经济经历了长达十年的快速增长阶段。受此影响，拉美主要国家的军费开支曾呈现逐年攀升的局面，军事现代化、打击跨国犯罪成为当时拉美多国国防政府的核心目标。拉美地区军费总开支从2000年的470亿美元增至2013年的772亿美元，年均增幅约为2.8%。在这期间，巴西一直是拉美军费开支数额最大的国家，2000年约占拉美地区军费总开支的35%，2013年降至32%。但是，从2000—2013年年均增速来看，增速最快的为厄瓜多尔（24%），其他安第斯地区国家也呈现出较快的增长速度，哥伦比亚年均增长7.5%，玻利维亚年均增幅为6.7%，秘鲁年均增速约为

6.2%，智利年均增幅为4.8%。此外，墨西哥增幅也较显著，2000—2013年，军费开支年均增长率为6.2%。尽管巴西军费开支绝对数量远超本地区其他国家，但在此期间，年均增幅为3.9%，远不及上述拉美国家。

自2013年开始，拉美地区军费开支出现连续多年的回落，但是，从2017年开始总体表现出止跌回升的态势。2017年约为659亿美元，大致与2016年持平。军费开支下降幅度最大的是深陷政治经济危机之中的委内瑞拉，该国军费开支从2013年的15.97亿美元减少至2017年的4.65亿美元。墨西哥的军费开支在2015年达到峰值，约为70.71亿美元（约占GDP的0.7%），2016年和2017年，军费开支出现连续回落，2017年军费开支约为57.81亿美元（约占GDP的0.5%），较2015年减少了18.2%。在经历了2015—2016年连续两年经济衰退后，巴西的军费开支在2017年回升至292.83亿美元，较2016年增长6.5%，在全球军费开支排名中回升至第11位。另外，阿根廷和哥伦比亚在2017年的军费开支较2016年也分别增长了10.1%和6.7%。

以军费开支占GDP的比重来衡量，哥伦比亚在拉美地区排在首位，军费开支占其GDP的比重自1998年以来一直在3%以上，2009年甚至高达3.9%，2017年依然保持在3.2%的水平，甚至高出同年美国军费开支占比（3.1%），这种局面与哥伦比亚长期未得到妥善解决的国内和平进程存在直接关联。另外，古巴军费占GDP的比重一直也保持较高的水平，2009—2016年都超过了2%，2012年甚至攀升到3.9%，但是，2017年回落到2.9%的水平。此外，厄瓜多尔、乌拉圭、智利、洪都拉斯、玻利维亚等军费也保持着较高的GDP占比，2017年上述五国分别为2.4%、2.0%、1.9%、1.7%和1.5%。相反，巴西、阿根廷和墨西哥三个拉美大国的军费占比分别为1.4%、0.9%和0.5%。受经济严重衰退的影响，委内瑞拉的军费占GDP的比重回落非常明显，从2013年的1.7%降至2017年的0.5%（见表1）。

表1 2013—2017年拉美主要国家军费开支情况

单位：亿美元

国家	2013年	2014年	2015年	2016年	2017年	军费/GDP (2017)(%)
伯利兹	0.18	0.20	0.20	0.22	0.24	1.3
古巴	1.22	1.26	1.16	1.24	1.23	2.9
多米尼加	3.68	4.24	4.56	4.81	5.33	0.7
萨尔瓦多	2.42	2.36	2.52	2.50	2.61	1.1
危地马拉	3.08	2.89	2.87	3.14	2.75	0.4
洪都拉斯	3.00	3.01	3.50	3.65	3.98	1.7
牙买加	1.20	1.16	1.20	1.37	1.44	1.0
墨西哥	61.66	68.19	70.71	63.02	57.81	0.5
尼加拉瓜	0.73	0.79	0.97	0.84	0.87	0.6
特立尼达和多巴哥	2.33	1.96	2.00	2.17	2.03	1.0
阿根廷	49.76	51.48	50.98	49.60	54.60	0.9
玻利维亚	6.59	6.91	6.11	5.66	5.74	1.5
巴西	290.67	296.48	289.61	274.91	292.83	1.4
智利	48.83	49.70	49.57	51.21	53.70	1.9
哥伦比亚	96.05	94.73	95.22	93.88	100.18	3.2
厄瓜多尔	30.10	29.59	26.53	25.24	24.63	2.4
圭亚那	0.36	0.40	0.48	0.53	0.60	1.7
巴拉圭	3.33	3.52	3.86	3.60	3.48	0.9
秘鲁	31.14	30.85	34.40	26.95	26.66	1.2
乌拉圭	10.29	10.62	10.77	11.04	11.66	2.0
委内瑞拉	15.97	9.54	7.25	3.89	4.65	0.5

资料来源：SIPRI Military Expenditure Database.

第二，武器进出口贸易有所萎缩，美、俄为拉美地区武器进口的主要来源。

拉美国家国防工业相对比较薄弱，在全球武器进出口中基本都属于买方身份,但是巴西依然保持一定的武器出口能力。根据斯德哥尔摩国际和平研究所(SIPRI)的统计,巴西占全球武器出口的比重从 2008—2012 年的 0.3%降至 2013—2017 年的 0.2%,排名全球武器出口国的第 24 位。从武器出口目的地来看,阿富汗是巴西武器的第一大出口市场,约占其武器总出口的 32%,其次分别是印度尼西亚和安哥拉,所占比重分别为 31%和 9.3%。从武器进口来看,南美洲约占整个美洲地区(包含美国、加拿大)武器进口的 43%,但是,受经济下行、地区冲突减少等因素的影响,2013—2017 年南美洲武器进口较 2008—2012 年减少 38%。俄罗斯是南美地区最大的武器供应国(占 27%),其次分别是美国和法国,各占 15%和 9.8%。从武器进口的国别来看,在全球排名前 40 位武器进口国家中,拉美地区占到了 3 席,分别是委内瑞拉(第 25 位)、墨西哥(第 35 位)和巴西(第 37 位)。委内瑞拉是拉美最大的武器进口国,排名全球第 25 位,但是,石油价格大幅下跌使得该国在最近几年间的武器进口大幅缩水,该国占全球武器进口的比重从 2008—2012 年的 1.9%降至 2013—2017 年的 1.1%。2013—2017 年,委内瑞拉的进口武器主要来自俄罗斯(占 66%)、中国(占 23%)和乌克兰(占 9.5%);墨西哥排名第 35 位,占全球武器进口的比重从 2008—2012 年的 0.5%增至 2013—2017 年的 0.7%,原因主要在于墨西哥毒品暴力问题呈现加剧趋势,其武器主要进口渠道为美国(占 64%)、法国(占 9.9%)和荷兰(8.6%);巴西排名第 37 位,占全球武器进口的比重从 2008—2012 年的 1.0%减少至 2013—2017 年的 0.6%,其进口武器的主要卖方为法国(占 25%)、美国(19%)和德国(15%)。另外,值得注意的是,南美地区武器主要进口国哥伦比亚在 2012—2016 年的军购额较 2007—2011 年减少 19%,这主要与该国政府与"哥伦比亚革命武装力量"(FARC)之间的和平进程谈判获得重大突破存在重要的关系。①

第三，哥伦比亚和平进程持续向好。

"哥伦比亚革命武装力量"与哥伦比亚政府军的武装冲突一直是影响拉美（尤其是南美）地区安全的重要因素。2016年8月，冲突双方在哈瓦那宣布达成最终全面和平协议。2016年11月30日，哥伦比亚议会批准了该国政府与"哥伦比亚革命武装力量"达成的和平协定，至此，哥伦比亚长达半个世纪的内战宣告结束。同年，安理会通过决议，决定部署联合国哥伦比亚政治特派团，执行核查停火等任务。2017年2月7日，在总统胡安·曼努埃尔·桑托斯（Juan Manuel Santos）的推动下，哥伦比亚政府与该国第二大反政府武装"哥伦比亚民族解放军"（ELN）在厄瓜多尔首都基多举行和平对话启动仪式，谈判社会参与、受害者赔偿、彻底停火等内容，参与和谈的还包括厄瓜多尔、古巴、委内瑞拉、巴西、智利和挪威等曾积极参与斡旋的多国政府代表。4月25日，"哥伦比亚民族解放军"释放2名被绑架的人质。2017年6月27日，"哥伦比亚革命武装力量"已经完成上缴武器的第三阶段，正式解除武装，这成为哥伦比亚和平进程又一里程碑事件。2017年7月10日，联合国安理会成员一致投票通过第2366号决议，决定部署联合国哥伦比亚核查团，监督落实和平协定。2017年9月4日，哥伦比亚政府与"哥伦比亚民族解放军"双方代表在厄瓜多尔外交部长玛丽亚·费尔南达·埃斯皮诺萨见证下签署临时停火协议，有效期为102天，从2017年10月1日零时至2018年1月9日零时，在此期间双方停止一切敌对行动，而"哥伦比亚民族解放军"必须停止绑架、安置杀伤炸弹、攻击基础设施、招募未成年队员、攻击军队和国家警察等暴力行为。总体来看，哥伦比亚和平进程呈现出持续改善局面。

第四，社会暴力较为严重，毒品问题为重要诱因。

---

① SIPRI, "Trends in International Arms Transfers, 2017," March 2018, pp. 2–8.

拉美是世界上社会暴力问题最突出的地区,该地区占全球人口总数仅为8%,却占全世界因凶杀遇害总人数的37%,整个地区在2012年的凶杀率为十万分之23.9,远高于世界其他地区,如非洲、北美、亚洲和欧洲的凶杀比例分别为十万分之9.7、十万分之4.4、十万分之2.7和十万分之2.9。根据世界银行的统计,2013年,全球暴力最严重的10个国家中,拉美国家占8个,全球暴力问题最严重的50个城市中,拉美占42个,并且,排名全球最暴力的前16个城市都来自拉美地区。2005—2012年,拉美地区凶杀率年均增长3.7%,超过同期人口增长率(1.15%)。2012年,拉美地区凶杀受害人数为145 759人,日均受害人数为398.25人,平均每15分钟因暴力丧生4.15人。根据统计,拉美地区最安全的国家为智利,2013年该国凶杀率仅为十万分之2.74,而该地区凶杀率低于十万分之10的国家仅有10个,分别为智利、古巴、阿根廷、苏里南、秘鲁、巴巴多斯、乌拉圭、多米尼加、哥斯达黎加和巴拉圭(见图1)。根据预测,到2030年,拉美地区的凶杀率有可能进一步攀升至十万分之35。造成社会暴力居高不下的原因主要是该地区严重的贫富分化和青年失业问题,尽管在过去10多年间,拉美地区经济表现不错,但是贫富分化问题并未得到明显改观,全球贫富分化最严重的15个国家中,拉美地区就占到了10个。从青年失业问题来看,该地区15—24岁群体(约1.08亿)的失业率高达13%,是成年群体失业率的3倍。以巴西为例,男性失业率每增加1%,该国凶杀率将上升2.1%。① 另外,破案率低也是引发社会暴力的重要因素,在拉美地区,凶杀破案率仅为20%,远低于43%的世界平均水平。另外,根据世界卫生组织划定的标准,拉美有8个国家的凶杀率超过了"冲突级别"(十万分之30),其中,洪都拉斯在2009—2012年的凶杀率为十万分之91,位居全球"最危险国家"的首位。委内瑞拉(54)、伯

---

① Robert Muggah, Homicídios na América Latina: Sejamos Ambiciosos, *El País*, 30 de setembro, 2016.

利兹(45)、萨尔瓦多(41)等国的危险系数超过了非洲所有国家,其中包括身处内战的非洲国家。比如,2012年,莱索托和斯威士兰两国的凶杀率分别为十万分之38和十万分之33.8。[1]

在拉丁美洲,毒品问题是一个重要的暴力源头。拉美不仅是世界上主要的毒品产地,也是全球毒品消费的主要市场之一。该地区哥伦比亚、秘鲁、玻利维亚和巴西所在的安第斯山和亚马孙地区被称为全球毒品"银三角"产区,其中,秘鲁、哥伦比亚和玻利维亚三国的可卡因产量超过全球总量的98%。根据联合国的统计,拉美地区可卡因消费者占比(占人口总数的比重)约为1.5%,是世界平均水平(0.4%)的4倍。从国别来看,乌拉圭是拉美地区可卡因消费者占比(占全国人口总数比重)最高的国家,达到了1.8%,其次是巴西和智利,两国可卡因消费者占比分别为1.75%和1.73%。[2] 贩毒是拉美地区有组织跨国犯罪和暴力的重要源头,尤其是中美洲国家和墨西哥,作为将毒品从南美产区运往北美市场的核心通道,中美洲多数国家非常严重的暴力问题与跨国贩毒存在密切关联。以墨西哥为例,自2006年启动打击贩毒的"毒品战争"以来的11年间,约计有18.8万人因贩毒而丧生。[3] 为解决这一问题,美国一直保持着与拉美的紧密合作,比如与墨西哥开展的"梅里达计划",与哥伦比亚之间的"哥伦比亚计划",与萨尔瓦多、危地马拉、洪都拉斯开展的"中美洲北三角繁荣联盟计划",等等。近年来,俄罗斯也强化了与拉美国家在反毒领域的合作,2017年11月,俄罗斯在尼加拉瓜建立了一个警察训练中心,强化该国打击贩毒的能力,这也成为拉美国家实现国际合作方多元化的重要尝

---

[1] Chioda, Laura, *Stop the Violence in Latin America: A Look at Prevention from Cradle to Adulthood*, Latin American Development Forum, Washington, DC: World Bank, 2017, p. 1.

[2] Boris Miranda, Por que a América Latina é a região onde mais cresce o consumo de cocaína no mundo, *BBC Mundo*, 1 de junho, 2016.

[3] Alberto Nájar, Los mapas que muestran los radicales cambios de influencia territorial de los carteles del nacrotráfico em México, *BBC Mundo*, 11 de julio, 2017.

试,一定程度上降低了在反毒领域对美国的单向依赖。①

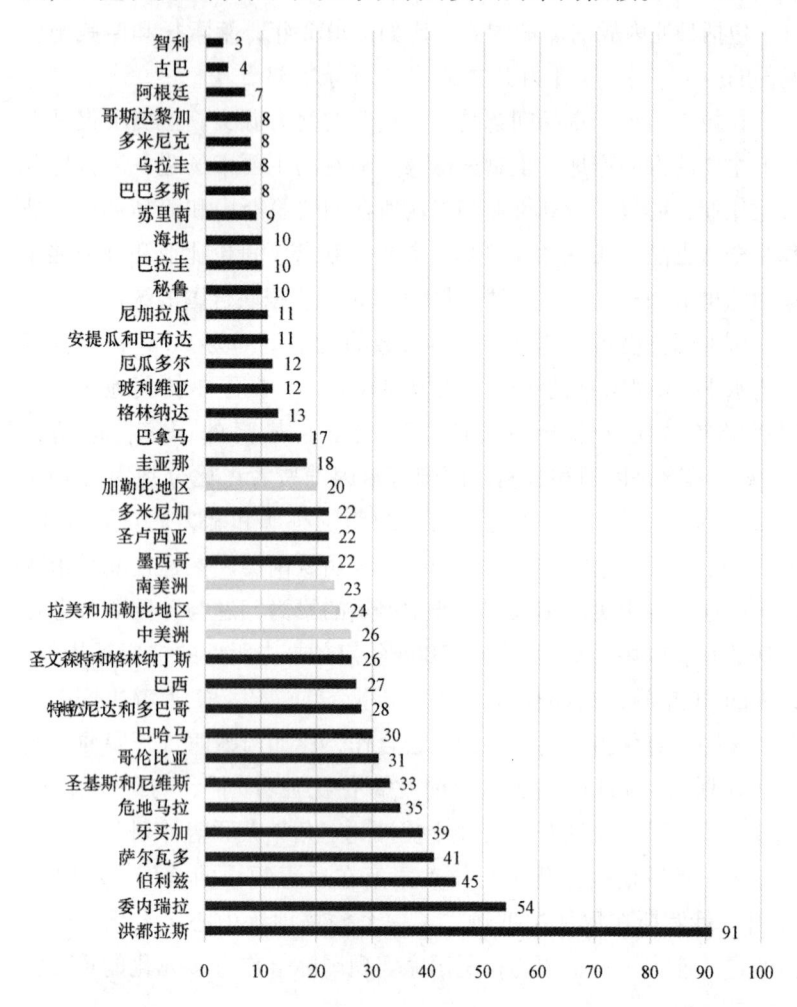

国家/地区	凶杀率
智利	3
古巴	4
阿根廷	7
哥斯达黎加	8
多米尼克	8
乌拉圭	8
巴巴多斯	8
苏里南	9
海地	10
巴拉圭	10
秘鲁	10
尼加拉瓜	11
安提瓜和巴布达	11
厄瓜多尔	12
玻利维亚	12
格林纳达	13
巴拿马	17
圭亚那	18
加勒比地区	20
多米尼加	22
圣卢西亚	22
墨西哥	22
南美洲	23
拉美和加勒比地区	24
中美洲	26
圣文森特和格林纳丁斯	26
巴西	27
特立尼达和多巴哥	28
巴哈马	30
哥伦比亚	31
圣基斯和尼维斯	33
危地马拉	35
牙买加	39
萨尔瓦多	41
伯利兹	45
委内瑞拉	54
洪都拉斯	91

图1 2009—2012年拉美地区及各国凶杀率(单位:十万分之一)

资料来源:World Bank, based on United Nations Office of Drugs and Crime (UNODC) data.

---

① https://br.sputniknews.com/americas/201711169848605-russia-america-latina-drogas/.

另外，监狱暴动也是拉美主要国家面临的重要挑战。2017年1月1日，巴西北部亚马孙州府玛瑙斯市的阿尼西奥·若宾（Anísio Jobim）监狱发生囚犯暴动，共造成56人死亡。1月6日，巴西北部罗赖马州博阿维斯塔市（Boa Vista）的蒙特克里斯托（Monte Cristo）监狱内发生帮派冲突，造成33名囚犯死亡。1月15日，在巴西北里奥格兰德州一所监狱发生暴动，共造成26人死亡。2017年2月，巴西圣埃斯皮里图州（Espírito Santo）发生长达21天的大规模军警罢工活动，整个州的治安陷入瘫痪状态，城市骚乱共导致199人死亡，数百家店铺遭盗窃哄抢，经济损失超过3亿雷亚尔。2017年前5个月，里约热内卢已有超过50辆公交车被贫民窟毒贩烧毁，造成经济损失超过2 200万雷亚尔。2017年7月，墨西哥格雷罗州阿卡普尔科市一所监狱发生暴动，造成至少28人丧生；10月，墨西哥北部一所监狱发生暴乱，造成13人死亡。监狱暴动频发的背后交织着多种因素，其一是狱内帮派争斗现象严重，尤其是贩毒集团。以巴西为例，根据巴西司法部2016年调查，巴西全国在押犯人主要来自25个帮派，其中12个帮派来自靠近"银三角"的北部和东北部地区。其二是监狱超员严重，据巴西国家监狱局（Depen）的核算，巴西全国在押犯约为72.75万，较全国监狱总容量超出33.6万。[①]

第五，政治选举引发部分国家社会形势局部动荡。

2017年，政治选举成为拉美部分国家激化社会矛盾的导火索。在委内瑞拉，自2015年年底反对派赢得议会控制权后，"府院之争"日趋加剧。2017年5月1日，委内瑞拉总统马杜罗宣布启动制宪大会重新制定宪法，自此开始，围绕制宪会议选举的合法性、参选人的代表性等问题，委内瑞拉反对派发起了声势浩大的抗议示威活动，国内局势迅速恶化。根据美联社的报道，制宪会议选举前的

[①] Nathalia Passarinho, ' Desleixo' de Estados com presídios ' beira o crime contra a humanidade', diz ministro da Justiça, *BBC Brasil*, 3 de janeiro, 2018.

4个月间,在反政府示威游行中丧生的人数超过了100人。① 另外,委内瑞拉局势的动荡使巴西、哥伦比亚、秘鲁等邻国面临棘手的难民问题。以巴西为例,根据巴西司法部的统计数据,2017年1—5月,巴西共收到8 231件委内瑞拉难民居留申请,而2016年全年总共收到的该国难民申请数量为3 375件。② 另外,洪都拉斯2017年大选也引发了该国局势的动荡。2017年11月26日,总统选举投票结束后,洪都拉斯最高选举委员会迟迟未公布最终投票结果,洪执政党国民党总统候选人、现总统胡安·埃尔南德斯(Juan Orlando Hernández)和其主要竞选对手萨尔瓦多·纳斯拉亚(Salvador Nasralla)均宣布自己获胜,随即引发了双方支持者持续多日的游行示威,甚至演变成暴力冲突,共造成10余人死亡。为避免局势升级,洪都拉斯政府于12月1日起在全国范围内启动为期10天的紧急状态。12月17日,最高选举委员会宣布最终投票结果,执政党候选人埃尔南德斯以42.95%得票率战胜反对党联盟候选人纳斯拉亚(得票率为41.42%),成功获得连任。就在大选结果刚刚宣布后,美洲国家组织主席路易斯·阿尔马格罗(Luis Almagro)表示,洪都拉斯总统大选的结果仍存在疑问,呼吁重新选举,反对党联盟候选人纳斯拉亚也表示,不会接受最高选举法院的最终结果。尽管如此,美国政府于12月22日宣布承认洪都拉斯选举结果,呼吁该国尽快结束暴力对抗。美国政府的立场非常耐人寻味,同年12月23日,在联合国大会关于耶路撒冷地位表决投票中,特朗普"承认耶路撒冷为以色列首都"的立场获得了洪都拉斯的支持,而在拉美33个国家中,仅有洪都拉斯和危地马拉支持特朗普的立场。

第六,军事演习频繁,美国强化了在拉美的军事存在。

---

① https://www.cbsnews.com/news/venezuela-unrest-death-toll-soars-past-100-protesters-nicolas-maduro/.

② https://br.sputniknews.com/brasil/201706168662675-pedidos-refugiados-roraima-mais-que-dobrou-2017./.

2017 年 6 月 20 日，巴西、哥伦比亚、秘鲁三国空军在亚马孙地区举行反恐军事演习（为期 5 天），目的是管控诸如矿产品非法开采、非法移民、人口贩卖、破坏环境、毒品和武器走私等威胁。2017 年 7 月 17—26 日，秘鲁主办了第 58 届美洲尤尼塔斯（UNITAS）演习。UNITAS 演习从 1960 年开始进行，是迄今为止举办的持续时间最长的年度多边海上军事演习。参与本届演习的国家多达 18 个，[①] 演习划分为两个部分，分别是"UNITAS 太平洋"和"UNITAS 两栖"。"UNITAS 太平洋"的演习科目包括：濒海作战、反海盗、海上拦截行动、打击跨国有组织犯罪、反潜作战、电子战、通信演练、防空与两栖行动。"UNITAS 两栖"的演习目标是，通过增强协同能力，提升各国参与联合两栖系统、维和行动、人道主义援助行动和救灾行动的能力，从而获得实践经验，发展出通用的作战条令与流程。[②] 2017 年 11 月 6—12 日，巴西、美国、哥伦比亚、秘鲁再次在亚马孙三国边境城市塔巴廷加（Tabatinga）、蕾蒂西亚（Leticia）和圣罗萨（Santa Rosa）举行代号为"美洲团结"（Operación América Unida）[③] 行动的联合军事演习，也是在该地区大量增加外国军事化的一个信号。此前，美国总统特朗普称委内瑞拉已陷入"危险的混乱"局面，美国在"应对"委内瑞拉局势方面有众多选择，不排除对委采取军事行动的可能性。而美国南方司令部司令科特·蒂德（Kurt Tidd）曾在美国国会表示"委内瑞拉日益严重的人道主义危机迫切需要一个地区性的应对"[④]，这体现出此次军演的主要目的在于应对委内瑞拉的国内危机。此次演习是建

---

① 美国、秘鲁、巴西、巴拉圭、阿根廷、澳大利亚、智利、哥伦比亚、多米尼加、厄瓜多尔、危地马拉、洪都拉斯、印度尼西亚、意大利、巴拿马、墨西哥、西班牙和英国。
② http：//www.southcom.mil/MEDIA/NEWS－ARTICLES/Article/1250542/unitas－2017－naval－exercise－begins－in－peru.
③ 该次军演另一代号为"2017 亚马孙日志"（Amazonlog 17）。
④ http：//www.southcom.mil/Media/Special－Coverage/2017－Posture－Statement－to－Congress.

立一个临时的多国后勤基地,以便进行控制非法移民、提供人道主义、开展和平行动、反对贩毒的行动和关注环境的行动。针对与美国的军事合作,巴西存在两种对立立场。持赞成态度的认为,此类合作能够深化巴西与美国的军事技术交流和军工贸易,而持反对意见的则认为,当前的做法脱离了过去10余年来南美地区防务一体化的趋势,与美国的军事接近是巴西当局"严重的背叛行为",可能造成巴西与其他邻国的隔阂。[①] 作为回应,委内瑞拉在2017年8月26—27日举行以美国为假想敌的军民联合军事演习,超90万人参加此次军演,其中20万人为武装力量。除军事演习以外,美国与拉美国家之间的军事交流在最近两年间也呈现出频繁的态势。2016年,哥伦比亚与北大西洋公约组织签署了一项合作协议,以便交换情报、战略,哥伦比亚陆军与该组织的一些成员国(其中有美国)签署了议定书。另外,阿根廷也于2016年宣布允许美国在其境内建立两个军事基地,一个在北部与巴拉圭和巴西交界的三角地带,另一个在最南部的乌斯怀亚。2017年5月24日,巴西与美国签署《主要信息交换协议》(*Master Information Exchange Agreement*),7月26日,巴美两国军方就43项商定行动达成共识,美国南方司令部代表称,"此举强化两军关系与互信,更重要的是,明确了如何通力协作应对本地区、本半球和全球潜在挑战"[②]。

二 2018年拉美安全态势展望

2018年拉美地区安全形势呈现出较为复杂的变化趋势,从经济层面来看,拉美地区整体表现出明显的恢复态势,这有助于该

---

① Luis Kawaguti, "Brasil Treina Para Criar Base Militar Com Os EUA," Colômbia e Peru na Amazônia, *UOL*, 2 de novembro, 2017.

② http://www.southcom.mil/MEDIA/NEWS-ARTICLES/Article/1263910/brazil-us-armies-reach-agreement.

地区社会问题的缓解，从而有助于释放地区非传统安全的压力，尤其是就业形势的改观可能扭转最近几年贫困问题持续恶化的走势，一定程度地缓解社会暴力。但与此同时，2018年拉美地区有10个国家举行大选，从这一波拉美政治生态的调整来看，政治选举经常成为影响拉美国家及地区安全局势的重要因素。总体来看，2018年拉美地区安全形势应该能延续较为稳定的局面，主要影响要素并非源自传统安全威胁，而更多源于地区政治经济环境的局部变化对安全形势的"外溢效应"，具体而言，以下几个问题值得重点关注。

第一，委内瑞拉局势的不确定性是拉美地区安全面临的最大挑战。自2015年委内瑞拉反对派赢得议会大选后，该国面临着不断尖锐化的"府院之争"。为摆脱这种局面，马杜罗政府在2017年强行推进制宪会议选举，其目的就在于"架空"由反对派控制的国会。但是，针对制宪会议的合法性问题，不仅在委内瑞拉国内存在朝野立场对立的局面，而且其他邻国也呈现出正反立场对立的局面，美国特朗普政府甚至提出对委内瑞拉当局采取军事打击的可能性。由于几个主要反对党在2017年10月举行的地方选举中采取抵制态度，马杜罗已提前表示将禁止这些党派参加总统选举，这无疑加剧了朝野之间的对立局面。2018年5月，委内瑞拉完成总统选举，马杜罗获得连任。选举结束后，委内瑞拉国内安全局势面临非常多的不确定性，如果政治对立局面不能得到有效的缓解，委内瑞拉可能面临来自以美国为主的发达国家采取的更严厉的经济制裁，甚至面临外部军事干预的可能性。如果出现这种局面，南美洲将面临更加严峻的难民问题，并且也将给拉美（尤其是南美洲）地缘政治格局带来很多变数。

第二，拉美其他国家的选举同样面临安全隐患。除委内瑞拉外，拉美多个国家也在2018年举行总统选举，比如哥斯达黎加、古巴、萨尔瓦多、哥伦比亚、巴拉圭、墨西哥、巴西，等等。根据对上述国家政治生态的分析，墨西哥和巴西这两个拉美大国的政治力量较量较为激烈,如何避免政党争斗引发社会分裂或动荡成为当前的主要挑战：在墨西哥,左翼政党国家复兴运动（MORENA）领袖安德烈斯·曼努埃尔·洛佩斯·奥夫拉多尔（Andres Manuel Lopez Obrador）赢得总统选举,其公开表示不接受美国"种族主义式及霸权主义式的傲慢态度",主张以特赦帮派成员的方式减少暴力,这些主张对墨西哥内政、外交均形成较大的冲击；在巴西,前总统路易斯·伊纳西奥·卢拉·达席尔瓦（Luiz Inácio Lula da Silva）因涉腐问题被最高法院剥夺参选权利,极右翼代表、来自小党派社会自由党（PSL）的贾伊尔·博索纳罗（Jair Bolsonaro）异军突起打破由传统大党主导的政权体系格局,而博索纳罗在选举中遇刺也体现出当前巴西政治对立情绪激化的态势。博索纳罗提出的种族歧视、放松枪支管制、将无地农民运动（MST）定性为"恐怖主义组织"、主张军事化治理公共安全等主张与巴西传统政策思路存在巨大差异,这也给巴西未来的国家和社会治理、公共安全提出了巨大挑战。

第三,拉美军费开支有可能重新上升。根据联合国拉丁美洲和加勒比经济委员会（Cepal）的预测,自2017年开始,拉美和加勒比地区经济有望进入复苏周期。拉美经济的回暖,加之委内瑞拉危机的加剧、社会暴力日趋严峻、特朗普"强硬"的对拉政策等因素,拉美地区军费开支有可能重新出现增长的趋势。尤其是拉美地区大国巴西,在摆脱连续两年经济大幅下滑之后,加之新总统博索纳罗本人的军方背景、军方在政府内阁中的高比例,以及新政府强调公共安全军事化治理与国防现代化建设,巴西有可能强化其防务战略,尤其加强对边境地区（尤其是亚马孙地区）的军事管控,持续推进本国的军事现代化。巴西2018年联邦预算中曾强调,需要继续推进军队的战略规划,如海军的"潜艇发展计划"（Prosub）、陆军的"边境保护集成系统"（Sisfron）和空军的 F – X2 计划。①

（周志伟，法学博士，中国社会科学院拉丁美洲研究所研究员，中国社会科学院拉丁美洲研究所巴西研究中心执行主任；Zhou Zhiwei, Ph. D in International Politics, Senior Research Fellow and Executive Director of the Center for Brazilian Studies, Institute of Latin American Studies, Chinese Academy of Social Sciences）

---

① Roberto Caiafa, "Orçamento Defesa 2018: Jungmann e a continuidade dos Programas Estratégicos," *Tecnologia e Defesa*, 27 de novembro, 2017.

对外军事援助与维持和平行动

国家预算与国防开支

凌胜利

【内容提要】 国防预算是国家为了维护国家安全、地区稳定和世界和平等安全问题而用于军事方面的预算,这是一国国防政策、军事战略、国防建设的规模和速度在经费使用上的反映。国防预算是否合理,安全威胁、战略导向、财政能力是通常比较常见的视角,相对而言这三种视角比较单一,战略能力的视角相对更具综合性。2018年,世界各国的国防预算总体保持平稳。大国对于国际安全具有重要影响,大国的国防预算往往成为国际安全的风向标。美俄日印四国的国防预算基本保持稳定,显著体现了外部安全环境和国家对外政策的调整是影响大国国防预算的重要因素。

【关键词】 国防预算;国防开支;战略能力;国防财政

国防预算是国家为了维护国家安全、地区稳定和世界和平等安全问题而用于军事方面的预算。一般而言,各国每年都会向外公布本国的国防预算,使得国际社会能够较好地了解各国国防预算情况和全球国防预算的态势。

一 国防预算的概念

相对于军费或军费开支这样的常见术语而言,国防预算是一个更为规范性的学术术语,将国家的军费开支统筹到国家预算的范畴当中，与国家预算、公共预算等概念一样，都是从预算的角度进行界定与分析。"一般而言，国家预算也称政府预算，是按照一定的法律程序编制和执行的国家（政府）的基本财政收支计划；公共预算是经立法程序批准的年度全部公共收支计划，是存在于市场经济中并且与公共财政相适应的国家预算类型。"①"国家预算是预算国家发展的必然产物，它与国家治理密不可分，既是国家治理的重要手段之一，又是国家治理的有机组成部分，在国家治理中发挥着极其重要的作用。"②

国防预算是经国家批准的在一定时期（如一年）用于国防的经费开支计划，是国家预算的重要组成部分。国防预算是一国国防政策、军事战略、国防建设的规模和速度在经费使用上的反映，国防预算是保障国防和军队建设的资源配置计划，是对国防财政资源进行优化配置的制度。时至今日，各国的国防预算制度日益健全。如美国国防预算从"规划—计划—预算"系统发展到"规划—计划—预算与执行"系统，其实质就是以国防需求为牵引，用战略来指导计划和预算；用预算来贯彻和优化战略；用计划来执行在资源保障与约束下的战略决定；用系统分析和战略评估来支持高层战略决策。"③

国防预算科目繁多，各国国防预算的科目设置及其分类方法也不尽相同。一般来说包括军事人员费用、国防科研费用、国防基本建设费用、后备力量建设费用等主要类别，而每个类别又分为若干项目。国防预算不仅需要确保总额合理，各项费用比例合理也非常重要，按费用支出功能划分，国防预算可分为防务投资（包括采

---

① 林铃：《国家预算、政府预算、公共预算概念浅析》，《现代商业》2016 年第 11 期，第 66 页。
② 谢志华：《论国家预算的国家治理效应》，《北京工商大学学报（社会科学报）》2017 年第 5 期，第 1 页。
③ [美] 杰里·L. 麦卡菲、L. R. 琼斯：《国防预算与财政管理》，陈波、张一鸣主译，经济科学出版社 2015 年版，序言 1，第 1—2 页。

办、军事基建、研发)、人员生活、训练维持三大类。① 如俄罗斯的国防预算基本包括武装力量开支、征召及培训开支、核武器系统开支、军技合作领域的国际责任、国防领域应用科学研究五个部分,其中武装力量开支至少占70%。② 而美国的国防预算一般包括军事人员生活经费、活动与维持经费、采购经费、研究经费四个部分。其中军事人员生活经费包括人员工薪、退休金、家庭住宅、医疗等支出,活动与维持经费是指国防预算中的活动与维持类支出,采购经费是指国防预算中的武器装备采购支出经费,研究经费包括国防预算中的研究、发展、试制和鉴定支出。这四类国防预算可以归结为装备采购、科研支出和人员经费,三者保持合理的比例非常重要。除各类别的国防预算外,各军兵种的国防预算也存在不同比例,反映了美国在某一时期的安全战略导向和对不同兵种的倚重程度。③ 一般而言,国防预算不过是对国家在未来某个时期的国防经费开支的规划,国防预算的执行未必完全按照国防预算执行。如果国家发生一些紧急情况,还可以追加拨款,一般是应对国防紧急事态和自然灾害追加拨款。

如何看待国防预算,主要分为绝对规模和相对规模两类视角。其中绝对规模视角主要指国防预算的总额。相对规模视角则比较广泛,既涉及横向的国防预算的国际排名和纵向的国防预算的增减情况,又涉及国防预算的各种比例问题。即便是从相对规模来看国防预算,目前也存在人均国防预算、国防总预算两类视角。其中人均国防预算又分为全国人均国防预算或军事人员人均国防预算两种。人均国防预算是指全国所有人口的国防预算的平均数值;军事人员

---

① 程曼莉:《2000—2011年亚洲主要国家军费开支规模》,《军事经济研究》2013年第3期,第81页。
② 魏雯:《2014—2016年俄罗斯国防预算》,《中国航天》2014年第3期,第35页。
③ 李凌:《美国国防开支政策与军力增长关系探究》,《美国研究》2013年第2期,第63—65页。

人均国防预算主要统计每名军事人员的国防预算平均数值。国防总预算一般是指国防预算的总额，基于相对视角来看，大多基于国防预算总额占国内生产总值的比例、国防预算占国家财政预算的比例和国防预算占中央财政预算的比例三种。[①] 从国内生产总值占比来看国防预算，只能反映国家实力对国防预算应该能够达到的支持力度，不过由于各国的国家制度和税收能力的差异，将国家实力转化为战略能力的效率有所不同，国防预算作为战略能力的重要指标之一，能够达到的程度也是参差不齐。相对而言，国防预算占国家财政预算或中央财政预算的比例更能反映出国防预算的地位和潜力。

国防预算对于增强军事力量、维护国家安全具有一定的作用，但关键是要看国防预算的使用效率。如有研究认为，美国军事力量的不断提升，既不是国防预算持续增长所致，也不是军兵种经费结构、国防预算有机构成比例显著变化的结果，而是国防预算使用效率的提高所致。据此，可以将国防预算分为四种类型。一是膨胀型国防预算政策，国防预算规模较大或持续而显著的增长，这往往与国家财政能力增长或持续安全威胁有关；二是抑制型国防预算政策，国防预算规模较小或持续而显著的缩减；三是结构调整型国防预算政策，国防预算规模增长不明显，甚至下降，但出现明显的结构优化调整；四是效率型国防预算政策，国防开支规模与主要结构没有显著的、稳定的变化特征，但注重通过国防开支配置机制、使用方式、管理方法等变革，提高国防资源配置效果。衡量国防预算配置效果有三个角度：一是军事角度；二是政治角度；三是经济角度。军事角度是考察国防开支配置效果最直接的平台，关乎国防资源配置对军事力量的产出效果。政治视角是确保军事目的、军事行动取决并服从于政治目的。经济视角主要体现于国防支出对产出、

[①] 李凌：《美国国防开支政策与军力增长关系探究》，《美国研究》2013 年第 2 期，第 64—65 页。

消费、投资、储蓄、技术进步或劳动效率的影响。①

二 如何理解国防预算

国防预算因其直接关乎军事力量,往往成为国际安全的焦点,特别是大国的国防预算,无论增减都会为国际社会所关注。那么,如何看待国防预算,哪些因素会影响国家的国防预算,国防预算会产生哪些影响,合理的国防预算大体应该遵循何种原则,这一系列问题都值得关注。

(一)安全威胁的视角

安全威胁是国防预算的首要考虑因素。国防预算是为了维护和增强国家维护国家安全的能力建设,显著体现为国家应对安全威胁的能力。安全通常被理解为客观上没有威胁,主观上免于恐惧。安全既是一种客观的状况,又是一种主观的感知。它是指一个国家或地区的人民及其所建立的社会体制和生活状态不受客观上的实质威胁或伤害,主观上也无强烈的遭受伤害或威胁的持续恐惧感。② 安全威胁认知是国家基于客观安全态势、主观安全价值认知的共同产物。近年来,随着大数据研究的发展,"国际安全态势感知指数"被用来测量国家的安全指数,实际上就是对安全的主观要素和客观要素相结合的定量分析,这种分析通过选取相关的指标,对于一定时期内一个国家的安全态势进行了量化处理。③ 国家的安全感知有国家安全感知和国际安全感知两种。不过对于国防预算而言,更为关注的是国际安全的感知,也即对一国所面临的外部安全威胁的

---

① 李凌:《美国国防开支政策与军力增长关系探究》,《美国研究》2013年第2期,第63—64页。
② 林宏宇:《国际安全态势感知指数解析(1995—2015)》,《国际安全研究》2016年第6期,第91页。
③ 赵洋、戴长征:《国际安全态势分析(2010—2015)》,《国际安全研究》2016年第6期,第108页。

认知。

国家所面临的外部安全威胁越大,意味着国家需要投入更多的国防预算。国家安全威胁对不同类型安全威胁的权衡会影响国防预算的具体分配。如美国的国防预算往往与其对安全威胁的认知有较强的相关性。"2015 年《美国国家军事战略》将大国威胁、大国冲突等视为重要安全威胁,这也使得此后的美国国防预算深受影响,将应对这些安全威胁列为国防预算的重点投入科目。"① 具体而言,"外部威胁和区域冲突是国家安全威胁的主要来源,会影响国防预算的规模和结构。外部威胁是外部军事威胁的简称,就其程度而言有大小高低之分;就其来源的不同有海上陆上之别。面对不同的外部威胁,构建不同的军事防御能力与军种结构,是一种理性的选择。而构建不同的军事防御能力和军种结构对国防预算的需求则有所不同。一般来说,海空军单位成本较陆军高,维持相同数量的兵员要花费更多的钱。威胁来自海上的国家其国防开支需求会高于威胁来自陆上的国家。区域冲突会使威胁形态与军事防御能力的关系更为紧密,从而使国防预算尤其是受陆上威胁国家的国防开支显著增加。"② 在一国周边地区出现区域冲突时,国家面临的潜在安全威胁会增强,国防预算会相应受到影响。③ 从世界各地区的国防预算的总体态势来看,基本与地区冲突的频率呈现正相关。

以安全威胁的视角来理解国防预算,抓住了国防预算以增强应对安全威胁能力的关键点。不过安全威胁认知毕竟具有一定的主观性,难免会出现安全威胁认知偏差,甚至不乏一些国家或政府基于政治需要,通过安全化的方式"塑造安全",渲染或夸大

---

① 焦艳、晋军:《2015 年〈美国国家军事战略〉与 2017 财年美国国防预算申请》,《江南社会学院学报》2016 年第 3 期,第 31 页。

② 陈晓和、安家康:《外部威胁、区域冲突与国防开支——基于跨国面板数据模型的实证分析》,《军事经济研究》2012 年第 3 期,第 10—12 页。

③ 易名:《亚太地区军费开支对我国安全形势的影响透析》,《当代经济》2014 年第 2 期,第 78 页。

安全威胁，使得国防预算背离了国家真正需要的额度。"威胁驱动预算，但前提是对外交政策和威胁的界定。国防资源配置过程与不断变化的对外政策密不可分地交织在一起。新威胁和与之相应的政策对于确定军事力量的需求具有重要影响，也直接影响着国防预算。"①

(二) 战略导向的视角

国家的安全战略也深刻地影响着国防预算。"国家安全战略是关于国家安全全局性长远目标及实现这些目标的根本途径和手段的全局性、持久性方案。构成国家安全战略的基本内容有两个：一是国家安全战略目标；二是实现国家安全战略目标的途径和手段。"②实际上，实现国家安全战略目标的途径与手段离不开战略资源的支持，而国防预算则构成了战略资源的重要组成部分。国家在战时和平时一般执行不同的国家安全战略，其对国防预算的需求也有所不同。一般而言，战时国家安全战略更具扩张性，对国防预算的需求更多，为了战争胜利的需要，国家财政预算可以优先向国防预算倾斜，国防预算占国家预算的比例甚至达到60%以上；而平时的国家安全战略一般更具收缩性，对国防预算的需求会减少，国家预算会在大炮与黄油之间谨慎权衡。

从国家安全战略的视角来看待国防预算，这是基于国家安全战略对国防预算具有指导作用。国家安全面临着多层次的需求，但并非各个层次的安全需求都需要同时予以满足，这就使得即便是面临相似的安全威胁，各国依然可以制定不同的安全战略。以美国为例，奥巴马政府时期极力推动美国走出战争泥潭，对国家安全战略进行收缩，国防预算也有所削减。美国2013财年国防预算充分反映了奥巴马政府的军事战略调整，为了削减不断增长的财政赤字，

---

① [美] 杰里·L. 麦卡菲、L. R. 琼斯：《国防预算与财政管理》，陈波、张一鸣主译，经济科学出版社2015年版，第7—11页。

② 刘跃进：《国家安全战略及其完善》，《新视野》2017年第4期，第5页。

新军事战略提出了大幅缩减国防预算的计划。① 特朗普政府在安全战略上推崇实力至上,将增强军事力量作为重要目标,这也使得特朗普政府的国家安全战略不再延续奥巴马政府时期的战略收缩,其国防预算也是大幅增加。

从战略导向视角来理解国防预算,是将国防预算作为国家安全战略资源的重要组成部分来对待。国家采取防御性还是进攻性的国家安全战略、国家安全战略是偏向陆权还是海权的地缘政治属性、国家安全战略文化的传统和历史经验等因素,都会影响国防预算。

(三) 财政约束的视角

国家的财政能力直接制约着国防预算。国防预算属于公共预算,与国家的财政能力密切相关。国家财政能力是指一国中央政府通过税收等方式汲取社会资源的能力。相对于国内生产总值而言,国家财政能力更能体现一国政府的经济实力。因为一些国家虽然国家生产总值较高,但由于税收制度和国家结构等原因,中央政府税收未必很高,这对于基本依靠中央财政拨款的国防预算而言,造成了很大的制约。相对而言,一国的中央财政能力越强,就越有能力支付国防预算。如果财政能力下降,其国防预算将不得不下调。总之,现代财政的功能和作用日益重要,它是国家治理的基础和重要支柱。国防财政是国家财政的重要组成部分,其资源配置效率关系到国家发展与安全。②

基于财政约束的视角来理解国防预算,主要有两点含义:一是国防预算属于国家预算的有机组成部分,需要保持合理的比例,目前各国的国防预算占国家财政预算的比例一般在5%—

---

① 李大光:《财政约束与战略转型下的选择——美国 2013 财年国防预算特点分析》,《国防科技工业》2012 年第 3 期,第 62—63 页。
② [美] 杰里·L. 麦卡菲、L. R. 琼斯:《国防预算与财政管理》,陈波、张一鸣主译,经济科学出版社 2015 年版,序言 2,第 1—3 页。

10%，超过20%的比较少见，而相对国内生产总值（GDP）的占比一般在1%—5%。对于大多数国家而言，和平时期的国防预算都相对比较稳定，占国家财政预算的比例不会太高，否则将影响国家的其他各项财政预算，甚至损害国民的基本社会福利。在和平时期，国防预算与其他预算之间基本被认为是"大炮与黄油"的零和关系，过多的国防预算会损害国内的社会经济福利的供给能力，因而国防预算必然受到国家预算的总体制约。二是国防预算属于公共预算，是国内政治博弈的结果。对比当前世界大国的国防预算，可以发现国家财政能力对国防预算具有明显的影响。如俄罗斯的国防预算近年来不断削减，这与美欧对俄进行多轮制裁、导致俄罗斯财政能力下降有关。美国的财政能力对国防预算也具有重要影响，使得国会对于国防预算的总额和具体项目预算的态度会有所变化。如当前特朗普政府一方面大力减税，另一方面又增加国防预算令人费解，为此特朗普政府不得不向国会大诉军费短缺的苦水。

基于财政约束的视角来理解国防预算，主要是考虑量力而为。国防预算源自国家财政，要经受国内决策的民主审议，这不仅体现了国防预算的预算本质，也折射了国防预算与其他各项财政预算的密切关系。

（四）战略能力的视角

国家战略能力是指运用国家战略的能力，相较于综合实力而言，更能体现国家重要性大小和国际影响力。国家战略能力理论的形成大体经历了军事实力论、综合国力论、战略能力论三个阶段。国家战略能力是国家组织、协调和运用国内外各种战略力量，预防和应对各种重大威胁，维护和拓展国家利益的能力。[1] 国家战略能力包括战略资源、转化机制和战略谋划，三者相互作用促成国家战

---

[1] 王兴旺：《国家战略能力初探》，《中国军事科学》2009年第2期，第138—142页。

略目标实现。① 相对于综合国力而言，国家战略能力具有动态性、整体性等特点，更能体现国家的实力基础和国际影响力。战略能力可归结为战略实力（主要包括经济实力和军事实力）、战略转化（战略动员、国际地位）、战略谋划（对外战略）。其中，经济实力主要以 GDP 进行衡量，军事实力包括军事开支、军工产业、军事装备和军队质量等要素；战略动员包括国家的税收能力、国家经济结构、科技水平和国家的国际合作关系（比如盟国的多寡）；国际地位主要指相关国家参与的重要的国际和地区组织数量及在其中的地位；战略谋划主要是指相关国家目前所采取的对外战略。②

　　基于战略能力视角来看待国防预算。一是能够更为全面地体现国家的总体实力和总体安全需求，对于国防预算的审视会更加全面和合理。战略能力视角可以超越单纯的安全威胁、战略导向或财政约束对国防预算的理解，更加突出能力而非实力的重要性，兼顾安全与其他要素，统筹国内与国际资源；二是能够区分不同战略能力的国家的国防预算的差异，一般而言，战略能力越强的国家对安全需求越高，如果将国家安全需求分为本土安全、次区域安全、地区安全和全球安全四个层次，战略能力强弱与国家安全需求会呈现一定相关性。战略能力强的国家之所以维持较高比例的国防预算，与其安全需求有很大的关系；三是能够避免将国防预算与军事能力的直接挂钩，更为理性地看待国防预算和军事能力二者之间的关系。国防预算与军事能力之间并不存在线性关系，基于战略能力的视角，军事能力的增强可能超乎国防预算因素，国家的国际安全合作情况特别是联盟关系也可以成为国家安全能力的一部分。

　　国防预算是否合理，安全威胁、战略导向、财政能力是通常比较常见的视角，不过相对而言，这三种视角比较单一，战略能力的

---

① 詹家峰：《国家战略能力与综合国力关系浅析》，《现代国际关系》2005 年第 4 期，第 21 页。
② 凌胜利：《战略能力、共同利益与安全合作——基于印度与美国亚太盟友安全合作的分析》，《南亚研究》2016 年第 1 期，第 9—10 页。

视角更具综合性。对于国防预算的理解,既需要考虑到国家所面临的安全威胁的多寡与强弱,同时要考虑国家财政能力的大小,在立足安全能力自主的基础上,积极开展国际安全合作,利用国际规则、战略伙伴、军事盟国等,同样可以发挥增强国家安全能力的作用。

三 世界主要大国的国防预算

大国对于国际安全具有重要影响,大国的国防预算往往成为国际安全的风向标。鉴于欧盟目前的窘境,欧盟统一安全防务力量难以估量,而英法德等国目前的安全影响差异明显,本部分主要关注美、俄、日、印四个大国的国防预算。

(一)美国

历经奥巴马政府多年的国防预算紧缩后,特朗普政府的国防预算有所增加,特朗普政府不仅为奥巴马政府制定的 2017 年国防预算大幅增补了 300 亿美元,2017 年 3 月,特朗普政府还公布了名为《美国优先:一份使美国再次伟大的预算大纲》的 2018 财年预算,这也是特朗普总统上任后向国会提交的首份联邦预算。该预算大纲主要涉及 2018 财年总统预算中的选择性支出部分,申请总额为 11 512 亿美元,较 2017 财年国会拨款法案通过的 11 648 亿美元,削减了 1.2%。其中,增加额度最大的为国防部预算,增加 523 亿美元,增幅为 10%。[①] 结合 2017 年、2018 年的国防预算情况,增幅仅次于里根执政时期以及几次战争期间的增长幅度。2017 年 9 月 18 日,美国参议院以多数通过了 2018 年度的国防预算。相较于 2017 年的 6 045 亿美元,2018 年美国军费总预算为 6 920 亿美元,

---

① Office of Management and Budget, "President's Budget: America First: A Budget Blueprint to Make America Great Again," pp. 15 – 16, https://www.whitehouse.gov/omb/budget/.

增幅达到了惊人的14%。从2018年美国的国家预算和国防预算来看，一方面是国家总体预算削减，另一方面却是国防预算大幅增加。究其原因，很多分析认为奥巴马政府期间持续多年控制国防预算致使目前美国军事能力受损，"缺钱少兵"更是导致美军的战备训练水平下滑、事故频发，特朗普政府要增强美国军事实力，需要恶补国防预算多年的亏空。与此同时，美国经济在过去一段时间保持较为稳定的增长态势也使得美国政府有底气增加国防预算。[①]

从2018年美国国防预算的具体分布来看，主要是在人员、装备等方面有所增加。一是人员费用方面，2018财年国防授权法案计划将美军现役官兵薪酬总额上涨2.4%，这将是自2010年以来美国军人薪酬的最大增长幅度。与此同时，2018财年的国防预算还为增兵扩员的费用未雨绸缪，计划陆军增加约8 500名新兵，为海军增加5 000名新兵，为空军增加约5 800名新兵，并增募约1 000名海军陆战队员。虽然对比此前爆出的部队员额空缺情况，这一扩充幅度仍然较小，但至少这意味着美国政府和军方开始关注事关军力缺陷的关键性问题，而非像此前那样，单纯痴迷于扩充部队的建制数量和装备，而忽视军内存在的巨大岗位空缺。二是军事装备采购。根据白宫和国防部的申请要求，法案授权美国空军和海军在新财年可增购大量战机，将显著增加美国各军种航空兵的新质作战力量。而在美国陆军装备方面，除了批准军费预算中既定的轻型装甲车辆和多用途战术车辆的采购计划之外，新的国防授权法案还允许美国陆军增加经费，以添置85辆改进型M1A2主战坦克和93辆M2步兵战车。相比收获颇丰的陆空军，美国海军舰艇部队只能算"小有所得"，扩充幅度相较于海军提出的"308舰"的"最低舰队规模"方案也有相当距离。除上述主要军事开支项目外，新的国防

[①] Office of Management and Budget, "Analytical Perspectives: Budget of the U. S. Government Fiscal Year 2018," pp. 9 – 10, https：//www.whitehouse.gov/omb/analytical‐perspectives/.

授权法案还计划在遏制军内职务和性别犯罪,扩大卫生保健支出以及扩展军队使用网络购买商业产品等方面增加支出。① 三是国防预算中规定 650 亿美元用于在海外开展军事行动,主要包括美军用于阿富汗、伊拉克、叙利亚等开支以及海外反恐等相关费用,这些预算相对比较机动,主要服务于美国海外军事行动,如遇一些突发情况甚至可以追加拨款。

2018 年的国防预算之所以大幅增加,与美国所确定的安全威胁有关。针对俄罗斯、亚太、伊朗、网络等威胁进行了预算安排,强调提高军种战备水平、联合作战能力,同时要求未来加强力量投送、核力量现代化、反导体系建设、太空布局、网络实战等,以重塑战略威慑力量体系。与 2017 财年预算"基于威胁"相比,2018 财年的国防预算更多体现为"基于能力",显著地体现了特朗普"实力至上"的施政理念。为兑现国防预算增长,美国政府不得不大幅压缩其他部门经费,其中包括缩减医保、食品券、对外援助和环境保护等社会福利和非国防开支。②

(二) 俄罗斯

历经美欧持续多轮的长期制裁,加之国际能源市场价格持续走低,俄罗斯的经济困难已经影响到了其国防预算。2017 年 9 月,俄罗斯对外公布了 2018 年国防预算,总额约为 2.8 万亿卢布,折合 476 亿美元,占 GDP 的比重为 2.8%,相比 2017 年略减少 5% 左右,这主要与俄罗斯的经济低迷、财政收入下降有关。此次国防预算削减符合此前发布的 2017—2019 财年的预算规划。根据 2018—

---

① Joe Gould, "Defense Hawks Call for ＄700B Defense Top Line as Congressional Budget Negotiations Start," *Defense News*, November 17, 2017, https://www.defensenews.com/congress/2017/11/17/defense-hawks-call-for-700b-defense-topline-as-congressional-budget-negotiations-start/.

② 张乃千、赵蔚彬:《美国 2018 年国防预算增幅近 10% 表露"军事优先"倾向》,人民网,2017 年 6 月 5 日,http://military.people.com.cn/n1/2017/0605/c1011-29317302.html.

2020年度预算政策概览性文件,俄罗斯的国防预算将在2019年增长3.7%,达到2.83万亿卢布(约488.6亿美元),随后在2020年下降0.5%至2.82万亿卢布(486.8亿美元)。预算文件还指出,2017年国防开支将比原计划高出约1.5%,俄国防部实际支出将达到2.88万亿卢布(约497.2亿美元),而非此前批准的2.84万亿卢布预算(490.3亿美元)。如果这一轮预算计划顺利执行,俄国防支出将从2017年占国内生产总值的3.0%下降到2020年的约2.6%,达到2011年以来的最低水平。国防预算也将降至政府全部预算的16.6%,这也是自2013年以来的最低水平。

虽然迫于财政约束,俄罗斯被迫削减国防预算,但并不会导致军事能力受到较大削弱。2017年8月15日,普京在和统一俄罗斯党主席弗拉基米尔·瓦西里耶夫举行工作会谈时表示,俄罗斯将削减2018年财政预算,尤其是国防预算,但这不会影响更新陆军和海军装备的计划。普京强调,2018年俄罗斯国防预算的削减将节省一大笔国家预算,但这并不代表更新陆军及海军装备的计划会缩水,俄罗斯将完成国防订单并制定新的计划。从具体国防预算明细来看,俄罗斯确实也尽力谋求"花小钱办大事",优化国防预算,提升国防预算效率。2017年12月底,分管财务和文化工作的俄国防部副部长塔季娅娜·舍芙佐娃对外宣布,俄武装力量在2018年国防部预算中的分配比例尘埃落定,人事、采购和作训大体平衡,能够确保俄罗斯国家安全和核心利益。在俄罗斯国防预算中,第一大部分支出是和维持武装部队有关的人事费用,现役军人与文职人员的开销占到总预算的40%,计1.3万亿卢布(约合224.4亿美元),包括各种工资、津贴、医疗、培训和出勤补助等。第二大部分是物资采购与作战训练,占支出的60%,计1.5万亿卢布(约合258.9亿美元)①,包括武器装备弹药的采购、维修、演习和升级,以及各种配套军事设施的建设和修缮。为提高年度国防支出的效

---

① 根据2018年俄罗斯国防预算2.73万亿卢布(约合471.3亿美元)的数值估算。

率,俄国防部今后要继续压缩武器采购合同的预付款项,这意味着俄军工企业今后要想继续拿到国防部订单,必须首先自筹资金采购原材料组织生产,逐步减少对政府预先拨款的依赖,这实际上是减轻了国防预算的负担。不过对于没有出口业务的战略核武器和核潜艇制造厂家来说,它们承担的重点采购不适用预付款压缩计划,俄国防部甚至可能增加预先付款,保证按期或提前交货。①

从国防预算和军事实力的国际排名来看,俄罗斯国防预算最近几年的排名有所下滑,2018年的全球排名在前五之外,但军事实力却长期高居世界第二。这突出反映了俄罗斯国防预算的效率较高和军事实力基础的雄厚,不过也要客观看到目前俄罗斯的军事实力呈现常规军事实力和战略武器实力的不平衡性。目前,俄罗斯在国家安全战略方面更多倚重的是战略武器和战略意志,如果国防预算持续多年削减,将会影响到武器研发和装备更新等各方面,势必会影响俄罗斯的军事能力。不过如何缓解这一困境,关键还在于俄罗斯经济的复苏,能否突破能源经济的结构性瓶颈,实现俄罗斯经济的结构转型和持续稳定增长。

(三) 日本

2017年12月,日本公布了2018年度国防预算。日本防卫省数据显示,2018财年日本国防预算为5.19万亿日元(约457亿美元),相比2017财年增长66亿日元(约0.58亿美元),涨幅为1.3%。这是安倍政府自2013年度以来,国防预算实现连续6年增长。日本政府增加国防预算的原因主要是谋求应对日趋紧张的朝鲜半岛局势和中国。2018年的国防预算将重点放在加强弹道导弹和南西诸岛的防御,除了在航空自卫队战机搭载远程巡航导弹之外,

---

① 田聿、科京:《俄国防部公布2018军费支出方案》,《中国国防报》2018年1月3日。

还计划购置最新隐形战机 F-35 及鱼鹰号运输机等。①

从经费预算的重点分布来看，2018 年度方案符合《2014 年以后防卫计划大纲》的精神，以打造所谓"联合机动防卫力量"为牵引，预算重点分布在着眼战斗力生成的"主战装备"（即主战装备）上，旨在增强自卫队快反机动能力，构筑并充实联合作战体制。国防预算的本轮调整主要体现出三个特点：一是持续增加主战装备采购，同时减少教育训练费、研究经费和行政性消耗；二是持续增加海空力量投入，减少陆上部队开支；三是常规作战力量与新型作战力量并重。②

国防预算具体分配情况如下：一是军事人员相关预算为 21 763 亿日元，比 2017 年增长 0.5%；二是军事装备预算为 30 788 亿日元，与 2017 年预算相比增加 1 199 亿日元，增幅为 4.1%。其中必要的支出费用是 19 416 亿日元，比 2017 年增加 649 亿日元，增幅为 3.5%；活动费用为 11 372 亿日元，比 2017 年增加 550 亿日元，增幅为 5.1%。从具体装备采购来看，一是为了确保周边海空安全，大量采购了 P-3C 预警机和巡逻直升机等装备，并建造了新的舰船；二是加强对遥远离岛的防卫，为此要加强持续的侦察能力建设、空中机动能力建设、海上优势力量建设和快速部署与应急能力建设，采购了诸如 F-35 等先进武器装备；三是加强弹道导弹建设，采购大量宙斯盾设备。此外还有外空、网络、情报能力建设的预算。③

随着提升国际地位诉求的增强，日本更加注重军事能力的建设，在国防预算方面，安倍政府已经是连续 6 年增长。日本政府将维持亚太地区稳定和改善全球安全环境作为安全战略目标，④ 与以

---

① 《日本2018年军费将创新高　强化海空力量动作频繁》，海外网，2017 年 12 月 7 日，http：//news.haiwainet.cn/n/2017/1207/c3541093-31199259.html.

② Ministry of Defense, "Defense Programs and Budget of Japan," pp. 2-20, http：//www.mod.go.jp/e/d_budget/index.html.

③ Ibid..

④ Ministry of Defense, "Defense Programs and Budget of Japan," p.1, http：//www.mod.go.jp/e/d_budget/index.html.

往的"专守防务"的安全战略相比是根本性改变。受可预见的经济财政、国内社会及国际环境等因素的影响,日本未来的军费虽然有所增长,但不会有太大的改变,很难重新走向军国主义的道路。自2012年安倍再度组阁以来,连续六年增加国防预算。不过就增幅而言,基本都在1%—2%,国防开支没有突破占GDP的1%上限。展望未来,日本会继续推行积极和平主义,谋求在地区和全球安全中发挥更大的作用。因而在保持军费增长的同时,也会积极谋求增加除美日联盟之外的国际安全合作,增强日本的国际安全影响。

(四)印度

2017年,印度财政部公布的2017—2018财年财政预算报告显示,2017—2018财年(2017年4月1日至2018年3月31日),印度国防预算为33 232.64亿卢比,已成为世界国防预算第三高的国家。印度的国防预算一般由国防部门预算、国防人员预算、国防服务资本预算和国防服务预算四部分构成。其中2018年国防部门预算为2 774.47亿卢布,涉及总秘书处服务、国防房产组织、海岸警卫队组织、军事法庭、公共工程、路桥建设等诸多费用。2018年的国防服务预算为19 530.904亿卢比,主要涉及各军种的各项日常开支。其中,陆军军费预算为12 379.082亿卢比;海军军费预算为1 889.382亿卢比;空军军费预算为2 610.233亿卢比;2018年的国防人员预算为8 574亿卢比,主要用于军人和退伍、退休军人的薪资;2018年的国防服务资本预算为8 648.8亿卢比,主要用于军事装备采购与研发。① 总体来看,国防服务资本预算和国防人员预算约占国防预算的1/4;国防服务预算约占1/2。从各军种的占比来看,陆军占很大的比例,这也和印度多年重视陆军发展、注重陆上安全威胁、拥有数量庞大的陆军有很大的关系。

作为南亚地区的重要大国,印度认为其安全与地区和全球环境

---

① Ministry of Finance, "Demands for Grants of Central Government (Ministry of Defense)," http://www.indiabudget.gov.in/dg.asp?pageid=3.

密切相关。在当前国际环境发生快速变革，大国关系不确定性增加的情况下，印度必须保持较强的军事能力。对印度而言，安全威胁主要包括跨国恐怖主义、领土争端、海洋争端、民族主义高涨等方面。印度认为其周边安全环境依然复杂。此外印度还比较关注朝鲜半岛形势，中亚、西亚等地区的安全形势。①

莫迪政府上台以来，印度非常重视国防建设，不仅增加了国防预算，还积极参加一些地区和全球性安全事务。随着印度对大国地位的追求更加积极，在经济发展保持稳定增长的态势下，印度国防预算将继续保持增长态势。不过印度国防工业发展缓慢，对一些先进军事装备的进口存在依赖，多年来位列世界军事进口国家前列。印度的三军发展也不太平衡，陆军占有资源比例过高，这对于要在印度洋展示雄心、在地区和全球安全中发挥更加积极作用的印度而言，无疑存在一些制约。

（凌胜利，外交学院国际关系研究所副教授；Ling Shengli is an associate professor at the Institute of International Relations, China Foreign Affairs University）

---

① Ministry of Defense Government of India, "Annual Report 2016 – 17," pp. 1 – 6.

联合国维和行动形势与展望*

何 银

【内容提要】 2017 年联合国维和行动经历了重大变化。在一些维和行动取得重大进展的同时，另有一些维和行动安全形势恶化，针对特派团的暴力袭击明显增多，维和人员遭受了近些年罕见的重大伤亡。维和人员的安全是联合国必须重视起来的问题。联合国会员国对维和行动的贡献大体上出现了发达国家出钱、发展中国家出人的分工格局。中国是唯一既出大量钱又出大量人的会员国。在可预见的将来，这样的局面不会发生改变。尽管联合国在维和行动中推动性别平等上取得了瞩目的成就，但是追求绝对男女数量相等的想法是不现实的。越来越多的维和行动已经进入恐怖主义肆虐的国家和地区。联合国应当继续支持区域组织打击恐怖主义，改善维和环境。在马里、刚果（金）和中非等任务区，维和行动的重点仍然是通过恢复稳定以建立和平。美国特朗普政府在巴以问题的政策调整，让中东地区的三项维和行动面临更多的不确定性和挑战。

【关键词】 联合国；维和行动；《联合国宪章》；国际冲突；非洲；中东；特派团；东道国；暴力袭击；恐怖主义；挑战；班吉；中非；刚果（金）；马里；苏丹；南苏丹；达尔富尔；萨赫勒；伊加特；和平；维和经费；出兵国；任务区；发达国家；发展中国家；安理会；联合国职员；话语权；古特雷斯；性别平等；政治正

---

* 本文是国家社科基金重大项目"中国参与联合国维和行动战略选择研究"（项目编号：16ZDA094）的阶段性成果。

确；发展；安全；牺牲；威胁；事故；疾病；科特迪瓦；塞浦路斯；反恐；伊拉克；伊斯兰国；基地组织；萨赫勒五国集团联合国部队；地区保护部队；快速干预旅；非盟；预防；中国；特朗普

《联合国宪章》赋予了联合国通过集体安全机制维护国际和平与安全的神圣使命。为履行这一使命，联合国在几十年的实践中不断探索和完善应对国际冲突的手段，其中最繁重的工作和最大的亮点是开展维和行动。本文论述2017年联合国维和行动（简称维和行动）的情况，并尝试就今后维和行动的发展趋势进行展望。本文将立足于历史论述现状，以求尽可能完整地呈现维和行动的形势和发展趋势。

一　联合国维和行动回顾

尽管《联合国宪章》赋予了联合国通过集体安全机制维护国际和平与安全的使命，但是并没有具体规定应当采取何种行动措施去履行这个使命。1948年第一次中东战争爆发后，联合国创造性地在中东冲突地区建立了第一项维和行动——联合国停战监督组织，部署军事观察员监督阿拉伯国家与以色列（阿以）之间停火协议的实施。1956年苏伊士危机之后，建立了联合国维和史上的第一支维和部队——联合国第一期紧急部队。特别是在建立这项维和行动的过程中，联合国秘书长哈马舍尔德提出了指导维和行动的三原则，为联合国维和机制的制度化奠定了法律的基础。

冷战时代影响国际和平与国际冲突的主要是国家间冲突，本质上大多是美国和苏联争霸的代理战争。联合国通常是在冲突双方之间部署维和部队和/或军事观察员，监督停火协议的实施，为冲突的政治解决争取时间。这样的行动称为传统维和行动。随着冷战结束，一些国家原有的政治和社会结构解体，因民族、种族和宗教等身份认同问题引发的国家内冲突频发,严重威胁国际和平与安全。联合国顺应时代变化的需要,灵活地开展冲突预防、建立和平、维持和平和建设和平等活动,在维持和平的同时力图消除引起冲突的根源以建立持久和平。[①] 这样的行动称为多维维和行动。

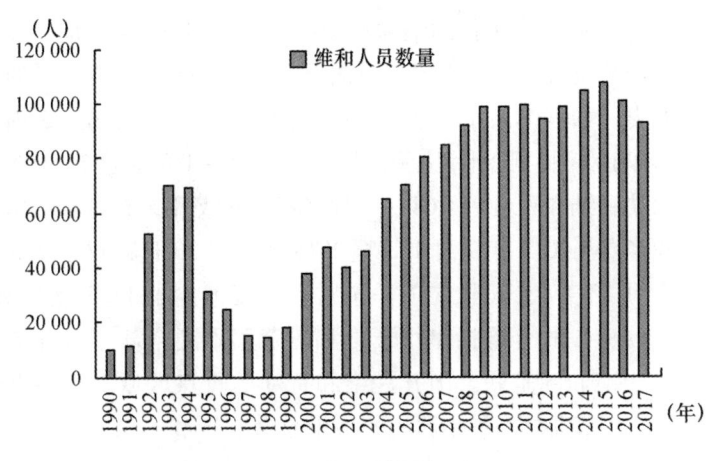

图 1 维和人员数量趋势(1990—2017)

资料来源:United Nations, "Troops and police contributions (1990–2017)," https://peacekeeping.un.org/en/troop-and-police-contributors.

从 1948 年至今,联合国已经在世界各地建立了 71 项维和行动。从地域分布情况看,非洲有 31 项,是维和行动最多的地区。此外,亚洲和太平洋地区、欧洲、美洲和中东地区各有 10 项。如图 1 所示,到 20 世纪 90 年代初,维和人员数量只有 1 万人左右。从 1992 年开始,随着在柬埔寨、索马里和前南联盟等地部署大型多维维和行动,维和人员数量开始激增,在 1993—1994 年达到近 7 万人。然而,从 20 世纪 90 年代中期开始,维和行动陷入低迷,维和人员的数量大幅度回落。从 2000 年开始联合国维和行动又一次

[①] United Nations, "An Agenda for Peace," http://www.un-documents.net/a47-277.htm.

迎来爆发期，在之后的 10 多年里，维和人员数量不断攀升，到 2015 年达到将近 11 万人的峰值。①

二 联合国维和行动的现状

2017 年年底正在进行的维和行动有 15 项，其中 6 项是冷战时期建立的传统维和行动；8 项应对的是国家间冲突，7 项应对的是国家内冲突。如表 1 所示，从地域分布来看，8 项在非洲，3 项在中东，2 项在欧洲，亚洲和太平洋地区、美洲各 1 项。这 15 项维和行动中总共有维和人员 91 368 人。维和行动的费用来自各会员国分摊的维和经费。2017 年 7 月 1 日至 2018 年 6 月 30 日财政年度的核定预算为 68 亿美元，② 较之前一个财政年度减少了 11.7 亿美元，减幅为 13.4%。联合国指出用于维和的费用不到全球军费开支的 0.5%。③ 当前非洲是联合国开展维和行动的重点区域。正在进行的 15 项维和行动中，在非洲的 8 项中总共有维和人员 72 958 人，占总数的 80%。预算总额 50.388 亿美元，若是加上从维和账户中支出的联合国索马里支助办公室和恩德培区域服务中心的预算，则达到 56.5 亿美元，占整个联合国维和预算的 83%。所有 15 项维和行动中，规模最大的是联合国组织刚果民主共和国稳定特派团（联刚稳定团），有维和人员 17 207 人，占所有维和人员总数的 18.8%；年度经费预算 11.418 亿美元，占所有维和经费预算的 16.8%。

---

① United Nations, "Surge in Uniformed UN Peacekeeping Personnel from 1991 – Present," http://www.un.org/en/peacekeeping/documents/chart.pdf.

② 这 68 亿美元是 2017 年 6 月 30 日至 2018 年 7 月 1 日单财年度的预算。由于联合国停战监督组织和联合国印度巴基斯坦观察组这两项行动执行的是 2016—2018 年双财年预算，所以不在这个维和预算之中。但是这个 68 亿美元的预算包括联合国索马里支助办公室、布林迪西联合国后勤基地、恩德培区域服务中心以及一个支助账户的预算。

③ United Nations, "United Nations Peacekeeping," http://peacekeeping.un.org/en.

表1　2017年年底正在进行的15项维和行动

维和行动	开始时间（年）	维和人员数（人）	年度经费预算（亿美元）
联合国组织刚果民主共和国稳定特派团	2010	17 207	11.418
联合国南苏丹共和国特派团	2005	14 528	10.710
非盟/联合国达尔富尔混合行动	2007	14 130	4.860
联合国马里多层面综合稳定特派团	2013	13 427	10.480
联合国中非共和国多层面综合稳定团	2014	12 703	8.828
联合国驻黎巴嫩临时部队	1978	10 492	4.830
联合国阿布耶伊临时安全部队	2011	4 559	2.667
联合国海地司法支助团	2017	1 199	0.900
联合国驻塞浦路斯维持和平部队	1964	956	0.546
联合国脱离接触观察员部队	1974	990	0.576
联合国利比里亚特派团	2003	734	1.100
联合国西撒哈拉全民投票特派团	1991	229	0.525
联合国停战监督组织	1948	152	0.345
联合国印度巴基斯坦观察组	1949	44	0.105
联合国科索沃临时行政当局特派团	1999	18	0.379

资料来源：United Nations, "Summary of Military and Police Personnel by Mission and Post: Police, UN Military Experts on Mission, Staff Officers and Troop," December 31, 2017, https://peacekeeping.un.org/sites/default/files/summary_of_military_and_police_personnel_by_mission_and_post.pdf；联合国：《维持和平行动2017年7月1日至2018年6月30日期间核定资源》，A/C.5/71/24，2017年6月30日。

2017年部分联合国维和行动发生了重大的变化。6月30日，联合国科特迪瓦行动（联科行动）完成使命撤出了东道国。联科行动自2004年建立以来的14年里，在帮助科特迪瓦恢复和平与稳定方面作出了巨大贡献。尽管当前科特迪瓦国内在调和政治矛盾、继续推进民族和解以及加强安全机构和打击犯罪等方面还面临诸多挑战，但是科特迪瓦在国家制度机构建设上已经取得了巨大的成就，经济稳步发展，①让联合国相信已经具备了走上可持续和平道路的基本条件。在利比里亚，联合国利比里亚特派团（联利特派团）落实安理会2016年通过的第2333号决议，有序地缩小特派团的规模并向利比里亚政府移交职责。2017年年底进行了自2003年联利团建立以来的第三次大选，实现了自1947年以来的首次政权和平移交，为联利团按计划于2018年3月31日结束任务奠定了基础。在海地，联合国于2017年10月结束了联合国海地稳定特派团（联海稳定团）的任务，并在其基础上建立了联合国海地司法支助团。在海地国内安全形势已经有了明显改善的情况下，联合国海地司法支助团的主要任务是协助海地政府进一步发展海地国家警察、加强法制机构以及保障人权。②

联合国还在其他一些维和行动任务区探索改变之策。在刚果（金），联合国刚果民主共和国稳定特派团（联刚稳定团）努力在东部的两个省恢复稳定和建立和平。针对不时发生的暴力事件，通过改革维和部队特别是快速干预旅的架构，调整维和部队的行动模式，由立足于静态结构的连级行动基地和临时行动基地转换为以常备战斗部署状态运行的灵活机动的快速部署营，以提升干预非法武装暴力行为的效率。尽管如此，特派团所处的安全环境还在恶化。2017年12月8日，非法武装袭击了联合国维和部队，造成14名维和人员死亡，40多人受伤。2017年联刚稳定团维和人员遭暴力袭击的数量激增至21人，而2010年至2016年的7年间总共只有12人因暴力袭击遇难。

在南苏丹，2013年爆发政府军与反政府武装之间的内战。2016年7月，内战升级后安全形势急剧恶化。同年8月，安理会通过第2304号决议，授权建立一支4 000人的地区保护部队。2017年4月

---

① 联合国：《秘书长关于联合国科特迪瓦行动的最后进度报告》，S/2017/89，2017年1月31日，http://www.un.org/zh/documents/view_doc.asp?symbol=S/2017/89.
② S/RES/2350，2017年4月13日；S/2017/233，2017年3月17日。

20日，来自孟加拉国的维和工兵部队先遣队抵达朱巴，开始为地区保护部队营建工作和生活区。但是，由于部队性质、领导权、规模、出兵国和经费等问题尚不明朗，这支部队的部署非常缓慢。在东非政府间发展管理局（伊加特）的调解协助下，南苏丹冲突各方经过多轮谈判，于2017年12月22日在埃塞俄比亚首都亚的斯亚贝巴签署了停火协议，为结束长达4年的武装冲突迈出了重要一步。然而，该协议并没有解决南苏丹冲突背后的根本问题，即政府方面并不愿意与反政府武装分享权力，冲突双方都仍然笃信武力是解决问题的最好办法。当前签订协议的各方已经重新陷入冲突。南苏丹内战中最大受害者是平民。截至2017年年底，仍然有约21万名平民在6个联合国平民保护营地寻求庇护，[①] 较之2016年并没有明显的变化。当前和今后一个时期，联合国在南苏丹最紧迫的任务是控制冲突和保护平民。

在中非共和国，尽管当前的安全形势较2013年内乱之时已经有了很大的改善，但是仍然面临巨大挑战。武装团体和敌对的自卫团体之间的冲突不断，针对境内流离失所者和班吉以外的人道主义和稳定团人员的袭击时有发生。2017年联非稳定团有15名维和人员遭遇暴力袭击丧生，超过之前3年之和。特别是该国西北部、中部和东南部热点频现，人道主义危机不断恶化，构成对保护平民的重大挑战，安全形势不容乐观。[②] 当前和今后一个时期，中非稳定团的主要任务是打击非法武装团体和居住在班吉的"战争贩子"，在中非共和国恢复稳定，为联合国执行维和任务创造一个安全的环

[①] United Nations, "UNMISS PoC Sites Update No. 185," http：//unmiss. unmissions. org/unmiss‐poc‐sites‐update‐no‐185.

[②] 联合国：《联合国中非共和国多层面综合稳定特派团2016年7月1日至2017年6月30日期间预算执行情况》，A/72/637，2017年12月11日，https：//documents‐dds‐ny. un. org/doc/UNDOC/GEN/N17/435/66/PDF/N1743566. pdf? OpenElement；联合国：《2017年12月6日根据安理会第2339（2017）号决议延长任期的中非共和国问题专家小组给安理会主席的信》，S/2017/1023，2017年12月22日；https：//documents‐dds‐ny. un. org/doc/UNDOC/GEN/N17/381/37/PDF/N1738137. pdf? OpenElement.

境,保护包括穆斯林群体在内的平民。

在马里,不断恶化的安全局势加剧了本已紧张的政治环境,继续夺去平民、马里军警人员和马里稳定团维和人员的生命,同时为马里政府在该国北部和中部扩展国家权造成阻碍。① 自 2013 联合国马里多层面稳定特派团(马里稳定团)建立以来,面对的最大问题是恐怖主义威胁和袭击。仅仅在 2017 年的第四季度,就发生了 31 次针对马里稳定团的恐袭,造成 11 名维和人员遇害,44 人受伤。2017 年全年,马里稳定团有多达 24 人在各种暴力袭击中遇害。马里稳定团频频遭遇以恐怖主义为主的暴力袭击,让人质疑这项维和行动是否有和平可以维持。尽管 2017 年马里稳定团根据安理会的授权,为防范恐怖袭击采取了更为主动的行动姿态,但是并不具备采取强有力的方式打击恐怖主义的能力和法律基础。联合国亟须在大力帮助马里国家安全力量增强行动能力的同时,支持区域和次区域组织和利益攸关方通过灵活、有力的方式打击萨赫勒地带的恐怖主义。在恐怖主义的阴影之下,《马里和平与和解协议》签订两年多来,具体的落实工作举步维艰。只有马里稳定团有了便于执行维和任务的安全环境,才能够有效地履行维和使命。

在达尔富尔,长期以来冲突主要有两种:一种发生在苏丹政府与各武装团体之间;另一种发生在不同的族群之间。2017 年苏丹政府军在达尔富尔地区强制收缴武器,遭到一些武装人员的暴力抗拒。而争夺牧场、水源和牲畜所有权的族群间冲突是达尔富尔地区的老问题。此外,各种暴力犯罪行为频发,让达尔富尔地区的安全形势变得更加复杂。尽管 2017 年苏丹政府在达尔富尔地区的军事行动取得了重大胜利,但是和平进程依然停滞不前。10 月 16 日,曾在 2016 年与政府签署和平协议并参加全国对话的苏丹解放军/楚格派(苏解楚格派)领导人努尔·艾丁·楚格宣布退出达尔富尔和

---

① 联合国:《秘书长关于马里局势的报告》,S/2017/1105,2017 年 12 月 26 日。

平进程，指称政府违背了对和平协议的承诺，包括没有将他任命为高级军官。同样，作为《多哈达尔富尔和平文件》签署方的正义与平等运动达巴乔派也多次对其部队整编为正规部队的进程缓慢以及该运动在民族团结政府中的代表性不足提出关切。[①] 当前和今后一个时期，混合行动的主要任务是保护平民、支持落实《多哈达尔富尔和平文件》和调解族群间暴力。

三 联合国会员国参加维和行动的情况

作为一个政府间国际组织，联合国所拥有的一切，包括可用于开展维和行动的资源，来自所有的 193 个会员国的贡献。从会员国对联合国维和行动的贡献来看，大体上出现了发达国家出钱、发展中国家出人的分工格局。中国是唯一既出大量钱又出大量人的国家。联合国维和人员是指在联合国维和行动以及政治特派团中执行任务的军人和警察，来自会员国的自愿派遣。2017 年年底，193 个会员国中有 125 个出兵出警国（简称出兵国）。出兵量排名前十位的国家都是发展中国家，依次是埃塞俄比亚（8 420 人）、孟加拉国（7 246 人）、印度（6 697 人）、卢旺达（6 498 人）、巴基斯坦（6 238 人）、尼泊尔（5 492 人）、埃及（3 274 人）、塞内加尔（3 215 人）、印度尼西亚（2 688 人）和加纳（2 678 人）。这些国家总共派出了 52 446 人，占维和人员总数 92 682 人的 56.6%。

从出兵国的地域构成来看，近些年来非洲成为维和人员主要来源地。占了排名前 10 的出兵国中的 5 席，前 20 位出兵国中的 14 席。实际上，36 个非洲出兵国总共派出了 45 972 人，占联合国维和人员总数的 49.6%。包括马里、利比里亚、刚果（金）等维和

---

① 联合国：《秘书长关于非洲联盟—联合国达尔富尔混合行动的报告》，S/2017/1113，https://documents-dds-ny.un.org/doc/UNDOC/GEN/N17/453/39/PDF/N1745339.pdf?OpenElement.

行动任务区东道国都派出了维和人员。

24个主要发达国家中没有一个进入出兵量前20位。① 这24个发达国家中有21个派出维和人员,总共派了6 363人,仅占所有维和人员总数的6.86%。主要发达国家不但派出维和人员少,而且尤其不愿意在非洲的维和行动派出维和人员。如前文所述,当前绝大部分维和人员都在非洲任务区。但是,主要发达国家向非洲派出了2 259人,仅仅占所有派兵国在非维和人员总数的2.9%。

实际上自20世纪90年代中期以来,就很少有主要发达国家愿意向联合国在非洲主导的维和行动派出成建制维和部队。此间绝大部分主要发达国家即便参加非洲的维和行动,也只是象征性地派出维和警察或者参谋军官。但是值得注意的是,最近几年一些主要发达国家重新开始向非洲派出维和部队。当前德国、瑞典、英国、荷兰、葡萄牙和法国在非洲都派有规模为几十人到几百人不等的成建制维和部队。

安理会五个常任理事国总共派出了4 274名维和人员,占总数的4.6%。其中中国2 644人、法国816人、英国679人、俄罗斯80人、美国55人。中国的维和人员数量远远超过其他四个常任理事国之和,在125个出兵国中排名第12位。

联合国开展维和行动的费用,是根据会员国的会费比额、国民生产总值和人口数量这三个参数进行义务性的分摊。与维和人员主要来自发展中国家不同的是,维和经费主要来自发达国家和安理会常任理事国。24个主要发达国家承担的维和经费摊款比额之和达到总额的77.05%。排名前十位的维和经费摊派国中,除了中国和俄罗斯之外,其他八国都是主要发达国家。安理会"五常"总共承担了维和摊款的54.7%。排序依次是美国(28.4625%)、中国

---

① 这24个发达国家是美国、加拿大、英国、法国、德国、意大利、奥地利、瑞士、荷兰、比利时、卢森堡、丹麦、瑞典、挪威、芬兰、冰岛、西班牙、希腊、日本、澳大利亚、爱尔兰、葡萄牙、新西兰和新加坡。

(10.2478%)、法国(6.283%)、英国(5.774%)和俄罗斯(3.9951%)。① 美国承担的会费超过其他四个常任理事国之和。

2017年排名前10位的维和经费摊派国分别是美国、中国、日本、德国、法国、英国、俄罗斯、意大利、加拿大和西班牙,它们承担的维和摊款比额之和多达80%。如图2所示,自2001年以来,这10个国家中,美国和西班牙两国的摊款比额大致没有变化。日本、德国、法国、英国、意大利和加拿大六国都呈减少趋势。中国和俄罗斯呈增加之势。其中,从2001年至2017年,增加和减少幅度最大的国家分别是中国和日本:中国从1.94%增加到10.25%,增加了将近5倍;日本比额从19.63%减少到9.68%,减少了将近一半。

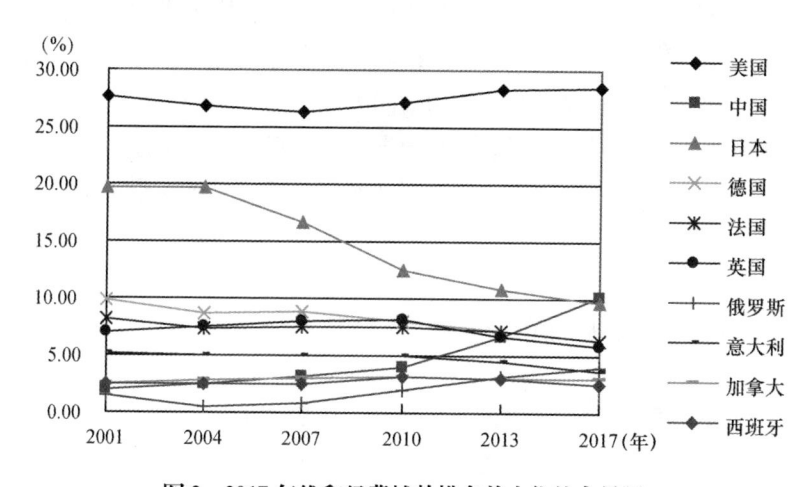

图2 2017年维和经费摊款排名前十位的会员国

资料来源:United Nations, "How we are funded," https://peacekeeping.un.org/en/how-we-are-funded.

主要发达国家承担绝大部分维和经费的做法固然值得肯定,但是它们不愿意积极地向联合国主导的维和行动派出维和人员也值得

---

① United Nations, "Implementation of General Assembly resolutions 55/235 and 55/236: Report of the Secretary-General," A/70/331, August 19, 2015.

反思。实际上，在整个冷战时代甚至20世纪90年代初期，主要发达国家一直是维和人员的主要出兵国。比如，1991年12月排名前十位的出兵国中，有8位都是主要发达国家。① 随着1993年美国维和部队在索马里遭遇"黑鹰坠落"事件之后，美国总统克林顿签署了"第25号总统令"，美国退出了主要出兵国的行列并得到其他西方国家的效仿。

发展中国家维和人员成为维和行动中的绝对主力，显现的一个严重问题是维和人员的派遣前培训难以得到保证，装备普遍比较落后，后勤保障不得力。而当前维和行动任务区的许多武装分子和恐怖分子手中有精良的武器，懂得使用现代化的军事技术。较之于发展中国家，发达国家有更多的维和培训资源，有更先进的军事装备和技术。如果有更多的发达国家维和人员参加联合国主导的维和行动，将不但有助于提高维和行动的能力，更为重要的是，还可以切实显示发达国家对维和行动的政治支持。也只有这样，才能让发达国家更为切实地体会到当前维和行动面临的困境，进而给予更多的关注和支持。

四 维和行动中的民事人员

在联合国维和行动中代表联合国工作的人员，不但有由会员国自愿贡献的军人和警察，还有联合国民事人员。由于联合国秘书处雇用的大部分民事人员都在从事与维和行动相关的工作，所以，本文将通过分析联合国秘书处职员构成，间接地呈现维和行动中的民事人员情况。秘书处官僚机构的行事风格、议程设置乃至政策制定，往往都会受到职员特别是高级职员的影响。而来自不同会员国、充斥从总部机关到维和行动任务区的联合国职员的行事风格和

---

① United Nations, "Summary of United Nations Peacekeeping Forces by Country," December 31, 1991, https://peacekeeping.un.org/sites/default/files/dec-1991.pdf.

价值理念，都难免带有自己国家文化背景和利益诉求的痕迹。会员国占据秘书处各部门职位特别是高级职位数量的多少，直接关涉在维和事务行动层面的话语权。[①] 分析联合国秘书处职员构成，有助于了解会员国在实务层面对维和行动的影响。

当前在联合国秘书处总共雇用了 39 651 名职员。这些人员分为两大类，一类在维和行动特派团和政治特派团中，有 19 754 人，占总数的 49.8%；另一类是在总部各部、厅和委员会，有 19 897 人，占总数的 50.2%。[②]

在秘书处任职人数排名前十位的会员国是：美国 2 550 人（6.43%），肯尼亚 1 709 人（4.31%），法国 1 502 人（3.79%），英国 886 人（2.23%），埃塞俄比亚 802 人（2.02%），意大利 781 人（1.97%），菲律宾 718 人（1.81%），乌干达 690 人（1.74%），加拿大 679 人（1.71%），印度 574 人（1.45%）。

出于公平原则，联合国按照惯例会拿出一些职位名额，综合考虑各会员国的会费、会籍和人口这三项权重因素按地域（国别）进行分配，并划分了各国的适当员额幅度。联合国所拿出的按地域分配名额为 3 005 个。尽管这一数量仅占当年秘书处所有 39 651 个职位的 7.6%，但是意义非凡，因为其中高级职位占比大：有多达 30 个副秘书长级职位，占总数的 41.1%；23 个助理秘书长级职位，占总数的 27.4%；79 个正司级职位，占总数的 50.6%；225 个副司级职位，占总数的 41.8%。

截至 2016 年 12 月 31 日，193 个会员国使用适当员额幅度分为 4 种情况：无任职的有 18 个国家，任职人数偏少的有 4 个国家，在幅度内的有 102 个国家，任职人数偏多的有 29 个国家（见表 2）。

[①] 何银：《联合国维和事务与中国维和话语权建设》，《世界经济与政治》2016 年第 11 期，第 40—61 页。
[②] 联合国：《秘书处组成：工作人员统计数据》，A/72/123，2017 年 7 月 11 日。

表2 按地域分配员额幅度排名前十位国家

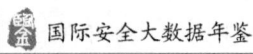

秘书处任职人数排名前十位国家			按地域分配员额排名前十位国家					
排名	国家	任职人数（人）	排名	国家	员额幅度	实际人数（人）	幅度	副司级（D1）以上（人）
1	美国	2 550	1	美国	373—504	357	幅度内	45
2	肯尼亚	1 709	2	日本	167—226	79	偏低	8
3	法国	1 502	3	中国	164—222	81	偏低	9
4	英国	886	4	德国	112—152	143	幅度内	13
5	埃塞俄比亚	802	5	法国	87—118	141	偏高	14
6	意大利	781	6	英国	81—109	138	偏高	24
7	菲律宾	718	7	巴西	73—99	46	偏低	6
8	乌干达	690	8	意大利	69—93	127	偏高	13
9	加拿大	679	9	俄罗斯	60—81	48	偏低	10
10	印度	574	10	加拿大	55—74	96	偏高	11

资料来源：United Nations, "Composition of the Secretariat: Staff Demographics: Report of the Secretary – General," A/72/123, July 11, 2017, pp. 59 - 98, http://digitallibrary.un.org/record/1300996/files/A_72_123 – ZH.pdf? version = 1.

表2反映了在秘书处任职人数排名前十位国家，以及按地域分配员额排名前十位国家的员额幅度和实际任职人数情况。在秘书处任职人数排名前十位国家中，主要发达国家（美国、法国、英国、意大利和加拿大）和发展中国家（肯尼亚、埃塞俄比亚、菲律宾、乌干达和印度）各占一半。安理会"五常"中，美国、法国和英国都进入了任职人数排名前十位，而中国和俄罗斯则没有。美国的任职人数远远领先于其他国家，主要是因为联合国总部在美国，雇用了大量美国公民。按地域分配员额排名前十位的国家分别为美国、日本、中国、德国、法国、英国、巴西、意大利、俄罗斯和加

拿大。从各国实际有效使用分配员额的情况看,美国和德国两国在适当员额幅度内;法国、英国、意大利和加拿大4国偏高,而日本、中国、巴西和俄罗斯4国偏低,甚至都远远没有达到适当员额幅度的下限。此外,按地域分配员额排名前十位的国家中,实际获得副司级(D1)以上职位数排名靠前的国家都是发达国家,包括美国、英国、法国、德国和意大利等,而日本、中国和巴西则都不到10人。尽管作为安理会常任理事国,中国在按地域分配员额排名中位列第三,但是实际使用员额远远少于其他一些排名靠后的国家;并且,中国实际获得的副司级以上的职位人数不但少于其他4个常任理事国,而且少于德国、意大利和加拿大这些普通会员国。这从一个角度反映出中国在联合国维和事务中存在严重的话语权赤字。[①] 特别是从各国实际使用地域分配员额中的高级职位的情况可以看出,联合国维和行动的领导指挥权主要掌握在发达国家手中。

五 维和行动中的性别平等问题

联合国倡导性别平等的理念。2000年安理会通过第1325号决议,强调了妇女平等参加和充分参与维持和促进和平与安全的一切努力的重要性。[②] 联合国鼓励出兵国派出女性维和人员,并在雇用职员特别是高级职务时注重提高女性的比例。

在92 682名维和人员中有4 275名女性,占总数的4.56%。在在39 651名职员中,女性为13 898人,占总数的35.1%;在3 005名按地域配额的高级职位中,女性为1 379人,占总数的45.9%。图3反映了2005年以来女性在维和人员、民事人员以及按地域配

[①] 何银:《联合国维和事务与中国维和话语权建设》,《世界经济与政治》2016年第11期,第40—61页。

[②] S/RES/1325,2000年10月31日,http://www.un.org/zh/documents/view_doc.asp?symbol=S/RES/1325(2000)。

额任职职员这类人员中的比率变化情况。可以看出，自 2005 年以来，这三类人员中女性的比率都整体呈稳步上升趋势。其中，维和人员中女性的比率最低，几乎只有象征性的存在；在按地域配额任职职员中，女性比率最高，几乎达到了男女平衡的状态。在维和行动特派团团长和副团长界别的职位上，当前女性的比率已经达到 26%，是历史上最高的时期。而在由 44 人组成的联合国高级管理层，已经首次实现了男女性别平等。不难发现，越是高级的层面，越容易实现男女比率平等。

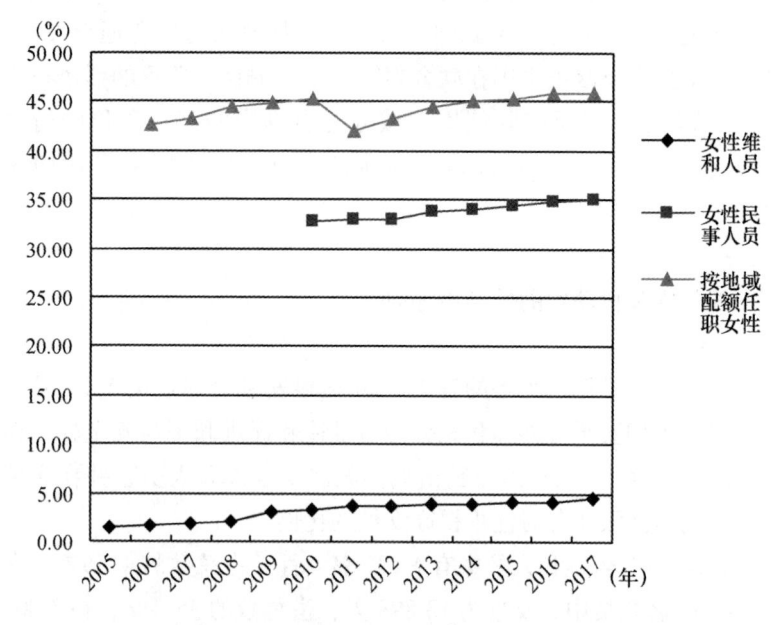

图 3　维和行动中的女性比例（2005—2017）

资料来源：United Nations, "Composition of the Secretariat: Staff Demographics: Report of the Secretary‑General," 2010–2017, A/65/350, A/66/347, A/67/329, A/68/356, A/69/292, A/70/605, A/71/306, A/72/123; United Nations, "Consolidated Statistical Information on Female Military and Police Personnel from 2015–2010," https://peacekeeping.un.org/sites/default/files/gender_screst1325_chart.pdf; United Nations, "United Nations: Gender," https://peacekeeping.un.org/en/gender.

到 2020 年，女性维和人员的数量要翻番。2016 年 9 月，在伦敦召开的一次联合国维和事务会议上，有 60 多个会员国都做出承诺，要增加女性参加维和行动的各个层面工作的机会。性别平等是一个很好的理念。在许多维和行动任务区的社会里，实现性别平等是一个严峻的政治和文化问题。联合国在维和机制中推动性别平等，向国际社会做出示范，本身是具有正面意义的。但是，当前已经出现了一些立足于极端的政治正确的声音，提出要在维和行动的各个层面实现绝对的男女比率相等，则是不现实的。

六 联合国维和人员的安全

维和人员是和平的捍卫者，他们的安全是一个值得关注的重要问题。从 1948 年至 2017 年的 70 年中，总共有 3 692 名联合国维和人员在联合国 73 项与和平相关的行动和任务中死亡。每年维和人员死亡的数量既有偶然性，比如 2010 年海地大地震夺去了 97 名维和人员的生命；也有必然性，也就是说，随着维和人员绝对数量的增加，每年牺牲的人数也会增加。20 世纪 90 年代中后期，每年的维和人员总数只有 1 万多人，牺牲人数为几十人。但是进入 21 世纪后，随着维和人员数量的大幅增加，每年的牺牲人数也增加到 100 人以上。

如图 4 所示，如果按照每年维和人员每 10 万人的相对牺牲人数计算，自 1990 年以来维和人员的安全状况整体上呈现明显改善的趋势。20 世纪 90 年代中期曾一度达到每年每 10 万人牺牲 300 人至 400 人的峰值，之后开始回落。2011 年至 2016 年每年每 10 万人牺牲人数为 110 人左右，远远低于此前的大部分年份。2017 年牺牲总人数为 133 人，按照每 10 万人牺牲人数为 142 人，两项指标都远远高于 2011 年至 2016 年的 6 年。这是否意味着维和人员的安全状况出现了明显的恶化，还有待进一步观察。

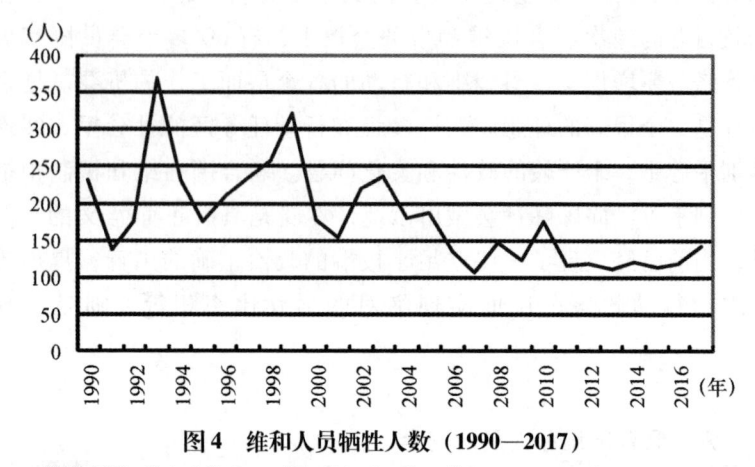

图 4　维和人员牺牲人数（1990—2017）

资料来源：United Nations, "Fatalities by Year," https：//peacekeeping. un. org/sites/default/files/statsbyyear_1_6. pdf.

了解维和人员安全状况的另一个角度，是分析造成维和人员牺牲的原因。从 70 年维和史的整体来看，迄今牺牲的 3 692 名维和人员中，按照造成维和人员死亡的原因排列，依次是事故 1 305 人（35.3%）、疾病 1 158 人（31.4%）、暴力行为 985 人（26.7%）和其他原因 244 人（6.6%）。[①] 绝大多数联合国维和任务区道路交通条件恶劣，基础设施条件差，抵抗自然灾害的能力弱，所以各种事故成为威胁维和人员人身安全的第一因素。许多维和行动任务区处于热带，各种热带疾病肆虐，所以疾病成为仅次于事故的第二大威胁。而针对维和人员的各种暴力袭击仅仅居于第三位。

从 2000 年开始，上述情况发生了改变，疾病开始成为维和人员死亡最主要的原因。2000 年至 2017 年的 18 年间，除了 2010 年

---

① United Nations, "Fatalities by Year and Incident Type," December 31, 2017, https：//peacekeeping. un. org/sites/default/files/statsbyyearincidenttype_5_1. pdf.

之外，其他17年间疾病都是对维和人员生命安全最大的威胁。[1] 研究发现，这主要是因为自1999年年底以来，联合国在非洲建立了10项大型维和行动。如表3所示，在这10项维和行动中，就造成维和人员死亡的首要原因而言，除了马里稳定团之外，在其他9项行动中都是疾病。2000年以来这10项维和行动中总共死亡了1 433人，而疾病引起的死亡总人数为688人，占总数的将近一半。目前除了联合国塞拉利昂特派团和联合国科特迪瓦行动已经结束任务之外，其他8项行动都正在进行之中。

表3 1999年年底以来非洲大型维和行动维和人员死亡情况[2]

维和行动名称	事故	疾病	暴力行为	其他	总计
联合国塞拉利昂特派团	79	87	17	9	192
联合国组织刚果民主共和国特派团	32	88	34	7	161
联合国利比里亚特派团	43	145	3	10	201
联合国科特迪瓦行动	55	74	11	10	150
联合国苏丹特派团	11	41	4	4	60
非盟/联合国达尔富尔混合行动	42	117	73	28	260
联合国组织刚果民主共和国稳定特派团	35	64	33	12	144
联合国南苏丹共和国特派团	12	21	13	5	51
联合国马里多层面综合稳定特派团	21	33	95	6	155
联合国中非共和国多层面综合稳定团	6	18	28	7	59
总计	**336**	**688**	**311**	**98**	**1 433**

资料来源：United Nations, "Fatalities by Mission and Incident Type," December 31, 2017, https://peacekeeping.un.org/sites/default/files/statsbymissionincidenttype_4_8.pdf.

---

[1] United Nations, "Fatalities by Year," https://peacekeeping.un.org/sites/default/files/statsbyyear_1_4.pdf.
[2] 不包括联合国埃塞俄比亚和厄立特里亚特派团、联合国中非和乍得特派团、联合国中非和乍得特派团及联合国阿卜耶伊临时安全部队。

近年来的另一个趋势值得注意。如表4所示,自2013年以来的绝大多数年份里,在疾病是造成维和人员死亡首要原因的同时,暴力袭击造成的死亡人数超越了事故。分析发现,2013年建立的马里稳定团带来了改变。在这项维和行动中,维和人员经常遭到恐怖袭击,重大人员伤亡事件时有发生。2013年至2017年,有155名马里稳定团维和人员因各种原因死亡。其中,暴力袭击造成死亡人数多达95人,占该行动中死亡总人数的61.3%。此外,在刚果(金)和中非的两项维和行动中暴力袭击造成的维和人员死亡数量也不容忽视。2017年,暴力袭击造成61名维和人员遇难,而其中多达60人都集中在马里、刚果(金)和中非的三项具有建立和平特征的稳定特派团。

表4 造成维和人员牺牲原因对比

年份	事故		疾病		暴力袭击		其他		总数(人)
	牺牲人数(人)	百分比(%)	牺牲人数(人)	百分比(%)	牺牲人数(人)	百分比(%)	人数(人)	百分比(%)	
1948—2017	1 304	35.6	1 150	31.4	968	26.4	244	6.6	2 264
2013	15	13.7	47	43.2	36	33.0	11	10.1	109
2014	29	23.0	50	39.6	39	31.0	8	6.3	126
2015	30	24.3	41	33.0	34	27.4	19	15.3	124
2016	19	16.2	43	36.8	34	29.1	21	17.9	117
2017	15	14.2	42	39.6	44	41.5	5	4.7	106

资料来源:作者自制表格。United Nations, "Fatalities by year and incident type," December 7, 2017, https://peacekeeping.un.org/sites/default/files/statsbyyearincidenttype_5_1.pdf.

就年均维和人员死亡人数而言,当前正在进行的马里稳定团为31人,在迄今70项维和行动中排名第五位,仅次于第二期联合国索马里行动(53人)、联合国刚果行动(49.8人)、联合国保护部队(42.6人)和联合国柬埔寨过渡时期权力机构(41人)。但若是按因暴力袭击造成的年均死亡人数而言,马里稳定团以19人排名第三位,仅次于第二期联合国索马里行动(37.3人)和联合国刚果行动(35人)。可见,当前正在进行的15项维和行动中,马里稳定团是维和人员死亡人数最多的,同时也是针对维和人员的暴力袭击最严重的。2013年以来,马里稳定团中每年因暴力袭击造成的死亡人数都占据了所有行动死亡人数的一半以上。

七 维和行动与国际反恐

国际恐怖主义是联合国关注的主要问题之一。2001年9·11事件发生后,联合国安理会通过第1373号决议,成立了反恐怖主义委员会执行局,负责帮助会员国提升预防国内和跨国恐怖主义威胁的能力。此外,还成立了基地组织/塔利班观察组(后更名为"伊斯兰国"和集体组织制裁委员会)等专门应对恐怖主义问题的机构。在联合国系统内以及与联合国有合作关系的国际组织中,工作性质与多边反恐努力息息相关的国际实体多达38个,除了上述两个机构之外,还有联合国维和行动部、联合国开发计划署、联合国毒品和犯罪问题办公室、国际刑警组织和世界银行等。2005年,联合国秘书长在政治事务部下设立了反恐执行工作队,其主要任务是协调和统一上述38个机构的工作。2006年,联合国大会通过了《联合国全球反恐战略》。2011年,联合国在反恐执行工作队下设立了联合国反恐中心。

然而,联合国在国际反恐方面的主要角色,是向会员国提供技术支持和法律指导,并作为一个促进和协调反恐国际合作的平台发挥作用。在具体的实地行动中,联合国始终与反恐实地行动保持距离。2003年伊拉克战争结束后,联合国设立了驻巴格达办事处。同年8月19日,办事处遭到恐怖分子的汽车炸弹袭击,造成包括联合国特使德梅洛在内的22名联合国人员死亡,150人受伤。其后，联合国将办事处从巴格达撤到了约旦首都安曼，并且断绝了深度参与伊拉克和阿富汗战后和平进程的念头。

最近几年，随着恐怖主义在非洲兴起，以及联合国介入萨赫勒地带和东非等恐怖主义肆虐地区的和平进程，恐怖主义开始成为联合国维和行动难以避开的问题。在索马里和马里等非洲国家，效忠于基地组织和"伊斯兰国"的各方恐怖组织既有精良的装备，又有先进的战术，常常以联合国人员为袭击目标。在马里，暴力攻击造成维和人员死亡的人数远远超过其他原因，表明马里实际上缺乏一个典型的维和行动需要的基本条件：一个由和平协议或者停火协议带来的基本的和平局面。无论是在马里还是在索马里，由顽固的意识形态武装起来的恐怖分子大多有非常激进的政治诉求，远非联合国维和努力所能调和。

2017年"伊斯兰国"在伊拉克和叙利亚遭遇重大军事失败，但并不意味着这个恐怖组织必将走向衰落。如同基地组织一样，"伊斯兰国"在非洲有大量的追随者。它的残余势力就可能把非洲作为重新振作的"天堂"，就像当年基地组织在非洲兴起一样。特别是2011年利比亚陷入内乱后，大量精良武器向撒哈拉以南非洲扩散，改变了萨赫勒地带和东非一些国家的安全生态。加之过去几年国际上石油等大宗商品价格低迷，非洲一些贫穷国家的经济陷入困境，贫困人口不断增加，让恐怖组织更容易招募力量。在此背景下，联合国在非洲将可能有更多维和行动陷入如在马里那样的困境：一方面联合国维和人员面临恐怖主义的严重威胁；另一方面却既没有开展反恐的安理会授权，也没有行动能力。

联合国维和行动的本质不是军事行动，而是政治行动。所以，直接参加打击恐怖主义的行动不应该由联合国来做，而是需要相关国家和国际组织出面。在萨赫勒地带反恐问题上，联合国支持建立萨赫勒五国集团联合部队，认为它是有效实行"联合国萨赫勒区域综合战略（联萨综合战略）"的重要部分。① 在索马里，打击"索马里青年党"等恐怖组织、恢复安全秩序的工作主要由非盟维和部队和伊加特去完成。联合国和国际社会从政治、技术和财政等方面给这些区域组织和相关国家以支持。

八 联合国维和行动改革

2017 年新任联合国秘书长古特雷斯上任，维和行动开启了一个新的时代。推动维和行动改革是新任秘书长的重要工作。在安理会这样的战略层面，过去一年还没有推出具有实际意义的改革措施。但是在维和行动的具体事务层面，古特雷斯接受了 2015 年发布的《联合国和平行动问题高级别小组报告》（以下简称《和平行动问题小组报告》）提出的一些建议，② 提出了一套改革方案。首先是改革秘书处负责维和事务官僚部门的架构，重点是重组维和行动部、政治事务部和建设和平支助办公室：原来由政治事务部负责的政治事务特派团归由维和行动部管理，将维和行动部更名为和平行动部；将建设和平办公室与政治事务部合并，建立政治与建设和平事务部。③ 联合国维和行动改革的目标是确保维和任务能够更有力地预防冲突，更灵活地调停冲突。落实《和平行动问题小组报告》的建议，将预防冲突作为联合国维和行动的出发点和目标，有助于从实质上维护国际和平与安全。然而，现有的改革方案在宏观范式上遵循的还是"自由和平"，主张在维和行动任务区东道国建

---

① 联合国：《秘书长关于萨赫勒五国集团联合部队的报告》，S/2017/869，2017 年 10 月 27 日。

② United Nations, "Report of High-Level Independent Panel on Peace Operations on Uniting Our Strength for Peace: Politics, Partnership and People," http://www.un.org/en/ga/search/view-doc.asp?symbol=S/2015/446.

③ "Restructuring Proposal: Peace and Security Pillar," "Note from Secretary-General to Member States: Restructuring of the Peace and Security Pillar".

立市场民主国家,[①] 在具体操作上强调预警、斡旋和调解等技术措施,忽视了冲突后国家在经济和社会发展上面临的严峻问题,以及这些问题对冲突产生、管理和解决的影响。促进发展是联合国的三大支柱性任务之一。任何对发展问题不够重视的维和行动改革方案,都难以有助于解决维和行动中的实际问题。

维和行动改革上的另一个重大举措,是打击维和人员涉及性侵犯和性剥削的行为。2016年联合国公布了一份联合国系统内工作人员涉及性侵犯和性剥削案件名单,列出了维和人员涉及的69起案件,公开点了相关21个出兵国的名。维和行动中出现有关工作人员对驻地平民实施性剥削和性虐待等罪行的指控,使联合国的声誉蒙受巨大耻辱。2017年年初,联合国出台了防止性剥削和性虐待的新办法,承诺在结构、法律和业务层面采取四大战略措施,使"零容忍"政策变为现实。

(何银,中国人民警察大学中国维和警察培训中心副教授,国际关系博士;He Yin, Ph. D., is Associate Professor at the China Peacekeeping Police Training Center, the Chinese People's Police University)

[①] 何银:《发展和平:联合国维和建和中的中国方案》,《国际政治研究》2017年第4期,第10—32页。

国际人道主义援助的演变趋势与国际安全

任远喆

【内容提要】 人道主义援助是国际援助中比较特殊的一种形式,与人的安全息息相关。整体来看,从 2016 年至今,国际人道主义危机有所深化,传统以西方发达国家为主要出资方的筹资方式正在逐步改变,人道主义援助的主体不断丰富,途径更加多元,效果逐渐显现。未来国际人道主义援助的需求还将继续增大,人道主义援助跨部门和全面的分析将继续完善,发展中国家在国际人道主义援助中的地位将进一步上升。这体现了全球治理体系的改革和国际安全治理的演变。

【关键词】 人道主义援助;地区冲突;大数据;联合国;全球治理;国际安全

从 20 世纪 80 年代开始,人的安全就成为国际安全研究的重要议程。近年来,随着全球化、城镇化、工业化、信息化等国际要素的变化,传统安全与非传统安全相互交织,日益复杂,导致了一系列人道主义危机的出现。人道主义危机正是人的安全受到侵害的直接体现。为应对相关的人道主义问题,2016 年联合国组织召开了首次"世界人道主义峰会"。时任联合国秘书长潘基文提交了题为《同一人性:共担责任》(*One Humanity: Shared Responsibility*)的专题报告。该报告指出,"我们正面临着深刻、紧迫且不断增长的全球性挑战;野蛮残暴、似乎难以控制的冲突正在对数以百万计民众的生活构成毁灭性影响,并使整个区域陷入动荡之中。暴力极端主义、恐怖主义和跨国犯罪正在导致持续的不稳定;贫富之间的差距不断扩大使得社会最脆弱群体被日益边缘化和疏远;气候变化引发的风暴、洪水和干旱等灾害日趋频繁和剧烈,并对人类生活产生深远的影响;同时,人道主义援助需求处于历史最高水平,但缓解问题的相关政治解决方案却迟迟未能达成……各国有必要在'共同人性(shared humanity)'的基础上采取切实行动"。① 联合国提出了应该积极履行的"五项核心责任"。

人道主义危机频发和应对乏力是全球治理"失灵"的直接体现。现有的国际人道主义行动机制与日益增多、复杂多变的人道主义危机并不匹配。在"世界人道主义峰会"上,潘基文就呼吁应该建立更加全球性的、负责任的和充满活力的人道主义系统。近年来,不少学者对于如何改善人道主义行动的相关机制,从而与不断变化的国际和国内环境协调起来进行深入研究。② 如何把握人道主义危机的特点以及近年来国际人道主义行动的变化趋势,对于我们更加有针对性地展开行动,化解危机,维护国际安全,保障人的安全至关重要。为此,本文将在挖掘、整理和分析国际上关于国际人道主义行动主要数据的基础之上,对这一问题进行解答。

一 国际人道主义援助的内涵及特点

人道主义援助是对外援助中比较特殊的一种形式。国际法对人

---

① *One Humanity: Shared Responsibility*, Report of the Secretary General for the World Humanitarian Summit, February 9, 2016, https://www.unocha.org/publication/one-humanity-shared-responsibility-report-secretary-general-world-humanitarian-summit.

② "John Borton, Future of Humanitarian System: Impact of Internal Changes," November 2009, http://citeseerx.ist.psu.edu/viewdoc/download?doi=10.1.1.468.5140&rep=rep1&type=pdf; Edmund Caines, "Crises in a New World Order: Challenging the Humanitarian Project," *Oxfam Briefing Paper*, Febuary 2012; CaLP, *Cash Transfers and the Future of Humanitarian Assistance*, July 2013.

道主义援助进行了相关规定,这些规定成为国际实践的根本出发点。国际法学会2003年9月通过的关于人道主义援助的决议第一节中,将人道主义援助规定为"为满足受害者生存必不可少的基本需要而提供纯粹人道主义性质的货物和服务的所有行动、活动和人力及物质资源"。2007年的《奥斯陆准则》对"人道主义援助"进行了较为全面的定义,导言第一条指出:"人道主义援助是为灾民提供的援助,其主要目的是拯救生命,并减轻危机中灾民的苦难。进行人道主义援助必须要遵守人道、公正、中立的人道主义基本原则。根据援助组织与灾民的接触方式可以将援助分为直接援助、间接援助以及基础设施援助。"可以看到,与其他援助相比,人道主义援助主要秉持人道主义观念,目的相对单纯,侧重于帮助他国或国与国之间的互助,极少附加政治和军事条件。正如汉斯·摩根索(Hans Morgenthau)所言,"在各种对外援助类型中,只有人道主义援助的政治意义较弱,但在政治环境下实际也履行着政治功能"。[1]

人道主义援助体系的建立和发展与国际安全研究的范式转变紧密相连。从实践来看,人道主义援助对象也经历了从传统安全到非传统安全的转向。最早的人道主义援助或救援多指对战争侵害对象展开的人道主义行动。例如在战后对相关人员进行的援助和救援,帮助他们尽早摆脱战争创伤。国际红十字会的人道主义使命就是保护受到武装冲突及其他形式侵害的受害者的生命和尊严,为他们提供援助。[2] 而随着安全威胁的扩大化和多样化,如今的人道主义援助更多与非传统安全相关。有学者指出,人道主义援助就是指援助方在有关国家和地区遭受严重自然灾害或人道主义灾难的情况下,主动或应受灾国要求提供紧急救援物资、现汇或派出救援人员,以减轻灾区人民生命财产损失,帮助受灾国应对灾难造成的困难局面

---

[1] Hans Morgenthau, "A Political Theory of Foreign Aid," *The American Political Science Review*, Vol. 56, No. 2, 1962, p. 301.

[2] ICRC 2014, p. 5.

的援助方式。① 可以说，人道主义援助的实施要受到国家理念、总体实力、对外战略等方面的因素影响，同时有效实行人道主义援助也有助于增强国家的软实力，提升国家形象。

世界上的主要大国都非常重视人道主义援助。例如美国就一直是人道主义援助的重要支持者。不同政党、团体尽管在很多问题上存在分歧，但是从精英到民众在人道主义援助问题上往往可以达成共识。他们认为，像美国这样的发达国家有道德责任需要向贫穷国家提供援助，这符合发达国家的长期利益和价值观。② 为此，美国设立了种类庞杂、功能各异的人道主义援助机制。近年来，美国越来越感到人道主义援助在美国对外援助体系中的重要性，因而不断对机构进行调整，加强协调，并且日益重视私人志愿组织在人道主义援助中的作用。③ 英国、法国等发达国家也都有一套相对完善的人道主义援助体系。④ 从 2005 年左右开始，迅速崛起的中国也将人道主义援助视为道义影响力提升的重要途径，在国际援助体系中发挥的作用日益显现。中国在人道主义援助方面的进一步参与将会提升人道主义援助的效率，通过增加知识、经验、文化专长和政治关系，有效补充现有体制和机制中的缺陷和不足。⑤ 60 多年来，中国始终坚持履行人道主义援助的国际义务，在人道主义援助领域作出了显著成绩，形成了有中国特色的人道主义援助模式，成为世界上

---

① 李小瑞：《中国对外人道主义援助的特点和问题》，《现代国际关系》2012 年第 2 期，第 48 页。

② "U. S. Opinion on Development and Humanitarian Aid," in Council on Foreign Relations, ed., *Public Opinion on Global Issues*, November 2009.

③ 沈鹏、周琪：《美国人道主义援助的演变及趋势》，《外交评论》2014 年第 2 期，第 93 页。

④ Anne Eyre, Viv Brunsden and Jamie Murphy, *Humanitarian Assistance in the UK: Current Capability and the Development of Best Practice*, Report submitted to the Department for Culture, Media and Sport, 2009.

⑤ Andrea Binder and Björn Conrad, "China's Potential Role in Humanitarian Assistance," *Humanitarian Policy Paper Series*, Global Public Policy Institute, 2009, p. 5.

最大的人道主义援助提供者之一。① 从一定程度上来说，人道主义援助也是中国为全球治理提供的重要公共产品。

除了单个国家特别是主要大国之外，联合国、临时性的国家联盟、区域组织等都是人道主义援助的主体。联合国是国际人道主义援助当仁不让的核心，在实施援助方面发挥着组织、协调和引导的功能。1991年联合国大会通过了第46/182号决议，旨在加强联合国对复杂紧急情况和自然灾害的应对，同时改善了联合国人道主义行动的总体实效。决议创立了紧急援助协调员这一高级别职位。之后不久，联合国秘书长加利领导设立了人道主义事务部，并赋予紧急援助协调员主管人道主义事务副秘书长的身份，以提供机构支持，其办事处设在纽约和日内瓦。这就是"联合国人道事务协调办公室"（OCHA）的前身。1998年"联合国人道事务协调办公室"正式开始运作，通过机构间常设委员会协调联合国开发计划署、联合国难民署、联合国儿童基金会、世界粮食计划署等人道主义救援机构在应对人道主义危机时展开联合行动，还可以通过中央应急响应基金在捐款资金到位前帮助人道主义机构解决现金流问题，以促进快速响应紧急状态。②

除联合国外，冷战结束之后地区组织参与人道主义行动和资金捐助明显增多，发展迅速。1991年16个加勒比海国家建立"加勒比海沿海国家灾害紧急救援局"（Caribbean Disaster Emergency Management Agency，CDEMA），以便在其成员国出现灾情时，配合受灾国协调救援行动，增强受灾国的人道主义援助行动管理能力。1992年，欧盟委员会建立了人道主义援助办公室（ECHO），如今已经拥有将近150名人道主义专家和300多名当地工作人员，在39个国家建立了44个外地办事处。这一机构的援助内容主要分为两

---

① 李小瑞：《中国对外人道主义援助的特点和问题》，《现代国际关系》2012年第2期，第52—53页。

② 详细介绍参见OCHA网站：http://www.unocha.org/.

类：基于生存和生活需要提供的援助和基于发展和保护提供的援助。① 一般来讲，区域组织在进行人道主义行动时需要同联合国协调，特别是利用一些武力手段干涉时，必须得到联合国安理会的授权。东盟在2008年同联合国和缅甸政府共同应对"纳吉斯"飓风就是地区主义参与人道主义援助的典型模式。非盟、阿盟、南盟等也有非常多的实践，体现出地区组织已经成为人道主义援助的关键行为体。② 2015年2月，国际上有代表性的13个地区组织秘书处和中心联合组建了"地区组织人道主义行动网络"（Regional Organizations Humanitarian Action Network，ROHAN），并在第二年举行的首届"人道主义峰会"上正式启动。这一网络大大加强了地区组织在人道主义援助上的经验分享和行动协调，特别是在防灾减灾和灾难应对方面的协同一致。2016年这一网络又在印度尼西亚雅加达召开了第二次会议。③

近年来，非政府组织快速发展成为人道主义援助的重要力量。根据"全球杂志"（The Global Journal）的统计，世界上有大大小小、各式各样的非政府组织约1 000万个，已经构成全球治理不可或缺的关键力量。其中，相当一部分非政府组织的成立就是为了开展人道主义救援行动，它们在粮食援助、医疗救助、疾病防治、气候环境保护等方面，从资金、技术到物资都提供了丰富的经验、专业的知识和坚定的支持。④ 比较有代表性的如红十字会与红新月会国际联合会专门制定了《国际红十字和红新月运动及从事救灾援助的非政府组织行为准则》，为非政府组织开展人道主义援助提

---

① 参见ECHO网站：https://eeas.europa.eu/diplomatic – network/humanitarian – aid – and – civil – protection – echo_en.

② Steven A. Zyck, "The Growing Role of Regional Organizations in Humanitarian Action," Policy Brief 54, Humanitarian Policy Group, December 2013.

③ Regional Organizations Humanitarian Action Network (ROHAN) annual meeting 2016, Jakarta.

④ Philippe Ryfman, "Non – governmental Organizations: An Indispensable Player of Humanitarian Aid," *International Review of the Red Cross*, Vol. 89, No. 865, March 2007.

供了行为参照系,增强了国际人道主义援助行动中的针对性和协调性。

可以看出,国际人道主义援助已经发展成为宽领域、多主体、立体化的复合型体系,构成当前全球治理和国际安全议程中的关键议题。国际上主要的负责人道主义援助的机构对相关人道主义援助数据库的建设也在逐渐完善,每年都会发布相关的研究报告,以翔实的数据和生动的案例勾画出人道主义援助的发展状况与趋势。

二 近年来国际人道主义援助的显著变化

在众多关于国际人道主义援助的大数据中,"联合国人道事务协调办公室"(OCHA)每年发布的《世界人道主义数据与趋势报告》(*World Humanitarian Data and Trends*)无疑发挥着"旗舰"作用。每年的报告都会有针对性的侧重点,广泛探讨全球范围内人道主义危机的特点、根源和发展方向。与此对应,"联合国人道事务协调办公室"还会与其他机构协调,每年年底发布《全球人道主义概况》(*World Humanitarian Overview*),对相关人道主义行动特别是资金投入、效果和不足等进行全面评估。尽管内容上不如第一份报告那么面面俱到,但也为我们理解国际人道主义援助提供了重要的第一手资料。下文对国际人道主义援助的特点分析将主要基于 2017 年年底最新发布的两份报告,对 2016 年至 2017 年年底的国际人道主义援助的主要特点和趋势进行分析。主要特点体现在以下三个方面:

第一,国际人道主义危机有所深化。

首先,武装冲突成为过去 10 年间导致人道主义危机出现的主要原因。从 2006 年到 2016 年,全球范围内由政治原因导致的武装冲突从 278 例上升到了 402 例。受此影响,2016 年无家可归的人数上升到了前所未有的 6 560 万人。他们大部分来自阿富汗、索马里、南苏丹、苏丹和叙利亚。而在平民居住密集的城市中心，武装冲突带来的杀伤力最大。2016年，爆炸性武器导致死伤人数的92%是平民。其中，47%是成年男性，32%是男孩。

其次，自然灾害的毁灭性影响正在加剧。气候变化、城市化等因素加速了自然灾害带来的威胁。尽管与2015年相比，2016年的自然灾害发生的数量有所下降，但是波及的人数却翻了一番，从1.02亿人增加到了2.04亿人；自然灾害带来的经济损失也从2015年的900亿美元增加到了2016年的1 470亿美元。其中一个重要的原因是重建地区自然灾害的再次发生。从类型上来看，地震与洪水是增长最快的两类自然灾害；从区域来看，亚洲和美洲是受灾最严重的两大洲，其中亚洲又要远远超过美洲。

最后，女性面临的人道主义需求进一步加大。"性和生殖健康"（Sexual and Reproductive Health，SPH）方面的侵害在人道主义危机中体现得较为明显。根据2017年的报告，3/5的生育死亡发生在人道主义危机过程中；在人道主义危机发生的地区，每天平均有507名女性和未成年少女在怀孕和生育过程中死亡；75%受人道主义危机影响的人群是妇女和儿童，45%的新生儿死亡出现在人道主义危机发生的地区。① 为此，国际人道主义援助也已经更多向这方面倾斜。

根据联合国相关机构的统计，2016年生活在47个国家的约1.6亿人需要接受国际人道主义救援。其中超过1/4的来自三个国家：也门、叙利亚和伊拉克。还有就是因厄尔尼诺现象遭受自然灾害的众多国家。大部分受援国和受援者都遭受了多重人道主义危机的侵害，同时也接受了来自各个方面的多种援助。② 在2017年联合

---

① *World Humanitarian Data and Trends*，2017，December 13，2017，http://interactive.unocha.org/publication/datatrends2017/.

② *Crisis Overview 2016：Humanitarian Trends and Risks for 2017*，ACAPS，December 1，2016，https://www.acaps.org/special-report/crisis-overview-2016-humanitarian-trends-and-risks-2017.

国"人道主义日"的致辞中,联合国秘书长古特雷斯再次强调了世界面临的深重的人道主义危机,并呼吁全球所有领导人尽其所能保护陷入冲突者,不能把平民当作攻击目标。①

第二,国际人道主义援助的资金使用逐步调整。

首先,人道主义援助资金总量继续增长。为应对全球范围内的人道主义危机,国际人道主义援助资金连续四年增长,2016年达到了273亿美元,增长幅度为6%,低于之前3年年均12%—21%的速度。② 援助资金增长的减慢是由多种原因造成的,例如援助的优先次序发生了变化、资金的可用性、当年人道主义危机的种类等,台风"海燕"、尼泊尔地震、埃博拉病毒等危机的突发性也带来了一定的影响。

其次,人道主义援助资金的需求—供给差依然较大。联合国在主要的人道主义救援中都发挥着重要的协调作用。为此,每年都会提交相应的援助资金需求。2016年联合国提交的资金需求为200亿美元左右,比2016年增加了4%,在经历了2015年的下降后基本上和2014年持平。最终,联合国协调进行的人道主义援助获得的资金为124亿美元,比2015年增长了12%左右。但这依然比需求相差82亿美元,大约占到预期的40%,这比前几年的36%还有所增加。可以看出,人道主义援助的需求和可利用的资源之间还有巨大的鸿沟。

最后,不同地区和国家接受到援助的状况差异很大。叙利亚、南苏丹、也门等主要国家的人道主义援助占用了大部分援助资金。最重要的五个援助占据了57%的总援助额,与前两年基本持平,特别是两个与叙利亚有关的援助占到总援助额的38%。而在不同国家援助需求与供给匹配情况差别很大。布隆迪是2016

---

① António Guterres, "Remarks at 'Stand Together' Event to Mark World Humanitarian Day 2017," August 18, 2017.

② *Global Humanitarian Assistance Report 2017*, GHA, June 2017, p. 28, http://devinit.org/post/global-humanitarian-assistance-2017/#.

年最佳援助对象，总需求6 200万美元的99%得以实现。与此恰恰相反，冈比亚尽管只要求1 100万美元援助用于食品安全，却仅仅得到了4%，连续两年成为联合国援助的最差对象国。在人道主义援助中，援助程度的差异比较常见。但是像2016年这种最佳和最差之间有将近95%的差距还是非常少见的，远远高于前一年的76%。[①]

除此之外，国际红十字会和红新月会等非政府组织继续保持了援助资金的独立性。2016年红十字会国际委员会（ICRC）需求资金为16亿美元，主要用于冲突地区的人道主义行动。这是2012年之后的首次下降。最终得到的援助额达到了15亿美元，比前一年增长了9%。93%的实现率也创造了有史以来的新高。与此同时，红十字与红新月会国际联合会（IFRC）需要3.5亿美元用于自然灾害的应对，比2015年下降了19%。最终援助方提供了2.87亿美元，实现了总需求的82%，比2015年略有下降。

第三，国际人道主义援助的传统路径有所变化。

首先，突发性事件成为人道主义援助的重要导火索。人道主义援助与国际冲突、自然灾害等非传统安全息息相关。自从叙利亚战争以来，叙利亚一直是国际人道主义援助的主要对象。2015年受援额达到了21亿美元。而也门由于内战的愈演愈烈，也从2015年开始成为最主要的10个受援国之一。2015年的大地震也让尼泊尔在当年跻身前十。与此相对，苏丹和阿富汗安全状况有所好转，受援助的程度略有降低。根据"联合国人道事务协调办公室"统计可见，类似于尼泊尔地震这种突发性的事件成为人道主义援助的关注重点。[②]

其次，人道主义援助的网络化协调进一步加强。联合国和各

---

① *Global Humanitarian Assistance Report 2017*, GHA, June 2017, p. 30, http://devinit.org/post/global-humanitarian-assistance-2017/#.

② Ibid., p. 57.

国政府难以涵盖人道主义援助的各个层面，多中心化和网络化援助系统开始逐渐形成，相关各方的灵活性资金使用成了关键，非国家行为体的角色开始加重。2016年，由五大洲42个援助机构组成的"启动网络"（Start Network），首个由非政府组织管理的多方援助基金，为32个国家的41场人道主义援助提供了0.131亿美元的资金，其中78%的行动是与一个或多个地方伙伴联合执行的。[1]

最后，人道主义援助的实施领域更加广泛。食物、避难所等依然是最重要的人道主义物资。与2015年相比，所有领域的援助资金增加了11%。扫雷是需求上升最快的领域，从2015年的0.19亿美元增加到了2016年的1.3亿美元，不过最终获得的资金仅有17%。卫生领域的重要性也急剧上升，获得了联合国"中央应急基金"（CERF）大部分的资金。与此同时，援助行动的安全状况也格外受到重视。针对援助工作人员的袭击日益猖獗，增加相关人员保护力度的要求更加迫切，为此国际人道主义援助的制度建设也开始把其纳入重要议程。

三 国际人道主义援助的发展趋势与改革方向

2017年是国际人道主义援助体系发展的重要一年。尽管援助资金的获得和援助对象的数量都达到了新的高度，两者之间的差距依然较大。根据联合国相关机构的统计，2017年整年国际人道主义援助计划筹措资金240亿美元，比2016年增加了10%。最终联合国协调的行动获得126亿美元的资助，实现了52%的目标，来自38个国家的1.051亿人得到了援助，这是历年来最大规模的援助行动。[2] 这反映了第二次世界大战结束以来

---

[1] 参见其官方网站：https://startnetwork.org/.
[2] *Global Humanitarian Overview 2018*, UN, December 2017, p.3.

世界前所未有的人道主义援助需求,以及国际社会团结一致追求安全且有尊严的生活。

第一,资金需求的提升与一些国家的人道主义危机呈现长期化的趋势密不可分。叙利亚、也门、南苏丹等国的冲突已成为国际安全的核心议题。2017年在地震、海啸等自然灾害以及埃博拉病毒等传染性疾病的危害有所下降的同时,长期的政治和军事冲突事件继续发酵,成为人道主义行动的主要对象,也是人道主义资金的首要流向。在调解、冲突预防和和平重建等方面的政治投入和金融投资不断上升。在2017年的筹资计划中,将近1/4的费用将用于援助叙利亚的"地区反应计划",为单笔最高预算金额。土耳其、黎巴嫩、伊拉克、约旦和埃及等国已经吸纳了来自叙利亚的4 700万难民,这些难民历经5年多的战乱,正面临日益恶化的状况。这笔资金将用来支持这些国家。联合国秘书长将其视为工作的优先议题。[1]

第二,传统以西方发达国家为主要出资方的筹资方式正在逐步改变。一直以来,美国都是全球最大的人道主义援助提供国。然而,特朗普上台之后"美国优先"的政策正在改变美国在人道主义援助体系中的角色。2017年3月,特朗普提出的预算案削减美国外交和援助资金的28%,包括削减联合国的相关经费。对此联合国警告,削减资金将会导致全球更加不稳定,并削弱应对日益增长的人道主义危机的能力。之后,特朗普政府又制定了一系列削弱全球人道主义援助机制和效力的政策,包括拟定行政命令,要求所有美国援助的食品必须100%由美国船只运输。这会大大提高援助的成本,延长援助时间;特朗普政府还终止了"保护移民儿童的人道主义救援计划"(DACA),该计划旨在保护移民儿童免遭驱逐出境的威胁。根据民意调查,对于特朗普收紧对外援助,大部分美国民众表

---

[1] *Global Humanitarian Overview 2018*, UN, December 2017, p. 12.

示担忧。①

与此相反,以中国为代表的发展中国家和新兴经济体人道主义援助份额有了大幅提升,成为联合国和全球人道主义援助体系的坚定支持者。2017年中国贡献了1.247亿美元的资金,用于联合国及相关机构的人道主义行动,是有史以来最高的一年。非洲发展银行也前所未有地提供了0.826亿美元的援助,主要用于饥荒的预防和应对。此外,世界银行也同联合国一起在危机预防、创造活力和支持恢复等方面发挥着越来越重要的作用。这些变化都是全球治理体系改革的重要组成部分。

第三,人道主义援助的伙伴网络取得了稳定健康的发展。2017年在联合国的协调下,国际社会成功应对了多项人道主义危机,例如在尼日利亚、索马里、南苏丹和也门的饥荒,厄玛、玛利亚等飓风的侵袭。其中国际机构之间协调的加强是最终成功的重要原因。联合国等国际组织与"加勒比海沿海国家灾害紧急救援局"密切沟通,在飓风到来之前就做好了充足的准备。联合国灾害评估和协调待命小组(UNDAC)支持"加勒比海沿海国家灾害紧急救援局"地区中心展开军民协调、信息共享和灾难评估等。人道主义援助伙伴网络在自然灾害侵袭方面的效果体现得比较明显。

与此同时,国际人道主义伙伴网络并未能完全覆盖危机区域。例如刚果(布)的人道主义需求人数在2017年有所上升,从年初的730万人上升到年底的1310万人。大规模的动乱和武装冲突使得770万刚果(布)人面临着食物危机,比前一年上升了30%。②资金的缺乏是造成援助不利的主要原因,由于国家治理的失灵,国际组织伙伴网络在非洲很多国家很难建立起来,也严重影响了援助的有效性。

---

① John Norris, Pete Troilo, "American Public Opinion on Aid in the Trump Era," Devex, August 29, 2017, https://www.devex.com/news/special-feature-american-public-opinion-on-aid-in-the-trump-era-90935.

② *Global Humanitarian Overview 2018*, UN, December 2017, p. 15.

第四，国际人道主义援助的理念重构正在加速。如何处理好援助和发展、预防和应对之间的关系一直是国际人道主义行动的关键课题。可以看到，近年来武装冲突与自然灾害之间正通过不同的方式变得更加紧密交织，激烈的武装冲突导致并加速了社会的脆弱性和冲突，复杂的政治事件也对自然灾害的影响起到了倍增效应。长期看来，需要建立起系统性的人道主义援助架构，将援助行动和发展行动结合起来，将可持续发展作为解决人道主义危机的根本途径。"理解长期的脆弱性和预防逐步开始的紧急事态需要人道和发展行动者更加协同一致"。①

人道主义援助需要实现从危机应对到风险防范的范式转换。在2016年的"世界人道主义峰会"上，预防危机发生和保证个人、家庭、国家和地区可以进行有效的危机应对已经成为关键的讨论议题。人道主义行为者正处在由应对文化向预防文化转变的十字路口。"联合国人道事务协调办公室"2014年发布了题为《拯救今天和明天的生命：解决人道主义危机的风险》的报告，呼吁彻底改变人道主义和发展部门的行动方式。报告建议"援助部门和捐赠者改变完全应对式的危机处理方式，而是通过有效的风险管理主动参与防治危机发生"②。最近几年的国际实践特点也是这种理念变化的反映。

四 结论

同2016年相比，2017年的国际人道主义援助从区域、资金和效果等方面都有一定变化，更深层次地体现了整个援助理念和体系

---

① John Rowley and Frances Rubin, *Effective Consultancies in Development and Humanitarian Programmes*, Oxfam Skills and Practices, 2006, p. 14.
② OCHA, *Saving Lives Today and Tomorrow: Managing the Risk of Humanitarian Crises*, March 31, 2014, https://www.unocha.org/sites/unocha/files/OCHA%20SLTT%20Web%20Final%20Single.PDF.

演变。今后,地区冲突将仍然是国际人道主义危机的主要来源,干旱、饥荒、传染性疾病与极端自然灾害一起也增加了国际人道主义援助的需求。

(任远喆,外交学院外交学与外事管理系副教授,北京对外交流与外事管理基地研究员;Ren Yuanzhe, Associate Professor, Depentment of Oiplomaacy and Foreign Affairs Management, China Foreign Affairs University. Research Fellow, Research Center for Beijing Enternational Exchanges and Foreign Affairs Administration)

全球非传统安全
与合作治理

全球恐怖主义热点分布与态势感知

杨溪 李伟

【内容提要】 2017年国际反恐取得重大进展——国际反恐联盟对"伊斯兰国"的军事打击取得胜利。"伊斯兰国"在伊拉克、叙利亚的主要据点相继被摧毁，残余分子被迫向沙漠地区流窜，国际反恐进入后"伊斯兰国"时代。从全球层面来看，2017年中东、南亚、非洲等热点地区恐袭势头依旧空前；欧洲、俄罗斯、东南亚等地重大恐袭事件频发，不断冲击各国安全底线；国际恐怖主义的联动性、交织性、跨国性、多样性更加突出。本文将根据对外经济贸易大学国际关系学院大数据国际关系研究中心提供的数据梳理统计，采用定量分析和定性研究相结合的方式，对2017年全球恐怖主义热点地区和形势加以分析，感知其态势和未来可能发展的前景。

【关键词】 全球恐怖主义；发展态势；热点分析；趋势预测

2017年的全球恐怖主义活动十分猖獗，恐怖活动热点依然集中在中东、南亚、非洲等地。从恐怖袭击发生的数量来看，中东地区由于叙利亚和伊拉克是恐怖活动重灾区，加之周边其他国家受波及，恐袭数量位列全球之首。南亚地区阿富汗安全局势未出现好转趋势，"伊斯兰国"不断向该国渗透，恐怖袭击事件高发，巴基斯坦受多重恐怖威胁，加之印度国内的恐怖袭击事件，使南亚地区恐袭数量居全球第二位。除北非以外的非洲其他地区，恐怖主义蔓延呈上升态势，总体恐袭数量处于第三位。拉美地区的哥伦比亚政府和反政府武装"哥伦比亚革命武装力量"签订和平协议一周年已过，2017年6月"哥伦比亚革命武装力量"正式解除武装，长达50年的冲突画上句号。但哥伦比亚第二大游击组织"哥伦比亚民族解放军"（ELN）继续扮演哥伦比亚内战的主要角色，发动多次袭击事件，加之美国相继发生的恐袭事件，使美洲恐袭数量位列全球第四。欧洲国家一方面继续饱受"独狼式"恐袭之苦，重大恐袭事件持续发生；另一方面，乌克兰东部顿巴斯地区政府军与分离势力持续交火，美俄的角力更使乌克兰脆弱的和平再蒙阴影。双重因素作用下欧洲恐袭数量位列全球第五。东南亚国家深受"伊斯兰国"恐情外溢的影响，菲律宾马拉维长达6个月的冲突也使东南亚的恐怖主义问题持续升温，恐袭数量位居全球第六。独联体国家整体恐情较为平缓，但俄罗斯的恐怖主义态势相对突出。综合来看，伊叙战场国际反恐联盟针对"伊斯兰国"的战争暂时告一段落，但各国与恐怖主义的斗争却远未结束，未来前景依然严峻（见图1、图2）。

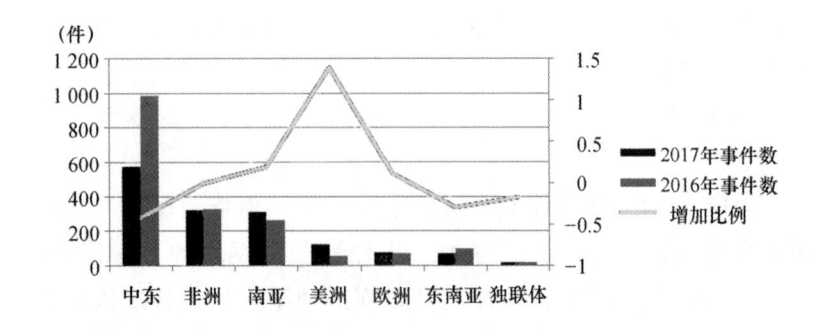

图1　2016—2017年全球主要地区袭击事件发生数[①]

---

① 本文图、表资料均由对外经济贸易大学国际关系学院大数据国际关系研究中心提供。

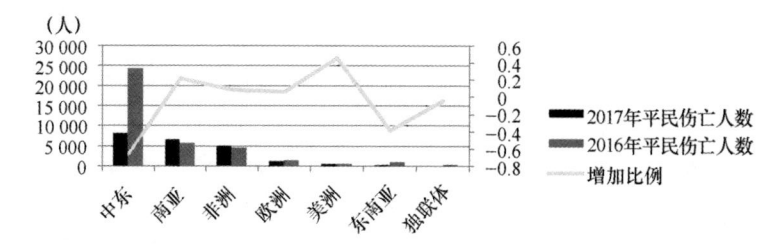

图 2　2016—2017 年全球主要地区袭击伤亡人数

一　中东地区恐怖主义威胁形态

2017 年，中东伊叙战场打击"伊斯兰国"的军事行动进展顺利，该组织的活动能力受到极大打击，实施恐袭的频次和烈度均有所降低。"基地"组织及其分支在西奈半岛、阿拉伯半岛、马格里布地区活动频频，大有填补"伊斯兰国"被击退后的恐怖活动真空之势。以沙特阿拉伯为首的逊尼派和以伊朗为代表的什叶派之间冲突加剧，伊朗德黑兰核心城区接连遭受重大恐袭，伊朗将矛头指向沙特，双方之间白热化的矛盾、冲突有上升态势。巴以矛盾持续发酵。2017 年年底美国总统特朗普宣布美国承认耶路撒冷为以色列首都后，巴以冲突以及伊斯兰世界与美国和以色列的矛盾进一步激化。中东旧格局被彻底打破，新格局未建立，"伊斯兰国"的"国家"被摧毁后，各国传统矛盾和分歧日益凸显，以恐怖组织为代理人开展的战争将长期存在。一些国家对国际反恐的工具性和双重标准将严重影响中东恐怖主义发展态势。数据表明，中东地区 2017 年比 2016 年袭击事件数减少约 46%，平民伤亡人数减少 23.8%，总体而言，中东地区安全形势较 2016 年有较大好转，但前景并不乐观。中东地区主要国家恐怖主义情况如下（见图 3、图 4、图 5）：

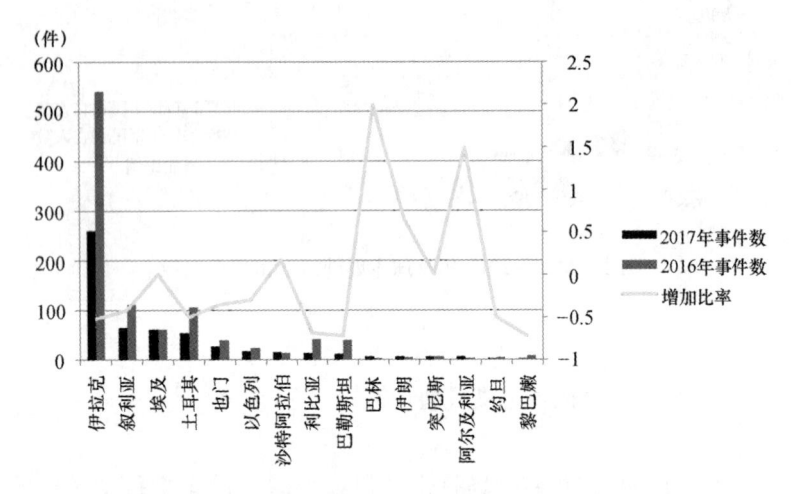

图3　2016—2017年中东地区主要国家袭击事件发生数

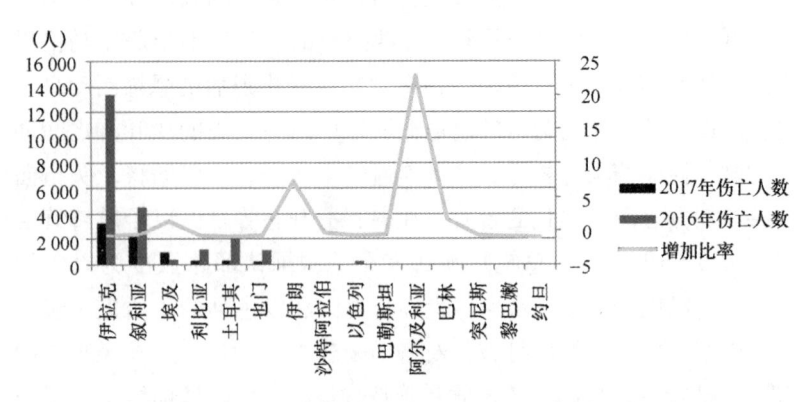

图4　2016—2017年中东地区主要国家袭击伤亡人数

(一)伊叙战场战事顺利　极端组织"征服阵线"活动频频

伊拉克、叙利亚战场打击"伊斯兰国"的战争进展顺利，"伊斯兰国"所占"领土"与城镇几乎全部被收复，发动恐袭的能力被削弱。2017年，伊拉克、叙利亚地区恐袭事件减半，伤亡人数缩减75%。"伊斯兰国"主要有三种恐袭手段：发动炸弹袭击、屠杀平民和俘虏、使用枪支和火箭弹等射击方式。

但恐袭频率与带来伤亡均有大幅减少,屠杀与处决事件的死亡人数更是减少94.5%。国际反恐联盟打击"伊斯兰国"的军事胜利,使长期处于动荡之中和恐怖主义威胁之下的中东各国暂时缓了一口气。

表1 伊叙地区发动袭击手段统计

	2017年		2016年		事件数减少率(%)	伤亡人数减少率(%)
	事件数(件)	伤亡人数(人)	事件数(件)	伤亡人数(人)		
屠杀和处决	18	206	74	3 728	73.8	94.5
爆炸袭击	231	4 459	381	9 410	39.4	52.6
枪击	46	720	92	2 538	50.0	71.6

随着对叙利亚"伊斯兰国"的打击,"基地"组织网络中的叙利亚多股极端势力出现联合取代"伊斯兰国"趋势,其主要代表"征服阵线"也成为继"伊斯兰国"之后的第二大恐袭实施者。2017年1月28日,以"征服阵线"和"沙姆自由人组织"为首的五个组织宣布联合,共同形成"叙利亚解放阵线"(Hayat Tahrir al-Sham, HTS),[1] 成员12 000—14 000人,[2] 其意图是将叙利亚转变为由"基地"组织领导下的"伊斯兰酋长国"。2017年7月,由于在是否与政府和谈问题上存在分歧,"征服阵线"与"沙姆自由人组织"发生激烈冲突,23日,"征服阵线"控制了"沙姆自由人组织"在叙利亚西北部伊德利卜省伊德利卜市的全部据点及武器,取得了伊德利卜的主导地位。12月,叙利亚政府军对伊德利卜"征服阵线"发动猛烈攻击,域内及域外一些大国出面干预。由此可见,叙利亚恐怖组织新

---

[1] "Al Qaeda and Allies Announce 'New Entity' in Syria," https://www.longwarjournal.org/archives/2017/01/al-qaeda-and-allies-announce-new-entity-in-syria.php.

[2] "Al Qaeda Is Starting to Swallow the Syrian Opposition," https://foreignpolicy.com/2017/03/15/al-qaeda-is-swallowing-the-syrian-opposition.

态势引发大国在叙利亚问题上的新一轮分歧。

（二）埃及恐怖袭击加剧　造成的人员伤亡数量大幅上升

虽然2017年埃及的袭击事件与2016年基本持平，但伤亡人数却翻了一番，由408人增长到1 055人。埃及反恐主战场依然在西奈半岛，实施者主要是"伊斯兰国"西奈半岛分支及埃及本土的"哈斯姆运动"（又称"决断运动"），袭击特点主要表现为：一是宗教和教派冲突是主要原因，基督教徒和苏菲教派成为主要袭击目标。2017年由恐怖分子实施的针对基督教徒的袭击和处决案件多发，同时针对基督教堂和苏菲教堂的袭击造成大量伤亡。4月9日，位于北尼罗河坦塔镇和亚历山大市的两座科普特基督教少数派教堂遭炸弹袭击，造成至少30人死亡，70人受伤。5月26日，埃及中部明亚省（Minya）一辆乘客主要是科普特基督教徒的大巴遭遇枪击，造成28人死亡，25人受伤。11月24日，西奈半岛北部埃尔—阿里什市一所苏菲派清真寺的爆炸及枪击案，造成235人死亡，130余人受伤。恐怖分子在苏菲派清真寺内引爆爆炸装置，随后对逃离的人群射击，并试图向运走伤者的救护车开火，手段十分残忍。12月29日，首都开罗南部科普特基督教堂遭遇枪击案，11人死亡，10人受伤。二是以埃及军方和警察系统的机构和人员为目标的袭击多发。2017年7月，埃及拉法（Rafah）地区一警方检查点遭遇"伊斯兰国"汽车炸弹恐袭，致26人死亡，26人受伤。

（三）土耳其加大反恐举措　一改2016年乱局

2016年，土耳其发生大小恐袭事件105起，造成人员伤亡2 329人。2017年伊始，伊斯坦布尔夜总会发生爆炸袭击，造成39人死亡，69人受伤。然而2017年全年恐袭数减少到53件，伤亡人数降低至350人。土耳其国内安全形势得以好转，一是因为土耳其自2016年8月以来持续开展"幼发拉底河之盾"行动，打击土叙边境"库尔德工人党"和"伊斯兰国"，建立起土耳其本土和叙利亚战场之间的安全隔离带。2017年3月，土耳其总理耶尔德勒姆称"幼发拉底河之盾"行动已经成功结束，然而土耳其并未从叙利亚撤军。6月28日，土总统埃尔多安接受俄罗斯《消息报》采访时也称，如果边境出现威胁，土方准备在叙利亚北部实施新一轮军事行动。二是因为土耳其自2016年7月政变后持续开展大规模肃清"居伦运动"分子的行动，采取严密的安全审查措施，据报道遭解职或停职的人员多达15万人，另有5.5万人被捕。此种情况下，恐袭的策划和实施难度加大。三是逐步从总理制向总统制过渡。2017年4月16日，土耳其修宪公投成功，总统埃尔多安的权力得以强化，能够清除体制障碍启动各种安全举措，反恐成效显著。

（四）也门"伊斯兰国"力量衰弱　"基地"组织威胁仍存

2017年也门反恐形势趋稳主要得益于"伊斯兰国"整体实力的衰弱，发动恐袭事件和造成伤亡人数大幅减少。然而，"阿拉伯半岛基地组织"却稳步扩张。美军在也门开展多次针对"圣战"分子的空袭，一定程度上打击了"阿拉伯半岛基地组织"，但该组织在也门南部的基础并未削弱。2017年6月7日，与"阿拉伯半岛基地组织"有合作的阿巴斯旅（Abu Abbas Brigade）在哈迪政府和胡塞武装在塔伊兹地区交战之中，企图夺取Tashrifat基地附近的总统府，并为胡塞武装提供掩护。① 也门内战拉锯为"阿拉伯半岛基地组织"的扩张提供有利时机，其得以在双方实力真空地带开展活动，并且选择性参战，扩充"领土"。如果也门内战不结束，"基地"组织扩张就得不到真正的遏制。

---

① "Gulf of Aden Security Review," https：//www.criticalthreats.org/briefs/gulf-of-aden-security-review/gulf-of-aden-security-review-june-7-2017.

表2　也门地区各恐怖组织发动袭击数量

	2017年		2016年		事件数减少率（%）	伤亡人数减少率（%）
	事件数（件）	伤亡人数（人）	事件数（件）	伤亡人数（人）		
"基地"组织阿拉伯半岛分支	18	165	8	166	-125%	0.1
极端组织"伊斯兰国"	6	83	18	766	66.7	89.2
胡塞武装	1	24	3	115	66.7	79.1

（五）利比亚东西分裂割据　恐怖组织扩大生存发展空间

2017年利比亚局势有所好转，袭击事件发生数和伤亡人数均有所下降。然而，利比亚面临较大安全隐患。一是国家安全力量的缺失给恐怖组织和部落武装带来生存空间，以"基地"为首的恐怖组织发展、联合趋势显著。2017年3月，在利比亚的恐怖组织"伊斯兰卫士"（Ansar Dine）、"穆拉比通组织"（al-Mourabitoun）、"马齐那解放阵线"（the Macina Liberation Front）、"伊斯兰马格里布基地组织"萨赫勒分支（Saharan branch of AQIM）发布视频，宣布成立在"伊斯兰卫士"领导下的"穆斯林与伊斯兰胜利联盟"（Jama'at Nasr al-Islam wal Muslimin）组织，① 部分前"伊斯兰国"成员也宣布投靠"基地"组织分支。利比亚恐怖组织重组将带来新的威胁和挑战。二是利比亚东西分裂割据，和解进程缓慢。目前，利比亚政府和社会都处于东西分裂的状态，缺乏强有力的政权有效实施国家治理。政局动荡致使当地人民生活水平不断下降。利比亚社会发展的困局也为极端主义思想传播创造有利条件，给利比亚发展带来隐患。

---

① "African Jihadi Groups Unite and Pledge Allegiance to Al-qaeda", http://www.newsweek.com/al-qaeda-groups-unite-sahel-563351, March 3, 2017.

二 南亚地区恐怖主义威胁形态

2017年南亚地区恐怖威胁加剧，袭击事件发生数和伤亡人数均有增加，中东圣战分子回流和本土恐怖组织发展壮大使南亚成为继中东之后的第二大战场。南亚地区恐怖主义发展不仅受到国际伊斯兰极端主义影响，地区内国家之间的历史冲突和现实矛盾也催生了地区恐怖主义乱局。域外大国美国的干涉也为地区局势带来新的变数。一方面，特朗普总统的新南亚战略宣布美国不寻求阿富汗重建，重点放在打击恐怖分子上，虽然短期内有利于帮助阿富汗政府增强控局能力，但始终治标不治本，未针对阿富汗恐怖主义发展开出治本药方。另一方面，美国在南亚地区更加倚重印度，不断对巴基斯坦施压，并不利于南亚地区政治平衡和反恐大局。2017年南亚主要国家恐怖威胁情况见图5、图6：

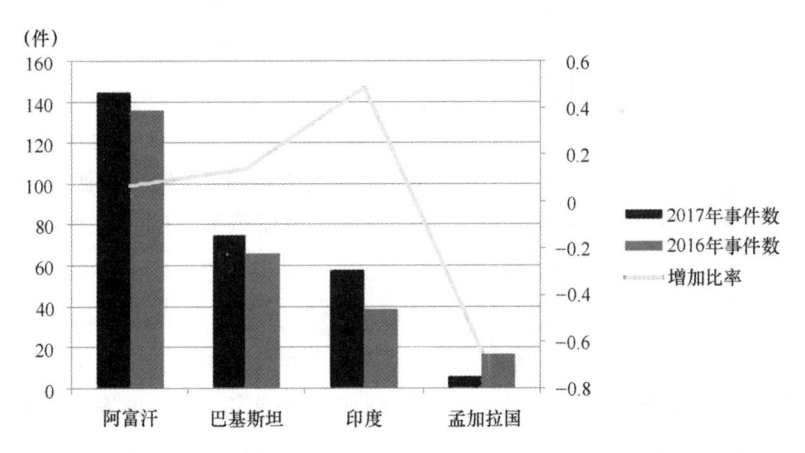

图5　2016—2017年南亚地区主要国家袭击事件发生数量

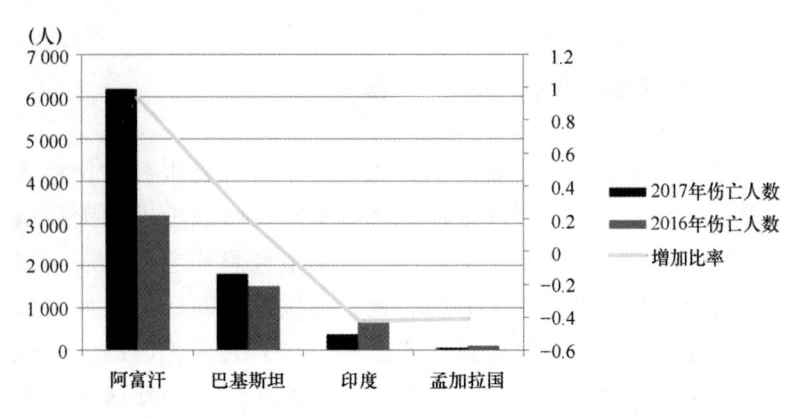

图 6 2016—2017 年南亚地区主要国家袭击伤亡人数

（一）阿富汗新老恐怖组织交织　安全形势进一步恶化

阿富汗是全球继伊拉克、叙利亚和也门之后的第二大战乱地区。数据显示，2017 年阿富汗冲突事件发生数和平民伤亡人数比 2016 年分别提升了 18.4% 和 34%。其中塔利班制造的袭击高达总数的 72.7%，"伊斯兰国呼罗珊分支"制造的袭击为 20.5%。"基地"组织、哈卡尼网络也有所活动，但烈度较低。2017 年阿国内恐怖主义呈现如下特点：

一是"伊斯兰国"在阿富汗的分支"伊斯兰国呼罗珊分支"加大在阿富汗扩张，袭击广度与烈度均有所增强。"伊斯兰国"的袭击活动不仅停留在阿巴边界楠格哈尔、霍斯特等省份，中北部萨尔普勒省也出现其分支活动迹象。北约"坚定支持行动"公共事务部主任称，"'伊斯兰国'只在阿富汗 3 个省份有活动，2017 年 1 600 名'伊斯兰国'武装分子被消灭，'伊斯兰国'在阿人数并未增加"。[①] 同时，"伊斯兰国呼罗珊分支"制造多起大案要案，包括 3 月喀布尔军事医院恐怖袭击和多起针对什叶派清真寺的恐怖袭

---

① "1,600 Daesh Fighters Killed In 2017 In Afghanistan：RS，" http：//www.tolonews.com/afghanistan/1600 – daesh% C2% A0fighters% C2% A0killed – 2017 – afghanistan – rs.

击。自8月以来,"伊斯兰国呼罗珊分支"接连在赫拉特省、喀布尔市的什叶派清真寺和什叶派文化中心制造大规模恐怖袭击,造成人员伤亡均在百人以上。

二是阿富汗和谈进展缓慢,塔利班战斗力仍有提升。2017年阿富汗政府和塔利班和谈未取得有价值的进展,4月起,阿富汗塔利班宣布发动新一轮"春季攻势",目标直指阿富汗各地政府部门,在喀布尔安全部队、警察局、大国民议会、矿产石油部等政府部门和军警力量驻地发动大规模袭击,伤亡人数均在百人以上。大规模袭击在多个省份同时进行,目标依然是安全部队和警察力量,并屡屡得逞。4月21日,10名塔利班武装分子袭击阿富汗国民军位于巴尔赫首府马扎里沙里夫的驻地,造成至少256人死亡,160人受伤。事件发生后,阿富汗国防部长阿卜杜拉·哈比比和国民军总参谋长加达姆·沙阿·沙希姆向总统提交辞呈并得到批准。10月17日,针对帕克蒂亚省警察培训中心的枪击案中死亡41人,受伤158人,该省警察局局长在事件中身亡。塔利班在袭击中使用战斗缴获或从安全部队偷来的悍马巡逻车发动炸弹攻击,提升军事装备性能。

三是新老恐怖组织冲突激烈。"伊斯兰国呼罗珊分支"和当地塔利班武装长期为争夺势力范围爆发冲突。2017年4月25日,双方在阿富汗北部朱兹詹省发生激烈冲突,朱兹詹省政府发言人称,冲突造成塔利班76人死亡、56人受伤,"伊斯兰国呼罗珊分支"15人死亡、12人受伤。5月1日,"伊斯兰国呼罗珊分支"和塔利班武装在阿富汗东部楠格哈尔省发生冲突,造成至少28名武装分子和2名平民身亡。10月9日,塔利班领导人阿洪扎达到赫尔曼德省,一方面针对密集的恐袭提出新的战略,另一方面促成塔利班和"伊斯兰国呼罗珊分支"的和解,称双方"目标相同不应彼此区别对待,要和谐相处,与阿富汗政府作斗争"[1]。然而,10月25日,

---

[1] "Serious Concerns Raised Over Taliban Leader's Visit To Helmand," http://www.tolonews.com/afghanistan/serious-concerns-raised-over-taliban-leaders-visit-helmand.

双方再次在朱兹詹省连续数日交火，造成至少52名武装分子死亡。

（二）巴基斯坦安全形势复杂　反恐举步维艰

2017年巴基斯坦总体安全形势严峻，恐袭事件数和伤亡人数列全球第四，甚至高于战火中的叙利亚。巴国内重大恐袭频发，2016年、2017年伤亡人数百人以上的恐袭共8起，50人以上的恐袭共20起。袭击者针对公园、市场、医院、游行示威队伍等人群聚集的软目标实施残忍的自杀式爆炸袭击，特别是将满是祷告者的宗教场所作为袭击对象，造成包括妇女和儿童在内的大量平民伤亡。其中2016年拉合尔市场袭击、奎达医院袭击、奎达警察学校袭击和2017年塞赫万清真寺袭击、帕拉齐纳尔市场袭击等大案要案的伤亡人数都在200人以上。巴基斯坦国内的恐怖威胁呈现本土极端组织和分离势力交织、境内外恐怖势力勾连的格局。一是极端主义盛行。以"巴基斯坦塔利班"组织（巴塔）及其分支"自由党"为代表的极端组织是巴基斯坦的头号威胁，由其造成的恐怖袭击约占袭击总数的40%。2017年"巴塔"分支及其成员频频活动，制造多起重大伤亡事件，以在"巴塔"成立10周年之际宣示实力。二是宗教、教派冲突多发。近年来，针对什叶派、苏菲派以及基督教等少数教派群体和宗教场所的袭击明显呈上升趋势，伤亡巨大。因宗教场所相对封闭，人员密集，造成的人员伤亡也明显高于其他目标。三是以"俾路支解放军"为代表的分离势力活动猖獗。为了达到其政治目的，近年来巴基斯坦分离势力针对中资企业和员工的绑架、袭击增多，企图利用中巴友好关系向巴基斯坦政府施压。四是国际恐怖组织流窜作案，并呈现与当地武装力量勾连的趋势。2017年"伊斯兰国"和"基地"组织在巴基斯坦发动的袭击占总数的12.4%。巴基斯坦政府连年反恐行动的高压给恐怖组织的实力带来重大打击。在巴阿边境地区流窜的组织出现与当地组织勾连的趋势。2016年奎达地区发生的人质劫持事件由"伊斯兰国"和"简戈维军"同时认领；2017年帕拉齐纳尔市场的爆炸袭击由"简戈维军"和"巴基斯坦塔利班"同时认领。内外双重恐怖威胁为巴基斯坦反恐带来巨大的难题和挑战。

（三）印度克什米尔局势持续紧张　受"伊斯兰国"影响上升

2017年印度袭击事件数较2016年有所上升，但未有重大袭击事件发生，伤亡人数有所减少。印度恐袭主要有两个原因，一是克什米尔地区作为印巴间的火药桶，双方冲突不断加剧，活跃在印控克什米尔地区的"虔诚军"和"穆罕默德军"也频频活动，制造多起针对印度军警的袭击事件。二是印度受到"伊斯兰国"影响的袭击风险也逐渐上升。2017年3月，印度中央邦一火车站发生简易爆炸装置袭击，致10人受伤。警方逮捕3名嫌疑人，系受"伊斯兰国"影响的恐怖分子。同时，反恐警察成功防止了7起类似的事件，表明印度受"伊斯兰国"影响的恐怖袭击预谋有所增加。

三　非洲地区恐怖主义威胁形态

非洲地区经济发展疲软，同时面临多元化的恐怖威胁，多年以来局势持续动荡。索马里、利比亚、尼日利亚等多国政府控局能力较弱，北部和萨赫勒地区伊斯兰极端思想盛行，南北方间宗教关系紧张，都为非洲的稳定带来极大挑战。本土恐怖组织"博科圣地""索马里青年党"和国际恐怖组织"基地""伊斯兰国"在北非的分支行动活跃，分别占袭击总数的36%、31.7%、10.5%和4%，均高于2016年的占比。恐怖主义袭击也主要发生在萨赫勒动荡弧地带，集中在索马里、尼日利亚、马里、喀麦隆、肯尼亚、尼日尔等国。数据显示，2017年除北非外的非洲其他地区发生袭击事件308起，较2016年的320起略有下降，伤亡人数4 915人，较2016年上升7.99%。主要地区恐怖主义活动情况见图7、图8：

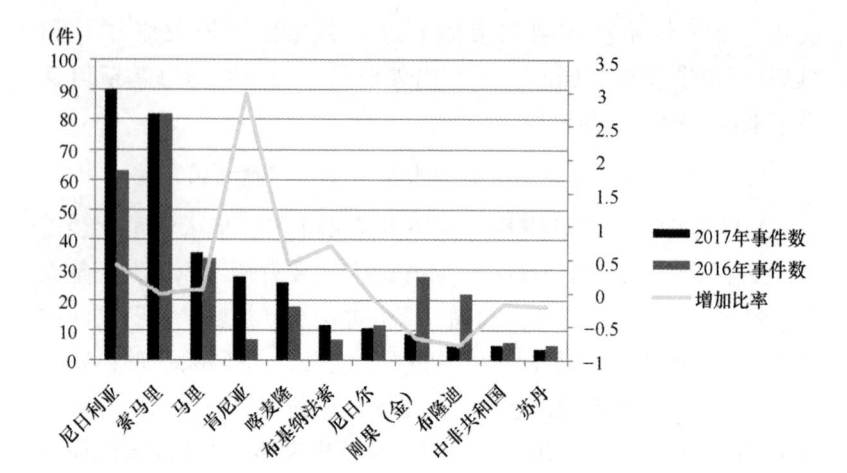

图 7　2016—2017 年非洲地区主要国家袭击事件发生数量

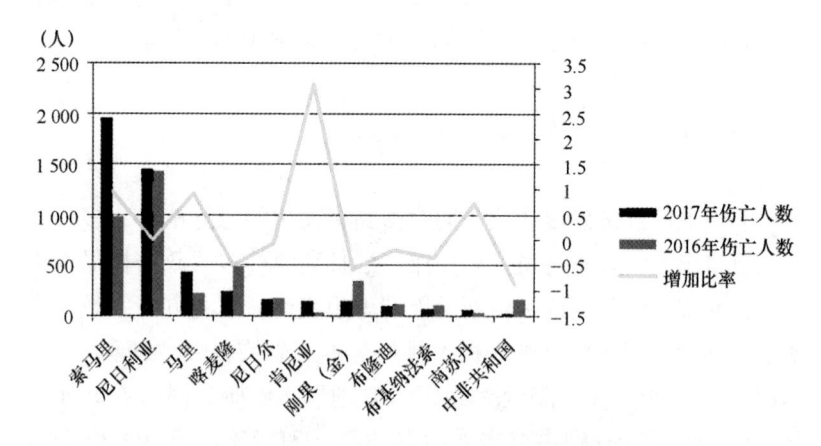

图 8　2016—2017 年非洲地区主要国家袭击伤亡人数

（一）"索马里青年党"活动猖獗　政府和军方反恐步履维艰

2017 年索马里的安全形势依然严峻，一是"索马里青年党"表现活跃，普特兰东北部安全局势恶化。2017 年 6 月，"索马里青年党"实施 2014 年以来最大规模的袭击，占领普特兰地区国防部哨所。10 月，与"伊斯兰国"有关的组织占领普特兰地区的一个小城市,这是该团伙出现以来首次攻占城市。同时,10月,索马里首都摩加迪沙发生两起爆炸,导致350多人遇害,这是该国史上最致命的一次袭击,索马里整体安全形势恶化。二是政府军方反恐难行。2017年5月11日,索马里与国际组织签订协议,将重建索马里国民军,但因人事任命分歧,重建进程可能被拖延。政府和军方的资产、人员纷纷成为恐怖组织的袭击对象。三是国际援助有限,索马里军事行动后勤保障堪忧。欧盟2018年3月联合国任期结束后将停止援助非盟驻索马里特派团,并在2020年之前逐渐撤出。非盟也表态,在欧盟撤退期间不愿继续增加资金,仅保障索马里国民军关键补给路线。国际援助的弱化为索马里的安全形势带来长远隐患,索马里局势短期内不会有太大好转。

(二)萨赫勒地区持续动荡　地区和国际反恐捉襟见肘

位于北非与南非交接处的萨赫勒地带,宗教部族冲突长期存在,暴恐威胁持续上升。一是"博科圣地"在尼日利亚、尼日尔、乍得等多国持续肆虐。萨赫勒地区由"博科圣地"制造的恐袭比例高达62.3%,袭击手段以枪击和自杀式炸弹袭击为主。"博科圣地"利用妇女、儿童的"圣战"事件频发,由于遇袭目标对女性和儿童疏于防范,袭击造成的伤亡增大。同时,"博科圣地"还制造劫持人质事件,不断补充女性、儿童"圣战者"资源。二是"伊斯兰马格里布基地组织"表现活跃。2017年以来,"伊斯兰马格里布基地组织"主要活跃于尼日尔、马里和布基纳法索等国,与"博科圣地"不同,"伊斯兰马格里布基地组织"的袭击目标锁定政府军警部门、联合国维和部队和外国军事援助力量,削弱政府军反恐能力。2017年3月2日,"伊斯兰马格里布基地组织"萨赫勒分支和其他"基地"附属组织(疑似"伊斯兰卫士"),"马西纳解放阵线"和"纳赛尔主义独立运动"("基地"组织西非分支)宣布建立新的"基地"组织分支联盟"伊斯兰和穆斯林胜利组织"

(Jamaat Nusrat al-Islam wal-Muslimin，JNIM)。萨赫勒和西非地区针对软目标的袭击数量显著上升。三是地区和国际反恐力量透支。2014年起，毛里塔尼亚、马里、尼日尔、布基纳法索与乍得成立"萨赫勒五国集团"，联手应对地区挑战。但各国经济和军事实力发展水平无法保障地区安全稳定。联合国维和部队受到维和中立性限制，无法直接参与作战行动，反而成为恐怖分子袭击的目标，近年来伤亡惨重。2017年2月，五国集团峰会正式决定成立5 000人的地区联合部队，但仍将受制于其国力发展，对萨赫勒地区安全稳定作用有限。

四 欧美国家恐怖主义威胁形态

2016年，欧洲经历21世纪以来最血腥的时期，法国、德国、比利时等欧洲心脏地带重大恐袭事件接二连三发生，人员伤亡创历史新高，民众指责政府应对不利的呼声日益高涨。2017年以来，欧洲各国积极采取多种安全举措，整体形势趋稳，袭击事件发生数和伤亡人数与2016年基本持平。乌克兰东部地区政府军与反政府军战火再起，平民伤亡是2016年的5倍之多，脆弱的和平难以为继，美俄幕后角力更使得乌克兰未来难以预料。长期与"爱尔兰共和军"和"埃塔"组织斗争，拥有丰富反恐经验的英国和西班牙成为2017年受袭击最为惨烈的国家，重大恐袭事件接连发生。2017年年底，继欧洲恐袭多发之后，美国也连续发生多起恐怖袭击，特朗普签署的"阻止外国恐怖分子进入美国的国家保护计划"的行政命令（简称"禁穆令"）并未给美国反恐形势带来太大成效。主要国家恐袭形势主要呈现如下特点：

（一）"独狼式"恐袭与团伙恐袭交织 潜在的"圣战"支持网络危害极大

2017年欧洲国家面临的恐袭依然主要是由独立的个人或行动

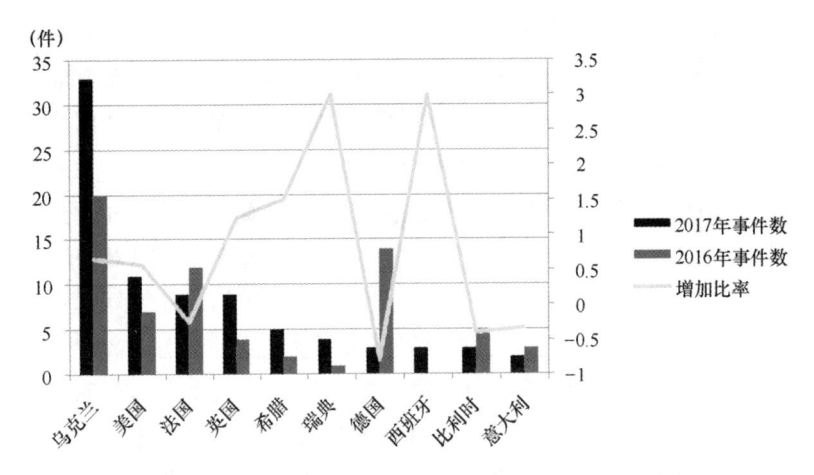

图9 2016—2017年欧美地区主要国家袭击事件发生数量

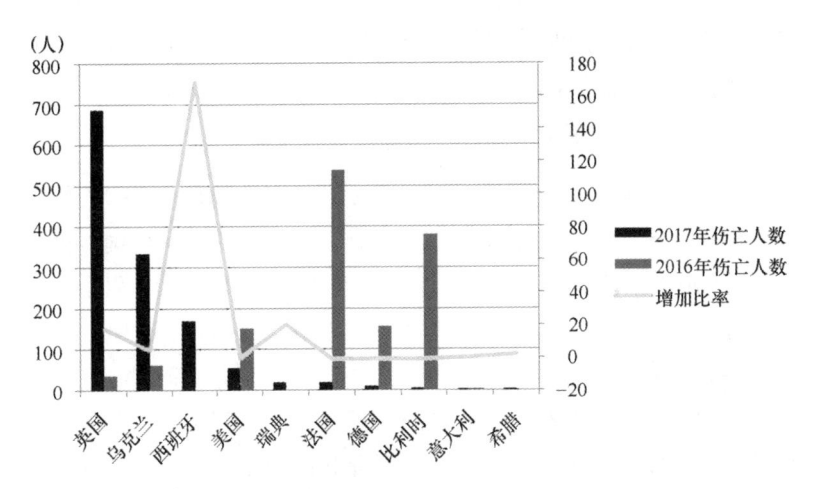

图10 2016—2017年欧美地区主要国家袭击伤亡人数

小组发动的"独狼式"袭击,英国伦敦威斯敏斯特车辆冲撞行人并冲击议会大厦事件、曼彻斯特体育馆爆炸事件、法国香榭丽舍大街袭警事件、瑞典斯德哥尔摩车辆冲撞行人事件、美国纽约曼哈顿下城卡车冲撞行人事件等均由袭击者个人发动。6月3日,伦敦车辆冲撞和无差别砍杀行人事件中,3名恐怖分子协同作案;8月18

日,西班牙堪布里尔斯市警方及时制止企图驾车冲撞行人并实施爆炸袭击的 5 名恐怖分子;12 月 6 日,英国挫败 2 名嫌疑人实施炸弹袭击的企图等事件,表明了在欧洲恐袭中部分恐怖分子选择团伙作案,袭击者共同策划、筹备并配合实施恐怖袭击,进一步扩大恐袭伤亡。最值得关注的是西班牙恐袭背后所隐藏的恐袭支持网络。2017 年 8 月,西班牙 11 名摩洛哥裔青年在 1 名清真寺阿訇的煽动下,占据巴塞罗那阿尔卡纳尔镇一栋别墅制造爆炸物并策划爆炸袭击。因"爆炸工厂"意外引爆,恐袭分子变更袭击手法,制造了 8 月 17 日西班牙巴塞罗那市中心热门景点加泰罗尼亚广场车辆冲撞事件和 18 日堪布里尔斯袭击事件两起连环恐袭。西班牙长期以来受巴斯克恐怖组织"埃塔"的威胁,政府拥有丰富的与恐怖组织斗争的经验,然而恐怖分子在巴塞罗那周边大量储备原料,收集超过 120 个煤气罐并集中制造爆炸装置,却未被西班牙警方发现,潜在的"圣战"支持网络不容小觑。

(二)袭击手段更加多元　袭击设计性增强

欧洲的"独狼式"恐袭手段多元,其中车辆撞击、爆炸袭击、持刀伤人、枪击占据主要地位。受 2016 年法国尼斯、德国柏林大型恐袭的影响,2017 年的汽车撞人恐袭大部分使用的是租来的卡车和货车,一方面因车体庞大增大伤亡,另一方面便于小组作案。手段多元化降低了恐袭的成本,袭击更加难以防范。同时,恐袭的时间、地点和对象都经过精心策划。英国曼彻斯特恐袭将炸弹设置在演唱会散场时的出口位置,巴塞罗那和威斯敏斯特恐袭则选择了地标性建筑物,纽约恐袭选择万圣节节日游行期间,使恐袭伤亡增加,象征性意义更为明显。2017 年 12 月 6 日,英国警方和军情五处挫败一起恐袭阴谋,恐怖分子计划在唐宁街引爆爆炸装置制造混乱,随后暗杀首相特蕾莎·梅。

(三)国际国内矛盾交织　恐袭动摇欧洲社会基础

欧洲恐怖主义袭击势头不减,既有国际恐怖主义外溢的大背景，也有国内多矛盾交织的因素。一是中东"圣战"分子回流给欧洲带来巨大挑战。随着"伊斯兰国"在中东的据点被消灭，大部分外籍"圣战"分子陆续返回其母国。他们经过战争的"历练"，拥有丰富的参战经验和袭击手段，实施恐袭的复杂性和危害性将会大大提高。为此，欧洲各国加强对回流本土极端分子的甄别、监控和遣返工作。2017 年 5 月，英国《泰晤士报》指出，英国情报人员已经辨别了 23 000 名常驻该国的极端分子，而法国的这一数字是 20 000 人，比利时为 18 884 人；二是难民危机加剧欧洲恐袭威胁。2017 年欧洲难民数量明显回落，接收难民最多的德国上半年登记注册的庇护申请人数为 90 余万人，仅为 2016 年同期的一半，不到两年前的 1/8。然而难民的消化、安置和融入困难重重，为欧洲各国社会管理带来巨大挑战。部分同情极端组织的难民申请庇护被拒后实现自我激进化，直接转变为"独狼袭击者"就地"圣战"。2017 年 4 月的瑞典斯德哥尔摩恐袭就是如此；三是极端思想盛行，催化本土极右势力。饱受恐怖主义之害的欧洲，不仅当地穆斯林受极端思想驱使逐渐走向极端，欧洲本土的反穆斯林势力也出现激进化的趋势。6 月 19 日，英国伦敦一座清真寺附近发生车辆冲撞事件，一名 48 岁男子驾驶厢式货车撞向刚结束夜间祷告的穆斯林，造成 1 人死亡，10 人受伤。此次事件发生在穆斯林斋月期间，突出显示了欧洲极右势力激化、报复性反穆斯林的风险，攻击手段也与恐怖袭击相同。

英国脱欧引发的欧洲一体化危机还未过去，恐怖袭击和难民危机所带来的社会风险和治理成本将给乱中的欧洲雪上加霜。欧洲与中东和北非地区地理相邻，地缘因素决定了其国内安全形势势必受国际恐怖主义态势影响。美国由于其在伊斯兰世界的军事干预和政治影响，首当其冲成为伊斯兰极端主义的主要目标。接二连三出乎意料的恐袭给欧美民众带来巨大的心理压力，各国反恐政策和措施正在悄然改变欧美民主、自由的基本价值体系，某种程度上说，已经达到了恐怖主义的意图。2018 年元旦之前，欧美各国加大安全措施和反恐人力、物力投入,祥和的欧洲陷入恐怖阴云。

五 东南亚地区恐怖主义威胁形态

东南亚地区在全球范畴内来看整体安全形势较好,菲律宾和印尼恐袭有所增加,泰国暴力袭击态势趋缓,三国伤亡人数都有所减少。总体来看,东南亚地区菲律宾、印度尼西亚受到"伊斯兰国"的影响加大,菲律宾成为"伊斯兰国"从中东溃败后的又一战略支点,菲总统杜特尔特强调"'伊斯兰国'已经到来"。泰国政府积极推动与南部边境地区"巡逻小队"(Runda Kumpulan Kecil,RKK)和穆斯林叛乱组织"国民革命阵线"(Barisan Revolusi Nasional,BRN)安全区谈判,局势有所好转。主要国家恐怖形势见图11、图12。

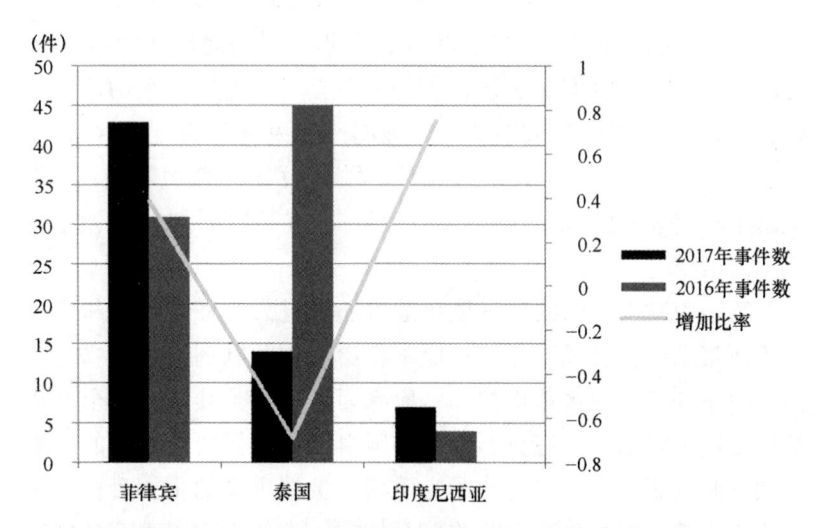

图11 2016—2017年东南亚地区主要国家袭击事件发生数量

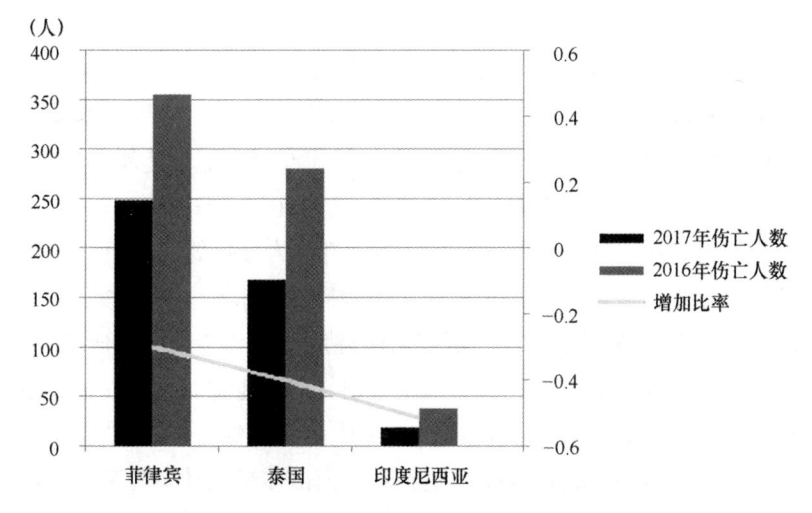

图12　2016—2017年东南亚地区主要国家袭击伤亡人数

（一）菲律宾爆发马拉维危机　安全形势堪忧

2017年5月23日，菲律宾军警在棉兰老岛上的马拉维市与"阿布沙耶夫组织"和"穆特组织"武装分子爆发冲突，战事持续五个月之久。武装分子一度占领马拉维，并劫持居民作为人质，凸显亲"伊斯兰国"组织拥有实施大规模袭击的能力。菲律宾政府在2014年与国内反对派达成协议但未能得到议会批准，降低了政府与叛军和平谈判的可能性，棉兰老岛再次成为多个恐怖组织在菲据点，"阿布沙耶夫组织""摩洛伊斯兰解放阵线""摩洛伊斯兰自由战士"等分离组织和极端组织聚集于此，随着"伊斯兰国"的号召和影响，当地反对与政府和谈的激进组织易形成合力共同对抗政府军。

（二）泰国本土激进势力受国际恐怖组织极端思想影响更加活跃

2017年泰国虽然未出现明显与"伊斯兰国"关联事件，但泰国本土宗教、民族矛盾多发，南部反政府武装组织受到极端势力影响，制造多起恐怖袭击。主要表现在：一是北大年府遭遇大型恐袭。泰国北大年府地区，88％人民信仰伊斯兰教，长期以来与泰国其他地区存在民族、宗教冲突。5月9日，泰国北大年府地区发生汽车炸弹袭击，造成1人死亡，60人受伤。二是泰国政府与南部武装组织和谈失败，武装组织袭击不减。泰国南部地区主要为穆斯林人口，争取独立的武装组织自2004年起在泰国南部制造暴力冲突，对泰国形势造成较大影响。2017年2月，泰国政府宣布与马拉北大年达成突破性协议，开辟安全区，但南部势力最强的武装组织"国民革命阵线"并未参与此次和谈，仍坚持战斗求独立的路线。5月22日，该组织在泰国曼谷一所部队医院发动爆炸袭击，造成24人受伤。9月14日，该组织在泰国也拉府针对巡逻部队设伏，造成泰军2人死亡，27人受伤。同时，"民族革命阵线"下属"巡逻小队"（Runda Kumpulan Kecil）也在泰国南部零星发动多起袭击，但造成的伤亡较小。

（三）印度尼西亚警方击毙多名武装分子 "伊斯兰国"影响增大

印度尼西亚出现与"伊斯兰国"武装有直接联系的分子，多次与印度尼西亚警方发生枪战，但造成的人员伤亡较小。2017年2月27日，印度尼西亚万隆警方在一起小型爆炸案发生后与一名武装分子发生枪战并将其击毙。4月8日，印度尼西亚东爪哇省警方挫败一起恐袭后与6名疑似与"伊斯兰国"有联系的武装分子发生交火，最终击毙嫌疑人。5月24日，印度尼西亚首都雅加达一个公交车站发生自杀式爆炸袭击，造成3人死亡，10人受伤，警方称是与"伊斯兰国"有联系的"唯一真主游击队"（Jamaah Ansharut Tauhid）实施。这也是2017年以来印度尼西亚最大伤亡事件。

六 俄罗斯与独联体国家恐怖主义威胁形态

2017年俄罗斯的恐怖主义发展态势有愈演愈烈之势，尽管从数据来看，俄罗斯2017年恐袭事件数与2016年持平，但伤亡人数

却翻了一番。俄罗斯恐怖主义发展态势呈现如下趋势:

一是圣彼得堡重大恐袭事件多发,北高加索地区仍然是主要威胁。2017年,"'伊斯兰国'北高加索分支"在俄罗斯实施的恐袭占俄罗斯恐袭总数的58%,造成伤亡人数39人,约占总伤亡人数的20%。"基地"分支"伊玛目谢米尔营"(Imam Shamil Battalion)呈现与其竞争态势,宣称制造重大人员伤亡的圣彼得堡地铁爆炸案。两大恐怖组织竞相实施恐袭,引发俄罗斯国内更极端的反恐措施。

二是中东反恐战果加剧俄罗斯威胁。2017年12月11日,俄罗斯总统普京闪电访问叙利亚,宣布从叙利亚撤军,无论军事还是外交完成完美收官。但中东战事的成功进一步加剧了俄罗斯与极端组织的敌对态势。根据俄方预测,在2018年俄罗斯世界杯足球赛期间,将有4 500名"圣战"分子回流到俄罗斯准备发动袭击。[①] 俄罗斯为此充分准备,加紧打击回流分子。10月7日,俄罗斯国防部发言人科纳申科夫称,俄空军6日在叙利亚消灭了约120名来自塔吉克斯坦、伊拉克和北高加索地区的"伊斯兰国"成员,以及一支由60多人组成的外国雇佣军。

三是电话恐怖主义空前活跃,俄罗斯遭受前所未有的"电话诈弹"袭击,损失巨大。2017年9月10日以来,俄罗斯多地频频接到"炸弹袭击"报警电话,首都莫斯科也被卷入其中。9月10日,鄂木斯克市匿名举报者称市政大楼内埋有炸弹。11日,斯塔夫罗波尔市接到1 500个匿名报警电话,12日,新西伯利亚和叶卡捷琳堡等地几十处目标受到电话威胁,机场、车站、商场、学校、影院在内的多个人群密集处被紧急疏散。13日,首都莫斯科接到大量匿名报警电话,一天内疏散了近5万人,排查了23座建筑。三天之内,俄罗斯疏散了13万人,搜查设施420处,未找到任何爆炸

[①] 《后西方时代的中东:"伊斯兰国"化整为零,俄罗斯风光无限不轻松》,腾讯网,2018年1月18日,http://new.qq.com/omn/20180118/20180118A0NJEP.html。

装置。① "电话恐怖主义"带来的市民恐慌和警力浪费成本低微，影响巨大，作为恐怖主义新的形态在俄罗斯空前活跃。

相比之下，独联体国家近年来很少发生恐怖袭击，安全形势较为稳定。2017 年只有阿塞拜疆发生 1 起恐袭事件，未造成人员伤亡。2016 年白俄罗斯、吉尔吉斯斯坦各发生 1 起恐怖袭击事件，共造成 1 人死亡，4 人受伤。然而，独联体国家特别是中亚五国依然面临较大恐怖威胁。

一是激进思想蔓延与日俱增。2017 年 12 月 16 日，刚上任一个月的吉尔吉斯斯坦总统索隆拜·热恩别科夫在塔什干举行的独联体国家政府首脑理事会上称，"'伊斯兰国'思想正在中亚蔓延，威胁日益扩大"，并且"活跃宣传、招募"中亚公民，号召独联体和集安组织间在边界安全方面开展有效合作。二是遭挫败的恐袭图谋较多。12 月 12 日，哈萨克斯坦国家安全委员会副主席比利斯别科夫在哈议会参议院国际关系、国防和安全委员会会议发言时称，自 2017 年年初起，哈萨克斯坦安全部门已经成功制止了 11 起恐怖袭击图谋，尚未发现哈国公民被国际恐怖组织招募，这是最近五六年来首次完成这一目标。中亚的稳定形势是独联体多国大选结束，政权稳定过渡后的政府强力反恐的直接成果，但中东恐怖主义外溢趋势也为独联体各国带来更大的挑战。

七 总结

2017 年全球打击"伊斯兰国"战争虽然取得一定胜利，但中东据点消灭之后带来的恐怖主义外溢现象凸显，全球恐怖主义发展态势并未得到根本转变。一是"圣战"分子回流催化中东、南亚、东南亚、非洲等地区的复杂矛盾，中东、非洲、南亚、东南亚地区

---

① 《俄罗斯遭遇"电话恐袭"》，新浪网，2017 年 9 月 21 日，http：//news. sina. com. cn/o/2017 - 09 - 21/doc - ifymenmt5802305. shtml。

政治、经济发展不足，受恐怖主义影响地区的反恐态势并不会得到根本转变。二是恐怖组织内部争夺激烈，"基地"组织利用"伊斯兰国"衰落后留下的真空寻求扩张。2017年"基地"组织在北非、萨赫勒、叙利亚地区的分支持续扩大，并且出现联合趋势，虽然本年度内并未有明显的显现，但其在国际恐怖主义发展中的角色可能越来越突出。三是欧美地区防范"独狼式"袭击的任务艰巨，"圣战"分子回流加大对欧美的恐怖威胁。四是南亚、东南亚地区受"伊斯兰国"极端思想影响和实体活动加大，为中国周边安全带来不稳定因素。

(杨溪，中国现代国际关系研究院国际反恐方向博士生；李伟，中国现代国际关系研究院研究员；Yang Xi, PH. D. Candidate in China Institute of Contemporary International Relations; LI Wei, Senior Fellow, China Institute of Contemporary International Relations)

特朗普政府网络安全政策初探*

檀有志

【内容提要】特朗普政府初期出台的各种网络安全相关政策举措彰显审慎务实风格,未来其网络安全政策走向或将表现出更为显著的"关注强度"与"交易力度"。这既是立之于对美国当前网络安全基本生态的整体性把握,也是基于对特朗普总统个人性格偏好的科学性认知。作为网络空间领域最为举足轻重的两个国家,近年来中美两国在网络安全相关问题上龃龉不断,特朗普政府未来网络安全政策走向可能给中国国家利益带来错综复杂的潜在风险。着眼于良性建构中美网络竞合关系,中国不妨双管齐下加以应对:一方面"速立制",聚焦网络主权概念以赢得战略主动权;另一方面"广聚智",发掘网络安全智力资源以打造国际话语权。

【关键词】网络;安全;网络安全;网络主权;勒索软件;新媒体;黑客;经济间谍;网络安全法;网络空间;政策;政策风险;政策走向;应对措施;特朗普总统;特朗普政府;中美关系;中美;中国;外交;国家安全;国家战略;竞合;互动;性格偏好;建构;话语权;主动权;国家主权;智力资源;人才储备;全球治理;新型国际关系

---

* 本文是笔者主持的2016年度国家社科基金一般项目"大数据时代中国参与网络空间全球治理方略研究"(课题号:16BGJ033)的阶段性研究成果。

一 引言

2017年5月12日,全球近100个国家和地区爆发了超过7.5万起电脑病毒攻击事件,其中英国医疗系统陷入瘫痪导致大量病人无法就医,罪魁祸首是一种名为"想哭"(Wanna Cry)的勒索软件,不少网络安全专家认定,该款病毒源自此前被泄露到网上的由美国国家安全局(NSA)所开发的漏洞攻击程序"永恒之蓝"(Eternal Blue),并批评美国斥巨资研发病毒武器库结果导致了全球网络环境"更不安全"。[①] 作为现实世界中的唯一超级大国,美国在虚拟世界中同样也占据独特位置,因而其在网络安全上的政策偏好不只是关乎美国一国网络安全的发展程度,同时也攸关网络空间全球治理的进展深度。与此同时,随着近年来网络安全问题在中美双边关系中的不断升温,构建中美新型国际关系的努力也越发不能忽视网络安全关系所承载的复合影响。正是基于这一考量,我们有必要合理研判履新未久的特朗普政府在网络安全政策上的可能走向,并据此来审慎思考中国应对潜在风险的基本方略。

二 特朗普政府网络安全政策的态势研判

年届七十、没有任何从政经历的地产商人特朗普却一举击败了资深政客希拉里·克林顿,并当选为美国新一任总统,这一现象背后的复杂原因众说纷纭,但其中无疑与特朗普在竞选全程中极为擅长使用网络新媒体推特(Twitter)来做"病毒式营销"有着莫大的关联。虚拟网络之于现实世界政治秩序的这种强劲重构功能,对长期浸淫其间的特朗普总统的网络安全认知发挥着不容忽视的潜移默

[①] 杨舒怡:《近百国遭黑客攻击 病毒武器源自美国国安局》,新华网,2017年5月14日,http://news.xinhuanet.com/world/2017-05/14/c_129604080.htm。

化效用，进而也会反过来影响其网络安全政策制定。

（一）特朗普政府初期网络安全政策举措

2017年1月20日，特朗普宣誓就职成为美国第45任总统，其在就职演说中强调要以"新愿景"（new vision）来统领美国大地，"从这一刻起，将会是'美国优先'（America First）"，并宣称"我们将会使美国重新伟大"。[①] 4月28日，特朗普签署了一项总统行政令，宣布成立美国科技委员会（The American Technology Council），以此来统筹协调联邦政府信息技术设施的现代化建设。这一总统行政令的第一条即开宗明义地指出："美国的既定政策是推进信息技术的安全、高效和实惠的应用来实现其使命。美国民众理应从其政府获得更好的数字化服务。为有效实施这项政策，联邦政府必须要变革，使其信息技术以及如何投放使用这一技术现代化。"[②] 特朗普总统亲任该委员会主席，成员还包括副总统、国防部长、商务部长、国土安全部长、国家情报总监等一干要员。这既是特朗普政府试图进一步搞好新政府与硅谷之间关系的某些表示，也是其有意在网络安全方面使政府数字化服务得以更顺利过渡的一种努力。

2017年5月11日，特朗普总统在延迟3个多月之后终于签署了这份意在改善美国网络安全状况的总统行政令，其内容大致上与先期已在网上流传开来的草案基本相似（见表1）。这一行政指令可谓是特朗普政府初期网络安全战略架构的一根支柱，旨在通过一整套组合动作来提升联邦政府的网络安全，保卫关键基础设施，阻止针对美国的网络威胁，从而将美国打造成一个安全、高效的网络帝国。

---

① The White House, "The Inaugural Address: Remarks of President Donald J. Trump," January 20, 2017, https://www.whitehouse.gov/inaugural-address.

② The White House, "Presidential Executive Order on the Establishment of the American Technology Council," May 1, 2017, https://www.whitehouse.gov/the-press-office/2017/05/01/presidential-executive-order-establishment-american-technology-council.

表1　特朗普《增强联邦政府网络与关键性基础设施网络安全》行政令主要内容一览

三大领域	基本时限	具体内容
联邦政府网络安全	90—150天	要求各联邦政府机构在90天内制定风险管理报告,在收到报告60天内,白宫行政管理与预算办公室主任应通过负责国土安全和反恐事务的总统国家安全事务助理,向总统提交对各机构风险管理报告的评估意见及实施计划。
		以建立一个"现代、安全且更具弹性"的行政部门信息技术(IT)架构为政策目标,新近成立的美国科技委员会主任应在90天内向总统提交联邦政府IT的现代化进展情况。
关键基础设施网络安全	180天	要求按奥巴马政府颁布的第21号总统政策指令(PPD-21)中所规定的关键基础设施名单,对其授权及能力进行评估,并于180天内提交网络安全风险评估报告,此后每年提交一次评估报告。
国家网络安全	90—150天	要求国务院、财政部、国防部、司法部、商务部、国土安全部和美国贸易代表办公室,在90天内联合向总统报告威慑敌手和保护民众的战略选择。
		要求国务院等机构在45天内提交该部门有关国际网络安全的优先议程,此后的90天内提交网络安全国际合作战略。
		要求商务部和国土安全部在120天内联合提交如何加强网络人才培养的计划。
		要求国防部在150天内提交维护和增强国家安全相关领域网络能力的报告。

资料来源:笔者根据特朗普签发的行政令内容自制。The White House, "Presidential Executive Order on Strengthening the Cybersecurity of Federal Networks and Critical Infrastructure," May 11, 2017, https://www.whitehouse.gov/the-press-office/2017/05/11/presidential-executive-order-strengthening-cybersecurity-federal.

2017年5月23日，美国白宫向国会提交了完整的2018财年预算报告《美国伟大新基础》，预算总支出为4.1万亿美元。特朗普政府同时计划在未来10年内逐步削减总计3.6万亿美元的财政支出，涉及教育医疗、社会福利、环境保护、科学研发、国际援助等多个方面，只在国防安全、基础设施等少数几个领域增加了预算支出。尽管单从支出数额来看，特朗普政府的2018财年预算与2017财年相比似乎差别不大，但其支出重点出现了较为明显的调整，如将540亿美元支出从并不关涉国防安全的部门机构转移到国防部、国土安全部等相关部门，并明确指出将保证在网络安全方面的资金和人员投入，以捍卫服务于美国人民的联邦政府网络安全。[1]

2017年8月18日，特朗普总统发表声明，宣布将网络司令部（U.S. Cyber Command）从战略司令部（U.S. Strategic Command）中独立出来升格为一个联合作战司令部，从而成为第十个美军最高级别的司令部，直接向国防部长汇报。[2] 特朗普此举的象征意义极为明显，旨在强化美军在网络空间的行动能力以及为美国国防创造更多的机会，在安抚众多追随美国"小伙伴"的同时震慑各种潜在的敌对者。

2017年9月30日，特朗普总统宣布将10月确定为"国家网络安全月"（National Cybersecurity Awareness Month），以提升美国公众对于国家网络安全的认知与重视。[3]

---

[1] The White House, "A New Foundation for American Greatness – Budget of the U. S. Government Fiscal Year 2018," May 23, 2017, https://www.whitehouse.gov/sites/whitehouse.gov/files/omb/budget/fy2018/budget.pdf.

[2] The White House, "Statement by President Donald J. Trump on the Elevation of Cyber Command," August 18, 2017, https://www.whitehouse.gov/the–press–office/2017/08/18/statement–donald–j–trump–elevation–cyber–command.

[3] The White House, "President Donald J. Trump Proclaims October 2017 as National Cybersecurity Awareness Month," September 30, 2017, https://www.whitehouse.gov/the–press–office/2017/09/30/president–donald–j–trump–proclaims–october–2017–national–cybersecurity.

2017年12月18日,特朗普政府在就职不到11个月即高调发布了美国《国家安全战略》报告,在这份具有风向标意味的重要政策文件中明确强调了网络安全的重要地位,公开指出发源自美国的因特网在其不断改变未来的进程中理应反映出美国的价值观念,并主张一个强劲有力的网络基础设施将有助于促进经济增长、保卫国民自由以及提升国家安全。①

整体而言,较之前几任美国总统,特朗普政府初期出台的各种网络安全相关政策举措更显审慎、务实、凌厉风格,这些均在一定程度上折射出特朗普总统及其网络安全团队对于网络空间安全现状复杂性、任务艰巨性、手段多元性的初步认知。

(二)特朗普政府未来网络安全政策走势

在维持上述基本研判的前提下,尽管我们难以做到精准预知特朗普政府未来针对网络空间安全态势可能出台的某项具体政策,但却可以由此推定:在其总统任期内,特朗普政府对网络安全问题的"关注强度"将进一步升高,且在行动逻辑上将更加看重"交易力度"的具体落实情况。

首先,从美国当前网络安全基本生态来看,网络安全议题日益被纳入"高政治"的军事范畴,可以预见美国今后在应对来自外部的网络攻击特别是经济网络间谍活动时,立场态度将更趋鲜明强硬,而操作手法或有可能比较"简单粗暴",这些在美国《国家安全战略》报告中均有所体现,而这无疑都与美国拥有远超一般国家的网络空间战争实力密不可分。

从2009年6月宣布组建"网络司令部",到2011年7月《网络空间行动战略》提出五种战略性倡议来践行网络使命,再到2014年3月美国国防部发布《四年防务评估》报告公开宣称到

---

① The White House, "A New National Security Strategy for a New Era," December 18, 2017, https://www.whitehouse.gov/articles/new-national-security-strategy-new-era/.

2019年建设133支网络任务部队（Cyber Mission Forces，CMF），①美国主导设计的"看不见硝烟的网络战争"逐步在世人眼前露出狰狞面目。美军网络司令部下辖的这133支网络任务部队的关注重点聚焦于国防部提出的三项核心使命：保卫国防部的网络、系统和信息；保护美国及其利益免受会带来严重后果的网络攻击；向作战司令部提供一体化的网络能力来支持军事行动及应急计划。②

特朗普政府如不能深入反思并切实纠正过去由美国推动的过于军事化和冷战化的思维定式，国际网络空间安全的最大威胁就无法完全排除发生由"坏小子使坏"向"大玩家搞大"蜕变的可能，这对当前业已举步维艰的网络空间全球治理进程也将会形成不小的实质冲击。

其次，从特朗普总统个人性格偏好来看，身为成长于美国"婴儿潮"时期的地产大亨，特朗普主张反对全球化、退出《跨太平洋伙伴关系协定》（TPP）、摈弃《巴黎协定》、倡导"美国优先""购买美国货，雇用美国人"，等等，其所表现出的民粹主义价值取向已逐渐为世人所见怪不怪甚至习以为常，而秉持这些执政理念也将对美国的网络安全政策调整产生直接而深远的影响。

作为一个热衷于经常在"推特"上就各种重大政治问题发表一些情绪化声明的国家领导人，"不羁善变""精干有为""逐利自我""好胜执着"以及"积极外向"等五个维度构成了特朗普人格特质结构，"特朗普的五个人格特质维度决定了他打破传统、善于战略欺骗和谈判、行动力和执行力强、凭个人直觉决策、追求尊重

---

① The U. S. Department of Defense, "Quadrennial Defense Review 2014," March 4, 2014, http：//archive. defense. gov/pubs/2014_Quadrennial_Defense_Review. pdf.

② The U. S. Department of Defense, "Overview – FY2018 Defense Budget," May 2017, http：//comptroller. defense. gov/Portals/45/Documents/defbudget/fy2018/fy2018_Budget_Request_Overview_Book. pdf.

和利益交换、报复心强等诸多政策和行为偏好"。① 这些个人性格偏好在一定程度上会影响其对外交政策的认知与制定,倾向于尽量淡化意识形态色彩而强化交易互惠哲学,如其所言"以目标取代随性,以战略取代意识形态,以和平取代混乱"。② 特朗普正式当选总统之后,他开始以其长期笃信的认知偏好来大力重塑美国的外交政策理念,网络安全政策自然也不能例外。

正因为此,就网络空间这一第五疆域来看,只要国际、国内两个层面不再出现类似9·11事件、"棱镜门"事件这种带有"全局转折性""双边震荡式"的突发严重事态,特朗普政府的网络安全政策将可望维系"虽非重心但很重要"的整体位次。

三 中国应对特朗普政府网络安全政策走向潜在风险的基本方略

2017年11月8日至10日,特朗普总统对中国进行了为期三天的国事访问,这既是特朗普就任美国总统以来首次访华,也是中共十九大胜利闭幕以后中方接待的第一起国事访问。中美两国领导人就共同关心的重大国际与地区问题做了深入坦诚的战略性沟通,充分肯定了执法及网络安全等四个高级别对话机制对于拓展两国关系的重要支撑作用,并就网络反恐、打击网络犯罪等网络安全合作达成了一系列重要共识。③ 中美同为当前仍处于国际无政府状态的网络空间中的重要一员,共处信息化时代的中美两个网络大国之间,既存在着许多的新机遇与利益交会点,也面临着更多的新挑战与不确定性。着眼于构建新型国际关系框架之下

---

① 尹继武、郑建君、李宏洲:《特朗普的政治人格特质及其政策偏好分析》,《现代国际关系》2017年第2期,第15—22页。

② Jeremy Diamond and Stephen Collinson, "Donald Trump's Foreign Policy: 'America First'," April 27, 2016, http://edition.cnn.com/2016/04/27/politics/donald-trump-foreign-policy-speech/.

③ 新华社:《习近平同美国总统特朗普举行会谈》,新华网,2017年11月9日,http://news.xinhuanet.com/2017-11/09/c_1121930637.htm.

的中美网络空间安全关系的发展前景,中国不妨从以下两个方面积极有所作为并力争实现"弯道超车":一是"速立制",聚焦网络主权概念以赢得战略主动权;二是"广聚智",发掘网络安全智力资源以打造国际话语权。

其一,所谓"速立制",是指要以加速度来推动网络空间安全领域相关战略、方针、法律、规章等政策措施的建章立制。纵观从克林顿到小布什、从奥巴马到特朗普,美国历届政府的网络安全政策前后既有继承又有扬弃,逐步推进不断完善网络安全方方面面的制度建设。相较之下,中国在网络安全的建章立制方面虽已取得了长足的发展,但是随着信息技术的升级换代还有不少方面的配套工作亟待跟进,尤其是要继续强化"网络主权"这一核心维度的理念认知与实践操作。网络空间里的国家利益竞争与国家实力较量,无不体现网络主权上的某种竞合博弈,中美网络安全关系亦是如此。

自1994年全面接入国际互联网以来,中国陆续颁布了一系列与网络安全管理相关的法律法规。2014年2月27日,中央网络安全和信息化领导小组宣告成立并在北京召开了第一次会议,充分体现了"中国最高层全面深化改革、加强顶层设计的意志,显示出在保障网络安全、维护国家利益、推动信息化发展的决心"[①]。网络主权的理念也反复得到强调固化,已由学理概念逐步上升为一种国家意志:2015年7月1日,第十二届全国人大常委会第十五次会议通过《中华人民共和国国家安全法》,其中第二十五条强调"维护国家网络空间主权、安全和发展利益"[②]。2015年12月16日,习近平主席在第二届世界互联网大会开幕式讲话中,提出的"尊重网

---

① 新华社:《中央网络安全和信息化领导小组成立 习近平任组长》,人民网,2014年2月28日,http://politics.people.com.cn/n/2014/0227/c70731-24486583.html.
② 新华社:《中华人民共和国国家安全法(主席令第二十九号)》,中央政府门户网站,2015年7月1日,http://www.gov.cn/zhengce/2015-07/01/content_2893902.htm.

络主权"主张,作为推进全球互联网治理体系变革应坚持的四项原则之首,受到了国际社会的高度关注。① 2016 年 11 月 7 日,第十二届全国人大常委会第二十四次会议通过《中华人民共和国网络安全法》,其中第一条即将"维护网络空间主权和国家安全"作为其立法宗旨。② 2016 年 12 月 17 日,国家网信办发布《国家网络空间安全战略》,指出"网络空间主权成为国家主权的重要组成部分",从机遇和挑战、目标、原则和战略任务四大方面系统阐明了中国关于网络空间发展与安全的重大立场,是中国当前网络空间安全工作的一个总指针。③

2017 年是中国网络安全领域建章立法的"行动年"。3 月 1 日,经中央网络安全和信息化领导小组批准,外交部和国家互联网信息办公室共同发布了《网络空间国际合作战略》,以和平发展、合作共赢为主题,以构建网络空间命运共同体为目标,申明了"和平、主权、共治和普惠"四项战略原则,首次就推动网络空间国际交流合作系统提出了中国主张,试图为破解全球网络空间治理难题贡献出中国方案。④ 自 6 月 1 日始,《网络安全法》及数个网络安全相关规定、办法正式施行。作为中国网络安全领域的第一部根本大法,《网络安全法》在内容设计上预留了诸多配套制度的接口,留待国家网信办、工信部、最高院等有关部门抓紧推进相关配套法规的优化成熟进而无缝对接,其中部分法律法规已经正式出

---

① 新华社:《习近平在第二届世界互联网大会开幕式上的讲话(全文)》,新华网,2015 年 12 月 16 日,http://news.xinhuanet.com/politics/2015-12/16/c_1117481089.htm.

② 全国人民代表大会常务委员会:《中华人民共和国网络安全法》,中国人大网,2016 年 11 月 7 日,http://www.npc.gov.cn/npc/xinwen/2016-11/07/content_2001605.htm.

③ 国家互联网信息办公室:《国家网络空间安全战略(全文)》,中国网信网,2016 年 12 月 27 日,http://www.cac.gov.cn/2016-12/27/c_1120195926.htm.

④ 新华社:《网络空间国际合作战略(全文)》,新华网,2017 年 3 月 1 日,http://news.xinhuanet.com/2017-03/01/c_1120552767.htm.

台、生效,另有部分法律法规也已公布了征求意见稿或草案(见表2)。

表2 中国《网络安全法》相关配套法规一览

发布时间	文件名称	发布机关	基本内容
1. 已正式出台、生效			
2017年1月10日	《国家网络安全事件应急预案》	中央网信办	明确将网络安全事件分为四级,对网络安全事件的组织机构与职责、监测与预警、应急处置、调查与评估、预防工作、保障措施等几个方面作出了规定。2017年6月27日发布于国家网信办官网,落款主体为中央网信办,自印发之日起实施。
2017年5月2日	《网络产品和服务安全审查办法(试行)》	国家网信办	明确要求关系国家安全的网络和信息系统采购的重要网络产品和服务,应当经过网络安全审查。全文共16条,自2017年6月1日起实施。
2017年5月2日	《互联网新闻信息服务管理规定》	国家网信办	规定通过互联网站、应用程序、论坛、博客、微博客、公众账号、即时通信工具、网络直播等形式向社会公众提供互联网新闻信息服务,应当取得互联网新闻信息服务许可,禁止未经许可或超越许可范围开展互联网新闻信息服务活动。全文共6章29条,自2017年6月1日起施行。

续表

发布时间	文件名称	发布机关	基本内容
2017年5月2日	《互联网信息内容管理行政执法程序规定》	国家网信办	要求互联网信息内容管理部门实施行政执法,应当遵循公开、公平、公正的原则,应当加强执法队伍建设,建立健全执法人员培训、考试考核、资格管理和持证上岗制度,并建立行政执法督查制度。全文共8章49条,自2017年6月1日起施行。
2017年5月9日	《关于办理侵犯公民个人信息刑事案件适用法律若干问题的解释》	最高人民法院和最高人民检察院	明确了"公民个人信息"范围、"非法提供公民个人信息""以其他方法非法获取公民个人信息"的认定标准等,并列举了非法获取、出售或者提供公民个人信息的十种情形。全文共13条,自2017年6月1日起施行。
2017年5月22日	《互联网新闻信息服务许可管理实施细则》	国家网信办	国家和省、自治区、直辖市互联网信息办公室实施互联网新闻信息服务许可,适用本细则。全文共18条,与《互联网新闻信息服务管理规定》同步施行。
2017年5月31日	《工业控制系统信息安全事件应急管理工作指南》	工信部	明确了工业控制系统信息安全事件的定义,从事应急管理工作的组织机构与职责,应急管理工作机制,监测通报机制,敏感时期应急管理要求,应急处置以及保障措施。全文共7章25条,自2017年7月1日起施行。
2017年6月1日	《网络关键设备和网络安全专用产品目录(第一批)》	国家网信办、工信部、公安部和国家认监委	其中网络关键设备有4种设备或产品类别,网络安全专用产品有11种设备或产品类别,并给出了相应的指标范围。自印发之日起施行。

续表

发布时间	文件名称	发布机关	基本内容
2017年8月24日	《互联网域名管理办法》	工信部	明确部和省级通信管理局的职责分工、完善域名服务许可制度、规范域名注册服务活动、完善域名注册信息登记和个人信息保护制度以及加强事中事后监管。全文共6章58条，自2017年11月1日起施行。
2017年9月7日	《互联网群组信息服务管理规定》	国家网信办	在中华人民共和国境内提供、使用互联网群组信息服务，应当遵守本规定。全文共25条，自2017年10月8日起施行。
2017年9月7日	《互联网用户公众账号信息服务管理规定》	国家网信办	在中华人民共和国境内提供、使用互联网用户公众账号从事信息发布服务，应当遵守本规定。全文共18条，自2017年10月8日起施行。
2017年10月30日	《互联网新闻信息服务单位内容管理从业人员管理办法》	国家网信办	要求互联网新闻信息采编发布、转载和审核等内容管理工作的从业人员应当遵守宪法、法律和行政法规，坚持正确政治方向和舆论导向，贯彻执行党和国家有关新闻舆论工作的方针政策。全文共5章20条，自2017年12月1日起施行。

2. 已发布征求意见稿或草案

发布时间	文件名称	发布机关	基本内容
2017年4月11日	《个人信息和重要数据出境安全评估办法（征求意见稿）》	国家网信办	明确要求网络运营者在中华人民共和国境内运营中收集和产生的个人信息和重要数据，应当在境内存储；因业务需要，确需向境外提供的，应当按照本办法进行安全评估。全文共18条，发布于国家网信办官网向社会公开征求意见。

续表

发布时间	文件名称	发布机关	基本内容
2017年5月27日	《信息安全技术数据出境安全评估指南（草案）》	全国信息安全标准化技术委员会	规定了数据出境安全评估流程、评估要点、评估方法等内容，还首次公布了重要数据识别指南，并列举了27个行业的重要数据的范围。作为数据出境安全评估的推荐性国家标准，为个人信息和重要数据出境评估提供了规范性指导。
2017年7月11日	《关键信息基础设施安全保护条例（征求意见稿）》	国家网信办	征求意见稿主要从支持与保障，关键信息基础设施范围，运营者安全保护，产品和服务安全，监测预警、应急处置和检测评估以及法律责任等几个方面对关键信息基础设施安全保护作出了规定。全文共55条，发布于国家网信办官网向社会公开征求意见。

资料来源：此表为笔者根据国家网信办、工信部、最高院等各个相关部门官方网站所发布的文件收集整理而成，截止时间为2017年12月31日。

我们主张"速立制"，其根本意图就在于通过比较完备的制度建设来夯实国家的网络安全事业基础，用以网络主权为核心的制度上的合法性、合规性来有效规制无论是对内还是涉外的网络安全纠葛上的非法性、失范性。故在新的历史条件下，常态化的网络安全制度建设，要努力紧跟瞬息万变的网络安全发展步调，与时俱进，从而牢牢把握住战略主动权。这一点在中美网络安全关系中，已经得到并将继续得到反复的印证。

其二，所谓"广聚智"，是指要尽可能广泛地聚拢网络安全相关领域的专业人才智力资源为我所用。有比较方有鉴别，观过往能利未来。在这一点上，美国的一些网络安全公司和智库机构在思想创造、人才培育、产业延伸、舆情引导等方面展现出了无与伦比的资源优势与实践经验，特别是在奥巴马政府时期表现得尤为突出。与之相比，中国在许多方面无疑都还处于后发位置，国内专业智库整体发展状况呈现出"库多智少，有名无实"的虚假繁荣现象，具体到网络空间安全领域来看目前仍大体停留在少数一些网络安全公司及从业者不定期发布病毒分析报告、产业统计报表的水平，对国际话语权竞争上的贡献度还比较低。早在 2014 年，习近平主席就指出，没有网络安全就没有国家安全，没有信息化就没有现代化。2016 年 4 月 19 日，在网络安全和信息化工作座谈会上，习近平主席又明确提出，中国要维护网络安全，就必须在核心网络技术方面取得重大突破，当前"互联网核心技术是我们最大的'命门'，核心技术受制于人是我们最大的隐患"。[1] 要想尽快改变这种被动局面，唯有同样以大量优质的网络安全专业人才提供源源不断的智力支持为坚强后盾。

从技术人才储备来看，为了应对日趋复杂的国际网络安全形势，除了不断充实 2011 年设立的"网络蓝军"以及 2015 年成立的战略支援部队等"正规军"，还应继续鼓励和大力扶持奇虎 360、启明星辰、卫士通、安天等国内知名的网络安全技术公司组成的"预备役"，助其相辅相成做大做强。此外，借鉴其他国家的军民融合实践经验，2016 年中国也开始在网络安全领域探索网络安全军民融合的新思路，提出要"统筹信息基础设施建设，加强军地信息基础设施建设的顶层设计和统筹协调，优化总体布局"，并"加强教育资源统筹，完善军民融合的人才培养使用体系"。[2] 这些不尽相同的技术发展路径整体上顺应了中国网络安全事业的前进方向又各有目标侧重，善加引导有望形成强大的合力。

从研究人才培育来看，为了维护网络安全这一国家安全新的战略制高点，我们需要构建全面的网络安全专业人才培育系统，不仅

---

[1] 新华社：《习近平主持召开网络安全和信息化工作座谈会》，新华网，2016 年 4 月 19 日，http://news.xinhuanet.com/politics/2016-04/19/c_1118670958.htm。

[2] 新华社：《中共中央国务院中央军委印发〈关于经济建设和国防建设融合发展的意见〉》，新华网，2016 年 7 月 21 日，http://news.xinhuanet.com/politics/2016-07/21/c_1119259282.htm。

要包括前面提到的那些掌握过硬网络安全本领的技术人才,而且还要包括那些精通多门通用外语、熟悉国际国内法律法规、擅长国际规则谈判制定、了解国际政治经济关系等涉及网络安全各个重要面向的研究人才。通过大胆尝试改革研究人才培育模式,力争培养出一批创新能力强、业务素质硬、政治靠得住的网络安全研究人才,切实提升中国对外网络安全话语的创造力、传播力和影响力,从而更好地维护中国在网络空间的合法权益。2015 年 6 月,为了加快网络空间安全高层次人才培养,国务院学位委员会、教育部发布了《关于增设网络安全一级学科的通知》,决定在"工学"门类下增设"网络空间安全"一级学科,充分体现了国家对网络安全人才培育的高度重视和迫切需求。[①] 2016 年 3 月,中国网络空间安全协会 (Cyber Security Association of China,CSAC) 在京成立,此外一些政府部门及科研院所也建立了网络安全相关的研究机构,尤其是在 2016 年,四川大学、北京邮电大学、暨南大学、上海交通大学、中国科学院大学等纷纷成立了建制完整的网络空间安全学院。也许这种"一窝蜂"式的做法免不了会事倍功半或走一些弯路,不过这些处于网络安全专业人才培育链条上的各个枢纽节点,共同为网络安全研究人才的集群成长筑就了比较宽阔的起飞平台。

四 结语

随着信息技术和网络应用的进一步发展,尤其是大数据、云计算、物联网、人工智能、移动互联网等理念的迅猛扩张,无形战场上围绕网络空间战略资源控制权、国际规则制定主导权的国家间竞争必将愈演愈烈,网络空间安全博弈形势正迈入一个群雄逐鹿、各

---

① 中华人民共和国教育部:《国务院学位委员会 教育部关于增设网络空间安全一级学科的通知》,教育部政府部门网站,2015 年 6 月 11 日,http://www.moe.edu.cn/jyb_xxgk/moe_1777/moe_1778/201511/t20151127_221423.html。

怀其志的新常态。美国凭借其所占据的先天优势在战略、战术层面频频出招，意在持续巩固其网络空间霸权地位；其他主要大国也纷纷发布网络安全国家战略，积极谋求其网络空间主权利益最大化。面对网络诈骗、网络盗窃、网络间谍以及网络恐怖主义等层出不穷的网络安全威胁，没有任何一个国家能够绝对做到独善其身，网络安全已构成影响国家经济社会发展的重大问题之一，这也使得大国之间网络安全博弈成为观察大国战略关系和国际安全局势变幻的一个全新视角。

基于对美国的网络安全整体生态以及特朗普的个人性格偏好的综合研判，特朗普政府的网络安全政策走向或将表现出更为显著的"关注强度"与"交易力度"，其未来网络安全政策调整可能会给中国带来一些潜在的风险，经济间谍问题在一定程度上折射出了美国对中国综合实力快速上升的焦虑和防范，类似矛盾纠葛有较大可能会继续在特朗普总统任内反复发酵，诱发双边网络安全关系紧张。我们应当放弃一些不切实际的幻想，对症下药，防患于未然。为了有效应对特朗普政府对华网络安全政策的可能风险，针对美国政府部门与专业社会机构的涉华政策运作模式，中国宜当"速立制"与"广聚智"双管齐下，以长效性的制度建设和高质量的智力产出来赢得战略主动权与国际话语权。考虑到特朗普政府的施政纲领尚未最终定型，还存有较大的政策不确定性，同时中国的内政外交政策在具有定调意义的中国共产党第十九次全国代表大会召开之后也面临一系列调整，因此未来中美在网络安全空间里的招来式往，依然值得持续的跟进观察。

（檀有志，对外经济贸易大学国际关系学院国际政治经济学系主任兼外交学系主任，教授；Tan Youzhi, Professor and Director for both the Department of IPE and the Department of Diplomacy in the School of International Relations at University of International Business and Economics）

国际安全大数据

表1 按支出功能划分的阿根廷年度国防预算（2011—2017年）

单位：ARS，阿根廷比索

序号	预算功能	2011年	2012年	2013年	2014年	2015年	2016年	2017年
1	防御	8 039 156 841	10 777 437 308	14 170 041 402	17 709 534 308	25 266 551 917	35 296 902 810	48 483 876 211
2	情报	321 240 194	484 706 886	495 756 227	626 922 875	836 966 266	1 085 465 929	199 999 874
3	健康	1 179 134 017	1 465 507 613	1 787 573 413	2 319 131 823	3 147 665 458	4 069 023 136	5 853 084 305
4	社会保障	—	—	—	—	—	—	—
5	教育与文化	1 800 138 331	2 193 911 600	2 697 729 644	3 538 823 776	5 067 034 940	6 700 135 336	9 487 097 255
6	科学技术	275 416 218	513 600 073	377 167 881	444 745 431	478 565 207	857 710 747	1 126 659 177
7	运输	380 226 683	214 636 994	795 057 230	713 981 052	937 262 680	881 118 806	1 075 486 242
8	其他费用	90 105 000	111 098 000	140 201 477	1 034 214 298	1 380 096 107	1 722 900 000	1 288 773 272
	总计	12 085 417 284	15 760 898 474	20 463 527 274	26 387 353 563	37 114 142 575	50 613 256 764	67 514 976 336

资料来源：阿根廷财政部国家预算办公室，https://www.minhacienda.gob.ar/.

表 1.1 按支出项目划分的阿根廷年度国防预算（2011—2017 年）

单位：ARS，阿根廷比索

	2011 年	2012 年	2013 年	2014 年	2015 年	2016 年	2017 年
总额	12 085 417 284	15 760 898 474	20 463 527 274	2 782 567 154	37 114 142 575	50 613 256 764	67 514 976 336
人事开支	9 105 588 298	11 377 293 524	15 020 190 705	374 773 146	27 027 339 224	37 413 087 975	49 479 401 478
固定人员	8 314 958 916	10 298 434 488	13 661 068 096	217 189 258	25 054 375 124	34 647 506 578	45 851 391 746
临时人员	234 706 165	299 595 448	359 928 493	88 986 569	638 363 809	771 372 857	1 012 465 648
非日常事务	29 154 277	46 991 106	50 268 315	13 726 613	96 104 581	135 648 394	185 731 020
家庭抚恤金	269 159 459	266 049 952	305 913 231	—	—	—	—
相关人员社会救济	217 471 021	400 797 174	548 423 716	9 534 015	1 069 880 374	1 607 415 791	2 105 164 423
福利和赔偿	—	—	—	—	—	—	—
内商上层	3 960 362	4 908 701	5 940 542	5 157 772	12 711 995	15 931 880	21 038 986
雇用人员	36 178 098	60 516 655	88 648 312	40 178 919	155 903 341	233 483 219	303 609 655
消费品	1 024 668 397	1 557 223 564	1 774 028 899	82 665 258	2 690 637 231	3 808 453 759	5 431 393 672
食品、农业和林业产品	303 099 582	395 906 218	497 006 056	6 076 458	989 000 875	1 501 087 269	1 526 990 760
纺织品和服装	87 248 846	96 216 094	136 490 949	2 064 192	210 277 919	216 106 534	475 321 348

续表

	2011 年	2012 年	2013 年	2014 年	2015 年	2016 年	2017 年
纸、纸板和印刷产品	25 259 787	41 990 172	44 869 202	2 824 635	70 911 625	89 980 800	123 619 472
皮革和橡胶制品	6 368 155	12 513 951	19 945 001	633 510	36 877 487	41 137 586	61 309 023
化学产品、燃料和润滑剂	342 688 481	423 293 131	458 569 155	3 451 937	610 805 141	819 338 809	1 364 433 812
非金属矿物制品	7 562 907	8 313 082	14 600 440	384 204	16 742 634	25 402 093	42 182 048
金属制品	87 464 800	131 969 939	85 072 144	2 456 568	110 740 096	98 453 197	187 100 741
矿产品	1 053 331	2 106 800	5 381 414	340 401	5 729 202	8 099 096	9 516 147
其他消费品	163 922 508	444 914 177	512 094 538	64 433 353	639 552 252	1 008 848 375	1 640 920 321
非人事务	1 286 225 040	1 995 687 881	2 261 974 130	650 240 413	3 696 238 184	4 904 334 146	7 567 424 675
基本供应	147 541 552	147 218 002	188 529 964	6 487 440	287 878 455	927 699 594	628 103 581
租赁及费用	48 833 159	38 542 418	59 692 091	11 806 009	174 346 607	403 590 381	709 341 276
维护、修理和清洁	676 941 689	1 250 110 643	1 324 649 224	505 820 445	1 921 796 508	2 074 038 808	3 974 805 675
技术和专业事务	81 560 909	80 206 408	122 678 699	38 399 118	251 437 881	192 864 397	368 178 906
商业和金融事务	55 991 039	90 859 124	88 802 642	5 901 283	204 031 609	224 288 710	348 852 624

续表

	2011 年	2012 年	2013 年	2014 年	2015 年	2016 年	2017 年
差旅费	164 463 104	222 797 515	322 115 927	9 689 769	540 939 455	678 843 183	1 060 854 704
税收、费用和判决	48 561 646	51 938 583	46 935 853	3 642 854	56 144 170	128 932 771	98 564 930
其他事务	62 331 942	114 015 188	108 569 730	68 493 495	259 663 499	274 076 302	378 722 979
常用品	567 347 549	700 214 766	1 124 755 086	562 043 411	2 020 731 829	2 583 621 692	3 446 700 573
存货	—	—	1 000 000	—	—	3 405 000	—
建设	64 994 600	51 204 007	219 761 153	41 175 303	45 373 898	14 423 573	38 293 821
机械设备	164 591 499	207 323 291	848 595 970	29 919 264	653 433 336	1 019 085 361	1 234 354 552
军事和安全设备	332 519 793	447 345 411	540 865	530 281 533	1 306 095 409	1 535 368 963	2 155 783 979
书籍、杂志和其他集选	43 682	195 898	2 430 382	322 000	952 663	388 116	504 660
无形资产	5 197 975	3 480 863	2 222 709	520 614	14 689 023	10 445 863	16 253 561
动产	—	694 000	142 376 977	—	187 500	504 816	1 510 000
转让	11 083 000	19 380 739	10 882 454	78 630 628	299 100 000	180 859 192	301 282 666
转移到私营部门、以融资当前费用	8 178 000	8 387 739		38 418 000	81 976 000	81 494 699	94 750 028

续表

	2011 年	2012 年	2013 年	2014 年	2015 年	2016 年	2017 年
转移到私营部门，为流动性支出提供资金	—	—	—	—	1 600 000	3 595 301	4 450 187
转移到公立大学	—	3 547 000	3 587 320	23 447 000	14 447 000	66 883 800	110 738 409
转移到省市级政府，为流动性支出提供资金	1 728 000	2 500 000	2 852 500	2 853 000	4 500 000	4 500 000	9 555 000
向海外转移	1 177 000	4 946 000	125 054 703	13 912 628	196 577 000	24 385 392	81 789 042
金融资产	400 000	—	—	—	—	—	—
购买股票和股权	400 000	—	—	—	—	—	—
直属单位支出	90 105 000	111 098 000	140 201 477	1 034 214 298	1 380 096 107	1 722 900 000	1 288 773 272
直属单位支出/经常项目交易	83 613 440	96 645 217	129 003 073	581 086 398	1 017 925 107	1 684 866 875	1 243 681 546
直属单位支出/资本项目交易	6 491 560	14 452 783	11 198 404	453 127 900	362 171 000	38 033 125	45 091 726

资料来源：阿根廷财政部国家预算办公室，https://www.minhacienda.gob.ar/.

表1.2 按执行部门划分的阿根廷年度国防开支预算（2011—2017年）

单位：ARS，阿根廷比索

预算功能	执行单位	2011年	2012年	2013年	2014年	2015年	2016年	2017年
国防部	—	811 779 226	1 116 787 633	1 485 402 790	2 782 567 154	3 889 263 171	4 932 562 407	5 163 081 357
国防部指导和规划	部级单位	146 198 578	170 153 694	220 524 888	342 272 637	793 273 308	859 612 681	1 210 148 849
国防部技术发展	国防部科学技术研究所	80 284 000	100 114 000	133 256 868	154 875 816	214 339 357	266 846 000	355 734 380
国防维护和生产	国防生产技术科学部	365 254 000	567 133 974	796 328 792	983 067 979	1 109 119 452	1 624 829 215	1 586 153 650
培养和训练	培养秘书处	6 177 875	6 775 061	17 617 898	22 991 213	25 687 285	62 976 810	99 309 319
水文事务	国防生产技术科学秘书处	39 797 773	64 642 107	80 708 967	142 680 568	203 112 649	247 185 701	336 463 455
国防部后勤	国防部后勤服务秘书处	80 800 000	88 770 797	78 550 400	84 488 015	144 398 013	128 975 000	214 555 001
国家航空运动支出	国家空运监管局	—	—	—	—	—	—	—
国家地理局资本支出	—	—	—	—	—	—	—	—

续表

预算功能	执行单位	2011 年	2012 年	2013 年	2014 年	2015 年	2016 年	2017 年
军事制造总局资本支出	—	—	—	—	—	—	—	—
国家气象部门资本支出	—	—	—	—	—	—	—	—
各项资金转移	部级单位	3 162 000	8 100 000	18 213 500	17 976 628	19 237 000	19 237 000	71 943 431
资本支出	部级单位	90 105 000	111 098 000	140 201 477	1 034 214 298	1 380 096 107	1 722 900 000	1 288 773 272
陆军总参谋部		5 133 729 696	6 730 716 808	8 952 815 714	11 346 098 334	17 081 990 021	23 285 024 242	30 949 058 413
指挥中心	—	536 383 643	886 214 663	1 002 654 946	1 226 933 112	2 217 019 568	2 750 379 122	3 703 113 109
陆军作战人员	训练和人店指挥	3 205 777 017	4 067 332 420	5 603 214 310	7 075 016 812	10 326 210 230	14 820 368 449	18 754 473 727
培养和训练	教育总局	756 455 661	949 870 981	1 214 445 374	1 650 829 316	2 531 865 954	3 278 239 971	4 667 388 373
医疗	卫生总局	521 857 657	688 107 395	884 651 123	1 131 624 921	1 694 601 501	2 087 644 159	3 094 949 718
马匹和兽医	马匹和兽医部	81 775 032	105 292 057	131 638 492	128 943 041	156 900 240	223 751 481	355 526 733
军用服装	军用服装	25 126 288	31 047 542	37 269 010	43 610 101	44 584 080	74 641 060	93 402 329
作战物资	训练和人店指挥	6 354 398	2 851 750	78 942 459	89 141 031	110 808 448	50 000 000	280 204 424

续表

预算功能	执行单位	2011 年	2012 年	2013 年	2014 年	2015 年	2016 年	2017 年
海军总参谋部	—	3 141 347 855	4 013 135 211	4 750 837 771	5 872 532 741	8 421 810 696	11 111 904 389	14 989 412 844
指挥中心	—	428 228 992	571 299 948	701 899 424	883 186 045	2 557 892 288	1 863 293 225	2 569 752 894
海军作战训练	海军总参谋部	1 657 938 473	2 319 241 846	2 685 036 942	3 379 809 162	3 631 893 763	6 428 615 024	8 519 179 721
海军卫生保健	海军卫生总局	290 403 599	362 593 434	437 266 956	528 268 216	694 565 094	846 663 628	1 164 584 774
培养和训练	海军教育总局	674 499 940	650 745 670	764 905 611	937 710 304	1 358 364 079	1 750 683 394	2 412 032 617
海军水文事务	海军水文局	39 548 775	47 085 365	55 087 328	70 405 290	72 018 990	114 095 718	163 506 640
海军运输	海军训练和人伍指挥	43 911 095	54 185 650	96 101 012	64 898 282	90 826 755	96 795 261	120 642 958
作战物资	海军训练和人伍指挥	6 816 981	7 983 298	10 540 498	8 255 442	16 249 727	11 758 139	39 713 240
空军总参谋部	—	2 628 276 289	3 420 265 636	4 764 102 881	5 754 894 053	6 899 011 687	10 055 873 565	14 574 731 006
指挥中心	—	393 932 678	551 568 270	664 485 905	843 793 225	1 181 422 568	1 587 090 991	2 153 324 506
空军作战训练	空军总参谋部	1 142 370 826	1 644 370 605	2 110 691 455	2 575 355 767	2 878 055 582	4 864 143 665	7 408 285 125
空运发展	国家航空总局	79 326 606	95 192 742	102 577 642	113 805 520	128 027 298	174 681 707	560 026 380
空运监管	空运监管总局	272 956 804	86 143 695	655 128 740	487 338 638	673 301 708	601 202 282	365 976 660

续表

预算功能	执行单位	2011 年	2012 年	2013 年	2014 年	2015 年	2016 年	2017 年
空军医疗	卫生总局	354 770 377	407 854 474	459 436 806	651 874 842	741 963 241	1 116 375 805	1 563 565 831
空军训练和培训	教育总局	348 628 924	573 648 659	674 659 658	896 263 997	1 098 806 982	1 550 825 680	2 229 563 043
国家气象局	国家气象局	28 043 273	33 300 557	37 350 848	112 836 894	135 933 674	105 234 817	149 483 202
作战物资	海军训练和人伍指挥	8 246 801	28 186 634	59 771 827	73 625 170	61 500 634	56 318 618	144 506 259
武装部队联合参谋部	—	370 284 218	479 993 186	510 368 118	631 261 281	822 067 000	1 227 892 161	1 838 692 716
指挥中心	—	26 665 051	35 122 313	44 595 711	63 637 042	102 135 338	158 714 016	201 316 871
联合军事规划	武装部部队联合参谋部	17 092 665	28 953 841	24 004 812	39 669 299	106 124 913	119 251 652	125 646 531
和平部队	武装部部队联合参谋部	189 104 708	238 119 505	258 657 459	311 976 219	353 508 811	348 011 928	681 379 513
军队卫生保健	武装部部队联合参谋部	12 102 384	6 952 310	6 218 528	7 363 844	16 535 622	18 339 544	29 983 982

续表

预算功能	执行单位	2011 年	2012 年	2013 年	2014 年	2015 年	2016 年	2017 年
培养和训练	武装部队联合参谋部	14 375 931	12 871 229	26 101 103	31 028 946	52 310 640	57 409 481	78 803 903
南极后勤保障	作战指挥	108 033 479	153 865 988	141 257 408	168 209 636	173 510 877	500 563 923	689 793 797
联合军事训练和演习目的规划和指导	作战指挥	2 910 000	4 108 000	9 533 097	9 376 295	17 940 799	25 601 617	31 768 119
总计	—	12 085 417 284	15 760 898 474	20 463 527 274	26 387 353 563	37 114 142 575	50 613 256 764	67 514 976 336

资料来源：阿根廷财政部国家预算办公室，https://www.minhacienda.gob.ar/.

表 2 美国国防部年度国防预算概览（2011—2017 年）

单位：百万美元，现值美元

	2011 年	2012 年	2013 年	2014 年	2015 年	2016 年	2017 年
050 - 预算授权总额	717 421	681 431	610 096	622 284	598 409	624 117	656 339
（统计口径：050 = 051 + 053/054）							
051 - 国防部预算总额	691 471	655 397	585 239	595 723	570 861	595 715	626 230
053/054 - 能源与防务相关预算	25 950	26 034	24 857	26 561	27 548	28 402	30 109
050 - 支出总额	705 625	677 856	633 385	603 457	589 564	593 372	598 722
（统计口径：050 = 051 + 053/054）							
051 - 国防部预算总额	678 064	650 851	607 795	577 897	562 499	565 370	568 896
053/054 - 能源与防务相关预算	27 561	27 005	25 590	25 560	27 065	28 002	29 826

资料来源：美国国防部，https://comptroller.defense.gov/Budget-Materials/.

表2.1 按功能划分的美国年度国防预算授权（2011—2017年）

单位：百万美元，现值美元

	2011年	2012年	2013年	2014年	2015年	2016年	2017年
军事人员费用（不包括MERHFC）	158 389	158 352	145 234	142 751	138 837	138 816	139 187
运行和维护	305 235	286 775	258 353	262 453	246 572	245 150	258 707
采购费用	131 898	118 316	97 763	100 405	102 110	118 895	124 337
研发测试评估费用	76 687	72 034	63 347	63 483	63 869	69 543	74 129
周转和管理基金	2 832	7 311	4 482	11 290	7 478	9 305	15 134
国防部（不包括MERHFC）	675 042	642 788	569 179	580 382	558 866	581 709	611 494
MERHFC	—	—	8 297	7 435	7 022	6 630	6 960
国防部（包括MERHFC）	—	—	577 476	587 817	565 888	588 339	618 454
军事设施建设	15 991	11 367	8 068	8 392	5 652	6 927	6 894
军属住房建设	1 833	1 690	1 489	1 417	1 140	1 253	1 335
收入冲抵（净额）及其他	-2 086	-456	-1 672	-1 886	-1 836	-794	-445

续表

	2011 年	2012 年	2013 年	2014 年	2015 年	2016 年	2017 年
军队基建	17 824	13 057	9 557	9 809	6 792	8 180	8 229
051 - 国防部预算总额（DoD 记录）	690 781	655 388	585 361	595 740	570 844	595 724	626 239
计算性分歧调整（计分与含人）	690	9	-122	-17	17	-9	-9
051 - 国防部预算总额（OMB 记录）	691 471	655 397	585 239	595 723	570 861	595 715	626 230
能源部	16 283	16 822	15 950	17 052	17 708	18 709	19 807
旧场所修复行动	130	109	100	103	102	112	112
国防核设施安全委员会	23	29	27	28	29	29	31
能源员工职业病补偿	2 098	1 348	1 347	1 221	1 129	1 218	1 367
其他	—	—	—	—	50	50	50
053 - 原子能防御活动总额	18 534	18 308	17 424	18 404	19 018	20 118	21 367
联邦调查局	4 534	4 738	4 334	4 899	5 274	4 998	5 097

续表

	2011年	2012年	2013年	2014年	2015年	2016年	2017年
其他自由裁量计划	—	2 399	2 491	2 652	2 660	2 707	3 066
辐射照射补偿信托基金	63	75	94	92	82	65	65
支付给中情局的退休基金及其他项目	292	514	514	514	514	514	514
其他	2 527	—	—	—	—	—	—
054–防务相关活动总额	7 416	7 726	7 433	8 157	8 530	8 284	8 742
053/054 能源与防务相关活动总额	25 950	26 034	24 857	26 561	27 548	28 402	30 109
050–国防预算总额	717 421	681 431	610 096	622 284	598 409	624 117	656 339

资料来源：美国国防部，https：//comptroller.defense.gov/Budget-Materials/.

注：1. MERHFC 账户，指的是享受医疗保险退休人员健康基金缴纳账户（Medicare-Eligible Retiree Health Fund Contribution Accounts）。

2. 计算性分歧，指的是国防部（DoD）和联邦管理与预算办公室（the Office of Management and Budget，OMB））之间因为统计性技术如四舍五入等而产生的误差分歧。

表 2.2 按功能划分的美国年度国防开支（2011—2017 年）

单位：百万美元，现值美元

	2011 年	2012 年	2013 年	2014 年	2015 年	2016 年	2017 年
军事人员费用（不包括 MERHFC）	161 608	152 266	142 528	141 488	138 185	141 275	137 745
运行和维护	291 037	282 297	259 659	244 478	247 237	243 200	245 186
采购费用	128 006	124 712	114 913	107 479	101 343	102 651	104 119
研发测试评估费用	74 871	70 396	66 892	64 929	64 125	64 873	68 126
周转和管理基金	1 264	4 722	3 209	2 791	-2 697	-161	-383
国防部（不包括 MERHFC）	656 786	634 392	587 201	561 165	548 193	551 838	554 793
MERHFC	—	—	8 297	7 435	7 022	6 630	6 961
国防部（包括 MERHFC）	—	—	595 498	568 600	555 215	558 468	561 754
军事设施建设	19 918	14 605	12 317	9 822	8 115	6 676	6 673
军属住房建设	3 330	2 334	1 830	1 351	1 197	1 303	1 208
军队基建	23 248	16 939	14 147	11 173	9 312	7 979	7 881

续表

	2011 年	2012 年	2013 年	2014 年	2015 年	2016 年	2017 年
收入冲抵（净额）及其他	-2 070	-427	-1 851	-1 888	-2 025	-1 079	-741
051-国防部预算总额（DoD 记录）	677 964	650 905	607 793	577 885	562 501	565 369	568 894
计算性调整（计分与合入）	100	-54	2	12	-2	1	2
051-国防部预算总额（OMB 记录）	678 064	650 851	607 795	577 897	562 499	565 370	568 896
能源部	18 614	17 751	16 104	16 081	17 375	17 984	18 935
旧场所修复行动	185	153	80	95	117	98	94
国防核设施安全委员会	27	27	28	25	26	28	30
能源员工职业病补偿	1 584	1 316	1 361	1 215	1 127	1 228	1 369
其他	—	—	—	—	47	49	54
053-原子能防御活动总额	20 410	19 247	17 573	17 416	18 692	19 387	20 482
联邦调查局	4 609	4 665	5 382	5 222	5 533	5 709	5 770

续表

	2011 年	2012 年	2013 年	2014 年	2015 年	2016 年	2017 年
其他自由裁量计划	—	2 496	2 038	2 318	2 244	2 329	3 000
辐射照射补偿信托基金	60	83	83	90	82	63	60
支付给中情局的退休基金及其他项目	292	514	514	514	514	514	514
其他	2 190	—	—	—	—	—	—
054 - 防务相关活动总额	7 151	7 758	8 017	8 144	8 373	8 615	9 344
053/054 能源与防务相关活动总额	27 561	27 005	25 590	25 560	27 065	28 002	29 826
050 - 国防开支总额	705 625	677 856	633 385	603 457	589 564	593 372	598 722

资料来源：美国国防部，https：//comptroller.defense.gov/Budget-Materials/.

表 2.3　美国国防部可自由裁量的预算授权（2011—2017 年）

单位：百万美元，现值美元

	2011 年			2012 年			2013 年			
	基础预算	海外应急行动	费用总计	基础预算	海外应急行动	费用总计	基础预算	海外应急行动	飓风桑迪	费用总计
国防部										
军事人员费用	137 799	15 640	153 439	141 682	11 293	152 976	134 617	12 123	—	146 740
运行和维护	194 134	110 219	304 352	199 213	86 776	285 989	196 091	61 523	63	257 676
采购费用	102 074	29 825	131 898	102 263	16 052	118 315	89 627	8 134	1	97 763
研发测试评估费用	75 291	1 396	76 687	71 508	526	72 034	63 154	192	—	63 347
军事设施建设	14 768	1 223	15 991	11 367	—	11 367	8 053	-9	24	8 068
军属住房建设	1 820	—	1 820	1 683	—	1 683	1 479	—	—	1 479
周转资金及其他	2 349	485	2 834	2 695	435	3 130	2 445	10	24	2 479
总计	528 234	158 788	687 022	530 411	115 083	645 494	495 466	81 973	113	577 552
陆军										
军事人员费用	58 366	11 672	70 038	60 811	7 827	68 638	56 029	8 925	—	64 954
运行和维护	42 121	72 085	114 205	42 171	54 436	96 607	44 700	34 464	9	79 173
采购费用	19 638	16 760	36 398	19 609	5 265	24 874	15 692	3 154	1	18 847
研发测试评估费用	9 653	300	9 954	8 329	19	8 348	7 879	29	—	7 908
军事设施建设	5 738	981	6 720	4 107	-155	3 952	2 757	-121	24	2 661

续表

	2011 年			2012 年			2013 年			
	基础预算	海外应急行动	费用总计	基础预算	海外应急行动	费用总计	基础预算	海外应急行动	飓风桑迪	费用总计
军属住房建设	609	—	609	670	—	670	495	—	—	495
周转资金及其他	—	—	—	101	54	155	103	—	—	103
总计	136 126	101 798	237 924	135 799	67 446	203 245	127 655	46 451	34	174 140
海军										
军事人员费用	45 198	2 162	47 360	45 740	1 974	47 714	43 885	2 298	—	46 183
运行和维护	45 165	13 377	58 542	47 064	11 167	58 230	49 152	8 472	40	57 664
采购费用	42 155	4 630	46 785	43 728	2 309	46 037	39 036	1 097	—	40 133
研发测试评估费用	17 643	289	17 931	17 604	54	17 658	15 126	48	—	15 174
军事设施建设	3 791	—	3 791	2 243	190	2 433	1 572	143	—	1 714
军属住房建设	552	—	552	469	—	469	424	—	—	424
周转资金及其他	1 475	—	1 475	1 070	—	1 070	697	—	24	721
总计	155 978	20 459	176 436	157 917	15 693	173 611	149 892	12 058	64	162 013
空军										
军事人员费用	34 235	1 805	36 040	35 131	1 493	36 624	34 704	900	—	35 604
运行和维护	45 820	13 538	59 357	47 007	10 595	57 602	42 550	9 508	14	52 072

续表

	2011年			2012年			2013年			
	基础预算	海外应急行动	费用总计	基础预算	海外应急行动	费用总计	基础预算	海外应急行动	飓风桑迪	费用总计
采购费用	36 277	5 512	41 789	36 020	4 472	40 492	30 341	2 611	—	32 951
研发测试评估费用	26 982	499	27 481	26 113	260	26 373	22 766	3	—	22 769
军事设施建设	1 416	195	1 611	1 468	-35	1 433	482	-30	—	451
军属住房建设	591	—	591	490	—	490	520	—	—	520
周转资金及其他	67	17	84	65	12	77	45	10	—	55
总计	145 386	21 566	166 953	146 295	16 797	163 091	131 408	13 001	14	144 423

第四资产账户

	2011年			2012年			2013年			
	基础预算	海外应急行动	费用总计	基础预算	海外应急行动	费用总计	基础预算	海外应急行动	飓风桑迪	费用总计
军事人员费用	—	—	—	—	—	—	—	—	—	—
运行和维护	61 029	11 219	72 248	62 971	10 578	73 549	59 689	9 078	—	68 767
采购费用	4 003	2 922	6 926	2 906	4 006	6 912	4 558	1 273	—	5 832
研发测试评估费用	21 014	308	21 322	19 462	194	19 656	17 382	112	—	17 495
军事设施建设	3 823	47	3 870	3 548	—	3 548	3 242	—	—	3 242
军属住房建设	68	—	68	54	—	54	41	—	—	41
周转资金及其他	807	468	1 275	1 459	369	1 828	1 600	—	—	1 600
总计	90 744	14 965	105 709	90 400	15 147	105 547	86 512	10 463	—	96 976

续表

	2014年				2015年				2016年		
	基础预算	海外应急行动	铁营系统	费用总计	基础预算	海外应急行动	埃博拉救济	费用总计	基础预算	海外应急行动	费用总计
国防部											
军事人员费用	136 039	7 810	—	143 849	134 887	4 775	—	139 662	135 396	3 180	138 576
运行和维护	192 615	68 792	—	261 407	196 335	49 483	—	245 818	197 153	47 154	244 307
采购费用	92 163	8 018	225	100 405	93 875	8 217	17	102 109	110 454	8 363	118 817
研发测试评估费用	63 172	310	—	63 483	63 461	286	95	63 842	68 907	242	69 149
军事设施建设	8 392	—	—	8 392	5 431	221	—	5 652	6 927	—	6 927
军属住房建设	1 416	—	—	1 416	1 127	—	—	1 127	1 251	—	1 251
周转资金及其他	2 487	—	—	2 487	2 226	—	—	2 226	1 262	3	1 265
总计	496 285	84 929	225	581 439	497 341	62 983	112	560 436	521 350	58 942	580 292
陆军											
军事人员费用	56 336	5 632	—	61 968	56 169	3 302	—	59 471	55 971	1 964	57 936
运行和维护	41 012	35 895	—	76 907	41 198	23 328	—	64 526	41 789	19 454	61 243
采购费用	15 134	3 027	—	18 161	14 331	1 579	—	15 910	16 938	2 520	19 458
研发测试评估费用	7 052	31	—	7 083	6 703	36	—	6 738	7 653	2	7 655
军事设施建设	1 679	—	—	1 679	971	37	—	1 008	1 105	—	1 105
军属住房建设	540	—	—	540	430	—	—	430	443	—	443

续表

项目	2014年 基础预算	2014年 海外应急行动	2014年 铁弩系统	2014年 费用总计	2015年 基础预算	2015年 海外应急行动	2015年 埃博拉救济	2015年 费用总计	2016年 基础预算	2016年 海外应急行动	2016年 费用总计
周转资金及其他	220	—	—	220	239	—	—	239	195	—	195
总计	121 975	44 584	—	166 559	120 040	28 282	—	148 322	124 096	23 940	148 035
海军											
军事人员费用	44 600	1 393	—	45 993	45 101	717	—	45 818	45 399	438	45 837
运行和维护	43 613	12 262	—	55 875	45 248	8 991	—	54 238	46 315	8 638	54 953
采购费用	41 490	732	—	42 222	41 152	654	—	41 806	47 230	405	47 635
研发测试评估费用	14 994	34	—	15 029	15 827	37	—	15 865	17 898	36	17 934
军事设施建设	1 791	—	—	1 791	1 249	—	—	1 249	1 924	—	1 924
军属住房建设	453	—	—	453	370	—	—	370	362	—	362
周转资金及其他	573	—	—	573	485	—	—	485	474	—	474
总计	147 514	14 421	—	161 936	149 433	10 398	—	159 831	159 601	9 517	169 118
空军											
军事人员费用	35 103	784	—	35 888	33 617	756	—	34 373	34 026	778	34 803
运行和维护	43 196	12 795	—	55 992	44 596	10 531	—	55 127	44 442	11 336	55 778
采购费用	31 259	3 131	—	34 390	33 914	4 484	—	38 398	40 939	4 247	45 186
研发测试评估费用	23 655	167	—	23 822	23 568	15	—	23 582	24 458	17	24 476

续表

	2014 年				2015 年				2016 年		
	基础预算	海外应急行动	铁鹰系统	费用总计	基础预算	海外应急行动	埃博拉救济	费用总计	基础预算	海外应急行动	费用总计
军事设施建设	1 291	—	—	1 291	1 045	133	—	1 178	1 654	—	1 654
军属住房建设	465	—	—	465	328	—	—	328	492	—	492
周转资金及其他	150	—	—	150	67	—	—	67	63	3	65
总计	135 120	16 877	—	151 997	137 134	15 919	—	153 053	146 075	16 380	162 455

其他军种

	2014 年				2015 年				2016 年		
	基础预算	海外应急行动	铁鹰系统	费用总计	基础预算	海外应急行动	埃博拉救济	费用总计	基础预算	海外应急行动	费用总计
军事人员费用	—	—	—	—	—	—	—	—	—	—	—
运行和维护	64 794	7 839	—	72 632	65 292	6 634	—	71 926	64 607	7 726	72 333
采购费用	4 279	1 129	225	5 633	4 478	1 500	17	5 996	5 347	1 191	6 539
研发测试评估费用	17 471	78	—	17 549	17 363	199	95	17 657	18 897	188	19 085
军事设施建设	3 631	—	—	3 631	2 166	51	—	2 217	2 244	—	2 244
军属住房建设	−42	—	—	−42	−1	—	—	−1	−46	—	−46
周转资金及其他	1 544	—	—	1 544	1 435	—	—	1 435	530	—	530
总计	91 676	9 046	225	100 947	90 734	8 384	112	99 230	91 578	9 105	100 684

续表

2017 年

	基础预算	海外应急行动	费用总计
国防部			
军事人员费用	135 626	3 752	139 378
运行和维护	197 935	60 135	258 070
采购费用	108 048	16 271	124 319
研发测试评估费用	72 067	1 534	73 601
军事设施建设	6 475	420	6 894
军属住房建设	1 251	—	1 251
周转资金及其他	2 071	378	2 449
总计	523 473	82 490	605 962
陆军			
军事人员费用	55 311	2 349	57 660
运行和维护	42 163	26 171	68 334
采购费用	16 508	5 248	21 756
研发测试评估费用	8 359	358	8 717
军事设施建设	953	80	1 033
军属住房建设	483	—	483

续表

	2017 年		
	基础预算	海外应急行动	费用总计
周转资金及其他	245	—	245
总计	**124 022**	**34 207**	**158 228**
海军			
军事人员费用	45 744	488	46 233
运行和维护	43 520	11 868	55 387
采购费用	48 293	1 632	49 925
研发测试评估费用	17 175	327	17 502
军事设施建设	1 531	131	1 662
军属住房建设	395	—	395
周转资金及其他	511	—	511
总计	**157 170**	**14 446**	**171 615**
空军			
军事人员费用	34 570	915	35 485
运行和维护	45 920	12 859	58 779
采购费用	38 102	7 604	45 706
研发测试评估费用	27 339	387	27 726

续表

	2017 年		
	基础预算	海外应急行动	费用总计
军事设施建设	1 989	203	2 193
军属住房建设	336	—	336
周转资金及其他	64	—	64
总计	148 320	21 968	170 288
国防部三军以外其他防御部门			
军事人员费用			
运行和维护	66 333	9 238	75 571
采购费用	5 145	1 786	6 931
研发测试评估费用	19 193	463	19 655
军事设施建设	2 002	5	2 007
军属住房建设	37	—	37
周转资金及其他	1 251	378	1 629
总计	93 961	11 869	105 831

资料来源：对外经济贸易大学国际关系学院大数据国际关系研究中心依据美国国防部（https：//comptroller.defense.gov/Budget-Materials/）数据整理。

表 2.4 美国国防部预算授权与拨款申请（FY2013—FY2017）

单位：千美元，现值美元

项目概要 FY2013	基础资金				海外应急行动	
	授权请求 FY2013	拨款请求 FY2013	预算授权 FY2013	预算授权总额 FY2013	授权请求 FY2013	拨款请求 FY2013
预算申请						
军事人员费用	128 430 025	128 430 025	135 380 411	128 430 025	13 788 421	13 788 421
运行和维护费用	208 740 835	208 740 835	209 672 244	209 310 382	63 986 203	63 986 203
采购费用	98 823 354	98 823 354	98 823 354	98 823 354	9 687 241	9 687 241
研发测试评估费用	69 407 767	69 407 767	69 407 767	69 407 767	245 516	245 516
周转和管理基金	2 124 320	2 124 320	2 124 320	2 124 320	503 364	503 364
国防部预算法案（不包括 MERHFC）	507 526 301	507 526 301	515 408 096	508 095 848	88 210 745	88 210 745
军事设施建设	7 401 618	9 571 929	9 571 929	9 571 929	—	—
军属住房建设	—	1 650 781	1 650 781	1 855 763	—	—
军队基建法案	7 401 618	11 222 710	11 222 710	11 427 692	—	—
国防部预算申请小计	514 927 919	518 749 011	526 630 806	519 523 540	88 210 745	88 210 745
国防部预算申请小计（包括 MERHFC）	—	525 430 785	533 312 580	526 205 314	—	88 482 418
收入冲抵及其他	—	—	−1 521 072	—	—	—

续表

项目概要 FY2013	基础资金				海外应急行动	
	授权请求 FY2013	拨款请求 FY2013	预算授权 FY2013	预算授权总额 FY2013	授权请求 FY2013	拨款请求 FY2013
国防部预算申请总计	514 927 919	525 430 785	531 791 508	526 205 314	88 210 745	88 482 418
预算调节						
授权申请	514 927 919	—	—	—	88 210 745	—
MERHFC 申请	6 681 774	—	—	—	271 673	—
仅需批准拨款的军事基建	2 380 712	—	—	—	—	—
工程建设未来拨款申请	1 543 980	—	—	—	—	—
先前批准的军事基建项目资金拨付申请	−103 600	—	—	—	—	—
小计	525 430 785	—	—	—	88 482 418	—
拨款申请	—	525 430 785	—	—	—	88 482 418
军人退休金的应计应收款项	—	6 950 386	—	—	—	—
国防部不动产处理	—	7 855	—	—	—	—
国防部不动产租赁	—	10 529	—	—	—	—
国家科学中心——陆军	—	25	—	—	—	—
修复落基山兵工厂	—	8 000	—	—	—	—
防务分担（与盟友和北约）	—	905 000	—	—	—	—

续表

项目概要 FY2013	基础资金				海外应急行动	
	授权请求 FY2013	拨款请求 FY2013	预算授权 FY2013	预算授权总额 FY2013	授权请求 FY2013	拨款请求 FY2013
抵消性收入、信托基金与基金间交易	—	-1 521 072	—	—	—	—
小计	—	531 791 508	—	—	—	—
预算授权						
军人退休金的应计应收款项	—	—	531 791 508	—	—	88 482 418
军属住房改善基金	—	—	-6 950 386	—	—	—
国防部不动产处理	—	—	204 982	—	—	—
	—	—	-7 855	—	—	—
国防部不动产租赁	—	—	-10 529	—	—	—
国家科学中心——陆军	—	—	-25	—	—	—
国防采购人员发展基金	—	—	569 547	—	—	—
修复落基山兵工厂	—	—	-8 000	—	—	—
防务分担（与盟友和北约）	—	—	-905 000	—	—	—
抵消性收入	—	—	1 521 072	—	—	—
小计	—	—	526 205 314	—	—	—
预算授权总额	—	—	—	526 205 314	—	88 482 418

注：抵消性收入，offsetting receipts，法律要求存入部门收入账户，在确定国会授权的情况下进入特别基金或信托基金的收入账户。

续表

项目概要 FY2014	基础资金				海外应急行动	
	授权请求 FY2014	拨款请求 FY2014	预算授权 FY2014	预算授权总额 FY2014	授权请求 FY2014	拨款请求 FY2014
		预算申请				
军事人员费用	130 399 881	137 076 631	144 046 631	137 076 631	—	—
运行和维护费用	210 246 377	210 246 377	210 254 776	210 199 945	—	—
采购费用	99 309 426	99 309 426	99 309 426	99 309 426	—	—
研发测试评估费用	67 520 236	67 520 236	67 520 236	67 520 236	—	—
周转和管理基金	2 277 018	2 277 018	2 276 527	2 277 018	—	—
国防部预算法案（不包括 MERHFC）	509 752 938	516 429 688	523 407 596	516 383 256	—	—
军事设施建设	7 727 193	9 468 920	9 468 920	9 468 920	—	—
军属住房建设	39 600	1 542 713	1 542 713	1 745 713	—	—
军队基建法案	7 766 793	11 011 633	11 011 633	11 214 633	—	—
国防部预算申请小计	517 519 731	520 764 571	527 742 479	520 921 139	—	—
MERHFC	—	6 676 750	6 676 750	6 676 750	—	—
国防部预算申请小计（包括 MERHFC）	—	527 441 321	534 419 229	527 597 889	—	—

续表

项目概要 FY2014	基础资金				海外应急行动	
	授权请求 FY2014	拨款请求 FY2014	预算授权 FY2014	预算授权总额 FY2014	授权请求 FY2014	拨款请求 FY2014
抵消性收入及其他	517 519 731	—	−1 332 603	—	—	—
国防部预算申请总计	517 519 731	527 441 321	533 086 626	527 597 889	88 482 418	88 482 418
预算调节						
授权申请						
MERHFC	6 676 750	—	—	—	—	—
仅需批准拨款的军事基建	2 125 579	—	—	—	—	—
先前批准的军事基建项目资金拨付申请	1 392 261	—	—	—	—	—
军事基建工程未拨款申请	−273 000	—	—	—	—	—
小计	527 441 321	—	—	—	88 482 418	—
拨款申请						
军人退休金的应计应收款项	—	527 441 321	—	—	—	88 482 418
国防采购人员发展基金	—	6 970 000	—	—	—	—
同盟责任与合作	—	−796 800	—	—	—	—
国防部不动产处理	—	812 000	—	—	—	—
	—	−300	—	—	—	—

续表

项目概要 FY2014	基础资金				海外应急行动		
	授权请求 FY2014	拨款请求 FY2014	预算授权 FY2014	预算授权总额 FY2014	授权请求 FY2014	拨款请求 FY2014	
国防部不动产租赁	—	−6 501	—	—	—	—	
DECA 周转基金	—	−491	—	—	—	—	
抵消性收入，信托基金与基金间交易	—	−1 332 603	—	—	—	—	
小计	—	533 086 626	533 086 626	—	—	—	
预算授权							
军人退休金的应计应收款项	—	—	−6 970 000	—	—	—	
国防采购人员发展基金	—	—	796 800	—	—	—	
同盟责任与合作	—	—	−812 000	—	—	—	
国防部不动产处理	—	—	−9 700	—	—	—	
国防部不动产租赁	—	—	−29 931	—	—	—	
DECA 周转基金	—	—	491	—	—	—	
军属住房改善基金	—	—	203 000	—	—	—	
抵消性收入，信托基金与基金间交易	—	—	1 332 603	—	—	—	
小计	—	—	527 597 889	—	—	—	
预算授权总额	—	—	—	527 597 889	—	88 482 418	88 482 418

续表

项目概要 FY2015	基础资金				海外应急行动	
	预算申请					
	授权请求 FY2015	拨款请求 FY2015	预算授权 FY2015	预算授权总额 FY2015	授权请求 FY2015	拨款请求 FY2015
军事人员费用（不包括MERHFC）	128 957 593	128 957 593	135 578 593	128 957 593	—	—
运行和维护	199 140 253	199 140 253	199 429 096	199 196 378	—	—
采购	90 624 225	90 624 225	90 358 540	90 624 225	—	—
研发测试评估费用	63 533 947	63 533 947	63 533 947	63 533 947	—	—
周转和管理基金	1 234 468	1 234 468	1 234 468	1 234 468	—	—
国防部预算（不包括MERHFC）	483 490 486	483 490 486	490 134 644	483 546 611	—	—
MERHFC	—	6 236 092	6 236 092	6 236 092		
国防部预算（包括MERHFC）	483 490 486	489 726 578	496 370 736	489 782 703		
军事设施建设	3 921 488	5 366 912	5 366 912	5 366 912	—	—
军属住房建设	77 300	1 190 535	1 190 535	1 297 983	—	—
军队基建法案	3 998 788	6 557 447	6 557 447	6 664 895	—	—
收入冲抵及其他	—	—	-1 077 399	—	—	—
国防部预算申请总计	487 489 274	496 284 025	501 850 784	496 447 598	79 445 000	79 445 000

续表

项目概要 FY2015	基础资金				海外应急行动	
	授权请求 FY2015	拨款请求 FY2015	预算授权 FY2015	预算授权总额 FY2015	授权请求 FY2015	拨款请求 FY2015
		预算调节				
国防部预算调整	—	—	—	—	—	—
授权请求	487 489 274	—	—	—	—	—
MERHFC 请求	6 236 092	—	—	—	79 445 000	—
军事设施/军属住房建设拨款申请	1 531 450	—	—	—	—	—
已批军事设施/军属住房项目预算授权申请	—	—	—	—	—	—
军事设施/军属住房建设未来经费拨款申请	1 027 209	—	—	—	—	—
小计	496 284 025	—	—	—	—	—
拨款申请	—	496 284 025	—	—	—	79 445 000
军人退休金的应计应收款项	—	6 621 000	—	—	—	—
运行和维护账户——海军	—	-291 000	—	—	—	—
国防部卫生项目	—	-161 857	—	—	—	—
国防部不动产处理	—	8 200	—	—	—	—
国防部不动产租赁	—	30 500	—	—	—	—
责任分担与其他合作活动	—	703 000	—	—	—	—
战斗机采购——陆军	—	-80 000	—	—	—	—
其他采购——陆军	—	-67 000	—	—	—	—

续表

项目概要 FY2015	基础资金				海外应急行动		
	授权请求 FY2015	拨款请求 FY2015	预算授权 FY2015	预算授权总额 FY2015	授权请求 FY2015	拨款请求 FY2015	
导弹采购——空军	—	-118 685	—	—	—	—	—
收入，信托基金与基金间交易	—	-1 077 399	—	—	—	—	—
小计	—	501 850 784	—	—	—	—	—
预算授权							
军人退休金的应计应收款项	—	—	501 850 784	—	—	—	—
国防卫生项目	—	—	-6 621 000	—	—	—	—
国防采购员发展基金	—	—	161 857	—	—	—	—
国防部不动产处理	—	—	347 125	—	—	—	—
国防部不动产租赁	—	—	-8 200	—	—	—	—
责任分担与其他合作行动	—	—	-30 500	—	—	—	—
战斗机采购——陆军	—	—	-703 000	—	—	—	—
其他采购——陆军	—	—	80 000	—	—	—	—
导弹采购——空军	—	—	67 000	—	—	—	—
军属住房改善基金	—	—	118 685	—	—	—	—
收入，信托基金与基金间交易	—	—	107 448	—	—	—	—
小计	—	—	1 077 399	—	—	—	—
	—	—	496 447 598	496 447 598	—	—	—
预算授权总额			—		—	79 445 000	79 445 000

续表

项目概要 FY2016	基础资金				海外应急行动	
	授权请求 FY2016	拨款请求 FY2016	预算授权 FY2016	预算授权总额 FY2016	授权请求 FY2016	拨款请求 FY2016
	预算申请					
军事人员费用	130 491 227	130 491 227	138 063 227	130 491 227	3 204 758	3 204 758
运行和维护费用	209 927 313	209 927 313	210 632 555	209 945 802	40 207 249	40 207 249
采购费用	107 734 794	107 734 794	107 734 794	107 932 794	7 257 270	7 257 270
研发测试评估费用	69 784 963	69 784 963	69 784 963	69 784 963	191 434	191 434
周转和管理基金	1 786 732	1 786 732	1 813 732	1 786 732	88 850	88 850
国防部预算法案（不包括MERHFC）	519 725 029	519 725 029	528 029 271	519 941 518	50 949 561	50 949 561
MERHFC 申请	—	6 243 449	6 243 449	6 243 449	—	—
国防部预算申请小计（包括MERHFC）	519 725 029	525 968 478	534 272 720	526 184 967	50 949 561	50 949 561
军事设施建设	6 539 964	7 024 439	7 024 439	7 024 439	—	—
军属住房建设	89 438	1 413 181	1 413 181	1 414 705	—	—
军队基建法案	6 629 402	8 437 620	8 437 620	8 439 144	—	—
收入冲抵及其他	—	—	−1 392 266	—	—	—
国防部预算申请总计	526 354 431	534 406 098	541 318 074	534 624 111	50 949 561	50 949 561

续表

项目概要 FY2016	基础资金				海外应急行动	
	授权请求 FY2016	拨款请求 FY2016	预算授权 FY2016	预算授权总额 FY2016	授权请求 FY2016	拨款请求 FY2016
预算调节						
授权申请	526 354 431	—	—	—	—	—
MERHFC 申请	6 243 449	—	—	—	—	—
仅需批准拨款的军事基建	2 105 635	—	—	—	—	—
先前批准的军事基建项目资金拨付申请	450 018	—	—	—	—	—
军事基建工程未来拨款申请	-747 435	—	—	—	—	—
小计	534 406 098	—	—	—	—	—
拨款申请						
军人退休金的应计应收款项	—	534 406 098	—	—	50 949 561	50 949 561
国防卫生项目	—	7 572 000	—	—	—	—
责任分担与其他合作活动	—	-133 961	—	—	—	—
杂项特别基金	—	796 000	—	—	—	—
国防部不动产处理	—	2 629	—	—	—	—
国防部不动产租赁	—	5 885	—	—	—	—
国防储备交易基金	—	34 689	—	—	—	—
抵消性收入、信托基金与基金间交易	—	27 000	—	—	—	—
	—	-1 392 266	—	—	—	—

续表

项目概要 FY2016	基础资金				海外应急行动		
	授权请求 FY2016	拨款请求 FY2016	预算授权 FY2016	预算授权总额 FY2016	授权请求 FY2016	拨款请求 FY2016	
小计	—	541 318 074	—	—	—	—	
预算授权							
军人退休金的应计应收款项	—	—	541 318 074	—	—	—	
国防卫生项目	—	—	−7 572 000	—	—	—	
国防采购人员发展基金	—	—	133 961	—	—	—	
责任分担与其他合作活动	—	—	18 489	—	—	—	
杂项特别基金	—	—	−796 000	—	—	—	
国防部不动产处理	—	—	−2 629	—	—	—	
国防部不动产租赁	—	—	−5 885	—	—	—	
预算授权总额	—	—	−34 689	—	—	—	
军属住房改善基金	—	—	198 000	—	—	—	
国防储备交易基金	—	—	1 524	—	—	—	
抵消性收入、信托基金与基金间交易	—	—	−27 000	—	—	—	
小计	—	—	1 392 266	—	—	—	
			534 624 111				
预算授权总额			—	534 624 111	—	50 949 561	

续表

项目概要 FY2017	基础资金				海外应急行动	
	授权请求 FY2017	拨款请求 FY2017	预算授权 FY2017	预算授权总额 FY2017	授权请求 FY2017	拨款请求 FY2017
	预算申请					
军事人员费用（不包括MERHFC）	128 902 332	128 902 332	136 459 332	128 902 332	3 562 258	3 562 258
运行和维护账户	205 952 839	205 952 839	206 806 318	206 539 178	45 034 083	45 034 083
采购账户	102 566 680	102 566 680	102 732 385	102 566 680	9 514 408	9 514 408
研发测试评估费用	71 391 771	71 391 771	71 754 322	71 391 771	374 169	374 169
周转和管理基金	1 371 613	1 371 613	1 371 613	1 371 613	140 633	140 633
国防部预算申请小计（不包括MERHFC）	510 185 235	510 185 235	519 123 970	510 771 574	58 625 551	58 625 551
MERHFC 申请	—	6 366 908	6 366 908	6 366 908	—	—
国防部预算申请小计（包括MERHFC）	510 185 235	516 552 143	525 490 878	517 138 482	58 625 551	58 625 551
军事设施建设	5 496 706	6 124 204	6 124 204	6 124 204	172 449	172 449
军属住房改善	276 932	1 319 852	1 319 852	1 335 852	—	—
军队基建小计	5 773 638	7 444 056	7 444 056	7 460 056	172 449	172 449
抵消性收入及其他	—	—	−1 214 099	—	—	—
国防部预算申请总计	515 958 873	523 996 199	531 720 835	524 598 538	58 798 000	58 798 000

续表

项目概要 FY2017	基础资金				海外应急行动	
	授权请求 FY2017	拨款请求 FY2017	预算授权 FY2017	预算授权总额 FY2017	授权请求 FY2017	拨款请求 FY2017
预算调节						
预算授权	515 958 873	—	—	—	—	—
MERHFC 申请	6 366 908	—	—	—	—	—
军事设施建设与军属住房改善拨款申请	1 773 355	—	—	—	—	—
已批军事设施建设与军属住房改善拨款申请	357 063	—	—	—	—	—
军事设施建设与军属住房改善未来预算申请	-460 000	—	—	—	—	—
小计	523 996 199	—	—	—	—	—
拨款申请	—	523 996 199	—	—	—	—
军人退休金的应计应收款项	—	7 557 000	—	—	—	—
运行和维护账户	—	990 854	—	—	—	—
国防卫生项目	—	-137 375	—	—	—	—
采购账户	—	165 705	—	—	—	—
研发测试与评估费用	—	362 551	—	—	58 798 000	58 798 000

续表

项目概要 FY2017	基础资金				海外应急行动		
	授权请求 FY2017	拨款请求 FY2017	预算授权 FY2017	预算授权总额 FY2017	授权请求 FY2017	拨款请求 FY2017	
冲抵性收入、信托基金与基金间交易	—	-1 214 099	—	—	—	—	
小计	—	531 720 835	—	—	—	—	
预算授权							
军人退休金的应计应收款项	—	—	531 720 835	—	—	—	
运行和维护账户	—	—	-7 557 000	—	—	—	
国防卫生项目	—	—	-984 854	—	—	—	
国防采购人员发展基金	—	—	137 375	—	—	—	
采购账户	—	—	580 339	—	—	—	
研发测试与评估战虎	—	—	-165 705	—	—	—	
军事住房改善基金	—	—	-362 551	—	—	—	
冲抵性收入、信托基金与基金间交易	—	—	16 000	—	—	—	
小计	—	—	1 214 099	—	—	—	
			524 598 538				
预算授权总额				524 598 538	—	58 798 000	

表 2.4.1 美国国防部预算授权与拨款申请——人员费用（2013—2017年）

单位：千美元，现值美元

军事人员费用 FY2017	基础资金				海外应急行动	
	授权请求 FY2017	拨款请求 FY2017	预算授权 FY2017	预算授权总额 FY2017	授权请求 FY2017	拨款请求 FY2017
军事人员						
军事人员——陆军	—	40 028 182	40 028 182	40 028 182	2 051 578	2 051 578
MERHFC——陆军	—	1 793 909	1 793 909	1 793 909	—	—
军事人员——海军	—	27 951 605	27 951 605	27 951 605	330 557	330 557
MERHFC——海军	—	1 240 982	1 240 982	1 240 982	—	—
军事人员——海军陆战队	—	12 813 412	12 813 412	12 813 412	179 733	179 733
MERHFC——海军陆战队	—	703 171	703 171	703 171	—	—
军事人员——空军	—	27 944 615	27 944 615	27 944 615	719 896	719 896
MERHFC——空军	—	1 210 812	1 210 812	1 210 812	—	—
预备役人员——陆军	—	4 561 703	4 561 703	4 561 703	42 506	42 506
MERHFC——陆军预备役	—	341 533	341 533	341 533	—	—
预备役人员——海军	—	1 924 155	1 924 155	1 924 155	11 929	11 929
MERHFC——海军预备役人员	—	112 246	112 246	112 246	—	—
预备役人员——海军陆战队	—	744 995	744 995	744 995	3 764	3 764
MERHFC——海军陆战队预备役	—	64 942	64 942	64 942	—	—

续表

军事人员费用 FY2017	基础资金				海外应急行动	
	授权请求 FY2017	拨款请求 FY2017	预算授权 FY2017	预算授权总额 FY2017	授权请求 FY2017	拨款请求 FY2017
预备役人员——空军	—	1 742 906	1 742 906	1 742 906	20 535	20 535
MERHFC——空军预备役	—	113 540	113 540	113 540	—	—
国民警卫队人员——陆军	—	7 910 694	7 910 694	7 910 694	196 472	196 472
MERHFC——陆军国民警卫队	—	589 354	589 354	589 354	—	—
国民警卫队人员——空军	—	3 280 065	3 280 065	3 280 065	5 288	5 288
MERHFC——空军国民警卫队	—	196 419	196 419	196 419	—	—
军人退休金的应计应收款项	—	—	7 557 000	—	—	—
军事人员费用总计（不包括 MERHFC）	128 902 332	128 902 332	136 459 332	128 902 332	3 562 258	3 562 258
MERHFC 总计	—	6 366 908	6 366 908	6 366 908	—	—
军事人员费用总计（包括 MERHFC）	128 902 332	135 269 240	142 826 240	135 269 240	3 562 258	3 562 258
预算调节						
授权申请	128 902 332	—	—	—	3 562 258	—
MERHFC	6 366 908	—	—	—	—	—
小计	135 269 240	—	—	—	—	—

续表

军事人员费用 FY2017	基础资金				海外应急行动	
	授权请求 FY2017	拨款请求 FY2017	预算授权 FY2017	预算授权总额 FY2017	授权请求 FY2017	拨款请求 FY2017
拨款申请	—	135 269 240	—	—	—	3 562 258
军人退休金的应计应收款项	—	7 557 000	—	—	—	—
小计	—	142 826 240	—	—	—	—
预算授权	—	—	142 826 240	—	—	3 562 258
军人退休金的应计应收款项	—	—	-7 557 000	—	—	—
小计	—	—	135 269 240	—	—	—
预算授权总额	—	—	—	135 269 240	—	3 562 258

续表

军事人员费用 FY2016	基础资金			海外应急行动	
	授权请求 FY2016	拨款请求 FY2016	预算授权 FY2016	预算授权总额 FY2016	授权请求 FY2016	拨款请求 FY2016
军事人员						
军事人员——陆军	—	41 130 748	41 130 748	41 130 748	1 828 441	1 828 441
MERHFC——陆军	—	1 785 207	1 785 207	1 785 207	—	—
军事人员——海军	—	28 262 396	28 262 396	28 262 396	251 011	251 011
军事人员——海军	—	1 210 442	1 210 442	1 210 442	—	—
军事人员——海军陆战队	—	13 125 349	13 125 349	13 125 349	171 079	171 079
MERHFC——海军陆战队	—	685 974	685 974	685 974	—	—
军事人员——空军	—	27 969 322	27 969 322	27 969 322	726 126	726 126
MERHFC——空军	—	1 170 463	1 170 463	1 170 463	—	—
预备役人员——陆军	—	4 550 974	4 550 974	4 550 974	24 462	24 462
MERHFC——陆军预备役	—	333 193	333 193	333 193	—	—
预备役人员——海军	—	1 884 991	1 884 991	1 884 991	12 693	12 693
MERHFC——海军预备役人员	—	107 847	107 847	107 847	—	—
预备役人员——海军陆战队	—	706 481	706 481	706 481	3 393	3 393
MERHFC——海军陆战队预备役	—	63 054	63 054	63 054	—	—

续表

军事人员费用 FY2016	基础资金				海外应急行动	
	授权请求 FY2016	拨款请求 FY2016	预算授权 FY2016	预算授权总额 FY2016	授权请求 FY2016	拨款请求 FY2016
预备役人员——空军	—	1 696 283	1 696 283	1 696 283	18 710	18 710
MERHFC——空军预备役	—	109 256	109 256	109 256	—	—
国民警卫队人员——陆军	—	7 942 132	7 942 132	7 942 132	166 015	166 015
MERHFC——陆军国民警卫队	—	587 903	587 903	587 903	—	—
国民警卫队人员——空军	—	3 222 551	3 222 551	3 222 551	2 828	2 828
MERHFC——空军国民警卫队	—	190 110	190 110	190 110	—	—
军人退休金的应计应收款项	—	—	7 572 000	—	—	—
军事人员费用总计（不包括 MERHFC）	130 491 227	130 491 227	138 063 227	130 491 227	3 204 758	3 204 758
MERHFC 总计	—	6 243 449	6 243 449	6 243 449	—	—
军事人员费用总计（包括 MERHFC）	130 491 227	136 734 676	144 306 676	136 734 676	3 204 758	3 204 758
预算调节						
授权申请	130 491 227				3 204 758	
MERHFC	6 243 449					
小计	136 734 676					

续表

军事人员费用 FY2016	基础资金				海外应急行动		
	授权请求 FY2016	拨款请求 FY2016	预算授权 FY2016	预算授权总额 FY2016	授权请求 FY2016	拨款请求 FY2016	
拨款申请	—	136 734 676	—	—	—	3 204 758	
军人退休金的应计应收款项	—	7 572 000	—	—	—	—	
小计	—	144 306 676	—	—	—	—	
预算授权	—	—	144 306 676	—	—	3 204 758	
军人退休金的应计应收款项	—	—	−7 572 000	—	—	—	
小计	—	—	136 734 676	—	—	—	
预算授权总额	—	—	—	136 734 676	—	3 204 758	

续表

军事人员费用FY2015	基础资金			海外应急行动	
	授权请求 FY2015	拨款请求 FY2015	预算授权 FY2015	预算授权总额 FY2015	授权请求 FY2015	拨款请求 FY2015

	授权请求 FY2015	拨款请求 FY2015	预算授权 FY2015	预算授权总额 FY2015	授权请求 FY2015	拨款请求 FY2015
军事人员						
军事人员——陆军	—	41 225 339	41 225 339	41 225 339	—	—
MERHFC——陆军	—	1 795 324	1 795 324	1 795 324	—	—
军事人员——海军	—	27 489 440	27 489 440	27 489 440	—	—
MERHFC——海军	—	1 180 761	1 180 761	1 180 761	—	—
军事人员——海军陆战队	—	12 919 103	12 919 103	12 919 103	—	—
MERHFC——海军陆战队	—	672 699	672 699	672 699	—	—
军事人员——空军	—	27 815 926	27 815 926	27 815 926	—	—
MERHFC——空军	—	1 146 110	1 146 110	1 146 110	—	—
预备役人员——陆军	—	4 459 130	4 459 130	4 459 130	—	—
MERHFC——陆军预备役	—	350 138	350 138	350 138	—	—
预备役人员——海军	—	1 863 034	1 863 034	1 863 034	—	—
MERHFC——海军预备役人员	—	110 569	110 569	110 569	—	—
预备役人员——海军陆战队	—	670 754	670 754	670 754	—	—
MERHFC——海军陆战队预备役	—	65 170	65 170	65 170	—	—

续表

军事人员费用 FY2015	基础资金				海外应急行动		
	授权请求 FY2015	拨款请求 FY2015	预算授权 FY2015	预算授权总额 FY2015	授权请求 FY2015	拨款请求 FY2015	
预备役人员——空军	—	1 675 518	1 675 518	1 675 518	—	—	
MERHFC——空军预备役	—	112 551	112 551	112 551	—	—	
国民警卫队人员——陆军	—	7 682 892	7 682 892	7 682 892	—	—	
MERHFC——陆军国民警卫队	—	610 778	610 778	610 778	—	—	
国民警卫队人员——空军	—	3 156 457	3 156 457	3 156 457	—	—	
MERHFC——空军国民警卫队	—	191 992	191 992	191 992	—	—	
军人退休金的应计应收款项	—	—	6 621 000	—	—	—	
军事人员费用总计（不包括 MERHFC）	128 957 593	128 957 593	135 578 593	128 957 593	—	—	
MERHFC 总计	—	6 236 092	6 236 092	6 236 092	—	—	
军事人员费用总计（包括 MERHFC）	128 957 593	135 193 685	141 814 685	135 193 685	—	—	

预算调节

授权申请	128 957 593	—	—	—	—	—	
MERHFC	6 236 092	—	—	—	—	—	
小计	135 193 685	—	—	—	—	—	

续表

军事人员费用 FY2015	基础资金				海外应急行动	
	授权请求 FY2015	拨款请求 FY2015	预算授权 FY2015	预算授权总额 FY2015	授权请求 FY2015	拨款请求 FY2015
拨款申请	—	135 193 685		—	—	—
军人退休金的应计应收款项	—	6 621 000	—	—	—	—
小计	—	141 814 685	—	—	—	—
预算授权	—	—	141 814 685	—	—	—
军人退休金的应计应收款项	—	—	-6 621 000	—	—	—
小计	—	—	135 193 685	—	—	—
预算授权总额	—	—	—	135 193 685	—	—

续表

军事人员费用 FY2014	基础资金				海外应急行动	
	授权请求 FY2014	拨款请求 FY2014	预算授权 FY2014	预算授权总额 FY2014	授权请求 FY2014	拨款请求 FY2014
军事人员						
军事人员——陆军	—	41 037 790	41 037 790	41 037 790	—	—
MERHFC——陆军	—	1 824 098	1 824 098	1 824 098	—	—
军事人员——海军	—	27 824 444	27 824 444	27 824 444	—	—
MERHFC——海军	—	1 197 551	1 197 551	1 197 551	—	—
军事人员——海军陆战队	—	12 905 216	12 905 216	12 905 216	—	—
MERHFC——海军陆战队	—	683 968	683 968	683 968	—	—
军事人员——空军	—	28 519 877	28 519 877	28 519 877	—	—
MERHFC——空军	—	1 217 958	1 217 958	1 217 958	—	—
预备役人员——陆军	—	4 565 261	4 565 261	4 565 261	—	—
MERHFC——陆军预备役	—	426 728	426 728	426 728	—	—
预备役人员——海军	—	1 891 936	1 891 936	1 891 936	—	—
MERHFC——海军预备役人员	—	134 566	134 566	134 566	—	—
预备役人员——海军陆战队	—	677 499	677 499	677 499	—	—
MERHFC——海军陆战队预备役	—	80 674	80 674	80 674	—	—

续表

军事人员费用 FY2014	基础资金				海外应急行动	
	授权请求 FY2014	拨款请求 FY2014	预算授权 FY2014	预算授权总额 FY2014	授权请求 FY2014	拨款请求 FY2014
预备役人员——空军	—	1 758 629	1 758 629	1 758 629	—	—
MERHFC——空军预备役	—	141 337	141 337	141 337	—	—
国民警卫队人员——陆军	—	8 041 268	8 041 268	8 041 268	—	—
MERHFC——陆军国民警卫队	—	741 919	741 919	741 919	—	—
国民警卫队人员——空军	—	3 177 961	3 177 961	3 177 961	—	—
MERHFC——空军国民警卫队	—	227 951	227 951	227 951	—	—
军人退休金的应计应收款项	—	—	6 970 000	—	—	—
军事人员费用总计（不包括MERHFC）	130 399 881	130 399 881	137 369 881	130 399 881	—	—
MERHFC 总计	6 676 750	6 676 750	6 676 750	6 676 750	—	—
军事人员费用总计（包括MERHFC）	137 076 631	137 076 631	144 046 631	137 076 631	—	—
预算调节						
授权申请	130 399 881					
MERHFC	6 676 750					
小计	137 076 631					

续表

军事人员费用 FY2014	基础资金				海外应急行动	
	授权请求 FY2014	拨款请求 FY2014	预算授权 FY2014	预算授权总额 FY2014	授权请求 FY2014	拨款请求 FY2014
拨款申请	—	137 076 631	—	—	—	—
军人退休金的应计应收款项	—	6 970 000	—	—	—	—
小计	—	144 046 631	—	—	—	—
预算授权	—	—	144 046 631	—	—	—
军人退休金的应计应收款项	—	—	-6 970 000	—	—	—
小计	—	—	137 076 631	—	—	—
预算授权总额	—	—	—	137 076 631	—	—

续表

军事人员费用 FY2013	基础资金				海外应急行动	
	授权请求 FY2013	拨款请求 FY2013	预算授权 FY2013	预算授权总额 FY2013	授权请求 FY2013	拨款请求 FY2013
军事人员						
军事人员——陆军	—	40 777 844	40 777 844	40 777 844	9 165 082	9 165 082
MERHFC——陆军	—	1 845 793	1 845 793	1 845 793	—	206 243
军事人员——海军	—	27 090 893	27 090 893	27 090 893	874 625	874 625
MERHFC——海军	—	1 183 543	1 183 543	1 183 543	—	—
军事人员——海军陆战队	—	12 481 050	12 481 050	12 481 050	1 621 356	1 621 356
MERHFC——海军陆战队	—	673 400	673 400	673 400	—	65 430
军事人员——空军	—	28 048 539	28 048 539	28 048 539	1 286 783	1 286 783
MERHFC——空军	—	1 211 038	1 211 038	1 211 038	—	—
预备役人员——陆军	—	4 513 753	4 513 753	4 513 753	156 893	156 893
MERHFC——陆军预备役	—	428 108	428 108	428 108	—	—
预备役人员——海军	—	1 898 668	1 898 668	1 898 668	39 335	39 335
MERHFC——海军预备役人员	—	141 647	141 647	141 647	—	—
预备役人员——海军陆战队	—	664 641	664 641	664 641	24 722	24 722
MERHFC——海军陆战队预备役	—	81 457	81 457	81 457	—	—

续表

军事人员费用 FY2013	基础资金				海外应急行动	
	授权请求 FY2013	拨款请求 FY2013	预算授权 FY2013	预算授权总额 FY2013	授权请求 FY2013	拨款请求 FY2013
预备役人员——空军	—	1 741 365	1 741 365	1 741 365	25 348	25 348
MERHFC——空军预备役	—	143 450	143 450	143 450	—	—
国民警卫队人员——陆军	—	8 103 207	8 103 207	8 103 207	583 804	583 804
MERHFC——陆军国民警卫队	—	746 538	746 538	746 538	—	—
国民警卫队人员——空军	—	3 110 065	3 110 065	3 110 065	10 473	10 473
MERHFC——空军国民警卫队	—	226 800	226 800	226 800	—	—
军人退休金的应计应收款项	—	—	6 950 386	—	—	—
军事人员费用总计（不包括 MERHFC）	128 430 025	128 430 025	135 380 411	128 430 025	13 788 421	13 788 421
军事人员费用总计（包括 MERHFC）	—	135 111 799	142 062 185	135 111 799	—	—
预算调节						
授权申请	128 430 025	—	—	—	13 788 421	—
MERHFC	6 681 774	—	—	—	271 673	—
小计	135 111 799	—	—	—	14 060 094	—

续表

军事人员费用 FY2013	基础资金				海外应急行动	
	授权请求 FY2013	拨款请求 FY2013	预算授权 FY2013	预算授权总额 FY2013	授权请求 FY2013	拨款请求 FY2013
拨款申请	—	135 111 799	—	—	—	14 060 094
军人退休金的应计应收款项	—	6 950 386	—	—	—	—
小计	—	142 062 185	—	—	—	—
预算授权	—	—	142 062 185	—	—	—
军人退休金的应计应收款项	—	—	-6 950 386	—	—	—
小计	—	—	135 111 799	—	—	—
预算授权总额	—	—	—	135 111 799	—	14 060 094

表 2.4.2 美国国防部预算授权与拨款申请——运行和维护费用（2013—2017 年）

单位：千美元，现值美元

运行和维护费用 FY2017	基础资金				海外应急行动	
	授权请求 FY2017	拨款请求 FY2017	预算授权 FY2017	预算授权总额 FY2017	授权请求 FY2017	拨款请求 FY2017
	预算请求					
运行和维护——陆军	33 809 040	33 809 040	33 814 509	33 809 040	15 310 587	15 310 587
运行和维护——海军	39 483 581	39 483 581	39 490 378	39 483 581	6 827 391	6 827 391
运行和维护——海军陆战队	5 954 258	5 954 258	5 955 334	5 954 258	1 244 359	1 244 359
运行和维护——空军	37 518 056	37 518 056	37 533 931	37 518 056	9 498 830	9 498 830
运行和维护——第四资产	32 571 590	32 571 590	32 585 271	32 571 590	5 982 173	5 982 173
检察长办公室	322 035	322 035	322 035	322 035	22 062	22 062
运行与维护——陆军预备役	2 712 331	2 712 331	2 712 331	2 712 331	38 679	38 679
运行与维护——海军预备役	927 656	927 656	927 656	927 656	26 265	26 265
运行与维护——海军陆战队预备役	270 633	270 633	270 633	270 633	3 304	3 304
运行与维护——空军预备役	3 067 929	3 067 929	3 067 929	3 067 929	57 586	57 586
运行与维护——陆军国民警卫队	6 825 370	6 825 370	6 825 370	6 825 370	127 035	127 035
运行与维护——空军国民警卫队	6 703 578	6 703 578	6 703 578	6 703 578	20 000	20 000
美国武装部队上诉法院	14 194	14 194	14 194	14 194	—	—
国防系统禁毒与反毒品活动	844 800	844 800	844 800	844 800	215 333	215 333
国防卫生项目	33 467 516	33 467 516	33 330 141	33 467 516	331 764	331 764

续表

运行和维护费用FY2017	基础资金			海外应急行动	
	授权请求 FY2017	拨款请求 FY2017	预算授权 FY2017	预算授权总额 FY2017	授权请求 FY2017	拨款请求 FY2017
环境修复——陆军	170 167	170 167	170 167	170 167	—	—
环境修复——海军	281 762	281 762	281 762	281 762	—	—
环境修复——空军	371 521	371 521	371 521	371 521	—	—
环境修复——第四资产账户	9 009	9 009	9 009	9 009	—	—
环境修复——旧址	197 084	197 084	197 084	197 084	—	—
海外人道主义援助	105 125	105 125	105 125	105 125	—	—
合作减少威胁	325 604	325 604	331 604	325 604	—	—
反恐怖伙伴关系基金	—	—	—	—	1 000 000	1 000 000
阿富汗安全部队基金	—	—	—	—	3 448 715	3 448 715
反伊拉克和黎凡特伊斯兰国训练与装备	—	—	—	—	630 000	630 000
叙利亚训练与装备基金	—	—	—	—	250 000	250 000
国防采购人员发展基金	—	—	820 000	586 339	—	—
同盟责任与合作行动	—	—	—	—	—	—
杂项特别基金	—	—	2 000	—	—	—
不动产处理	—	—	36 598	—	—	—
不动产租赁	—	—	75 182	—	—	—

续表

运行和维护费用 FY2017	基础资金				海外应急行动		
	授权请求 FY2017	拨款请求 FY2017	预算授权 FY2017	预算授权总额 FY2017	授权请求 FY2017	拨款请求 FY2017	
互利活动	—	—	8 176	—	—	—	
运行与维护费用总计	205 952 839	205 952 839	206 806 318	206 539 178	—	45 034 083	
预算调节							
授权请求	205 952 839	—	—	—	45 034 083	—	
拨款请求	—	205 952 839	—	—	—	45 034 083	
运行和维护账户	—	990 854	—	—	—	—	
国防卫生项目	—	-137 375	—	—	—	—	
小计	—	206 806 318	—	—	—	—	
预算授权							
运行与维护账户	—	—	206 806 318	—	—	45 034 083	
国防卫生项目	—	—	-984 854	—	—	—	
国防卫生项目	—	—	137 375	—	—	—	
国防采购人员发展基金	—	—	580 339	—	—	—	
小计	—	—	206 539 178	—	—	—	
预算授权总额	—	—	—	206 539 178	—	45 034 083	

续表

运行和维护费用 FY2016	基础资金			海外应急行动	
	授权请求 FY2016	拨款请求 FY2016	预算授权 FY2016	预算授权总额 FY2016	授权请求 FY2016	拨款请求 FY2016

运行和维护费用 FY2016	授权请求 FY2016	拨款请求 FY2016	预算授权 FY2016	预算授权总额 FY2016	授权请求 FY2016	拨款请求 FY2016
		预算请求				
运行和维护——陆军	35 107 546	35 107 546	35 107 546	35 107 546	11 382 750	11 382 750
运行和维护——海军	42 200 756	42 200 756	42 200 756	42 200 756	5 131 588	5 131 588
运行和维护——海军陆战队	6 228 782	6 228 782	6 228 782	6 228 782	952 534	952 534
运行和维护——空军	38 191 929	38 191 929	38 191 929	38 191 929	9 090 013	9 090 013
运行和维护——第四资产	32 440 843	32 440 843	32 440 843	32 440 843	5 805 633	5 805 633
检察长办公室	316 159	316 159	316 159	316 159	10 262	10 262
运行与维护——陆军预备役	2 665 792	2 665 792	2 665 792	2 665 792	24 559	24 559
运行与维护——海军预备役	1 001 758	1 001 758	1 001 758	1 001 758	31 643	31 643
运行与维护——海军陆战队预备役	277 036	277 036	277 036	277 036	3 455	3 455
运行与维护——空军预备役	3 064 257	3 064 257	3 064 257	3 064 257	58 106	58 106
运行与维护——陆军国民警卫队	6 717 977	6 717 977	6 717 977	6 717 977	60 845	60 845
运行与维护——空军国民警卫队	6 956 210	6 956 210	6 956 210	6 956 210	19 900	19 900
海外应急行动转移基金	—	—	—	—	—	—
美国武装部队上诉法院	14 078	14 078	14 078	14 078	—	—
国防系统禁毒与反毒品活动	850 598	850 598	850 598	850 598	186 000	186 000
国防卫生项目	32 243 328	32 243 328	32 109 367	32 243 328	272 704	272 704

续表

运行和维护费用 FY2016	基础资金			海外应急行动	
	授权请求 FY2016	拨款请求 FY2016	预算授权 FY2016	预算授权总额 FY2016	授权请求 FY2016	拨款请求 FY2016

运行和维护费用 FY2016	授权请求 FY2016	拨款请求 FY2016	预算授权 FY2016	预算授权总额 FY2016	授权请求 FY2016	拨款请求 FY2016
环境修复——陆军	234 829	234 829	234 829	234 829	—	—
环境修复——海军	292 453	292 453	292 453	292 453	—	—
环境修复——空军	368 131	368 131	368 131	368 131	—	—
环境修复——第四资产账户	8 232	8 232	8 232	8 232	—	—
环境修复——旧址	203 717	203 717	203 717	203 717	—	—
海外人道主义、救灾与公民援助	100 266	100 266	100 266	100 266	—	—
合作减少威胁账户	358 496	358 496	358 496	358 496	—	—
国防采购人员发展基金	84 140	84 140	84 140	102 629	—	—
防务分担与其他合作活动	—	—	796 000	—	—	—
杂项特别基金	—	—	2 629	—	—	—
国防部不动产处理	—	—	5 885	—	—	—
国防部不动产租赁	—	—	34 689	—	—	—
反恐伙伴关系基金	—	—	—	—	2 100 000	2 100 000
阿富汗安全部队基金	—	—	—	—	3 762 257	3 762 257
反伊拉克和黎凡特伊斯兰国训练与装备	—	—	—	—	715 000	715 000
叙利亚训练与装备基金	—	—	—	—	600 000	600 000
运行与维护费用总计	209 927 313	209 927 313	210 632 555	209 945 802	40 207 249	40 207 249

续表

运行和维护费用 FY2016	基础资金				海外应急行动	
	授权请求 FY2016	拨款请求 FY2016	预算授权 FY2016	预算授权总额 FY2016	授权请求 FY2016	拨款请求 FY2016
授权请求	209 927 313	—	—	—	40 207 249	—
预算调节						
拨款请求	—	209 927 313	—	—	—	40 207 249
国防卫生项目	—	-133 961	—	—	—	—
防务分担与其他合作活动	—	796 000	—	—	—	—
杂项特别基金	—	2 629	—	—	—	—
国防部不动产处理	—	5 885	—	—	—	—
国防部不动产租赁	—	34 689	—	—	—	—
小计	—	210 632 555	—	—	—	—
预算授权						
国防卫生项目	—	—	133 961	—	—	—
国防采购人员发展基金	—	—	18 489	—	—	—
防务分担与其他合作活动	—	—	-796 000	—	—	—
杂项特别基金	—	—	-2 629	—	—	—
国防部不动产处理	—	—	-5 885	—	—	—
国防部不动产租赁	—	—	-34 689	—	—	—
小计	—	—	209 945 802	—	—	—
预算授权总额	—	—	—	209 945 802	—	40 207 249

续表

运行和维护费用 FY2015	基础资金			海外应急行动	
	授权请求 FY2015	拨款请求 FY2015	预算授权 FY2015	预算授权总额 FY2015	授权请求 FY2015	拨款请求 FY2015
		预算请求				
运行和维护——陆军	33 240 148	33 240 148	33 240 148	33 240 148	—	—
运行和维护——海军	39 316 857	39 316 857	39 025 857	39 025 857	—	—
运行和维护——海军陆战队	5 909 487	5 909 487	5 909 487	5 909 487	—	—
运行和维护——空军	35 331 193	35 331 193	35 331 193	35 331 193	—	—
运行和维护——第四资产	31 198 232	31 198 232	31 198 232	31 198 232	—	—
检察长办公室	311 830	311 830	311 830	311 830	—	—
运行与维护——陆军预备役	2 490 569	2 490 569	2 490 569	2 490 569	—	—
运行与维护——海军预备役	1 007 100	1 007 100	1 007 100	1 007 100	—	—
运行与维护——海军陆战队预备役	268 582	268 582	268 582	268 582	—	—
运行与维护——空军预备役	3 015 842	3 015 842	3 015 842	3 015 842	—	—
运行与维护——陆军国民警卫队	6 030 773	6 030 773	6 030 773	6 030 773	—	—
运行与维护——空军国民警卫队	6 392 859	6 392 859	6 392 859	6 392 859	—	—
海外应急行动转移基金	5 000	5 000	5 000	5 000	—	—
美国武装部队上诉法院	13 723	13 723	13 723	13 723	—	—
国防系统禁毒与反毒品活动	820 687	820 687	820 687	820 687	—	—

续表

运行和维护费用 FY2015	基础资金			海外应急行动	
	授权请求 FY2015	拨款请求 FY2015	预算授权 FY2015	预算授权总额 FY2015	授权请求 FY2015	拨款请求 FY2015
国际体育比赛支持资金	10 000	10 000	10 000	10 000	—	—
国防卫生项目	31 994 918	31 994 918	31 833 061	31 994 918	—	—
环境修复——陆军	201 560	201 560	201 560	201 560	—	—
环境修复——海军	277 294	277 294	277 294	277 294	—	—
环境修复——空军	408 716	408 716	408 716	408 716	—	—
环境修复——第四资产账户	8 547	8 547	8 547	8 547	—	—
环境修复——旧址	208 353	208 353	208 353	208 353	—	—
海外人道主义援助	100 000	100 000	100 000	100 000	—	—
合作减少威胁账户	365 108	365 108	365 108	365 108	—	—
国防采购人员发展基金	212 875	212 875	212 875	560 000	—	—
国防部不动产处理	—	—	8 200	—	—	—
国防部不动产租赁	—	—	30 500	—	—	—
防务分担与其他合作活动	—	—	703 000	—	—	—
运行与维护费用总计	199 140 253	199 140 253	199 429 096	199 196 378	—	—

预算调节

授权请求	199 140 253

续表

运行和维护费用 FY2015	基础资金				海外应急行动	
	授权请求 FY2015	拨款请求 FY2015	预算授权 FY2015	预算授权总额 FY2015	授权请求 FY2015	拨款请求 FY2015
拨款请求	—	—	—	—	—	—
运行和维护——海军	—	199 140 253	—	—	—	—
国防卫生项目	—	-291 000	—	—	—	—
国防采购人员发展基金	—	-161 857	—	—	—	—
国防部不动产处理	—	8 200	—	—	—	—
国防部不动产租赁	—	30 500	—	—	—	—
防务分担与其他合作活动	—	703 000	—	—	—	—
小计	—	199 429 096	—	—	—	—
预算授权	—	—	199 429 096	—	—	—
国防卫生项目	—	—	161 857	—	—	—
国防采购人员发展基金	—	—	347 125	—	—	—
国防部不动产处理	—	—	-8 200	—	—	—
国防部不动产租赁	—	—	-30 500	—	—	—
防务分担与其他合作活动	—	—	-703 000	—	—	—
小计	—	—	199 196 378	—	—	—
预算授权总额	—	—	—	199 196 378	—	—

续表

运行和维护费用 FY2014	基础资金				海外应急行动	
	授权请求 FY2014	拨款请求 FY2014	预算授权 FY2014	预算授权总额 FY2014	授权请求 FY2014	拨款请求 FY2014
	预算请求					
运行和维护—陆军	35 073 077	35 073 077	35 073 077	35 073 077	—	—
运行和维护—海军	39 945 237	39 945 237	39 945 237	39 945 237	—	—
运行和维护—海军陆战队	6 254 650	6 254 650	6 254 650	6 254 650	—	—
运行和维护—空军	37 270 842	37 270 842	37 270 842	37 270 842	—	—
运行和维护—第四资产	32 997 693	32 997 693	32 997 693	32 997 693	—	—
检察长办公室	312 131	312 131	312 131	312 131	—	—
运行与维护—陆军预备役	3 095 036	3 095 036	3 095 036	3 095 036	—	—
运行与维护—海军预备役	1 197 752	1 197 752	1 197 752	1 197 752	—	—
运行与维护—海军陆战队预备役	263 317	263 317	263 317	263 317	—	—
运行与维护—空军预备役	3 164 607	3 164 607	3 164 607	3 164 607	—	—
运行与维护—陆军国民警卫队	7 054 196	7 054 196	7 054 196	7 054 196	—	—
运行与维护—空军国民警卫队	6 566 004	6 566 004	6 566 004	6 566 004	—	—
海外应急行动转移基金	5 000	5 000	5 000	5 000	—	—
美国武装部队上诉法院	13 606	13 606	13 606	13 606	—	—
国防系统禁毒与反毒品活动	938 545	938 545	938 545	938 545	—	—

续表

运行和维护费用 FY2014	基础资金				海外应急行动	
	授权请求 FY2014	拨款请求 FY2014	预算授权 FY2014	预算授权总额 FY2014	授权请求 FY2014	拨款请求 FY2014
国防卫生项目	33 054 528	33 054 528	33 054 528	33 054 528	—	—
环境修复——陆军	298 815	298 815	298 815	298 815	—	—
环境修复——海军	316 103	316 103	316 103	316 103	—	—
环境修复——空军	439 820	439 820	439 820	439 820	—	—
环境修复——第四资产账户	10 757	10 757	10 757	10 757	—	—
环境修复——旧址	237 443	237 443	237 443	237 443	—	—
海外人道主义援助	109 500	109 500	109 500	109 500	—	—
合作减少威胁账户	528 455	528 455	528 455	528 455	—	—
国防采购人员发展基金	—	—	—	—	—	—
阿富汗基础设施建设基金	—	—	—	—	—	—
国防部采购人员发展基金	1 052 831	1 052 831	256 031	1 052 831	—	—
盟国责任与合作	—	—	812 000	—	—	—
国防部不动产处理	10 000	10 000	9 700	—	—	—
国防部不动产租赁	36 432	36 432	29 931	—	—	—
运行与维护费用总计	210 246 377	210 246 377	210 254 776	210 199 945	—	—

续表

运行和维护费用 FY2014	基础资金				海外应急行动	
	授权请求 FY2014	拨款请求 FY2014	预算授权 FY2014	预算授权总额 FY2014	授权请求 FY2014	拨款请求 FY2014
			预算调节			
授权请求	210 246 377	—	—	—	—	—
拨款请求	—	210 246 377	—	—	—	—
国防部采购人员发展基金	—	−796 800	—	—	—	—
盟国责任与合作	—	812 000	—	—	—	—
国防部不动产处理	—	−300	—	—	—	—
国防部不动产租赁	—	−6 501	—	—	—	—
小计	—	210 254 776	—	—	—	—
预算授权						
国防部采购人员发展基金	—	—	796 800	—	—	—
盟国责任与合作	—	—	−812 000	—	—	—
国防部不动产处理	—	—	−9 700	—	—	—
国防部不动产租赁	—	—	−29 931	—	—	—
小计	—	—	210 199 945	—	—	—
预算授权总额	—	—	—	210 199 945	—	—

续表

运行和维护费用 FY2013	基础资金			海外应急行动	
	授权请求 FY2013	拨款请求 FY2013	预算授权总额 FY2013	授权请求 FY2013	拨款请求 FY2013
		预算请求			
运行和维护——陆军	36 608 592	36 608 592	36 608 592	28 591 441	28 591 441
运行和维护——海军	41 606 943	41 606 943	41 606 943	5 880 395	5 880 395
运行和维护——海军陆战队	5 983 163	5 983 163	5 983 163	4 066 340	4 066 340
运行和维护——空军	35 435 360	35 435 360	35 435 360	9 241 613	9 241 613
运行和维护——第四资产	31 993 013	31 993 013	31 993 013	7 824 579	7 824 579
检察长办公室	273 821	273 821	273 821	10 766	10 766
运行与维护——陆军预备役	3 162 008	3 162 008	3 162 008	154 537	154 537
运行与维护——海军预备役	1 246 982	1 246 982	1 246 982	55 924	55 924
运行与维护——海军陆战队预备役	272 285	272 285	272 285	25 477	25 477
运行与维护——空军预备役	3 166 482	3 166 482	3 166 482	120 618	120 618
运行与维护——陆军国民警卫队	7 108 612	7 108 612	7 108 612	382 448	382 448
运行与维护——空军国民警卫队	6 015 455	6 015 455	6 015 455	19 975	19 975
美国武装部队上诉法院	13 516	13 516	13 516	—	—
国防系统禁毒与反毒品活动	999 363	999 363	999 363	469 025	469 025
国防卫生项目	32 528 718	32 528 718	32 528 718	993 898	993 898
环境修复——陆军	335 921	335 921	335 921	—	—

续表

运行和维护费用 FY2013	基础资金			海外应急行动	
	授权请求 FY2013	拨款请求 FY2013	预算授权 FY2013	预算授权总额 FY2013	授权请求 FY2013	拨款请求 FY2013
环境修复——海军	310 594	310 594	310 594	310 594	—	—
环境修复——空军	529 263	529 263	529 263	529 263	—	—
环境修复——第四资产账户	11 133	11 133	11 133	11 133	—	—
环境修复——旧址	237 543	237 543	237 543	237 543	—	—
海外人道主义援助	108 759	108 759	108 759	108 759	—	—
合作减少威胁账户	519 111	519 111	519 111	519 111	—	—
国防采购人员发展基金	274 198	274 198	—	843 745	5 749 167	5 749 167
国防部采购人员处理基金	—	—	7 855	—	—	—
国防部不动产处理	—	—	10 529	—	—	—
国防部不动产租赁	—	—	905 000	—	—	—
防务分担与其他合作	—	—	—	—	—	—
阿富汗基础设施建设资金	—	—	8 000	—	400 000	400 000
落基山兵工厂修复	—	—	25	—	—	—
国家科学中心——陆军	—	—	—	—	—	—
运行和维护费用总计	208 740 835	208 740 835	209 672 244	209 310 382	63 986 203	63 986 203
预算调节						
授权请求	208 740 835				63 986 203	

续表

运行和维护费用 FY2013	基础资金				海外应急行动	
	授权请求 FY2013	拨款请求 FY2013	预算授权 FY2013	预算授权总额 FY2013	授权请求 FY2013	拨款请求 FY2013
拨款请求	—	208 740 835	—	—	—	63 986 203
国防部不动产处理	—	7 855	—	—	—	—
国防部不动产租赁	—	10 529	—	—	—	—
国家科学中心——陆军	—	25	—	—	—	—
落基山兵工厂修复	—	8 000	—	—	—	—
与盟国和北约防务分担	—	905 000	—	—	—	—
小计	—	209 672 244	—	—	—	63 986 203
预算授权	—	—	209 672 244	—	—	—
国防部不动产处理	—	—	-7 855	—	—	—
国防部不动产租赁	—	—	-10 529	—	—	—
国家科学中心——陆军	—	—	-25	—	—	—
落基山兵工厂修复	—	—	-8 000	—	—	—
国防部采购人员发展基金	—	—	569 547	—	—	—
与盟国和北约防务分担	—	—	-905 000	—	—	—
小计	—	—	209 310 382	—	—	—
预算授权总额	—	—	—	209 310 382	—	63 986 203

表2.4.3 美国国防部预算授权与拨款申请——军事采购（2013—2017年）

单位：千美元，现值美元

军事采购 FY2017	基础资金				海外应急行动	
	预算请求		预算授权 FY2017	预算授权总额 FY2017	授权请求 FY2017	拨款请求 FY2017
	授权请求 FY2017	拨款请求 FY2017				
陆军	15 338 059	15 338 059	15 469 407	15 338 059	3 182 337	3 182 337
战斗机采购——陆军	3 614 787	3 614 787	3 728 529	3 614 787	313 171	313 171
导弹采购——陆军	1 519 966	1 519 966	1 519 966	1 519 966	632 817	632 817
武器和履带式车辆——陆军	2 265 177	2 265 177	2 265 177	2 265 177	153 544	153 544
弹药采购——陆军	1 513 157	1 513 157	1 513 157	1 513 157	301 523	301 523
其他采购——陆军	5 873 949	5 873 949	5 891 555	5 873 949	1 373 010	1 373 010
联合爆炸装置对抗基金	—	—	—	—	408 272	408 272
化学试剂与弹药销毁	551 023	551 023	551 023	551 023	—	—
海军	44 039 282	44 039 282	44 064 588	44 039 282	711 004	711 004
战斗机采购——海军	14 109 148	14 109 148	14 109 483	14 109 148	393 030	393 030
武器采购——海军	3 209 262	3 209 262	3 211 837	3 209 262	8 600	8 600
弹药采购——海军和陆战队	664 368	664 368	664 368	664 368	66 229	66 229
造船与改装——海军	18 354 874	18 354 874	18 354 874	18 354 874	—	—

续表

军事采购 FY2017	基础资金			海外应急行动	
	授权请求 FY2017	拨款请求 FY2017	预算授权 FY2017	预算授权总额 FY2017	授权请求 FY2017	拨款请求 FY2017

军事采购 FY2017	授权请求 FY2017	拨款请求 FY2017	预算授权 FY2017	预算授权总额 FY2017	授权请求 FY2017	拨款请求 FY2017
其他采购——海军	6 338 861	6 338 861	6 359 717	6 338 861	124 206	124 206
采购——陆战队	1 362 769	1 362 769	1 364 309	1 362 769	118 939	118 939
空军						
战斗机采购——空军	38 521 056	38 521 056	38 530 107	38 521 056	5 382 633	5 382 633
导弹采购——空军	13 922 917	13 922 917	13 925 835	13 922 917	859 399	859 399
空间武器采购——空军	2 426 621	2 426 621	2 426 621	2 426 621	339 545	339 545
弹药采购——空军	3 055 743	3 055 743	3 055 743	3 055 743	—	—
其他采购——空军	1 677 719	1 677 719	1 677 719	1 677 719	487 408	487 408
	17 438 056	17 438 056	17 444 189	17 438 056	3 696 281	3 696 281
三军以外其他国防部门						
采购——三军以外其他国防部门	4 668 283	4 668 283	4 668 283	4 668 283	238 434	238 434
国防生产法采购	4 524 918	4 524 918	4 524 918	4 524 918	238 434	238 434
紧急行动联合采购	44 065	44 065	44 065	44 065	—	—
	99 300	99 300	99 300	99 300	—	—

续表

军事采购 FY2017	基础资金				海外应急行动	
	授权请求 FY2017	拨款请求 FY2017	预算授权 FY2017	预算授权总额 FY2017	授权请求 FY2017	拨款请求 FY2017
采购预算总计	102 566 680	102 566 680	102 732 385	102 566 680	9 514 408	9 514 408
预算调节						
授权请求	102 566 680	—	—	—	9 514 408	—
拨款请求	—	102 566 680	—	—	—	9 514 408
预算授权	—	—	102 732 385	—	—	9 514 408
采购账户	—	—	−165 705	—	—	—
小计	—	—	102 566 680	—	—	—
预算授权总额	—	—	—	102 566 680	—	9 514 408

续表

军事采购 FY2016	基础资金				海外应急行动	
	授权请求 FY2016	拨款请求 FY2016	预算授权 FY2016	预算授权总额 FY2016	授权请求 FY2016	拨款请求 FY2016
		预算请求				
陆军						
战斗机采购——陆军	16 849 514	16 849 514	16 849 514	16 849 514	2 119 184	2 119 184
导弹采购——陆军	5 689 357	5 689 357	5 689 357	5 689 357	164 987	164 987
武器和履带式车辆——陆军	1 419 957	1 419 957	1 419 957	1 419 957	37 260	37 260
弹药采购——陆军	1 887 073	1 887 073	1 887 073	1 887 073	26 030	26 030
其他采购——陆军	1 233 378	1 233 378	1 233 378	1 233 378	192 040	192 040
联合爆炸装置对抗基金	5 899 028	5 899 028	5 899 028	5 899 028	1 205 596	1 205 596
化学试剂与弹药销毁	—	—	—	—	493 271	493 271
	720 721	720 721	720 721	720 721	—	—
海军						
战斗机采购——海军	44 347 890	44 347 890	44 347 890	44 545 890	418 788	418 788
武器采购——海军	16 126 405	16 126 405	16 126 405	16 324 405	217 394	217 394
弹药采购——海军和陆战队	3 154 154	3 154 154	3 154 154	3 154 154	3 344	3 344
造船与改装——海军	723 741	723 741	723 741	723 741	136 930	136 930
	16 597 457	16 597 457	16 597 457	16 597 457	—	—

续表

军事采购 FY2016	基础资金			海外应急行动	
	授权请求 FY2016	拨款请求 FY2016	预算授权 FY2016	预算授权总额 FY2016	授权请求 FY2016	拨款请求 FY2016
其他采购——海军	6 614 715	6 614 715	6 614 715	6 614 715	12 186	12 186
采购——陆战队	1 131 418	1 131 418	1 131 418	1 131 418	48 934	48 934
空军	41 260 156	41 260 156	41 260 156	41 260 156	4 506 880	4 506 880
战斗机采购——空军	15 657 769	15 657 769	15 657 769	15 657 769	128 900	128 900
导弹采购——空军	2 987 045	2 987 045	2 987 045	2 987 045	289 142	289 142
空间武器采购——空军	2 584 061	2 584 061	2 584 061	2 584 061	—	—
弹药采购——空军	1 758 843	1 758 843	1 758 843	1 758 843	228 874	228 874
其他采购——空军	18 272 438	18 272 438	18 272 438	18 272 438	3 859 964	3 859 964
三军以外其他国防部门	5 277 234	5 277 234	5 277 234	5 277 234	212 418	212 418
采购——三军以外其他国防部门	5 130 853	5 130 853	5 130 853	5 130 853	212 418	212 418
国防生产法采购	46 680	46 680	46 680	46 680	—	—
紧急行动联合采购	99 701	99 701	99 701	99 701	—	—

续表

军事采购 FY2016	基础资金				海外应急行动	
	授权请求 FY2016	拨款请求 FY2016	预算授权 FY2016	预算授权总额 FY2016	授权请求 FY2016	拨款请求 FY2016
采购预算总计	107 734 794	107 734 794	107 734 794	107 932 794	7 257 270	7 257 270
预算调节						
授权请求	107 734 794	—	—	—	7 257 270	—
拨款请求		107 734 794	—	—	—	7 257 270
预算授权	—	—	107 734 794	—	—	7 257 270
战斗机采购——海军	—	—	198 000	—	—	—
小计	—	—	107 932 794	—	—	—
预算授权总额	—	—	—	107 932 794	—	7 257 270

续表

军事采购 FY2015	基础资金			海外应急行动	
	授权请求 FY2015 (预算请求)	拨款请求 FY2015	预算授权 FY2015	预算授权总额 FY2015	授权请求 FY2015	拨款请求 FY2015

军事采购 FY2015	授权请求 FY2015	拨款请求 FY2015	预算授权 FY2015	预算授权总额 FY2015	授权请求 FY2015	拨款请求 FY2015
陆军						
战斗机采购——陆军	5 102 685	5 102 685	5 022 685	5 102 685	—	—
导弹采购——陆军	1 017 483	1 017 483	1 017 483	1 017 483	—	—
武器和履带式车辆——陆军	1 471 438	1 471 438	1 471 438	1 471 438	—	—
弹药采购——陆军	1 031 477	1 031 477	1 031 477	1 031 477	—	—
其他采购——陆军	4 893 634	4 893 634	4 826 634	4 893 634	—	—
联合爆炸装置对抗基金	115 058	115 058	115 058	115 058	—	—
化学试剂与弹药销毁	828 868	828 868	828 868	828 868	—	—
海军						
战斗机采购——海军	13 074 317	13 074 317	13 074 317	13 074 317	—	—
武器采购——海军	3 217 945	3 217 945	3 217 945	3 217 945	—	—
弹药采购——海军和陆战队	771 945	771 945	771 945	771 945	—	—
造船与改装——海军	14 400 625	14 400 625	14 400 625	14 400 625	—	—

续表

军事采购 FY2015	基础资金				海外应急行动	
	授权请求 FY2015	拨款请求 FY2015	预算授权 FY2015	预算授权总额 FY2015	授权请求 FY2015	拨款请求 FY2015
其他采购——海军	5 975 828	5 975 828	5 975 828	5 975 828	—	—
采购——陆战队	983 352	983 352	983 352	983 352	—	—
空军						
战斗机采购——空军	11 542 571	11 542 571	11 542 571	11 542 571	—	—
导弹采购——空军	4 690 506	4 690 506	4 571 821	4 690 506	—	—
弹药采购——空军	677 400	677 400	677 400	677 400	—	—
其他采购——空军	16 566 018	16 566 018	16 566 018	16 566 018	—	—
三军以外其他国防部门						
采购——三军以外其他国防部门	4 221 437	4 221 437	4 221 437	4 221 437	—	—
国防生产法采购	21 638	21 638	21 638	21 638	—	—
紧急行动联合采购	20 000	20 000	20 000	20 000	—	—
采购预算总计	90 624 225	90 624 225	90 358 540	90 624 225	—	—

续表

军事采购 FY2015	基础资金				海外应急行动	
	授权请求 FY2015	拨款请求 FY2015	预算授权 FY2015	预算授权总额 FY2015	授权请求 FY2015	拨款请求 FY2015
		预算调节				
授权请求	90 624 225	—	—	—	—	—
拨款请求	—	90 624 225	—	—	—	—
战斗机采购——陆军	—	−80 000	—	—	—	—
其他采购——陆军	—	−67 000	—	—	—	—
导弹采购	—	−118 685	—	—	—	—
小计	—	90 358 540	—	—	—	—
预算授权	—	—	90 358 540	—	—	—
战斗机采购——陆军	—	—	80 000	—	—	—
其他采购——陆军	—	—	67 000	—	—	—
导弹采购——空军	—	—	118 685	—	—	—
小计	—	—	90 624 225	—	—	—
预算授权总额	—	—	—	90 624 225	—	—

续表

军事采购 FY2014	基础资金				海外应急行动	
	授权请求 FY2014	拨款请求 FY2014	预算授权 FY2014	预算授权总额 FY2014	授权请求 FY2014	拨款请求 FY2014
		预算请求				
陆军						
战斗机采购——陆军	5 024 387	5 024 387	5 024 387	5 024 387	—	—
导弹采购——陆军	1 334 083	1 334 083	1 334 083	1 334 083	—	—
武器和履带车辆——陆军	1 597 267	1 597 267	1 597 267	1 597 267	—	—
弹药采购——陆军	1 540 437	1 540 437	1 540 437	1 540 437	—	—
其他采购——陆军	6 465 218	6 465 218	6 465 218	6 465 218	—	—
联合爆炸装置对抗基金	1 057 123	1 057 123	1 057 123	1 057 123	—	—
化学试剂与弹药销毁	—	—	—	—	—	—
海军						
战斗机采购——海军	17 927 651	17 927 651	17 927 651	17 927 651	—	—
武器采购——海军	3 122 193	3 122 193	3 122 193	3 122 193	—	—
弹药采购——海军和陆战队	589 267	589 267	589 267	589 267	—	—
造船与改装——海军	14 077 804	14 077 804	14 077 804	14 077 804	—	—

续表

军事采购 FY2014	基础资金			海外应急行动	
	授权请求 FY2014	拨款请求 FY2014	预算授权 FY2014	预算授权总额 FY2014	授权请求 FY2014	拨款请求 FY2014

军事采购 FY2014	授权请求 FY2014	拨款请求 FY2014	预算授权 FY2014	预算授权总额 FY2014	授权请求 FY2014	拨款请求 FY2014
其他采购——海军	6 310 257	6 310 257	6 310 257	6 310 257	—	—
采购——陆战队	1 343 511	1 343 511	1 343 511	1 343 511	—	—
空军						
战斗机采购——空军	11 398 901	11 398 901	11 398 901	11 398 901	—	—
导弹采购——空军	5 343 286	5 343 286	5 343 286	5 343 286	—	—
弹药采购——空军	759 442	759 442	759 442	759 442	—	—
其他采购——空军	16 760 581	16 760 581	16 760 581	16 760 581	—	—
三军以外其他国防部门						
采购——三军以外其他国防部门	4 534 083	4 534 083	4 534 083	4 534 083	—	—
国防生产法采购	25 135	25 135	25 135	25 135	—	—
紧急行动联合采购	98 800	98 800	98 800	98 800	—	—
采购预算总计	99 309 426	99 309 426	99 309 426	99 309 426	—	—

续表

军事采购 FY2014	基础资金				海外应急行动		
	授权请求 FY2014	拨款请求 FY2014	预算授权 FY2014	预算授权总额 FY2014	授权请求 FY2014	拨款请求 FY2014	
		预算调节					
授权请求	99 309 426	—	—	—	—	—	
拨款请求	—	99 309 426	—	—	—	—	
预算授权	—	—	99 309 426	—	—	—	
预算授权总额	—	—	—	99 309 426	—	—	

续表

军事采购 FY2013	基础资金			海外应急行动	
	授权请求 FY2013	拨款请求 FY2013	预算授权总额 FY2013	授权请求 FY2013	拨款请求 FY2013
		预算请求			
陆军					
战斗机采购——陆军	5 853 729	5 853 729	5 853 729	486 200	486 200
导弹采购——陆军	1 302 689	1 302 689	1 302 689	49 653	49 653
武器和履带式车辆——陆军	1 501 706	1 501 706	1 501 706	15 422	15 422
弹药采购——陆军	1 739 706	1 739 706	1 739 706	357 493	357 493
其他采购——陆军	6 326 245	6 326 245	6 326 245	2 015 907	2 015 907
联合爆炸装置对抗基金	227 414	227 414	227 414	1 675 400	1 675 400
化学试剂与弹药销毁	1 301 786	1 301 786	1 301 786	—	—
海军					
战斗机采购——海军	17 129 296	17 129 296	17 129 296	164 582	164 582
武器采购——海军	3 117 578	3 117 578	3 117 578	23 500	23 500
弹药采购——海军和陆战队	759 539	759 539	759 539	285 747	285 747
造船与改装——海军	13 579 845	13 579 845	13 579 845	—	—

续表

军事采购 FY2013	基础资金			海外应急行动	
	授权请求 FY2013	拨款请求 FY2013	预算授权 FY2013	预算授权总额 FY2013	授权请求 FY2013	拨款请求 FY2013
其他采购——海军	6 169 378	6 169 378	6 169 378	6 169 378	98 882	98 882
采购——陆战队	1 622 955	1 622 955	1 622 955	1 622 955	943 683	943 683
空军						
战斗机采购——空军	11 002 999	11 002 999	11 002 999	11 002 999	305 600	305 600
导弹采购——空军	5 491 846	5 491 846	5 491 846	5 491 846	34 350	34 350
弹药采购——空军	599 194	599 194	599 194	599 194	116 203	116 203
其他采购——空军	16 720 848	16 720 848	16 720 848	16 720 848	2 818 270	2 818 270
三军以外其他国防部门						
采购——三军以外其他国防部门	4 187 935	4 187 935	4 187 935	4 187 935	196 349	196 349
国防生产法采购	89 189	89 189	89 189	89 189	—	—
紧急行动联合采购	99 477	99 477	99 477	99 477	100 000	100 000
采购预算总计	98 823 354	98 823 354	98 823 354	98 823 354	9 687 241	9 687 241

续表

军事采购 FY2013	基础资金				海外应急行动	
	授权请求 FY2013	拨款请求 FY2013	预算授权 FY2013	预算授权总额 FY2013	授权请求 FY2013	拨款请求 FY2013
授权请求	98 823 354	—	—	—	9 687 241	—
拨款请求	—	98 823 354	—	—	—	9 687 241
预算授权	—	—	98 823 354	—	—	—
预算授权总额	—	—	—	98 823 354	—	9 687 241

预算调节

表 2.4.4 美国国防部预算授权与拨款申请——研发、测试与评估费用（2016—2017年）

单位：千美元，现值美元

研发测试与评估费用 FY2017	基础资金				海外应急行动		
	授权请求 FY2017	拨款请求 FY2017	预算授权 FY2017	预算授权总额 FY2017	授权请求 FY2017	拨款请求 FY2017	
研发、测试与评估费用	预算请求						
研发、测试与评估——陆军	7 515 399	7 515 399	7 559 997	7 515 399	100 522	100 522	
研发、测试与评估——海军	17 276 301	17 276 301	17 457 600	17 276 301	78 323	78 323	
研发、测试与评估——空军	28 112 251	28 112 251	28 211 236	28 112 251	32 905	32 905	
研发、测试与评估——三军以外其他国防部门	18 308 826	18 308 826	18 346 495	18 308 826	162 419	162 419	
实战测试与评估	178 994	178 994	178 994	178 994	—	—	
研发、测试与评估费用总计	71 391 771	71 391 771	71 754 322	71 391 771	374 169	374 169	
	预算调节						
授权请求	71 391 771	—	—	—	374 169	—	
拨款请求	—	71 391 771	—	—	—	374 169	
研发、测试与评估——陆军	—	44 598	—	—	—	—	
研发、测试与评估——海军	—	181 299	—	—	—	—	

续表

研发测试与评估费用 FY2017	基础资金				海外应急行动	
	授权请求 FY2017	拨款请求 FY2017	预算授权 FY2017	预算授权总额 FY2017	授权请求 FY2017	拨款请求 FY2017
研发、测试与评估——空军	—	98 985	—	—	—	—
研发、测试与评估——三军以外其他国防部门	—	37 669	—	—	—	—
小计	—	71 754 322	—	—	—	—
预算授权						
研发、测试与评估——陆军	—	—	71 754 322	—	—	374 169
研发、测试与评估——海军	—	—	-44 598	—	—	—
研发、测试与评估——空军	—	—	-181 299	—	—	—
研发、测试与评估——三军以外其他国防部门	—	—	-98 985	—	—	—
小计	—	—	-37 669	—	—	—
预算授权总额	—	—	—	71 391 771	—	374 169

续表

研发测试与评估费用 FY2016	基础资金				海外应急行动	
	授权请求 FY2016	拨款请求 FY2016	预算授权 FY2016	预算授权总额 FY2016	授权请求 FY2016	拨款请求 FY2016
预算请求						
研发、测试与评估费用	—	—	—	—	—	—
研发、测试与评估——陆军	6 924 959	6 924 959	6 924 959	6 924 959	1 500	1 500
研发、测试与评估——海军	17 885 916	17 885 916	17 885 916	17 885 916	35 747	35 747
研发、测试与评估——空军	26 473 669	26 473 669	26 473 669	26 473 669	17 100	17 100
研发、测试与评估——三军以外其他国防部门	18 329 861	18 329 861	18 329 861	18 329 861	137 087	137 087
实战测试与评估	170 558	170 558	170 558	170 558	—	—
研发、测试与评估费用总计	69 784 963	69 784 963	69 784 963	69 784 963	191 434	191 434
预算调节						
授权请求	69 784 963	—	—	—	191 434	—
拨款请求	—	69 784 963	—	—	—	191 434
预算授权	—	—	69 784 963	—	—	191 434
预算授权总额	—	—	—	69 784 963	—	191 434

表3 日本防务开支预算概要（2009—2017年）

单位：亿日元

	2009年	2010年	2011年	2012年	2013年	2014年	2015年	2016年	2017年
防卫相关开支	47 028	46 826	46 625	46 453	46 804	47 838	48 221	48 607	48 996
人员与粮食开支	20 773	20 850	20 916	20 701	19 896	20 930	21 121	21 473	21 662
物料费	26 255	25 975	25 709	25 751	26 908	26 909	27 100	27 135	27 334
强制性支出	16 911	16 750	16 321	16 315	16 612	17 174	17 182	17 187	17 364
一般物料费（活动经费）	9 344	9 225	9 388	9 437	10 296	9 734	9 918	9 948	9 970

资料来源：日本防卫省，http://www.mod.go.jp/e/d_budget/index.html。

表4 丹麦国防开支总额（2011—2017年）

单位：百万丹麦克朗，%

	2011年	2012年	2013年	2014年	2015年	2016年	2017年
开支总额	24.259	25.618	23.682	22.769	22.633	24.190	24.961
GDP占比	1.31	1.35	1.23	1.15	1.12	1.17	1.16

资料来源：丹麦国防部，https://www.fmn.dk/eng/allabout/pages/defenceexpenditure.aspx。

表 4.1 丹麦国防开支细项与预算趋势（2016—2021 年）

单位：百万丹麦克朗

	2016 年	2017 年	2018 年	2019 年	2020 年	2021 年
总计	20 745.0	21 560.4	22 801.5	23 158.6	24 924.8	25 724.5
中央资金管理	3 714	4 665	1 932 4	1 874 3	2 721 9	2 834 8
国防部	3 024	3 522	3 126	3 110	3 110	3 110
中央管理倡议（国际合作）	690	1 143	1 861 0	1 907 2	2 857 6	3 073 2
储备金与预算监管	—	—	-2 412	-3 439	-4 467	-5 494
人力	2 004 9	1 882 7	1 848 7	1 822 9	1 799 7	1 791 0
丹麦国防人事组织	4 475	3 659	3 698	3 632	3 596	3 596
丹麦国防人事组织——职能运作	1 215 3	1 430 9	1 387 0	1 367 8	1 348 2	1 339 5
丹麦国防人事组织——中央管理单位	3 421	859	919	919	919	919
装备与IT	7 051 1	7 335 3	7 480 4	7 845 3	8 811 1	9 514 0
丹麦国防采购与后勤组织	9 397	9 562	9 581	9 304	9 199	9 199
装备管理	4 086 1	4 007 8	3 683 2	3 828 3	3 745 4	3 769 2
IT能力计划	5 006	4 952	4 486	4 321	4 164	4 164

续表

	2016 年	2017 年	2018 年	2019 年	2020 年	2021 年
装备采购	1 524 7	1 876 1	2 390 5	2 654 5	3 729 4	4 408 5
不动产	1 636 9	1 892 3	1 836 5	1 920 7	1 911 4	1 911 4
丹麦国防不动产与基础设施组织	3 184	3 112	2 700	2 323	2 281	2 281
建筑物维护与运行	1 424 7	1 367 1	1 293 4	1 275 1	1 270 0	1 270 0
国家军事建设	3 460	4 339	2 731	4 133	4 133	4 133
物业销售收入	−4 522	−2 199	—	—	—	—
审计	872	901	1 002	981	981	981
丹麦国防审计署	872	901	1 002	981	981	981
国防司令部与相关机构和地区的联合服务	7 528 9	7 841 6	7 687 5	7 692 0	7 691 5	7 694 0
丹麦国防司令部	5 893	8 898	9 000	8 962	8 958	8 959
陆军	3 110 1	3 098 5	2 987 2	2 982 7	2 982 6	2 976 4
海军	1 169 8	1 177 4	1 156 8	1 156 8	1 156 8	1 156 8
空军	1 667 2	1 655 0	1 606 7	1 619 7	1 619 7	1 628 2

续表

	2016 年	2017 年	2018 年	2019 年	2020 年	2021 年
特种部队	2 453	2 496	2 174	2 174	2 174	2 175
国防大型研讨会	3 302	3 369	3 473	3 472	3 472	3 472
丹麦皇家国防学院	2 808	3 054	3 389	3 388	3 388	3 388
国防卫生服务	1 362	1 290	1 332	1 332	1 332	1 332
国民护卫队	5 152	5 069	4 192	4 141	4 141	4 141
国民护卫队	5 152	5 069	4 192	4 141	4 141	4 141
国防情报局	7 818	8 460	9 211	9 209	9 209	9 209

资料来源：丹麦国防部，https：//www.fmn.dk/eng/allabout/pages/defenceexpenditure.aspx.

表5 芬兰国防开支总额（2010—2017年）

单位：百万欧元，%

	2010 年	2011 年	2012 年	2013 年	2014 年	2015 年	2016 年	2017 年
开支总额	2 732.3	2 696.8	2 804.5	2 851.9	2 670.8	2 691.7	2 801.1	2 829.7
GDP 占比	1.46	1.37	1.4	1.4	1.3	1.29	1.31	1.26

资料来源：芬兰国防部，https：//www.defmin.fi/en/tasks_and_activities/resources_of_the_def⋯es/share_of_defence_spending_of_total_state_expenditure■?printer=1.

表5.1 芬兰国防开支细项（2016—2017年）

单位：百万欧元

	2016年	2017年
国防部	—	—
材料采购	495.2	479.8
部队装备的运行与维护	61.1	65.7
材料维修	320.5	383.4
国防军工资总额	777.6	771.3
国防军不动产开支	248.8	255.2
民兵维持（不包括工资）	157.0	153.5
其他军事开支	296.5	287.2
总计	2 356.7	2 396.1
军事危机管理	—	—
军事危机管理的材料与行政成本	56.1	51.9
总计	56.1	51.9

续表

	2016 年	2017 年
其他开支	—	—
增值税成本	283.8	364.1
其他国防行政开支	18.2	17.6
总计	302.0	381.7
国防开支总额	2 714.8	2 829.7

资料来源：芬兰国防部，https：//www.defmin.fi/en/tasks_ and_ activities/resources_ of_ the_ def…es/share_ of_ defence_ spending_ of_ total_ state_ expenditure■? printer = 1.

表 6 阿曼年度国防开支预算（2008—2017 年）

单位：百万 OMR，阿曼里亚尔

	2008 年	2009 年	2010 年	2011 年	2012 年	2013 年	2014 年	2015 年	2016 年	2017 年
当期收入（国防部）	850	175	175	180	180	180	180	200	200	200
当期支出（防务与安全开支）	1 360	—	1 615	1 650	2 585	3 555	3 700	3 800	3 500	3 340

资料来源：阿曼王国财政部，https：//www.mof.gov.om/.

表7 阿塞拜疆年度国防开支预算（2008—2017年）

单位：AZN，阿塞拜疆马纳特

	2008年	2009年	2010年	2011年	2012年	2013年	2014年	2015年	2016年	2017年
国防总额	1 343 670 607	1 205 520 400	1 205 827 744	1 325 061 150	1 381 425 503	1 528 582 583	1 637 362 284	1 778 529 044	2 228 834 663	2 642 092 672
安全部队	1 263 531 161	1 115 948 395	1 120 991 187	1 233 122 486	1 284 647 004	1 416 364 563	1 525 351 557	1 651 220 836	2 114 496 387	2 269 905 140
国家安全	75 635 895	84 561 814	80 026 523	86 955 665	91 415 111	106 439 919	106 318 488	121 089 332	108 894 688	111 929 106
防务与安全应用研究	2 686 870	2 633 993	2 425 271	2 326 428	2 397 147	2 773 302	2 758 805	2 831 126	2 422 012	2 642 144
其他开支	1 816 681	2 376 198	2 384 763	2 656 571	2 966 241	3 004 799	2 933 434	3 387 750	3 021 576	1 257 616 282

资料来源：阿塞拜疆财政部年度国家预算，http：//www.maliyye.gov.az/.

表8 安提瓜与巴布达年度军事开支（2014—2017年）

单位：XCD，东加勒比元

	2014年	2015年	2016年	2017年
军事开支	13 072 278	5 387 974	14 539 638	16 994 534

资料来源：安提瓜与巴布达国家预算，https：//ab.gov.ag/.

表9 奥地利国防开支预算（2008—2017年）

单位：百万欧元

	2008年	2009年	2010年	2011年	2012年	2013年	2014年	2015年	2016年	2017年
军事事务	2 171.3	2 210.6	2 233.6	2 186.1	2 240.3	2 149.4	2 086.0	1 981.7	2 071.9	2 398.5

资料来源：奥地利国防部，https：//www.wifo.ac.at/bibliothek/archiv/.

表 10　巴布亚新几内亚国防开支预算（2012—2017 年）

单位：千基纳

	2012 年	2013 年	2014 年	2015 年	2016 年	2017 年
预算总额	230 469.7	235 871.7	237 970.2	261 202.6	245 564.5	246 086.6
空军	6 293.9	8 252.3	22 386.6	27 488.2	25 838.9	25 893.9
执行管理	13 917.5	63 270.7	50 862.6	51 218.4	48 179.4	48 281.5
部队支援服务	171 870.7	138 749.0	138 224.8	150 706.3	141 663.9	141 965.3
陆军	17 840.0	15 925.3	16 051.9	16 469.8	15 481.6	15 514.6
海军	20 312.9	9 200.5	9 958.6	14 122.7	13 275.3	13 303.6
国防部长行政支持服务	234.7	473.9	485.7	497.2	467.4	468.4
前线作战基地	—	—	—	700.0	658.0	659.4

资料来源：巴布亚新几内亚财政部，https：//www.treasury.gov.pg/html/national_budget/.

表 11　巴西国防开支预算（2011—2017 年）

单位：雷亚尔

	2011 年	2012 年	2013 年	2014 年	2015 年	2016 年	2017 年
预算总额	61 402 360 357	64 794 765 301	67 819 439 947	78 804 304 283	81 574 316 460	82 058 369 206	94 837 003 786

资料来源：巴西经济部，http：//www.orcamentofederal.gov.br/orcamentos-anuais/.

表 12 保加利亚按政策领域划分的国防开支预算（2011—2017 年）

单位：千列弗

	2011 年	2012 年	2013 年	2014 年	2015 年	2016 年	2017 年
国防能力政策	927 907	918 389	1 006 857	957 304	892 509	932 349	1 008 910
联盟与国际安全政策	62 723	62 241	73 608	64 171	62 080	70 740	71 357
总计	990 630	980 630	1 080 465	1 021 475	954 589	1 003 089	1 080 267

资料来源：保加利亚国民议会，http://dv.parliament.bg/DVWeb/showMaterialDV.jsp.

表 12.1 保加利亚按资金来源和用途领域划分的国防预算（2011—2017 年）

单位：千列弗

	2011 年	2012 年	2013 年	2014 年	2015 年	2016 年	2017 年
收入、援助和捐赠	6 200	52 000	62 000	52 000	30 000	44 000	44 000
非税收入	—	52 000	62 000	52 000	30 000	44 000	44 000
国家拨款	—	—	—	100	100	50	50
财产收入	—	—	—	—	—	—	—
罚款收入	—	—	—	—	—	—	—
其他收入	—	—	—	—	—	—	—
支出	990 630	980 630	1 080 465	1 021 475	954 589	1 003 089	1 080 267
经常支出	—	—	—	969 081	897 907	948 754	1 024 953

续表

	2011 年	2012 年	2013 年	2014 年	2015 年	2016 年	2017 年
人员费用	—	—	—	1 978	693 000	727 500	804 678
补贴和其他经常性转移	—	—	—	1 049	1 978	1 978	2 528
利率	—	—	—	—	488	—	—
家庭福利	—	—	—	—	1 019	960	980
资本支出	—	—	—	52 394	56 682	54 335	55 314
固定资产采购与维修	—	—	—	—	—	—	—
预算关系转移	928 630	928 630	1 018 465	978 303	933 880	959 089	1 036 267
与中央预算关系	950 240	950 240	1 042 549	1 002 387	957 964	983 173	1 062 003
与其他预算组织关系	-21 610	-21 610	-24 084	-24 084	-24 084	-24 084	-25 736

资料来源：保加利亚国民议会，http://dv.parliament.bg/DVWeb/showMaterialDV.jsp.

表13 博茨瓦纳国防、司法与安全部全部年度实际开支（2010—2017年）

单位：普拉

	2010 年	2011 年	2012 年	2013 年	2014 年	2015 年	2016 年	2017 年
实际开支	3 289 354 899	3 571 425 178	4 013 073 140	3 741 197 272	4 351 026 355	5 035 001 710	4 831 432 540	5 006 298 770

资料来源：博茨瓦纳财政部，https://www.finance.gov.bw/images/DevelopmentandBudget/2017-18/Table1.pdf.

表13.1 博茨瓦纳国防、司法与安全部年度预算细项（2016—2017年）

单位：普拉

	2016年	2017年
经常支出	—	—
司令部（MDJS）	89 646 166	132 810 140
博茨瓦纳国防军	2 959 144 410	2 829 587 350
博茨瓦纳警察局	1 600 383 363	1 605 832 900
监狱与劳改部	329 272 327	310 269 540
小计	4 978 446 266	4 878 499 930
开发支出		
司令部（MDJS）	178 200 000	43 263 734
博茨瓦纳国防军	14 830 500 000	2 377 240 912
博茨瓦纳警察局	2 420 000 000	312 975 000
监狱与劳改部	477 900 000	26 771 400
小计	17 906 600 000	2 760 251 046
总计	22 885 046 266	7 638 750 976

资料来源：博茨瓦纳财政部，https：//www.finance.gov.bw/index.php?option=com_content&view=article&id=235&catid=23&Itemid=109.

表14 俄罗斯联邦国防预算执行（2006—2017年）

单位：十亿卢布

	2006年	2007年	2008年	2009年	2010年	2011年	2012年	2013年	2014年	2015年	2016年	2017年
国防开支	681.8	831.9	1 040.9	1 188.2	1 276.5	1 516.0	1 812.4	2 103.6	2 479.1	3 181.4	3 775.3	2 852.3

资料来源：俄罗斯联邦财政部，http://old.minfin.ru/en/statistics/fedbud/execute/?id_4=25610.

表15 斐济国防预算（2010—2017年）

单位：千美元

	2010年	2011年	2012年	2013年	2014年	2015年	2016年	2017年
在职培训	2 047.4	2 365.3	2 685.1	2 704.8	1 072.2	1 224.3	1 269.9	1 423.3
政府员工薪水	219.5	211.6	188.4	258.9	162.4	203.3	189.7	196.6
旅行与通信	220.3	155.3	233.2	243.7	97.3	112.6	150.0	195.0
运行与维护	187.2	309.1	392.4	464.2	71.4	93.4	108.2	120.2
购买商品和服务	513.9	586.8	777.2	712.2	419.4	351.7	308.3	339.1
经营补助和转移	26.9	20.0	28.0	25.6	24.9	31.1	29.2	45.1
特别开支	136.3	216.0	248.8	307.7	201.5	566.6	911.6	1 865.2
经常开支总额	3 351.3	3 874.1	4 553.1	4 717.1	2 049.1	2 583.1	2 966.8	4 185.2
基本建设	121.3	—	113.8	199.7	246.9	16.2	100.0	756.6
资本购买	8.2	—	425.2	705.4	—	—	—	—
资本补助和转移	—	—	—	—	—	—	—	—
资本开支总额	129.5	—	539.0	905.1	246.9	16.2	100.0	756.6
增值税	132.0	138.4	258.0	349.8	186.4	107.9	142.0	294.9
	—	—	—	—	—	—	—	—
开支总额	3 612.8	4 012.4	5 350.1	5 971.9	2 482.3	2 707.1	3 208.8	5 236.7

资料来源：斐济议会，http://www.fiji.gov.fj/Budget.

表16 格鲁吉亚国防预算（2006—2017年）

单位：百万拉里

	2006年	2007年	2008年	2009年	2010年	2011年	2012年	2013年	2014年	2015年	2016年	2017年
国防开支	722.2	1 502.9	1 552.0	871.7	675.8	720.6	717.9	636.6	646.5	660.9	729.2	697.9

资料来源：格鲁吉亚财政部，https://mof.ge/.

表17 古巴公共行政与国防预算（2016—2017年）

单位：百万比索

	2016年	2017年
公共行政与国防开支	8192.5	8288.0

资料来源：古巴财政部，http://www.mfp.gob.cu/inicio/publicaciones.php.

表18 哈萨克斯坦国防、公共秩序与安全预算（2012—2017年）

单位：千坚戈

	2012年	2013年	2014年	2015年	2016年	2017年
国防、公共秩序与安全	9 957 618.8	11 356 070.6	13 526 826.7	14 858 625.3	15 928 565.8	16 470 715.3
预算资金	8 857 214.2	10 014 902.5	11 903 207.1	13 014 183.2	13 973 767.4	15 102 059.1
特别资金	1 100 404.6	1 341 168.1	1 623 619.5	1 844 442.1	1 954 798.3	1 368 656.2

资料来源：哈萨克斯坦国家统计委员会，http://www.stat.kg/en/statistics.

表19 韩国国防预算（2006—2017年）

单位：十亿韩元

	2006年	2007年	2008年	2009年	2010年	2011年	2012年	2013年	2014年	2015年	2016年	2017年
国防开支	225 129	244 972	266 490	285 326	295 627	314 031	329 576	343 453	357 056	374 560	387 995	403 347

资料来源：韩国国防部，http：//www.mnd.go.kr/mbshome/mbs/mnd/subview.jsp?id=mnd_010401020000.

表20 洪都拉斯国防与安全内阁年度预算（2015—2017年）

单位：伦皮拉

	2015年	2016年	2017年
开支总额	8 818 953 633	13 196 591 639	14 003 426 770
国家移民局		—	408 826 216
安全部	3 867 197 685	6 122 735 239	6 276 603 158
警察调查与评估局	49 843 079	52 714 976	54 582 706
国防部	4 858 882 357	6 780 434 641	6 997 720 092
民用航空局	—	180 630 061	195 768 215
商船海事局	34 430 512	51 476 722	61 326 383
国防与安全内阁	8 600 000	8 600 000	8 600 000

资料来源：洪都拉斯财政部，http：//libre.hn/contenido/archivos.

表21 柬埔寨国防与安全年度开支总额（2001—2013年）

单位：百万瑞尔

	2001年	2002年	2003年	2004年	2005年	2006年	2007年	2008年	2009年	2010年	2011年	2012年	2013年
国防与安全开支总额	421 210	390 000	413 500	433 100	452 200	487 860	507 330	545 731	895 894	1150 522	1247 783	1398 437	1600 640
国防部	277 460	255 000	268 300	278 000	290 400	311 360	320 500	334 999	565 390	702 472	779 879	876 394	980 515
内务部（公共安全）	143 750	135 000	145 200	155 100	161 800	176 500	186 830	210 732	330 504	448 050	467 904	522 043	620 125

资料来源：柬埔寨财政部，https://www.mef.gov.kh/documents/shares/budget.

表22 津巴布韦国防开支（2013—2017年）

单位：美元

	2013年	2014年	2015年	2016年	2017年
经常支出	—	—	—	350 357 000	332 375 000
雇佣成本	244 912 000	262 497 000	278 044 000	309 246 000	292 492 000
商品与服务	30 637 000	36 601 020	21 950 000	29 579 000	28 734 000
维护	10 255 000	8 519 500	4 597 000	5 069 000	5 399 000
项目	7 000 000	8 000 000	4 500 000	6 462 000	5 750 000
经常转移	755 000	18 100 000	18 100 000	108 000	117 000

续表

	2013 年	2014 年	2015 年	2016 年	2017 年
资本支出	—	6 210 000	28 802 000	7 600 000	8 030 000
收购固定资本资产	5 034 000	4 000 000	4 527 000	7 600 000	8 030 000
总计	298 593 000	343 927 520	360 520 000	358 065 000	340 522 000

资料来源：津巴布韦国民议会，https://www.parlzim.gov.zw/.

表 23 肯尼亚国防与国家安全年度预算（2012—2017 年）

单位：百万先令

	2012 年	2013 年	2014 年	2015 年	2016 年	2017 年
国防与国家安全开支	91 237	89 410	93 723	113 666	129 914	130 194

资料来源：肯尼亚财政部，http://www.treasury.go.ke/component/jdownloads/send/6-budget.

表 24 莱索托国防与国家安全年度预算（2015—2017 年）

单位：洛蒂

	2015 年	2016 年	2017 年
国防与国家安全开支	27 632 498	34 500 000	62 816 251

资料来源：莱索托财政部，http://www.finance.gov.ls/.

表25　立陶宛国防预算拨款（2008—2017年）

单位：百万欧元

	2008年	2009年	2010年	2011年	2012年	2013年	2014年	2015年	2016年	2017年
国防预算拨款	361.1	287.9	244.8	246.9	255.7	267.3	321.8	424.9	574.6	723.8

资料来源：立陶宛国防部，http://kam.lt/en/title.html.

表26　利比里亚年度国防预算（2013—2017年）

单位：百万美元

	2013年	2014年	2015年	2016年	2017年
按经济用途划分					
人员补贴	7 376 272	9 229 996	8 789 586	9 616 392	9 696 384
购买商品和服务	6 886 749	3 703 021	6 009 881	3 840 112	4 062 422
总计	14 263 021	14 868 017	14 799 467	13 456 504	13 758 806
按政策部门划分					
利比里亚武装力量	11 625 687	13 636 926	13 655 806	11 814 572	11 547 885
行政与管理	2 366 803	824 840	737 429	1 401 932	2 104 670
利比里亚海岸警卫队	270 533	406 250	406 232	240 000	106 251
总计	14 263 023	14 868 016	14 799 467	13 456 504	13 758 806

资料来源：利比里亚金融与规划发展部，https://mfdp.gov.lr/index.php/the-budget? start=20.

表27 卢旺达年度国防预算（2011—2017年）

单位：卢旺达法郎

	2011年	2012年	2013年	2014年	2015年	2016年	2017年
预算总额	85 729 051 362	100 920 316 425	126 184 318 164	69 077 056 439	80 549 503 499	78 166 511 100	79 375 538 745
军事防御	48 368 014 257	53 950 704 119	59 448 905 903	3 527 803 652	3 337 682 801	3 455 776 966	3 455 776 966
外国军事援助	37 361 037 105	46 969 612 306	66 735 412 261	—	—	—	—
民事防护	—	—	—	84 320 619	72 144 580	67 144 583	67 144 580
其他不分类国防开支	—	—	—	65 464 932 168	77 139 676 118	74 643 589 551	75 852 617 199

资料来源：卢旺达财政与经济规划部，http：//www.minecofin.gov.rw/fileadmin/templates/documents/Budget_ Management_ and_ Reporting_ Unit.

表28 马尔代夫年度国防预算（2012—2017年）

单位：百万拉菲亚

	2012年	2013年	2014年	2015年	2016年	2017年
预算总额	812.7	796.6	923.3	1 195.3	1 221.8	1 051.8
军事防御	800.8	788.0	913.3	1 178.9	1 204.4	1 040.8
民事防护	11.9	8.6	10.1	16.5	17.4	11.0

资料来源：马尔代夫金融与财政部，http：//statisticsmaldives.gov.mv/.

表29 马拉维年度国防预算（2012—2017年）

单位：百万马拉维克瓦查

	2012年	2013年	2014年	2015年	2016年	2017年
马拉维国防部	44 967 094	52 502 547	1 396 602 317	713 062 066	1 054 306 003	5 640 905 291
马拉维武装力量	4 178 378 457	8 425 848 243	16 572 650 440	18 620 622 208	20 951 646 855	31 478 274 851
总计	4 223 345 551	8 478 350 790	17 969 252 757	19 333 684 274	22 005 952 858	37 119 180 142

资料来源：马拉维财政部，https://www.finance.gov.mw/.

表30 莫桑比克年度国防预算（2016—2017年）

单位：百万梅蒂卡尔

	2016年	2017年
国防部	247 315.9	117 315.9
莫桑比克武装部队	205 872.0	78 454.8
国防研究机构	4 509.5	18 174.6
总计	459 713.4	215 962.2

资料来源：莫桑比克经济与财政部，http://www.mef.gov.mz/index.php/documentos/.

表31 南苏丹国防与安全相关事务年度预算开支细项（2011—2015年）

单位：南苏丹镑

	工资	经常支出	资本支出	转移支付	总计
2015 年					
安全	3 833 768 770	641 530 290	100 000 000	5 041 464	4 580 340 524
国防	2 827 120 984	580 524 000	100 000 000	—	3 507 644 984
国家地雷行动局	2 477 257	1 570 504	—	—	4 047 761
解除武装、复员与重返社会	6 175 728	3 870 160	—	5 041 464	15 087 352
国家安全局	245 547 451	49 760 386	—	—	295 307 837
退伍军人事务	752 447 350	5 805 240	—	—	758 252 590
2014 年					
安全	3 140 488 469	723 564 181	100 000 000	5 041 464	3 969 094 114
国防	2 518 430 234	661 979 906	100 000 000	—	3 280 410 140
国家地雷行动局	2 477 257	623 193	—	—	3 100 450
解除武装、复员与重返社会	6 685 161	6 382 560	—	5 041 464	18 109 185
国家安全局	155 887 381	51 429 797	—	—	207 317 178
退伍军人事务	457 008 436	3 148 725	—	—	460 157 161

续表

	工资	经常支出	资本支出	转移支付	总计
2013 年					
解除武装、复员与重返社会	6 031 749	2 459 758	—	5 041 464	13 532 971
国防和退伍军人事务部	2 377 821 152	544 376 334	20 000 000	—	2 942 197 486
国家地雷行动局	2 250 085	580 476	170 000	—	3 000 561
国家安全局	140 273 760	42 060 000	500 000	—	182 833 760
2012 年					
国家地雷行动局	1 928 752	356 890	—	—	2 285 642
解除武装、复员与重返社会	5 333 338	2 553 160	—	5 041 464	12 927 962
国防和退伍军人事务部	1 977 892 545	544 463 500	20 000 000	—	2 542 356 045
国家安全局	140 273 760	32 060 000	500 000	—	172 833 760
2011 年					
国家地雷行动局	3 083 460	1 102 490	55 750	—	4 241 700
解除武装、复员与重返社会	7 761 224	5 930 420	2 553 366	10 568 400	26 813 410
国防和退伍军人事务部	1 790 591 657	589 976 662	35 517 451	—	2 416 085 770
国家安全局	17 727 385	1 872 919	5 520 000	—	25 120 304

资料来源：南苏丹财政与经济规划部，http://www.grss-mof.org/wp-content/uploads.

表31.1 南苏丹年度国防预算（2015—2017年）

单位：南苏丹镑

	2015年	2016年	2017年
国防	3 507 644 984	8 343 769 476	8 029 002 054
工资和薪水	2 827 120 984	6 410 196 213	6 611 986 661
商品和服务购买	580 524 000	1 633 573 263	1 217 015 393
资本开支	100 000 000	300 000 000	200 000 000
总计	3 507 644 984	8 343 769 476	8 029 002 054

资料来源：南苏丹财政与经济规划部，http://www.grss-mof.org/wp-content/uploads.

表32 瑞典年度国防预算（2016—2017年）

单位：百万克朗

	2016年	2017年
中央政府预算	48 827	50 254
预算修正	301	485
拨款总数	49 128	50 739
最终预算	49 366	36 775

资料来源：瑞典财政部，https://www.government.se/legal-documents/.

表33 塞拉利昂年度国防预算（2010—2017年）

单位：百万里昂；%

	2010年	2011年	2012年	2013年	2014年	2015年	2016年	2017年
预算总额	41 042	55 429	57 889	63 298	106 979	92 764	85 757	86 480
GDP占比	—	0.4	0.4	0.4	0.3	0.3	0.3	0.3

资料来源：塞拉利昂财政与经济发展部，http://mofed.gov.sl/~mofedgov/index.php/budget/annual-budget.

表34 塞浦路斯年度国防预算（2010—2017年）

单位：欧元

	2010年	2011年	2012年	2013年	2014年	2015年	2016年	2017年
预算总额	399 780 000	457 305 000	—	475 107 000	430 608 000	329 095 022	292 514 935	277 847 338

资料来源：塞浦路斯财政部，http://mof.gov.cy/gr/.

表35 塞舌尔年度国防预算（2014—2017年）

单位：千塞舌尔卢比

	2014年	2015年	2016年	2017年
国防部	392 717	207 052	355 921	308 717

资料来源：塞舌尔共和国财政部，http://www.finance.gov.sc/uploads/national_budget.

表36 泰国年度国防预算（2010—2017年）

单位：百万泰铢

	2010年	2011年	2012年	2013年	2014年	2015年	2016年	2017年
预算拨款	152 211.02	166 536.1	166 049.36	176 354.02	180 453.26	189 291.3	159 263.01	163 100.6
实际支出	123 478.08	138 584.58	142 633.69	151 807.32	152 308.13	165 215.22	148 371.77	149 080.75

资料来源：泰国财政部，http://dataservices.mof.go.th/Dataservices/GovernmentExpenditureEconomyMinistry?language=EN.

表37 危地马拉年度国防预算（2008—2017年）

单位：百万格查尔

	2008年	2009年	2010年	2011年	2012年	2013年	2014年	2015年	2016年	2017年
预算拨款	1 265.3	1 211.2	1 310.5	1 554.9	1 611.9	2 037.9	2 078.7	2 100.3	2 073.0	2 044.2

资料来源：危地马拉财政部，http://www.minfin.gob.gt/images/archivos/.

表37.1 危地马拉按功能目的和支出类型划分的国防预算执行（2010—2017年）

单位：百万格查尔

		防御	军事防御	民防	国外军事援助	未分类的其他防御支出
2010年	总计	**975.5**	**813.3**	**109.4**	**52.7**	—
	经常支出	971.3	809.4	109.4	52.5	—
	资本支出	4.1	3.9	0.0	0.2	—
2011年	总计	**1 203.9**	**1 009.7**	**113.7**	**80.5**	—
	经常支出	1 198.0	1 007.3	113.7	77.0	—
	资本支出	5.9	2.4	0.0	3.5	—

续表

		防御	军事防御	民防	国外军事援助	未分类的其他防御支出
2012年	总计	1 310.1	1 087.5	145.3	77.2	—
	经常支出	1 297.0	1 076.8	145.3	74.9	—
	资本支出	13.0	10.8	0.0	2.3	—
2013年	总计	1 524.8	1 443.1	3.9	77.8	—
	经常支出	1 486.3	1 407.7	3.9	74.7	—
	资本支出	38.5	35.4	—	3.1	—
2014年	总计	1 493.2	1 425.6	4.0	63.5	—
	经常支出	1 483.8	1 418.4	4.0	61.3	—
	资本支出	9.4	7.2	0.0	2.2	—
2015年	总计	1 469.8	1 146.3	259.9	63.6	—
	经常支出	1 467.0	1 146.1	259.9	61.0	—
	资本支出	2.8	0.2	0.0	2.6	—
2016年	总计	1 633.9	945.1	273.1	51.7	364.0
	经常支出	1 625.9	943.4	273.1	46.1	363.3
	资本支出	8.1	1.8	0.0	5.6	0.7
2017年	总计	1 443.1	752.5	274.7	50.8	365.2
	经常支出	1 347.6	752.2	274.7	49.8	270.9
	资本支出	95.5	0.2	0.0	1.0	94.3

资料来源：危地马拉财政部，http://www.minfin.gob.gt/images/archivos/.

表 38 西班牙按功能目的和支出类型划分的国防预算（2009—2017 年）

单位：百万欧元

	2009 年	2010 年	2011 年	2012 年	2013 年	2014 年	2015 年	2016 年	2017 年
防御	7 847	7 357	6 868	6 269	5 786	5 654	5 712	5 734	7 576
行政和一般防卫服务	1 308	1 367	1 234	1 225	1 160	1 088	1 134	1 168	1 244
武装部队人员的培训	516	518	486	419	387	373	374	385	400
预备人员	649	604	547	551	554	533	513	524	568
武装部队的现代化	526	439	383	269	179	161	193	202	146
特殊现代化计划	708	334	205	5	7	7	7	7	1 824
武装部队的运营费用	2 397	2 390	2 363	2 289	2 165	2 161	2 190	2 197	2 155
后勤支持	1 743	1 704	1 651	1 511	1 334	1 332	1 301	1 251	1 238
总计	7 847	7 357	6 868	6 269	5 786	5 654	5 712	5 734	7 576

资料来源：西班牙财政部，http：//www.sepg.pap.hacienda.gob.es/sitios/sepg/es-ES/Presupuestos.

表 39　亚美尼亚按功能目的和支出类型划分的国防预算（2011—2017 年）

单位：千德拉姆

	2011 年	2012 年	2013 年	2014 年	2015 年	2016 年	2017 年
防御	4 759 676.9	154 473 487.4	182 740 269.2	194 085 891.8	198 997 877.0	207 270 834.1	209 813 481.1
军事保护	140 511 501.7	148 335 485.0	176 302 018.0	187 176 438.3	191 668 125.2	199 615 244.9	202 106 217.2
对外军事援助	138 434.5	143 379.8	146 310.0	156 661.9	158 361.4	162 282.1	162 818.4
研究和设计	1 122 677.9	1 234 945.7	1 358 440.3	1 494 284.3	1 615 620.2	1 641 470.1	1 641 470.1
未加区分的其他费用	4 450 152.2	4 759 676.9	4 933 500.9	5 258 507.3	5 555 770.2	5 851 837.0	5 902 975.4
总计	4 759 676.9	154 473 487.4	182 740 269.2	194 085 891.8	198 997 877.0	207 270 834.1	209 813 481.1

资料来源：亚美尼亚议会，http://www.gov.am/am/budget/.

表 40　伊朗按功能目的和支出类型划分的国防预算（2010—2016 年）

单位：百万里亚尔

公元纪年	2010 年	2011 年	2012 年	2013 年	2014 年	2015 年	2016 年
波斯历法	1 389	1 390	1 391	1 392	1 393	1 394	1 395
国防与安全	128 999 562	196 353 312	268 353 563	—	271 844 698	360 972 308	368 560 652
防御开支	98 921 183	159 968 687	223 531 410	—	209 421 738	286 252 081	274 744 294
公共秩序与安全	30 078 379	36 384 625	44 822 153	—	62 422 960	74 720 227	92 776 541
国防技术研究与开发	—	—	—	—	—	—	1 039 817
预算总计	128 999 562	196 353 312	268 353 563	—	271 844 698	360 972 308	368 560 652

资料来源：伊朗规划与预算组织，https://mpb.mporg.ir/.

表 41 巴拉圭国防预算（2011—2017 年）

单位：瓜拉尼

	2011 年	2012 年	2013 年	2014 年	2015 年	2016 年	2017 年
国防部	1 054 322 588 678	1 464 659 639 927	1 541 799 166 695	1 403 169 261 716	1 626 609 739 221	1 516 862 193 643	1 746 647 575 702
经常支出	786 506 725 393	1 428 870 872 358	1 225 078 608 639	1 232 334 875 919	1 374 752 277 916	1 377 678 949 642	1 604 459 699 995
资本支出	267 815 863 286	35 788 767 569	316 720 558 056	170 834 385 797	251 857 461 305	139 183 244 001	142 187 875 707
总计	1 054 322 588 679	1 464 659 639 927	1 541 799 166 695	1 403 169 261 716	1 626 609 739 221	1 516 862 193 643	1 746 647 575 702

资料来源：巴拉圭议会，http：//odd.senado.gov.py/archivos/.

表 42 捷克共和国年度国防预算（1993—2017 年）

	国防部预算收入	国防部预算支出（不包括转入储备金的未动用预算）	GDP	国防开支 GDP 占比	政府支出总额	国防开支占政府支出总额比重
		单位：百万克朗	单位：十亿克朗		单位：十亿克朗	
1993 年	—	23 776.6	910.6	—	356.9	6.70%
1994 年	2 181.3	27 007.7	1 037.5	2.61%	380.1	7.10%
1995 年	2 102.6	28 275.2	1 252.1	2.60%	432.7	6.50%
1996 年	2 045.8	30 508.8	1 414.0	2.26%	484.4	6.30%
1997 年	2 256.6	31 328.3	1 650.0	2.16%	524.7	6.00%
1998 年	2 295.8	37 643.1	1 820.7	1.90%	566.7	6.60%
1999 年	2 540.4	41 688.1	1 849.0	2.07%	596.9	7.00%
2000 年	2 349.6	44 669.7	1 900.0	2.25%	632.3	7.10%
	2 460.1			2.35%		

续表

年份	国防部预算收入	国防部预算支出（不包括转入储备金的未动用预算）	GDP	国防开支 GDP 占比	政府支出总额	国防开支占政府支出总额比重
2001年	2 607.4	44 977.5	2 139.0	2.10%	693.9	6.50%
2002年	3 830.0	48 924.1	2 192.0	2.23%	736.6	6.60%
2003年	3 266.9	53 193.9	2 405.0	2.21%	808.0	6.60%
2004年	3 204.5	52 481.2	2 757.0	1.90%	869.1	6.00%
2005年	3 353.9	58 445.0	2 920.0	2.00%	923.0	6.30%
2006年	4 001.5	55 358.4	3 222.0	1.72%	1 021.0	5.40%
2007年	3 787.8	54 948.8	3 535.0	1.55%	1 092.0	5.00%
2008年	3 872.4	49 827.1	3 689.0	1.35%	1 107.0	4.50%
2009年	3 316.4	51 823.9	3 627.0	1.43%	1 167.0	4.40%
2010年	3 167.9	47 705.7	3 693.0	1.29%	1 157.0	4.10%
2011年	3 801.0	43 785.2	3 743.0	1.17%	1 155.0	3.80%
2012年	3 950.7	42 007.2	3 820.0	1.10%	1 152.0	3.60%
2013年	3 564.0	40 765.3	3 855.0	1.06%	1 173.1	3.50%
2014年	4 041.4	39 057.2	4 284.0	0.91%	1 211.6	3.20%
2015年	4 132.3	43 373.8	4 495.0	0.96%	1 297.0	3.30%
2016年	5 365.3	44 238.7	4 719.0	1.01%	1 219.8	3.92%
2017年	5 088.0	48 892.2	5 042.0	1.04%	1 309.3	4.01%

资料来源：捷克共和国国防部，http://www.army.cz.

表 42.1 捷克共和国国防预算收支平衡（2015—2017 年）

单位：百万克朗

	2015 年	2016 年	2017 年
支出	—	—	—
A. 资本支出总额	3 908.0	3 587.6	6 696.9
B. 经常支出总额	39 875.1	44 195.5	45 838.1
员工工资与其他合同工资	10 856.6	11 924.6	13 460.5
退休养老金与其他社会福利	6 997.0	6 991.0	6 908.0
非全权雇主支出的保险金和文化与社会需求基金（CSNF）	4 520.6	4 942.4	5 607.5
对国防部下属组织的非投资性补贴	1 599.3	1 690.7	1 563.7
对企业的非投资性补贴	290.7	222.9	377.9
其他重大非投资性支出	15 610.9	18 423.9	17 920.5
国防部支出总额（A+B）	43 783.1	47 783.1	52 535.0
国防部支出总额（以 2011 年不变价格计算）	42 792.6	46 011.9	51 294.1
收入	—	—	—
C. 保险收入和其他计税收入	3 333.6	3 761.8	3 978.1
D. 非税收入、资本收入和转移支付	234.5	1 366.1	875.0
国防部收入总额（C+D）	3 568.1	5 127.9	4 853.1
预算平衡	40 215.0	42 655.2	47 681.9

资料来源：捷克共和国国防部，http://www.army.cz.

表42.2 按资金用途划分的捷克共和国国防开支（2015—2017年）

单位：百万克朗

	2015年	2016年	2017年
A. 人员开支	25 519.6	27 145.2	29 510.7
B. 运行与维护	12 796.7	13 704.5	12 807.4
C. 采购与建设	4 986.1	6 479.6	9 700.8
采购	3 252.5	5 093.1	7 766.6
建设	1 733.6	1 386.5	1 934.3
D. 研发	423.0	430.8	434.7
E. 军事支出小计（A+B+C+D）	43 725.4	47 760.1	52 453.6
F. 非军事支出	57.7	23.0	81.4
开支总计（E+F）	43 783.1	47 783.14	52 535.0

资料来源：捷克共和国国防部，http://www.army.cz.

表 42.3 按军种划分的 2017 年捷克共和国国防开支

单位：百万克朗

2017 年	陆军	空军	其他军种	中央支出、行政和指挥	未分发	总计
A. 人员开支	9 039.4	3 381.1	454.1	9 776.1	6 860.0	29 510.7
B. 运行与维护	1 066.8	2 086.3	28.6	9 625.7	—	12 807.4
C. 采购与建设	1 643.4	4 607.9	—	3 449.6	—	9 700.9
采购	694.6	4 294.7	—	2 777.2	—	7 766.5
建设	948.8	313.2	—	672.3	—	1 934.3
D. 研发	—	—	—	434.7	—	434.7
E. 军事支出小计（A+B+C+D）	11 749.6	10 075.3	482.7	23 286.1	6 860.0	52 453.7
F. 非军事支出	—	—	—	81.4	—	81.4
开支总计（E+F）	11 749.6	10 075.3	482.7	23 367.5	6 860.0	52 535.1

资料来源：捷克共和国国防部，http://www.army.cz.

表42.4 按军种划分的2016年捷克共和国国防开支

单位:百万克朗

2016年	陆军	空军	其他军种	中央支出、行政和指挥	未分发	总计
A. 人员开支	7 399.1	2 774.2	370.8	9 657.2	6 944.0	27 145.3
B. 运行与维护	1 874.0	3 026.0	51.4	8 753.1	—	13 704.5
C. 采购与建设	1 044.3	2 208.2	2.6	3 224.4	—	6 479.5
采购	395.4	2 003.8	2.6	2 691.2	—	5 093.0
建设	648.9	204.4	—	533.2	—	1 386.5
D. 研发	—	0.2	—	430.6	—	430.8
E. 军事支出小计 (A+B+C+D)	10 317.4	8 008.6	424.8	22 065.3	6 944.0	47 760.1
F. 非军事支出	—	—	—	23.0	—	23.0
开支总计 (E+F)	10 317.4	8 008.6	424.8	22 088.3	6 944.0	47 783.1

资料来源:捷克共和国国防部,http://www.army.cz.

表42.5 捷克共和国年度国防预算实际支出结构（2012—2017年）

单位：百万克朗

国防支出结构	2012年	2013年	2014年	2015年	2016年	2017年
资本开支	5 836.6	4 033.6	3 645.8	4 339.2	4 805.4	8 363.3
薪金和合同工作付款、保险、文化和社会需求基金（CSNF）、社会福利	24 249.2	23 868.0	25 176.1	24 929.3	26 913.0	29 004.1
其他非投资性支出	12 849.7	13 562.3	13 168.6	18 073.5	13 952.4	15 167.6
总计	42 935.5	41 463.9	41 990.5	47 342.0	45 670.8	52 535.0

资料来源：捷克共和国国防部，http://www.army.cz.

表42.6 捷克共和国年度国防预算实际收入结构（2012—2017年）

单位：百万克朗

收入结构	2012年	2013年	2014年	2015年	2016年	2017年
保险收入	2 955.0	2 924.1	2 971.3	3 333.5	3 761.6	3 978.1
计税和非税收入	251.5	238.5	862.5	234.6	1 366.3	875.0
收入总额	3 206.5	3 162.6	3 833.8	3 568.1	5 127.9	4 853.1

资料来源：捷克共和国国防部，http://www.army.cz.

表42.7 按支出目的划分的捷克共和国年度国防预算支出（2016—2017年）

单位：千克朗，%

	2016年		2017年	
	金额	支出占比	金额	支出占比
武装部队防御	29 688 628	62.10	33 324 364	63.40
国防系统设计与研发	7 939 922	16.60	8 674 671	16.50
战略情报	2 486 397	5.20	2 784 097	5.30
支持总统担任武装部队最高指挥官	486 205	1.00	578 875	1.10
养老金	4 279 000	9.00	4 250 000	8.10
其他社会福利	2 712 000	5.70	2 658 000	5.10
体育代表支出	190 985	0.40	265 037	0.50
总计	47 783 137	100.00	52 535 044	100.00

资料来源：捷克共和国国防部，http://www.army.cz.

表42.8 捷克共和国年度国防预算资本支出细项（2016—2017年）

单位：百万克朗，%

	2016年		2017年	
	金额	支出占比	金额	支出占比
武器计划、国防部加强运营能力和维护计划等	4 242.0	81.7	7 235.9	86.5
不可移动的基础设施计划	806.4	18.3	1 127.4	13.5
总计	5 048.4	100.0	8 363.3	100.0

资料来源：捷克共和国国防部，http://www.army.cz.

表 42.9 捷克共和国国防部人员数量与工资开支总额（不包括下属机构，2012—2017 年）

单位：人，百万克朗

	2012 年	2013 年	2014 年	2015 年	2016 年	2017 年
职业军人	22 096	21 894	21 994	21 530	22 888	24 684
劳动法规定的国防部就业人员	8 123	7 923	7 296	7 071	6 280	6 550
公务员法规定的国防部公务员	—	—	332	1 164	1 282	—
人员总数	30 219	29 817	29 290	28 933	30 332	32 516
工资开支总额	9 017	8 955	9 379	10 046	11 441	12 629

资料来源：捷克共和国国防部，http://www.army.cz.

表 43 赞比亚共和国年度国防预算（2008—2017 年）

单位：克瓦查，%

	2008 年	2009 年	2010 年	2011 年	2012 年	2013 年	2014 年	2015 年	2016 年	2017 年
防务预算总额	981.3	1 068.0	—	1 485.8	—	2 035.6	—	3 247.2	3 145.8	3 204.5
占当年国家预算总额比重	7.10	7.00	—	7.20	—	6.30	—	7.00	5.90	5.00

资料来源：赞比亚共和国财政部，http://www.mof.gov.zm.

表 44　以色列年度国防预算（2001—2017 年）

单位：百万以色列新谢克尔，%

	原初预算	预算更新	累积执行	预算变化	年度预算执行率
2001 年	38 317	47 851	43 650	5 333	113.9
2002 年	42 142	51 713	51 267	9 125	121.7
2003 年	42 646	50 833	46 946	4 300	110.1
2004 年	43 522	53 970	46 971	3 449	107.9
2005 年	43 757	56 175	50 284	6 527	114.9
2006 年	43 406	57 572	53 486	10 080	123.2
2007 年	49 291	59 725	55 080	5 789	111.7
2008 年	49 691	59 818	57 265	7 574	115.2
2009 年	47 923	60 534	57 077	9 154	119.1
2010 年	50 876	62 863	60 918	10 042	119.7
2011 年	51 238	63 326	59 943	8 705	117.0
2012 年	52 551	64 992	61 966	9 415	117.9
2013 年	55 057	67 510	64 821	9 764	117.7
2014 年	53 723	72 104	68 845	15 122	128.1
2015 年	59 890	74 164	70 347	10 457	117.5
2016 年	59 542	76 305	73 803	14 261	124.0
2017 年	63 628	68 003	66 645	3 017	104.7

资料来源：以色列财政部，https：//mof.gov.il/AG/BudgetExecution/BudgetExecutionReports/.

表 44.1 以色列国防预算月度执行额度（2001—2017 年）

单位：百万以色列新谢克尔

	一月	二月	三月	四月	五月	六月	七月	八月	九月	十月	十一月
2001 年	2 936	3 702	3 725	3 514	3 424	4 507	3 852	3 500	3 797	3 335	3 284
2002 年	3 197	4 200	2 845	5 702	4 725	4 347	3 950	3 627	4 575	4 462	4 379
2003 年	3 711	4 517	3 937	4 198	3 999	3 824	3 789	3 504	4 447	3 552	2 415
2004 年	3 208	3 697	3 672	3 975	3 798	3 589	3 900	4 064	3 806	3 749	3 862
2005 年	3 166	4 438	4 102	3 403	4 920	4 526	4 205	4 538	4 547	4 106	4 141
2006 年	4 289	4 017	2 912	5 479	3 588	3 803	4 032	4 594	5 478	4 941	4 122
2007 年	3 653	4 075	4 639	5 061	4 475	4 603	4 852	4 873	4 135	4 626	4 516
2008 年	4 390	4 914	4 945	4 813	4 823	4 722	4 788	4 202	4 673	4 454	4 686
2009 年	3 887	4 348	4 379	5 570	4 377	4 534	5 698	4 340	4 830	4 657	4 624
2010 年	4 087	4 975	5 193	5 231	4 608	5 227	4 932	4 972	6 115	5 100	4 692
2011 年	4 767	5 499	4 382	4 398	4 791	4 420	5 088	4 648	5 606	5 077	4 306
2012 年	3 758	4 530	5 291	4 834	5 327	4 998	5 457	5 553	5 691	4 610	5 129
2013 年	3 750	4 774	4 331	5 177	5 686	5 761	6 258	4 960	5 084	5 548	4 867
2014 年	4 336	4 857	4 847	5 040	5 262	5 124	5 296	5 462	6 347	5 831	5 553
2015 年	3 867	4 806	5 624	6 017	6 486	5 259	5 791	6 328	6 266	6 186	5 862
2016 年	4 847	4 981	4 783	5 275	6 615	6 157	6 036	6 137	7 051	5 674	6 621
2017 年	4 896	5 950	6 227	5 630	5 804	5 207	5 617	5 390	5 701	5 782	5 464

资料来源：以色列财政部，https：//mof.gov.il/AG/BudgetExecution/BudgetExecutionReports/.

表 45 新加坡年度国防预算（2013—2017 年）

单位：新加坡元

	2013 年	2014 年	2015 年	2016 年	2017 年
国防部预算总额	11 751 494 657	12 295 474 429	13 102 582 934	13 824 135 103	14 175 614 619
经常支出	11 329 113 202	11 866 863 113	12 671 644 455	13 281 237 001	13 581 904 166
运营成本（A＋B）	11 321 336 605	11 858 677 101	12 663 416 458	13 273 236 405	13 574 163 713
A. 人力支出	16 697 164	16 051 651	17 254 956	17 716 013	18 168 262
a1. 政治任命	1 142 766	1 227 065	1 461 632	1 952 877	2 031 284
a2. 永久雇员	15 554 398	14 824 586	15 793 325	15 763 136	16 136 977
B. 其他经常支出	11 304 639 441	11 842 625 449	12 646 161 502	13 255 520 393	13 555 995 451
b1. 产品与服务购买	20 049 868	17 279 890	12 246 511	11 129 117	12 136 427
人力开发	278 269	219 951	182 368	191 713	146 031
b2. 国际公共关系、公共传播	15 976 020	17 875 932	46 459 863	36 528 330	18 722 386
b3. 杂项	—	—	—	13 080	—
b4. 军费	11 268 335 284	11 807 249 676	12 587 272 760	13 207 658 152	13 524 990 607
转移支付	7 776 596	8 186 012	8 227 997	8 000 596	7 740 453
转账至机构和组织	7 776 596	8 186 012	8 227 997	8 000 596	7 740 453
发展估计	—	—	—	—	—
发展支出	422 381 455	428 611 317	430 938 479	542 898 102	593 710 453

续表

	2013 年	2014 年	2015 年	2016 年	2017 年
政府发展	422 381 455	428 611 317	430 938 479	542 898 102	593 710 453
其他发展基金支出	—	—	—	127 974 150	199 999 931
土地相关支出	—	—	—	127 974 150	199 999 931

资料来源：新加坡财政部，https：//www.singaporebudget.gov.sg.

表 46 爱尔兰年度国防预算支出（2011—2017 年）

单位：百万欧元

项目/年份	2011 年	2012 年	2013 年	2014 年	2015 年	2016 年	2017 年
国防开支总额	933.4	—	901	898	893	921	921
经常性支出	921.4	893	892	890	885	837	847
军队养老金	—	214	215	211	221	223.7	229.6
薪酬	—	—	—	—	495.6	497.7	496.8
非薪酬	—	—	—	—	168.2	116.3	121.3
资本支出	12	—	9	8	12.2	86	74

资料来源：爱尔兰财政部，http：//www.budget.gov.ie/Budgets/.

表47 巴基斯坦年度国防预算经常性支出（2008—2017年）

单位：百万卢比

	2008年	2009年	2010年	2011年	2012年	2013年	2014年	2015年	2016年	2017年
国防费用总额	296 077	342 913	442 173	495 215	545 386	627 226	700 148	781 162	860 169	920 166
A. 国防行政	1 170	1 289	1 427	1 470	1 564	1 890	1 889	2 022	2 122	2 217
B. 防御服务	294 907	341 624	440 746	493 745	543 823	625 336	698 259	779 140	858 047	917 949
B1. 雇员相关费用	99 092	115 034	176 726	206 488	229 577	271 211	293 599	326 048	327 300	322 142
B2. 运行费用	82 841	92 210	111 240	128 283	143 544	162 217	180 250	200 625	216 149	225 521
B3. 实物资产	87 638	107 377	119 370	117 591	120 522	131 389	152 841	169 648	211 702	243 991
B4. 土建工程	25 736	27 495	34 664	42 638	51 356	62 183	73 310	84 680	104 849	128 346
B5. 财务损耗	-400	-492	-1 254	-1 255	-1 178	-1 664	-1 741	-1 860	-1 953	-2 051

资料来源：巴基斯坦财政部，http://www.finance.gov.pk.

表48 巴林王国年度国防预算（2007—2017年）

单位：千第纳尔

	2007年	2008年	2009年	2010年	2011年	2012年	2013年	2014年	2015年	2016年	2017年
经常开支	221 034	227 269	289 059	303 610	354 830	382 930	499 458	539 468	534 934	534 934	622 457
国防部	205 210	210 590	265 600	279 100	330 320	358 420	464 970	501 980	494 450	494 450	582 050
高级国防委员会	—	—	288	288	288	288	288	288	284	284	284
国民警卫队	15 824	16 679	23 171	24 222	24 222	24 222	34 200	37 200	40 200	40 200	40 123
项目开支	566	1 000	1 733	1 000	6 000	6 000	7 000	7 000	3 000	3 000	3 000
国民警卫队	566	1 000	1 733	1 000	6 000	6 000	7 000	7 000	3 000	3 000	3 000
总计	221 600	228 269	290 792	304 610	360 830	388 930	506 458	546 468	537 934	537 934	625 457

资料来源：巴林王国财政部，https: //www.mofne.gov.bh.

表49 百慕大群岛国际安全部全部年度防务支出（2015—2017年）

单位：千百慕大元

	2015年	2016年	2017年
A. 防务服务			
A1. 征兵花费	229	281	281
A2. 飓风救援	89	—	—
小计（A）	318	281	281
B. 百慕大军团			
B1. 军团司令部	888	1 030	1 194
B2 军需	2 291	2 137	2 331
B3. 仪式	434	610	487
B4. 本地培训	2 192	1 970	1 858
B5. 青年领袖	—	—	100
B6. 海外行动	900	931	22
B7. 课程培训	88	127	125
B8. 特别活动	—	—	874
小计（B）	6 793	6 805	6 991
经常支出（A+B）	7 111	7 086	7 272

续表

	2015 年	2016 年	2017 年
资本支出	194	60	300
防务开支总额	7 305	7 146	7 572

资料来源：百慕大财政部，https：//www.gov.bm.

表 50　波兰国防部按资金用途划分的年度国防预算开支（2016—2017 年）

单位：千兹罗提

国防部	2016 年	2017 年
军人和文职人员的薪金和津贴	8 281 553	9 272 787
养老金	7 340 855	7 601 315
补贴	1 100 703	1 184 788
资本投资	10 247 302	10 221 481
运维中央支援	2 302 111	2 239 759
其他运维开支	6 180 691	6 334 726
开支总额	35 453 215	36 854 856

资料来源：波兰国防部，https：//www.gov.pl.

表50.1 波兰国防部按类型领域划分的年度国防预算开支（2016—2017年）

单位：百万兹罗提

国防部	2016年	2017年
公共行政	273.5	276.7
国家防御	27 912.3	29 280.6
社会保障计划	6 616.0	6 681.7
司法行政	59.3	24.2
学术教育	246.2	272.4
健康医疗	304.2	241.3
文化支出	41.7	78.0
总计	35 453.2	36 854.9

资料来源：波兰国防部，https://www.gov.pl.

表50.2 波兰国防部按军种划分的年度国防预算开支（不包括防御之外其他领域开支，2016—2017年）

单位：百万兹罗提

	2016年	2017年
国家防御	27 912 282	29 280 555
陆军	2 841 381	3 101 434
空军	1 304 126	1 429 608
海军	527 533	584 565
中央支援部队	11 663 637	11 467 988
领土防卫部队	—	—
武警	203 000	241 762
军事牧师	19 506	20 682
军队指挥与控制	771 020	917 925
民企动员任务	99 800	102 300
危机应对行动	89 933	129 796
军事情报局	181 198	191 196
军事反间谍局	233 658	212 571
特种部队	251 064	281 077
陆军支援部队	7 201 707	7 524 777
军事财产局	596 090	638 813
研发活动	574 017	724 038
其他活动	1 354 612	1 712 023

资料来源：波兰国防部，https://www.gov.pl.

表51 伯利兹国防部年度国防预算开支（2015—2017 年）

单位：伯利兹元

国防部	2015 年	2016 年	2017 年
A. 经常支出	48 519 947	53 352 022	56 894 667
个人薪资	34 888 168	38 228 107	40 539 863
旅行差补	97 873	168 507	248 909
军需供应	7 145 225	7 553 297	7 863 680
运营成本	3 319 537	4 004 919	4 193 596
维护成本	2 001 583	2 208 534	2 764 400
训练支出	494 079	574 717	574 209
公共设施	502 088	527 625	596 414
租金与租赁	71 393	86 316	113 596
B. 资本支出	329 797	3 975 980	479 880
总计（A＋B）	48 849 744	57 328 002	57 374 547

资料来源：伯利兹财政部，http：//www.mof.gov.bz/.

表52　布基纳法索国防与军人退伍军人事务部年度国防预算开支（2009—2016年）

单位：百万西非法郎

国防与退伍军人事务部	2009年	2010年	2011年	2012年	2013年	2014年	2015年	2016年
人员费用	44 208.8	47 995.8	52 716.5	58 769.6	64 518.4	65 630.2	70 266.0	63 380.2
运营支出	8 264.6	3 925.1	5 498.4	5 559.4	6 169.0	9 176.6	10 601.7	18 238.8
转移支付	807.2	305.6	1 122.3	1 118.2	1 390.5	2 787.1	2 628.1	2 305.5
投资支出	3 412.5	10 735.8	7 529.2	9 971.7	10 000.0	10 000.0	4 000.0	4 700.0
总计	56 693.1	62 962.3	66 866.4	75 418.9	82 077.9	87 593.9	87 495.8	88 624.5

资料来源：布基纳法索经济、财政与发展部，http：//cns.bf/.

表53　德国年度国防预算开支（2009—2017年）

单位：十亿欧元

	2009年	2010年	2011年	2012年	2013年	2014年	2015年	2016年	2017年
军事防御	27 047	26 634	27 294	27 180	28 244	27 870	28 476	29 479	31 250
其他防御	46	51	40	52	52	49	54	51	70
总计	27 093	26 685	27 334	27 232	28 296	27 919	28 530	29 530	31 320

资料来源：德国联邦议会，http：//dip21.bundestag.de/.

表54 多哥共和国国防与退伍军人事务部年度国防开支（2012—2016年） 单位：西非法郎，%

	2012年	2013年	2014年	2015年	2016年
预算批准	34 318 009 000	35 777 801 000	41 075 526 000	41 387 679 000	55 939 548 000
预算执行	34 831 527 213	37 170 738 157	39 754 419 883	38 137 392 467	53 053 846 745
执行率	101.50	103.89	96.78	92.15	95.00

资料来源：多哥共和国审计法院，https://www.courdescomptes.tg/.

表55 菲律宾国防部按部门机构划分的2013年度国防开支 单位：千比索

FY2013	人员费用	维护和其他运营费用	资本支出和净借贷	财务费用	总计
国防部	111 415 367	22 594 443	9 332 188	—	143 341 998
秘书处	182 047	396 844	142 599	—	721 490
政府兵工厂	212 450	568 413	41 521	—	822 384
菲律宾国防学院	28 407	35 391	440	—	64 238
民防办公室	103 269	584 897	20 000	—	708 166
菲律宾退伍军人事务办公室PVAO	13 221 176	269 322	—	—	13 490 498
PVAO退伍军人健康医疗中心	548 293	396 142	33 000	—	977 435
菲律宾武装部队——陆军	40 003 169	6 487 600	72 469	—	46 563 238
菲律宾武装部队——空军	8 754 841	4 913 318	193 633	—	13 861 792
菲律宾武装部队——海军	10 985 387	4 284 181	57 769	—	15 327 337
菲律宾武装部队——总司令部	37 376 328	4 658 335	8 770 757	—	50 805 420

资料来源：菲律宾预算与管理部，https://www.dbm.gov.ph/.

表55.1 菲律宾国防部按部门机构划分的 2014 年度国防开支

单位：千比索

FY2014	人员费用	维护和其他运营费用	资本支出和净借贷	财务费用	总计
国防部	54 919 786	21 606 965	5 926 456	19	82 453 226
秘书处	105 003	388 410	232 500	—	725 913
政府兵工厂	185 844	712 351	40 000	—	938 195
菲律宾国防学院	30 574	33 242	—	—	63 816
民防办公室	88 892	589 160	—	—	678 052
菲律宾退伍军人事务办公室 PVAO	108 361	272 718	23 000	—	404 079
PVAO 退伍军人健康医疗中心	517 949	410 220	83 400	—	1 011 569
菲律宾武装部队——陆军	34 607 993	6 205 998	79 169	—	40 893 160
菲律宾武装部队——空军	7 465 877	4 915 133	10 286	—	12 391 296
菲律宾武装部队——海军	9 143 149	4 440 872	307 207	—	13 891 228
菲律宾武装部队——总司令部	2 666 144	3 638 861	5 058 320	19	11 363 344

资料来源：菲律宾预算与管理部，https：//www.dbm.gov.ph/.

表 55.2 菲律宾国防部按部门机构划分的 2015 年度国防开支

单位：千比索

FY2015	人员费用	维护和其他运营费用	资本支出和净借贷	财务费用	总计
国防部	53 685 208	24 268 675	21 685 434	19	99 639 336
秘书处	102 194	393 869	232 500	—	728 563
政府兵工厂	193 236	735 520	29 000	—	957 756
菲律宾国防学院	29 554	33 892	—	—	63 446
民防办公室	152 254	871 351	—	—	1 023 605
菲律宾退伍军人事务办公室 PVAO	110 558	275 278	—	—	385 836
PVAO 退伍军人健康医疗中心	435 039	421 801	59 000	—	915 840
菲律宾武装部队——陆军	34 590 257	6 626 916	68 310	—	41 285 483
菲律宾武装部队——空军	7 379 099	6 474 709	784 515	—	14 638 323
菲律宾武装部队——海军	8 366 368	4 598 114	422 113	—	13 386 595
菲律宾武装部队——总司令部	2 326 649	3 837 225	20 089 996	19	26 253 889

资料来源：菲律宾预算与管理部，https://www.dbm.gov.ph/.

表 55.3 菲律宾国防部按部门机构划分的 2016 年度国防开支

单位：千比索

FY2016	人员费用	维护和其他运营费用	资本支出和净借贷	财务费用	总计
国防部	123 756 579	28 037 236	20 559 199	—	172 353 014
秘书处	148 564	277 474	—	—	426 038
政府兵工厂	255 466	968 498	45 181	—	1 269 145
菲律宾国防学院	32 357	39 048	86 281	—	157 686
民防办公室	180 093	936 926	—	—	1 117 019
菲律宾退伍军人事务办公室 PVAO	14 680 611	338 193	21 050	—	15 039 854
PVAO 退伍军人健康医疗中心	700 190	430 154	21 477	—	1 151 821
菲律宾武装部队——陆军	44 732 792	8 163 092	360 682	—	53 256 566
菲律宾武装部队——空军	10 141 157	6 805 151	1 192 312	—	18 138 620
菲律宾武装部队——海军	12 628 641	5 534 875	757 254	—	18 920 770
菲律宾武装部队——总司令部	40 256 708	4 543 825	18 074 962	—	62 875 495

资料来源：菲律宾预算与管理部，https://www.dbm.gov.ph/.

表55.4 菲律宾国防部按部门机构划分的2017年度国防开支

单位：千比索

FY2017	人员费用	维护和其他运营费用	资本支出和净借贷	财务费用	总计
国防部	72 511 682	33 485 719	31 440 358	19	137 437 778
秘书处	157 177	283 093	—	—	440 270
政府兵工厂	246 226	935 257	53 000	—	1 234 483
菲律宾国防学院	37 457	40 351	2 800	—	80 608
民防办公室	128 334	359 899	2 800	—	491 033
菲律宾退伍军人事务办公室PVAO	141 429	387 581	381 486	—	910 496
PVAO退伍军人健康医疗中心	690 636	489 643	57 300	—	1 237 579
菲律宾武装部队——陆军	44 082 977	10 638 218	2 743 987	—	57 465 182
菲律宾武装部队——空军	9 649 245	8 709 897	631 013	—	18 990 155
菲律宾武装部队——海军	12 429 724	6 573 487	2 014 418	—	21 017 629
菲律宾武装部队——总司令部	4 948 477	5 068 293	25 553 554	19	35 570 343

资料来源：菲律宾预算与管理部，https：//www.dbm.gov.ph/.

表 56 刚果民主共和国国家预算年度国防开支（2013—2017 年）

单位：千刚果法郎

	2013 年	2014 年	2015 年	2016 年	2017 年
国防开支	394 160 264 159	422 070 993 260	454 914 530 569	399 976 224 836	66 662 704 140
人员工资	185 192 389 645	198 058 607 000	236 899 497 177	256 013 327 270	42 668 887 878
商品和设备	85 596 096 415	109 981 317 260	120 534 611 954	91 978 591 468	15 329 765 245
福利开支	14 389 618 213	82 713 774 000	69 882 965 282	33 591 343 889	5 598 557 315
国家的转移和干预	90 784 361 012	14 966 927 000	14 049 475 269	12 112 535 009	2 018 755 835
设施	11 246 094 253	871 019 000	669 014 887	829 266 300	138 211 050
基建、修缮和购买土地等	6 951 704 621	15 479 349 000	12 878 966 000	5 451 160 900	908 526 817
总计	394 160 264 159	422 070 993 260	454 914 530 569	399 976 224 836	66 662 704 140

资料来源：刚果民主共和国预算部，https：//www.budget.gouv.cd/.

表57 圭亚那国防军年度防务开支（2009—2017年）

单位：千圭亚那元

圭亚那国防军	2009年	2010年	2011年	2012年	2013年	2014年	2015年	2016年	2017年
经常支出									
A. 预算支出	5 320 822.00	5 797 948.00	6 100 745.00	6 323 710.00	6 785 776.00	7 272 801.00	8 609 057.00	9 581 867.00	10 996 320.00
B. 实际支出	5 792 787.00	5 862 099.00	6 161 179.00	6 854 709.00	6 688 169.00	7 391 511.00	9 017 177.00	10 011 089.00	10 996 320.00
资本支出									
C. 预算支出	562.00	436.70	453.00	452.00	601.50	653.45	536.40	543.00	844 800.00
D. 实际支出	540.98	465.87	452.46	451.33	554.23	653.36	536.30	542 945.00	—
预算总支出（A+C）	5 321 384.00	5 798 384.70	6 101 198.00	6 324 162.00	6 786 377.50	7 273 454.45	8 609 593.40	9 582 410.00	11 841 120.00
实际总支出（B+D）	5 793 327.98	5 862 564.87	6 161 631.46	6 855 160.33	6 688 723.23	7 392 164.36	9 017 713.30	10 554 034.00	10 996 320.00

资料来源：圭亚那财政部，https：//finance.gov.gy/.

表57.1 圭亚那国防军年度防务开支经常支出细项（2011—2017年）

单位：千圭亚那元

圭亚那国防军	2011年	2012年	2013年	2014年	2015年	2016年	2017年
经常支出拨款总额	6 161 179	6 403 381	6 688 169	7 391 511	9 017 177	10 011 089	10 996 320
工资和薪金总额	1 799 338	1 901 507	1 962 196	2 318 468	2 584 252	3 335 337	3 906 366
间接费用	930 832	949 901	990 077	1 124 451	1 260 681	1 421 569	1 676 825
材料、设备和物资供应	551 950	542 803	519 191	558 053	586 209	603 859	750 891
燃料和润滑剂	462 272	513 000	527 048	520 483	532 947	539 940	600 000
建筑物的租赁和维护	102 541	104 606	101 289	103 898	120 144	167 705	223 670
基础设施维护	64 881	68 072	59 891	74 945	96 567	111 177	154 159
交通、旅行和邮资	469 519	497 108	548 700	536 695	915 102	1 078 323	859 013
公用事业费	164 500	164 496	161 026	168 560	184 260	293 169	311 730
其他商品和服务购买	354 831	392 456	442 305	447 444	498 470	577 377	617 889
其他运营费用	1 187 015	1 187 933	1 296 469	1 428 193	1 809 511	1 693 934	1 665 777
教育和训练补助金	73 500	81 500	79 977	110 320	157 033	188 698	220 000

资料来源：圭亚那财政部，https://finance.gov.gy/.

表58 加拿大国家预算年度国防开支（2011—2017年）

单位：加拿大元

	2011年	2012年	2013年	2014年	2015年	2016年	2017年
人力成本	9 288 223	9 113 936	8 989 862 054	8 711 341 443	8 781 866 329	8 934 469 302	8 772 176 109
交通与通信	1 086 171	878 949	689 636 915	648 855 534	710 371 316	767 507 664	798 791 866
信息采集	40 084	31 670	20 588 744	14 559 840	13 570 190	16 604 897	17 260 167
专业和特殊服务	2 802 143	2 630 513	2 542 160 627	2 769 345 284	3 155 512 726	3 218 863 216	3 384 322 231
租赁	496 030	451 555	410 669 289	378 104 213	415 108 934	365 928 465	374 536 153
维修和保养	1 652 027	1 330 030	1 160 952 064	1 314 967 284	1 424 676 885	1 259 813 343	1 380 781 621
公用设施、材料和用品	1 293 971	1 108 224	925 314 945	899 091 188	948 050 699	1 033 351 641	1 070 144 972
土地、建筑物和工程的征用	362 955	359 054	486 430 335	742 913 609	594 673 924	643 860 028	509 837 465
机械设备购置	4 226 902	3 797 454	2 806 713 661	3 216 752 240	2 743 111 906	2 449 396 547	2 296 007 581
转移支付	247 782	270 762	190 137 592	183 631 792	174 190 792	167 918 520	167 321 408
其他补贴和付款	232 842	193 842	162 275 491	169 348 366	341 945 111	230 482 239	236 589 225
折损：收入和其他折损	435 801	366 860	399 431 336	387 356 406	361 025 183	447 926 929	345 701 562
总计	21 293 330	19 799 128	17 985 310 381	18 661 554 387	18 942 053 629	18 640 268 933	18 662 067 234

资料来源：加拿大财政委员会，http://publications.gc.ca/.

表 59　南非国防部年度国防开支（2012—2017 年）

单位：百万兰特

国防部	2012 年	2013 年	2014 年	2015 年	2016 年	2017 年
行政费用	3 730 776.0	4 040 659.0	4 866.5	5 187.9	5 478.2	5 380.8
军事部署	2 670 902.0	2 959 205.0	3 437.0	3 656.3	3 855.4	3 688.6
陆上防御	12 686 731.0	13 751 279.0	13 854.9	14 852.6	15 640.2	16 550.2
空中防御	6 749 665.0	7 204 878.0	7 166.9	7 428.8	7 209.7	6 628.0
海上防御	2 551 307.0	2 755 491.0	3 678.5	3 754.8	4 927.5	4 790.0
军事医疗保障	—	—	3 849.1	4 059.4	4 325.1	4 586.7
国防情报	—	—	792.1	828.8	874.8	917.3
一般保障	—	—	5 186.3	5 532.7	5 869.7	6 077.2
开支总计	37 492 954.0	39 944 660.0	42 831.2	45 301.3	48 180.5	48 618.8

资料来源：南非国防部，http://www.dod.mil.za/.

表59.1 南非国防部年度国防预算行政支出费用（2009—2017年）

单位：百万兰特

1. 行政费用	2009年	2010年	2011年	2012年	2013年	2014年	2015年	2016年	2017年
部	50.2	97.3	124.2	78.5	86.9	82.0	112.0	111.1	74.1
部门指示	20.8	27.2	40.1	57.7	50.0	43.7	67.0	70.8	58.6
政策与规划	65.0	67.7	75.7	98.9	84.3	93.7	94.4	103.9	119.1
金融服务	218.3	240.8	264.3	285.5	285.0	325.2	324.3	620.6	372.6
人力资源支持服务	541.5	609.7	587.0	623.3	652.2	714.4	736.4	791.5	808.5
法律服务	122.5	159.0	168.6	201.1	242.6	266.3	278.6	291.3	300.1
检查和审计服务	55.5	62.0	68.5	78.8	82.9	106.9	115.9	116.4	143.0
采购服务	40.7	52.6	47.9	45.5	46.5	58.8	82.2	150.7	125.7
通信服务	29.2	29.1	29.9	30.1	49.8	48.5	43.8	100.7	46.4
南非国防军指挥与控制	83.6	96.4	107.8	151.6	136.6	143.7	135.7	148.0	156.2
宗教服务	7.9	8.7	9.7	11.7	11.4	12.7	18.3	14.5	14.0
国防储备指令	17.0	19.8	22.8	21.5	23.2	24.6	25.2	28.1	28.5
国防对外关系	117.6	140.3	159.7	199.5	227.3	255.5	262.2	312.1	331.9
后勤办公室	1 544.3	1 842.2	2 020.9	1 885.4	2 180.7	1 978.9	2 103.3	2 283.2	2 268.7
退伍军人管理	—	—	20.0	51.4	351.4	504.2	582.2	597.6	622.1
总计	2 914.1	3 452.9	3 747.1	3 820.7	4 511.0	4 659.0	4 981.5	5 740.6	5 469.5

资料来源：南非国防部，http://www.dod.mil.za/.

表 59.2 南非国防部年度国防预算军事部署费用（2009—2017 年）

单位：百万兰特

2. 军事部署	2009 年	2010 年	2011 年	2012 年	2013 年	2014 年	2015 年	2016 年	2017 年
战略规划	69.6	78.4	92.5	110.4	119.8	125.9	164.3	152.0	155.9
行动指挥	169.7	228.1	236.5	236.3	253.0	257.0	286.2	288.4	331.4
特别行动	417.2	480.3	576.1	605.1	666.5	708.7	756.5	810.1	864.4
区域安全	1 091.3	959.6	1 033.8	1 175.1	1 608.6	1 638.6	1 573.0	1 068.8	1 114.6
服务人民	94.9	502.4	399.2	599.0	698.8	901.2	822.8	1 111.7	1 069.0
防御能力管理	43.9	16.6	20.5	22.3	—	—	—	—	—
总计	1 886.5	2 265.5	2 358.5	2 748.2	3 346.7	3 631.4	3 602.8	3 431.0	3 535.4

资料来源：南非国防部，http：//www.dod.mil.za/.

表 59.3 南非国防部年度国防预算陆上防御支出（2009—2017 年）

单位：百万兰特

3. 陆上防御	2009 年	2010 年	2011 年	2012 年	2013 年	2014 年	2015 年	2016 年	2017 年
战略规划	350.1	526.1	351.4	372.0	420.4	419.0	442.8	458.9	488.6
步兵能力	3 077.2	3 392.3	3 360.8	3 826.3	4 759.7	5 404.0	6 102.5	6 208.9	6 972.8
装甲能力	240.3	296.8	305.8	346.8	356.8	374.7	399.3	446.6	449.5
炮兵能力	328.0	317.6	374.9	481.5	383.2	425.6	527.6	471.6	486.5
防控炮兵能力	388.6	212.1	378.0	590.9	425.1	478.1	561.6	571.4	681.7
工程能力	356.6	489.4	509.0	564.0	587.2	623.1	675.9	755.4	745.9
行动情报	264.7	229.6	178.7	233.9	176.8	188.3	202.5	206.4	236.7
指挥与控制能力	99.6	130.8	141.0	158.7	168.7	177.8	188.9	199.0	209.3
支援能力	3 021.9	2 532.9	4 176.7	4 415.5	4 858.2	4 428.2	4 414.8	4 531.2	4 705.1
一般训练能力	269.5	355.2	323.3	347.6	391.0	411.5	397.7	413.1	474.1
信号能力	645.7	812.7	862.7	1 030.6	1 072.1	1 119.0	1 205.2	1 295.5	1 269.6
总计	9 042.2	9 295.6	10 962.2	12 367.9	13 599.1	14 049.1	15 119.0	15 557.8	16 719.8

资料来源：南非国防部，http://www.dod.mil.za/.

表59.4 南非国防部年度国防预算空中防御支出（2009—2017年）

单位：百万兰特

4. 空中防御	2009年	2010年	2011年	2012年	2013年	2014年	2015年	2016年	2017年
战规划	13.7	17.6	14.2	19.6	16.8	18.3	20.8	24.1	30.6
行动指挥	141.5	131.5	209.7	236.7	247.9	183.8	255.3	225.8	170.2
直升机能力	768.1	780.4	895.7	872.4	996.3	817.1	619.7	728.4	1 074.0
运输和海运能力	2 670.3	624.1	555.3	551.9	485.4	1 138.8	684.4	594.1	798.3
空战能力	2 536.0	763.2	1 352.2	1 594.1	909.9	1 108.3	1 368.8	1 230.1	793.2
行动支援和情报能力	204.6	258.4	320.4	463.4	312.6	270.9	297.7	322.8	297.0
指挥控制能力	223.9	305.7	375.9	470.2	343.1	508.7	884.6	606.2	510.4
基地支援能力	1 116.8	1 370.0	1 494.9	1 664.5	1 724.0	1 848.1	1 823.7	1 947.3	1 994.1
指挥所	41.0	50.1	16.4	51.1	30.9	57.4	60.5	62.6	63.6
训练能力	383.8	583.5	450.7	213.2	206.4	200.6	492.2	480.5	612.8
技术支持服务	544.1	604.7	842.3	937.7	758.2	761.5	577.8	560.8	474.1
总计	8 643.8	5 489.1	6 527.7	7 074.9	6 031.5	6 913.5	7 085.7	6 782.6	6 818.5

资料来源：南非国防部，http://www.dod.mil.za/.

表59.5 南非国防部年度国防预算海上防御支出（2009—2017年）

单位：百万兰特

5. 海上防御	2009年	2010年	2011年	2012年	2013年	2014年	2015年	2016年	2017年
海上指挥	327.1	391.3	445.5	467.2	488.8	524.9	586.2	607.3	582.2
海战能力	447.2	533.6	559.8	558.3	585.1	1 129.3	1 238.8	1 694.7	1 873.1
海上后勤支援能力	488.7	585.7	762.1	989.0	1 137.0	1 104.0	803.9	841.8	940.7
海军人力资源与培训能力	244.9	312.8	304.1	316.3	397.1	445.2	497.1	529.6	538.6
基地支援能力	489.6	526.5	503.2	564.2	618.4	599.0	606.2	625.1	655.4
总计	1 997.5	2 349.9	2 574.7	2 894.9	3 226.4	3 802.4	3 732.7	4 298.4	4 590.0

资料来源：南非国防部，http：//www.dod.mil.za/.

表59.6 南非国防部年度国防预算军事健康支出（2009—2017年）

单位：百万兰特

6. 军事健康	2009年	2010年	2011年	2012年	2013年	2014年	2015年	2016年	2017年
战略规划	169.1	196.6	225.7	203.2	207.5	218.3	168.3	184.3	176.1
军事卫生移动支援	74.1	112.8	97.5	105.3	109.4	120.8	120.7	120.9	134.1
地区军事卫生服务	822.8	964.9	1 039.7	1 143.9	1 262.3	1 455.5	1 597.7	1 672.3	1 676.4
专家、第三方服务	895.5	1 038.2	1 134.7	1 215.1	1 273.5	1 433.3	1 553.4	1 718.5	1 754.6
军事卫生产品支援能力	169.8	167.9	256.1	198.1	236.3	212.9	134.5	182.0	197.5
军事卫生维护能力	195.8	222.0	269.7	261.5	280.8	256.4	319.6	235.7	271.0
军事卫生训练能力	281.2	447.8	376.7	332.8	363.7	355.9	348.9	335.1	376.9
总计	2 608.1	3 150.1	3 400.1	3 459.9	3 733.6	4 053.1	4 243.2	4 448.7	4 586.7

资料来源：南非国防部，http：//www.dod.mil.za/.

表59.7 南非国防部年度国防预算国防情报支出（2009—2017年）

单位：百万兰特

7. 国防情报支出	2009年	2010年	2011年	2012年	2013年	2014年	2015年	2016年	2017年
战略规划	1.4	0.2	0.1	—	0.0	—	—	—	—
行动	392.5	397.6	407.4	420.9	457.8	472.6	459.8	472.4	465.4
国防情报支持服务	200.8	236.1	245.6	284.2	316.9	347.2	370.3	408.9	451.9
总计	**594.7**	**633.9**	**653.1**	**705.1**	**774.7**	**819.8**	**830.1**	**881.3**	**917.3**

资料来源：南非国防部，http://www.dod.mil.za/.

表59.8 南非国防部年度国防预算一般支援服务支出（2009—2017年）

单位：百万兰特

8. 一般支援服务	2009年	2010年	2011年	2012年	2013年	2014年	2015年	2016年	2017年
联合物流服务	1 605.3	1 478.2	1 577.0	2 096.2	2 055.1	2 125.7	2 546.7	2 925.3	3 227.1
指挥与管理信息系统	830.1	782.7	835.6	849.8	955.6	865.7	1 096.5	1 143.7	1 025.2
军警	345.0	412.0	442.4	502.6	498.7	539.6	529.2	589.5	576.1
技术发展	258.3	357.8	339.9	326.7	348.0	442.3	424.0	515.9	441.3
部门支持	598.7	774.8	913.1	861.7	1 367.2	940.7	880.2	882.3	1 092.7
总计	**3 637.3**	**3 805.4**	**4 107.9**	**4 636.9**	**5 224.6**	**4 914.1**	**5 476.6**	**6 056.7**	**6 362.4**

表60 印度年度国防开支（2008—2017年）

单位：千万卢比

	2008年	2009年	2010年	2011年	2012年	2013年	2014年	2015年	2016年	2017年
陆军	57 676.91	70 161.79	74 019.95	84 081.29	91 450.51	99 464.11	114 559.95	114 329.37	131 283.69	145 167.22
海军	17 248.01	21 208.49	21 467.51	31 115.32	29 593.53	33 393.21	35 948.53	34 866.73	37 410.27	37 841.98
空军	29 271.06	33 318.38	40 462.45	45 614.01	50 509.13	57 708.63	52 537.48	52 219.27	52 057.38	58 372.50
军械工厂总局	1 834.91	2 486.25	1 015.53	-456.37	-287.86	1 298.39	1 577.05	1 101.61	2 147.73	1 987.95
质量保障总局	493.34	574.28	569.84	665.19	695.67	766.02	813.19	867.08	991.97	1 073.51
研发	7 699.05	8 514.81	9 808.72	9 983.84	9 794.80	10 868.89	13 257.98	13 289.27	13 154.54	14 818.74
总计	114 223.28	136 264.00	147 344.00	171 003.28	181 755.78	203 499.25	218 694.18	216 673.33	237 045.58	259 261.90

资料来源：印度国防部，https：//mod.gov.in/documents/annual-report.

表61 新西兰年度国防开支（2009—2017年）

单位：千新西兰元

国防部	2009年	2010年	2011年	2012年	2013年	2014年	2015年	2016年	2017年
部门总产出费用	2 222 367	2 279 461	2 177 505	2 404 239	2 290 770	1 942 938	1 947 427	2 037 836	12 965
部门资本支出总额	520 000	572 914	432 000	496 000	583 000	726 090	438 980	746 954	350
非部门资本支出总额	—	—	—	—	—	—	1 393	—	240 000
非部门产出费用总额	—	—	—	—	1 773	1 773	—	746	—
非部门其他费用总额	93 300	—	2 850	250	1 550	1 553	1 403	1 953	8 118
费用总额与资本支出	—	—	—	—	—	427 109	499 882	504 408	—
总收益或相关费用	—	—	—	—	141 809	133 569	127 926	124 782	—
年度固定拨款总额	2 835 667	2 852 375	2 614 366	2 900 489	3 018 902	3 233 032	3 017 011	3 416 679	261 433

资料来源：新西兰财政部，https：//www.budget.govt.nz/budget.

表 62 意大利国防部年度国防预算（2013—2017 年）

单位：欧元

国防部	2013 年	2014 年	2015 年	2016 年	2017 年
领土防卫与安全	18 866 999 029	19 737 602 508	18 806 115 648	19 003 591 179	18 827 508 698
可持续发展与保护环境	—	—	—	—	491 956 277
技术革新	58 338 140	58 978 592	58 139 636	48 139 636	—
公共行政和一般服务	69 779 079	448 966 668	248 615 593	249 754 764	949 683 236
资金分配	1 706 086 635	66 783 478	258 335 365	680 126 959	—
总计	20 701 202 883	20 312 331 246	19 371 206 242	19 981 612 538	20 269 148 211

资料来源：意大利国防部，https：//www.difesa.it/.

索 引

"2063 年议程" 197

A

阿根廷 208，209，212，217，218
埃博拉 190-192，275，278
安理会 45，47，60，83，133，167，181，211，243，248，250，252，256，257，263-265，272
安全 1-6，9，10，14，16-18，26-28，31-40，42-62，65-75，77-82，84-90，92，96-102，104-109，111-115，117-125，128-133，135，140-142，144，145，148-153，155-158，161-163，166，167，170-172，176，178，180，181，183-185，187，188，190，192，193，196-204，206，207，211，212，218-220，225，227-232，234，235，237-245，247-250，257，259-261，264，265，267-269，273，276-278，285，287，290-293，295，296，298-300，303，304，306，308-326
安全态势 2，5，31，34，35，37，46，60，91，106，108，112，113，120-122，124，218，229，315
安全态势感知 2，5，35，106，108，112，229
安全威胁 27，36，39，55，67，68，70，73，86，101，104，117，148，149，158，163，184，192，204，206，219，225，228-231，234，235，237，241，242，269，326
澳大利亚 19，50，51，125-129，131，132，137-141，151，183，217，252

B

巴西 207-213，215-221，256，257
巴以冲突 161，163，175，287
班吉 243，249
暴力袭击 243，248-250，260，262，263，304
《贝尔福宣言》 161，171，172
兵力部署 106，107，115，116，120，122，146
"博科圣地" 185，190，195，204，297，299

C

财政能力 197，225，228，232-235
财政约束 231-234，238
朝核 31，32，37，46-48，51，61，

82,83,106,122,125,131,135,142

朝核危机 31,46-48,106,122

朝核问题 32,37,47,61,82,83,122,125,131,135,142

冲突降级区 161,169

出兵国 243,249,251,252,254,257,266

传统安全 26-28,37,39,53,61,62,67,68,70,101,104,105,107,162,184,206,207,219,267,269,276

D

达尔富尔 198,199,243,247,250,251,261

大国竞争 37,68,69,71,72,74,75,86

代理人战争 161,169,176,178,181

地区保护部队 244,248,249

地缘政治 20,27,43-45,86,106,108,111,124,125,150,161,176,219,232

电话恐怖主义 307,308

东北亚 47,107,122,123,132,135

东道国 243,247,252,265

毒品 39,67,113,136,206,210,211,213,217,263

独立公投 161,170,177,179

E

俄罗斯 31,39,42-46,52-57,62,68,69,73-77,89-92,96-115,117-123,125,135,140-142,144,147-149,152,166,167,169,177,179,181,210,213,227,233,237-239,252,253,256,257,285,286,291,306-308

俄罗斯国家安全 106-108,119,238

F

发达国家 38,42,60,88,195,219,243,251-254,256,257,267,270,278

发展 3,4,9,11,13,15,16,18,21-28,31,36-38,40,42,44-52,55,57-62,72,74,75,77,78,83,84,88,90,98,99,101,102,104,105,114,115,117,120,122,124,127-129,135,147,148,150,155,157-161,166,169,170,172,179,182,183,190,192-196,198-203,206,217,220,226,227,229,232,241-244,247-249,251,252,254,256,265-267,269,271-273,277,279,280,285,287,292,293,297,300,306-309,311,318,319,323-326

发展中国家 40,58,60,147,159,243,251,252,254,256,267,279

反恐 50, 53, 54, 65, 78-80, 82, 84, 104, 111, 117, 118, 122, 129, 131, 144, 153, 156, 164, 167, 170, 174, 180, 183, 201, 204, 205, 217, 237, 244, 263, 264, 285-287, 289-291, 293, 296-300, 303, 304, 307-309, 313, 317

贩毒 213, 215, 218

防务合作 84, 106, 117, 151, 183, 196, 201

防务建设 106, 107, 115, 120

防务投资 226

非盟 183, 197-199, 202, 204, 244, 247, 261, 265, 272, 299

非洲 127, 166, 183-190, 192-205, 212, 213, 243, 245, 246, 251, 252, 261, 264, 279, 285, 297, 298, 308

非洲安全 183, 184, 192, 196, 198, 201-203

非洲常备军 198

非洲和平基金 199

非洲联盟 199, 251

非洲维和 204

逢选易乱 183, 184, 192, 202

府院之争 215, 219

腐败 195

G

刚果（金） 183, 184, 189-191, 193, 195, 198, 202, 203, 243, 248, 251, 262

哥伦比亚 206-211, 213, 216-219, 286

哥伦比亚革命武装力量 210, 211, 286

工信部 319, 321-323

古巴 208, 209, 211, 212, 219

古特雷斯 243, 265, 275

国防财政 225, 226, 232

国防服务资本 241

国防开支 5, 6, 88, 92-96, 98, 100, 141, 142, 145, 225, 227, 228, 230, 237, 238, 241

国防预算 71, 72, 76, 88, 89, 95, 96, 141, 142, 225-242

国际冲突 163, 243, 244, 276

国家安全 16, 34, 35, 38-40, 42, 55, 57, 62, 65-74, 77, 78, 80-82, 85-87, 100, 106-109, 114, 115, 117-121, 125, 131, 140, 144, 145, 185, 192, 193, 203, 225, 228-232, 234, 235, 238, 239, 250, 292, 308, 310, 311, 313, 315, 318-320, 324

国家网信办 319-323

国家战略 2, 119, 233, 234, 310, 326

国家主权 19, 310, 319

国土安全 56, 65, 78, 80, 81, 312-314

H

哈斯姆运动 290

海合会　161，177，178
航行自由　137，139，142
合作　11，15，19，20，24，27，31，39，41，44-46，49-52，57，59-61，74，75，81，83-85，101-103，105-107，117，118，120，122，124，125，127-131，133，134，136，137，140-142，144-146，148，150，151，153，157-159，161，164，167，169，180，181，183，196，197，200，201，203，206，213，218，227，234，235，237，240，241，263，291，308，313，314，317，319
和平　2-4，6，9，13，15，18，21，39，43，44，49，57，59，62，69-71，73，90，102，105，122，133，135，138，141，145，148，159，162，164，169，170，178，179，183，184，197-199，201，203，206，208，210，211，218，225，231，233，241，243-245，247，248，250，251，257，259，262，264，265，278，286，294，300，305，317，319
和平进程　43，44，90，206，208，210，211，250，251，264
核战略　72，73
黑客　55，56，62，114，310，311
洪都拉斯　206-209，212，213，216，217
胡塞武装　161，169，176，180，181，291，292
互动　9，13，21，36，57，86，161，162，167，192，195，310
话语权　4，58，96，243，255，257，310，318，324，326

J

机制　3，14，16，24，27，38，45，48，49，99，102，119，129-131，133，135，136，138，142，151，157，159，198-201，228，233，244，259，268，270，278，317，321
基地组织　52，181，185，195，244，263，264，291，292，299
疾病　3，35，67，68，192，244，260-262，272，278，281
几内亚湾海盗　186，187，194
监狱暴动　215
建构　20，25，28，193，310
结构调整型国防预算　228
经济间谍　310，326
竞合　122，310，318
竞争　13，20，23，37-39，41，42，44，45，57，61，66，68-72，74，75，77，86，106，109，111，114，115，125，140-142，150，161，162，167，307，318，324，325
军费　3，6，39，71，84，89，93-96，98-102，105，141，206-209，220，225，226，230，233，235，236，239，241，246
军购　147，148，210

军事基地 181，218

军事演习 47，82，88，91，97，103，117，128-131，133，134，206，216-218

K

卡塔尔外交危机 161，178

科特迪瓦 244，247，261

可卡因 213

空天防御 106，118

恐怖袭击 53-55，90，92，105，111-113，148，155，162-164，170，172，174，183，185，196，250，262，285，290，294-297，300，302，303，305，308

恐怖主义 2，3，28，32，37，53-55，62，67，68，72，73，80，81，86，90，97，102，104，106，109，111，113，121，128，133，136，144，155，156，158，161-163，167，170，172，174，175，177，178，180，181，183，185，192，198，201，220，242，243，250，263，264，268，285-287，289，292-294，297，300，302-304，306-309，326

库尔德人 161，171，177-179

快速干预旅 244，248

L

拉丁美洲 206，207，213，220，221

勒索软件 310，311

力量建设 71，115，117，226，240

利比亚 52，80，112，161，163，169，176，181，183，185，195，196，199，200，202，204，264，292，297

联合国 2，15，27，32，37，41，45，47，58-60，62，81，83，90，108，133，138，156，167，170，181，183，188，190，196-201，203，204，211，213，216，220，243-268，271-280，299，300

《联合国宪章》 243，244

联合国职员 243，254

卢拉 220

M

马杜罗 215，219

马格里布基地组织 185，195，292，299

马里 3，185，198，200，202，243，247，250，251，261-264，297，299，300

贸易 4，5，12，13，17，24，38-42，45，51，58，59，99，113，121，126-128，130，132，140-142，150-153，160，180，206，209，218，285，286，313，326

美俄对峙 106

美国 2，12-14，16，19-21，23-25，31，37-51，55-58，61，62，65-87，89，91，92，95-101，103，105，107，109，111-113，115，

120-122,124-142,144,147,148,151-153,156,157,166,167,169,170,176-181,183,198,200,201,203,204,206-210,212,213,216-220,226-228,230,231,233-237,243,244,252-257,270,278,286,287,293,300,301,303,310-318,323,326

美国国家安全战略 65,66,71

莫迪政府 157,242

墨西哥 3,42,208-210,213,215,217,219,220

N

南方司令部 217,218

南海 12,51,124,125,131,135-140,142

南苏丹 169,170,181,183,187-190,193,195,197-199,243,247-249,261,274,275,278,279

难民 39,52,53,60,62,67,90,97,105,129,154,161,178,188-190,192,199,203,206,216,219,271,278,303

内塔尼亚胡 161,164

内战 43,52,62,121,161-163,166,167,169,170,176,179-181,183,188,189,192,193,198,206,211,213,248,249,276,286,291

能源安全 161

P

膨胀型国防预算 228

贫困 3,90,183,194,195,201,219,264

Q

汽车炸弹 55,161,172,185,263,290,306

"青年党" 185,195,204

全球治理 9,14,16,22-24,31,32,37,40,57-59,62,267,268,271-273,279,310,311,316

R

人才储备 310,324

任务区 196,199,243,248,252,254,259,260,265

日本 19,25,36,42,47,50,51,84,86,122,125-127,129-131,133,134,137-141,144,146,147,151,239-241,252,253,256,257

S

萨德 31,48,76,77,83,122,133,135,169

萨赫勒 185,200,201,243,244,250,264,292,297,299,300,309

萨赫勒地区 185,201,297,299,300

萨赫勒五国集团联合国部队 244

塞浦路斯 244，247
《赛克斯—皮科协定》 161，171
桑托斯 211
沙姆自由人 289
社会暴力 206，211，212，219，220
什叶派 161，165，166，179，287，294-296
示威游行 215
事故 119，149，236，244，260-262
苏丹 80，169，170，180，181，183，187-190，193，195，197-199，205，243，247-250，261，274-276，278，279
索马里海盗 186，187，194
索马里青年党 265，297，298

T

塔利班 55，79，92，155，156，159，263，294-297
太空战略 77，78
特朗普 12，13，19，20，24，31，37-42，45，47-50，56-58，61，62，65，66，68-74，76-87，89，95-97，99，110，111，120，125，127-130，132，133，135，137，139-142，151，153，157，161，169，170，176-178，180，181，201，203，216，217，219，220，232，233，235-237，243，244，278，287，293，300，310-318，326
特朗普政府 12，19，20，37，39-42，45，50，65，66-74，76-87，130，132，133，137，141，151，177，203，219，232，233，235，236，243，278，310-312，314-317，326
特朗普总统 235，293，310-312，314-317，326
特派团 198，199，211，243，246-251，255，258，261，262，265，299
挑战 4，15-17，23，24，27，31，39，41，56，62，66-69，80，89，90，92，104-106，114，115，126，141，142，145，156，159，169，180，193，204，207，215，218-220，243，247，249，267，292，297，300，303，308，317，319
同盟 12，41，45，47，88，125，128，129，131，135，142，157，164

W

外部干预 161，166，167，169
外交 2，3，9，12，14，18-24，26，27，38-44，46，49，50，55，57，60，69，70，83，85，91，105，110，114，126-131，133，135，136，138，146，150-153，158，159，161，162，166，167，171，177，178，199，203，211，220，231，242，270，278，281，307，310，317，319，326
网络 1，27，28，36-38，53，55-58，62，65，67，70，73-76，79，

81，82，97，102，104-106，114，115，118-120，128，129，146，156，237，240，272，276，277，279，289，294，300，302，310-326

网络安全 27，28，37，38，53，55-57，62，105，114，119，310-321，323-326

网络安全法 310，319，320

网络空间 27，56，57，65，67，70，73，74，118-120，146，310，311，314-319，324-326

网络空间战略 325

网络信息安全 106，118

网络主权 57，310，318，319，323

威胁 27，32-34，36，38，39，41，42，44，45，47，52，53，55，56，62，66-70，73-77，81-83，86，90，91，96-98，101，102，104-107，109，111，113-117，119-122，127，133，134，140，144，145，148，149，152，154，158，163，169，170，177，178，184，185，187，191，192，194，204，206，217，219，225，228-231，233-235，237，241，242，244，245，250，260，263，264，269，274，278，285，287，289，291-293，296，297，299，300，302-304，306-309，312，316，326

维和经费 243，246，252，253

维和行动 37，50，60，62，131，196，198，199，201，217，243-248，250-255，257-266

委内瑞拉 80，206-212，215-220

乌克兰危机 43-45，88，89，91，100-102，106，107，111，115，120

X

牺牲 52，244，259，260，262

现实主义 32，33，41，42，65，70，71，162

效率型国防预算 228

新媒体 1，55，310，311

新型国际关系 310，311，317

性别平等 243，257-259

性格偏好 310，316，317，326

凶杀率 212-214

叙利亚 43，52，62，79，80，90，92，106，107，111，112，115，116，120，121，155，161，163，169，171，174，176，179，181，189，195，204，237，264，274-276，278，285，288-291，293，296，307，309

叙利亚战争 106，276

逊尼派 161，166，179，180，287

Y

耶路撒冷 161，164，170，172，177，178，180，181，196，203，216，287

也门 52，80，112，161，163，169，175，176，179-181，274-276，278，279，291-293

"一带一路"倡议 13,14,20,21,25,31,32,45,46,50,59,62,149,150,157,161,162,182

伊加特 198,202,243,249,265

伊拉克 66,67,79,80,104,112,141,155,163,166,169-172,174,177,179,195,204,237,244,263,264,274,278,285,288,293,307

伊朗核协议 161,169,170

伊斯兰国 106,244

"伊斯兰国" 52-55,74,75,79,90,92,104,105,111,113,121,122,154,155,159,161,166,167,170,172,174,177,179-181,183,185,195,196,204,205,263,264,285-292,294,296-298,303-309

伊斯兰国呼罗珊分支 294,295

"伊斯兰国"组织 161,166,170,172,174,177,181,305

以实力求和平 39,69-71,73,141

抑制型国防预算 228

银三角 213,215

印度 3,19,49-51,86,112,124-131,137,139-142,144-154,157-160,163,197,210,217,234,241,242,246,247,251,255,256,272,285,293,297,304,306

印太地区 20,50,51,86,124-126,128,130-132,140,142,153

印太战略 31,37,49-51,85,86,124,125,127,130

应对措施 310

预防 2,3,36,54,80,81,192,198,199,233,244,245,263,265,278-280,320

Z

战略导向 225,227,231,232,234

战略格局 20,124,125

战略能力 46,225,228,233,234

战略收缩 69,232

战略新疆域 106,114

征服阵线 288,289

政策 2,5,6,12,13,18,19,21-23,26,31,38-42,44,47-51,59,60,65,70,71,73,78-80,82-85,87-90,96,98-101,104-106,111,120,124-127,129-133,135,139,141,142,150,152,153,157-159,166,167,170,176-178,199,203,207,220,225-228,231,238,243,254,266,278,303,310-313,315-318,322,326

政策风险 310

政策走向 73,89,105,310,317,326

政府预算 95,226

政治选举 206,215,219

政治正确 243,259

制裁 43-45,47,49,56,61,83,

91, 110, 111, 120, 121, 132, 133, 167, 169, 170, 176, 180, 219, 233, 237, 263

智力资源 310, 318, 323

智利 3, 208, 209, 211-213, 217

中东 52, 53, 90, 92, 96, 98, 102, 103, 120, 154, 161-163, 166, 167, 169-172, 174, 176-182, 243-246, 285, 287-289, 293, 303, 304, 307, 308

中东地区 53, 90, 92, 120, 161-163, 166, 167, 170, 177, 179, 182, 243, 245, 285, 287, 288

中非 137, 183, 189, 190, 198-200, 243, 247, 249, 261, 262

中国 3-5, 9-28, 31, 36-42, 44-47, 50, 51, 57-62, 68, 69, 73-77, 83, 85-87, 93, 104, 112, 117, 124, 125, 128, 130-133, 135-145, 147, 150-152, 157-162, 177, 182, 197, 199, 205, 210, 221, 227, 233, 239, 243, 244, 251-257, 265-267, 269-271, 279, 309-311, 317-320, 324-326

中美 12, 13, 21, 24, 27, 31, 37, 38, 42-46, 50-52, 61, 137, 141, 142, 213, 310, 311, 317, 318, 323, 326

中美关系 12, 13, 27, 37, 38, 42-44, 310

主动权 120, 310, 318, 323, 326

自杀性爆炸 161

宗派主义 161

族群冲突 183, 187, 188, 192